Estos Fundamentos de las Conclusiones acompañan a la Nor~
las Pequeñas y Medianas Entidades (NIIF para las PYMES) y
Internacionales de Contabilidad (IASB).

Descargo de responsabilidad: el IASB, la Fundación IFR~ ~~~~~~~~~~ y ~~~ ~~~~~~~~ no aceptan
responsabilidad alguna por cualquier pérdida que se pueda ocasionar por actuar o abstenerse de actuar
basándose en el material incluido en esta publicación, ya sea causada dicha pérdida por negligencia o
por cualquier otro motivo.

Las Normas Internacionales de Información Financiera (incluidas las Normas Internacionales de
Contabilidad y las Interpretaciones SIC y CINIIF), los Proyectos de Norma y las demás publicaciones del
IASB o de la Fundación IFRS son propiedad de la Fundación IFRS.

Copyright © 2016 IFRS Foundation®

ISBN for this part: 978-1-911040-21-7

ISBN for complete publication (two parts): 978-1-911040-19-4

Reservados todos los derechos. Ninguna parte de esta publicación puede ser traducida, reimpresa,
reproducida o utilizada en ninguna forma, ya sea total o parcialmente, o por cualquier medio
electrónico, mecánico o de otro tipo, existentes o por inventar, incluyendo fotocopiado y grabación u
otros sistemas de almacenamiento y recuperación de información, sin el permiso previo por escrito, de
la Fundación IFRS.

El texto aprobado de las Normas Internacionales de Información Financiera y de las otras publicaciones
del IASB es el publicado por el IASB en el idioma inglés. Se pueden obtener copias en la Fundación IFRS.
Todas las cuestiones relativas a derechos de propiedad y copia, dirigirse a:

IFRS Foundation Publications Department
30 Cannon Street, London EC4M 6XH, United Kingdom
Tel: +44 (0)20 7332 2730 Fax: +44 (0)20 7332 2749
Correo electrónico: publications@ifrs.org Web: www.ifrs.org

La traducción al español de los Fundamentos de las Conclusiones y de otros documentos
complementarios incluida en esta publicación ha sido aprobada por un Comité de Revisión nombrado
por la Fundación IFRS. Los derechos de autor de la traducción al español son de la Fundación IFRS.

El logo de la Fundación IFRS/el logo del IASB/el logo de la IFRS for SMEs/el logo en forma de hexágono,
"IFRS Foundation, 'IFRS Taxonomy', 'eIFRS', 'IASB', 'IFRS for SMEs', 'IAS', 'IASs', 'IFRIC', 'IFRS', 'IFRSs',
'SIC', 'NIIF', "International Accounting Standards", e "International Financial Reporting Standards" son
marcas registradas por la Fundación IFRS.

El propietario de los derechos tiene a disposición de los interesados detalles adicionales de las marcas
registradas, incluyendo información de los países en los que están registradas o en proceso de registro.

La Fundación IFRS es una corporación sin fines de lucro según la Ley General de Corporaciones del
Estado de Delaware, EE.UU. y opera en Inglaterra y Gales como una empresa internacional (Número de
compañía: FC023235) con su sede principal en la dirección anterior.

ÍNDICE

Fundamentos de las Conclusiones de la *Norma Internacional de Información Financiera para Pequeñas y Medianas Entidades*

Estos Fundamentos de las Conclusiones acompañan a esta Norma, pero no son parte de la misma.

Introducción

FC1A   Estos Fundamentos de las Conclusiones resumen las consideraciones del Consejo de Normas Internacionales de Contabilidad (IASB) al desarrollar la *Norma Internacional de Información Financiera para las Pequeñas y Medianas Entidades (NIIF para las PYMES)*. Cada uno de los miembros individuales del IASB dio mayor peso a algunos factores que a otros.

FC1B   Los párrafos Fc1C a FC165 resumen las consideraciones del IASB para desarrollar la *NIIF para las PYMES* emitida en julio de 2009. En mayo de 2015 el IASB emitió *Modificaciones de 2015 a la Norma Internacional de Información Financiera para las Pequeñas y Medianas Entidades (NIIF para las PYMES)* Las consideraciones del IASB para desarrollar estas modificaciones se analizan en los párrafos FC166 a FC272.

Fundamentos de las Conclusiones sobre la Norma de 2009

Antecedentes

FC1C   En su informe de transición de diciembre de 2000 al recién formado IASB, el Consejo saliente del Comité de Normas Internacionales de Contabilidad dijo: "Existe una demanda para una versión especial de las Normas Internacionales de Contabilidad para Pequeñas Empresas".

FC2   Poco después de su nacimiento en 2001, el IASB comenzó un proyecto para desarrollar normas contables adecuadas para pequeñas y medianas entidades (PYMES). El Consejo estableció un grupo de trabajo de expertos para proporcionar asesoramiento sobre las cuestiones y alternativas y soluciones potenciales.

FC3   En su informe anual de 2002, los Fideicomisarios de la Fundación IASC, bajo la que opera el IASB, escribieron: "Los Fideicomisarios también apoyan los esfuerzos del IASB para examinar problemas relativos a economías emergentes y a pequeñas y medianas entidades." En julio de 2005 los Fideicomisarios formalizaron su apoyo mediante la reexpresión de los objetivos de la Fundación y del IASB tal como se establecen en la Constitución de la Fundación. Añadieron un objetivo por el que, al desarrollar las NIIF, el IASB debería tener en cuenta, como considerase apropiado, las necesidades especiales de las pequeñas y medianas entidades y de las economías emergentes. De forma similar, el Consejo Asesor de Normas ha animado de forma coherente al IASB a continuar con el proyecto.

FC4   En las reuniones públicas durante la segunda mitad de 2003 y a principios de 2004, el Consejo desarrolló algunos puntos de vista preliminares y provisionales sobre el enfoque básico que seguiría al desarrollar las normas de contabilidad para las PYMES. Probó este enfoque aplicándolo a varias NIIF.

Documento de discusión (junio de 2004)

FC5 En junio de 2004, el Consejo publicó el documento de discusión *Opiniones Preliminares sobre Normas de Contabilidad para Pequeñas y Medianas Entidades* exponiendo e invitando a realizar comentarios sobre el enfoque del Consejo. Este fue el primer documento de discusión que publicó el IASB. El Consejo recibió 120 respuestas.

FC6 Las principales cuestiones señaladas en el documento de discusión fueron:

(a) ¿Debe el IASB desarrollar normas de información financiera especiales para las PYMES?

(b) ¿Cuáles deben ser los objetivos de un conjunto de normas de información financiera para las PYMES?

(c) ¿Para qué entidades estarían destinadas las normas del IASB para las PYMES?

(d) Cuando las normas del IASB para las PYMES no traten una cuestión concreta de reconocimiento o medición a la que tenga que hacer frente una entidad, ¿cómo deberá ésta resolver la cuestión?

(e) ¿Puede una entidad que utiliza las normas del IASB para las PYMES optar por seguir un tratamiento permitido en una NIIF que difiere del tratamiento contenido en la correspondiente norma del IASB para las PYMES?

(f) ¿Cómo debe enfocar el Consejo el desarrollo de normas del IASB para las PYMES? ¿Hasta qué punto deben los conceptos y principios y guías obligatorias relacionadas de las NIIF ser los fundamentos para las normas para las PYMES?

(g) Si las normas del IASB para las PYMES se crean a partir de los conceptos y principios y guías obligatorias relacionadas de las NIIF completas, ¿cuál debe ser la base para modificar esos conceptos y principios para las PYMES?

(h) ¿En qué formato deben publicarse las normas del IASB para las PYMES?

FC7 En sus reuniones posteriores en 2004, el Consejo consideró las cuestiones puestas de manifiesto por quienes contestaron al documento de discusión. En diciembre de 2004 y enero de 2005, el Consejo tomó algunas decisiones provisionales sobre el modo apropiado de continuar el proyecto. Las respuestas al documento de discusión mostraban una clara demanda de una *Norma Internacional de Información Financiera para las PYMES* (*NIIF para las PYMES*) y una preferencia, en muchos países, por adoptar la *NIIF para las PYMES* en lugar de normas desarrolladas en el ámbito local o regional. Por lo tanto, el Consejo decidió, como siguiente paso, publicar un proyecto de norma de una *NIIF para las PYMES*.

Cuestionario de reconocimiento y medición (abril de 2005) y mesas redondas públicas (octubre de 2005)

FC8 La mayoría de quienes contestaron al documento de discusión dijeron que eran necesarias simplificaciones de los principios de reconocimiento y medición de activos, pasivos, ingresos y gastos, pero se propusieron pocos detalles. Y cuando se propusieron algunos detalles, quienes hicieron comentarios generalmente no indicaron las transacciones particulares u otros sucesos o condiciones que crean el problema de reconocimiento o medición para las PYMES de acuerdo con las NIIF o cómo podría resolverse el problema.

FC9   El IASB concluyó que necesitaba más información para evaluar posibles simplificaciones de reconocimiento y medición. En consecuencia, el Consejo decidió mantener encuentros en mesas redondas públicas con quienes preparan la información y los usuarios de los estados financieros de las PYMES para debatir posibles modificaciones de los principios de reconocimiento y medición de las NIIF para utilizarlos en una *NIIF para las PYMES*. El Consejo dio instrucciones al personal para que desarrollase y publicase un cuestionario como una herramienta para identificar temas que debían debatirse en esos encuentros en mesas redondas.

FC10   El cuestionario, publicado en abril de 2005, planteaba dos preguntas:

1   ¿Cuáles son las áreas para la posible simplificación de los principios de reconocimiento y medición para las PYMES?

2   A partir de su experiencia, por favor indique qué temas identificados en las NIIF podrían omitirse en las normas para las PYMES por no ser probable que ocurran en un contexto de PYMES. Si ocurrieran, las normas requerirían a la PYMES que determine su política contable apropiada examinando la NIIF aplicable.

FC11   El Consejo recibió 101 respuestas al cuestionario. Esas respuestas fueron debatidas con el Consejo Asesor de Normas (junio de 2005), con el Grupo de Trabajo de las PYMES (junio de 2005), con Organismos Emisores de Normas Mundiales (septiembre de 2005) y en las mesas redondas públicas mantenidas por el Consejo en octubre de 2005. Un total de 43 grupos participaron en los debates de las mesas redondas con el Consejo durante un periodo de dos días.

Deliberaciones del Consejo conducentes al proyecto de norma

FC12   El grupo de trabajo del IASB se reunió en junio de 2005 y formuló un conjunto completo de recomendaciones al Consejo respecto al reconocimiento, la medición, la presentación y los requerimientos de información a revelar que debían incluirse en un proyecto de *NIIF para las PYMES*. Posteriormente en 2005, el Consejo consideró esas recomendaciones y las opiniones expresadas en las respuestas al documento de discusión y al cuestionario, y en las mesas redondas. Durante esas deliberaciones, el Consejo tomó decisiones provisionales sobre los requerimientos a incluir en el proyecto de norma.

FC13   Sobre la base de esas decisiones provisionales, en la reunión del Consejo de enero de 2006, el personal asignado presentó un borrador preliminar del proyecto de norma. El grupo de trabajo se reunió a finales de enero de 2006 para revisar ese proyecto y preparó un informe con sus recomendaciones para la consideración del Consejo. La discusión del proyecto por el Consejo comenzó en febrero de 2006 y continuó durante el resto de ese año. Se prepararon borradores revisados del proyecto de norma para cada reunión del Consejo desde mayo en adelante. A partir de julio de 2003 hasta la publicación del proyecto de norma en febrero de 2007, el Consejo debatió los temas en 31 reuniones públicas.

FC14   Para mantener informadas a las partes constituyentes y ayudarles a empezar a planificar sus respuestas, el personal publicó un borrador completo del proyecto de norma en el sitio web del IASB en agosto de 2006. En noviembre de 2006, el personal asignado publicó un borrador revisado en el sitio web del IASB.

Proyecto de norma (febrero de 2007)

FC15   En febrero de 2007, el IASB publicó para comentario público un proyecto de norma de una propuesta de *NIIF para las PYMES*. El objetivo de la norma propuesta era proporcionar un conjunto de principios contables simplificado e independiente que fuera adecuado para las entidades más pequeñas que no cotizan en bolsa y se basara en las NIIF completas, que se han desarrollado para cumplir con las necesidades de las entidades cuyos títulos cotizan en mercados públicos de capitales.

FC16   La norma propuesta se basaba en las NIIF completas con modificaciones para reflejar las necesidades de los usuarios de los estados financieros de las PYMES y consideraciones costo-beneficio. El proyecto de norma propuso cinco tipos de simplificaciones de las NIIF completas:

(a)   No se incluyeron algunos de los temas tratados en las NIIF porque no son aplicables a las PYMES típicas. Sin embargo, para algunos de los temas omitidos, el proyecto de norma proponía que, si las PYMES se encontraban con circunstancias o con una transacción que se trata en las NIIF completas pero no en la *NIIF para las PYMES*, entonces se les debería requerir que siguieran la NIIF completa correspondiente.

(b)   Cuando una NIIF permite una elección de política contable, el proyecto de norma incluía solo la opción más sencilla pero proponía que a las PYMES se les debía permitir elegir la opción más compleja para lo que debían remitirse a la NIIF completa correspondiente.

(c)   La simplificación de muchos de los principios de reconocimiento y medición de activos, pasivos, ingresos y gastos incluidos en las NIIF completas.

(d)   Información a revelar substancialmente menor.

(e)   Redacción simplificada.

Principalmente debido a los puntos (a) y (b) anteriores, la *NIIF para las PYMES* propuesta no sería un documento independiente.

FC17   Junto al proyecto de norma, el IASB publicó e invitó a comentar la guía de implementación propuesta compuesta por un conjunto completo de estados financieros ilustrativos y una lista de comprobación de la información a revelar y presentar. El proyecto de norma estaba acompañado de unos fundamentos para las conclusiones que explicaban las razones del Consejo para llegar a las conclusiones incluidas en éste.

FC18   El proyecto de norma fue traducido a cinco idiomas (por primera vez en el IASB) y las traducciones se publicaron en el sitio web del IASB. El IASB también publicó un resumen del proyecto de norma elaborado por el personal para ayudar a las partes constituyentes a entender las propuestas, también difundido a través del sitio web del IASB.

FC19 El plazo para los comentarios sobre el proyecto de norma inicialmente concluía el 30 de septiembre de 2007 pero el Consejo lo amplió hasta el 30 de noviembre de 2007 principalmente a petición de los participantes en las pruebas de campo.

Pruebas de campo

FC20 Con la ayuda de los organismos nacionales emisores de normas entre otros, el IASB llevó a cabo un programa de pruebas de campo en el que participaron 116 pequeñas entidades de 20 países. Alrededor del 35 por ciento tenían diez o menos empleados a tiempo completo. Un 35 por ciento adicional de las entidades de la muestra tenían entre 11 y 50 empleados a tiempo completo. Más de la mitad de las entidades tenían préstamos bancarios o sobregiros significativos. Un tercio adicional tenían negocios en el extranjero.

FC21 Los objetivos de las pruebas de campo eran:

(a) Evaluar el grado de comprensión del proyecto de norma mediante la identificación de cualesquiera partes que las entidades que realizaron las pruebas de campo encontraron difíciles de comprender.

(b) Evaluar la adecuación del alcance de los temas tratados mediante la identificación de las transacciones, sucesos y condiciones que encontraron los que realizaron las pruebas de campo pero que no se trataron en el proyecto de *NIIF para las PYMES*, y averiguar cómo tomaron su decisión de política contable los que realizaron las pruebas, incluyendo si se consultaron las NIIF completas como referencia.

(c) Evaluar la carga de aplicar el proyecto de *NIIF para las PYMES*, por ejemplo, si la información requerida para aplicarla no estaba disponible o estaba disponible únicamente con un costo o esfuerzo desproporcionado.

(d) Evaluar el impacto de las propuestas mediante la identificación de la naturaleza y grado de cambios de los PCGA actuales del que realiza las pruebas de campo o las prácticas de información financiera actuales.

(e) Evaluar la elección de políticas contables realizada por las entidades que realizaron las pruebas de campo y el motivo, cuando el proyecto de norma permite elegir.

(f) Evaluar cualesquiera problemas especiales que surgen al aplicar el proyecto de *NIIF para las PYMES* para las entidades que realizaron las pruebas de campo que son las llamadas "micro entidades" (aquéllas con menos de diez empleados) y para las pruebas de campo en economías en vías de desarrollo.

(g) Evaluar la adecuación de la guía de implementación mediante la identificación de cuándo sería de utilidad una guía adicional a las entidades que realizaron las pruebas de campo.

FC22   Para ayudar a las entidades que realizaron las pruebas de campo y al resto a aplicar el proyecto de norma, el IASB publicó una lista de comprobación de cumplimiento para el proyecto de norma que desarrolló una de las firmas de contabilidad internacionales.

FC23   El cuestionario de las pruebas de campo se difundió a través del sitio web del IASB en junio de 2007 en inglés, francés y español. A las entidades que realizaron la prueba de campo se les pidió que:

(a)   Proporcionaran antecedentes sobre su negocio y los requerimientos de información.

(b)   Enviaran sus estados financieros anuales más recientes según su marco contable vigente.

(c)   Reexpresaran esos estados financieros de conformidad con el proyecto de norma para el mismo periodo contable (sin información de periodos anteriores).

(d)   Respondieran a una serie de preguntas diseñadas para identificar los problemas específicos encontrados al aplicar el proyecto de norma.

FC24   Se proporcionó un informe de las pruebas de campo a los miembros del Consejo y se difundió a través del sitio web del IASB. El factor principal que influyó en el tipo de problemas identificados por las entidades que realizaron las pruebas de campo fue la naturaleza y alcance de las diferencias entre la *NIIF para las PYMES* y el marco contable existente de la entidad.

FC25   Aproximadamente la mitad de las entidades que realizaron las pruebas de campo no identificaron ningún problema, o bien, solo uno o dos problemas. Las tres principales cuestiones identificadas por las entidades que realizaron las pruebas de campo fueron las siguientes:

(a)   **Elaboración de nuevas mediciones anuales**. Un gran número de las entidades que realizaron las pruebas de campo destacaron, como problemáticas, la necesidad de realizar nuevas mediciones anuales de los valores razonables para los activos financieros y pasivos financieros y de los valores residuales de las propiedades, planta y equipo porque los precios de mercado o mercados activos no solían estar disponibles.

(b)   **Información a Revelar**. Un número significativo de las entidades que realizaron las pruebas de campo destacaron problemas debidos a la naturaleza, volumen y complejidad de la información a revelar. A muchas les pareció que se les requería revelar información confidencial, por ejemplo, remuneración del personal clave de la gerencia cuando solo había una o dos personas clave de la gerencia.

(c)   **Referencia a las NIIF completas**. Aproximadamente un 20 por ciento de las entidades que realizaron las pruebas de campo eligieron consultar las NIIF completas para aplicar una opción disponible mediante una referencia cruzada. La mayoría de esas entidades ya seguía las NIIF completas o un PCGA nacional similar a las NIIF completas. Unas pocas entidades que realizaron las pruebas de campo dijeron que les habría gustado usar una de las opciones pero no lo hicieron por la necesidad de consultar las NIIF completas. Solo un número pequeño de entidades destacó específicamente que necesitaron consultar las NIIF completas para comprender o aclarar los requerimientos del proyecto de norma.

Respuestas al proyecto de norma

FC26 El Consejo recibió más de 162 cartas de comentarios sobre el proyecto de norma. Todas las cartas se pusieron a disposición de los miembros del Consejo y se difundieron a través del sitio web del IASB. Los párrafos FC36 a FC158 abordan los razonamientos del Consejo sobre las principales cuestiones técnicas del proyecto. Lo que sigue es un resumen breve de las principales cuestiones que surgieron en las cartas de comentarios al proyecto de norma:

(a) **Independiente**. El comentario más general fue el de hacer que la *NIIF para las PYMES* sea un documento completamente independiente o casi completamente independiente. Más del 60 por ciento de los que respondieron eliminarían todas las referencias cruzadas a las NIIF completas. Prácticamente todos los demás (i) mantendrían el mínimo posible de referencias o (ii) les daba igual mantener un número mínimo de referencias o quitarlas todas. El proyecto de norma había incluido 23 referencias cruzadas a las NIIF completas.

(b) **Opciones de política contable**. Un gran número de los que respondieron comentaron sobre si la *NIIF para las PYMES* debería permitir a las PYMES usar todas las opciones de políticas contables que están disponibles en las NIIF completas. Este tema está relacionado con hacer la *NIIF para las PYMES* un documento independiente sin referencias cruzadas a las NIIF completas.

(c) **Anticipación a cambios a las NIIF**. La opinión de muchos de los que respondieron era que la *NIIF para las PYMES* debe basarse en las NIIF existentes y no debería anticiparse a los cambios a las NIIF que el Consejo esté considerando en la agenda de proyectos actuales.

(d) **Información a revelar**. Muchas de las cartas animaban al Consejo a realizar simplificaciones adicionales a los requerimientos de información a revelar aunque muchas de éstas no identificaron información específica que eliminar ni por qué.

(e) **Alcance**. Muchas de las cartas comentaron la idoneidad del proyecto de norma para las entidades de tamaño micro (aquéllas con menos de diez empleados o similar), las pequeñas entidades que cotizan en bolsa y las entidades que actúan en calidad de fiduciaria.

(f) **Mediciones del valor razonable**. Muchos de los que respondieron propusieron que las mediciones del valor razonable de la *NIIF para las PYMES* debían limitarse a (a) circunstancias en las que un precio de mercado sea cotizado o se determine fácilmente sin costo o esfuerzo desproporcionado y a (b) todos los derivados. Algunos también pensaban que era necesario que la partida medida debía ser fácilmente realizable o que debía haber intención de disponer de ella o transferirla.

(g) **Guía de implementación**. Muchos de los que respondieron citaron la necesidad de una guía de implementación y animaron al Consejo a considerar cómo debía proporcionarse esta guía.

(h) **Comentarios sobre secciones específicas del proyecto de norma**. Además de cuestiones generales, en la mayoría de las cartas se hacían comentarios respecto a secciones específicas del proyecto de norma. Aunque los que respondieron ofrecían sugerencias para cada una de las 38 secciones del proyecto de norma, el personal destacó que las cuestiones que atrajeron la mayoría de los comentarios (generalmente a favor de una mayor simplificación) eran:

    (i)   Consolidación.

    (ii)   Amortización de la plusvalía y otros activos intangibles de vida útil indefinida.

    (iii)   Instrumentos financieros.

    (iv)   Requerimientos para los estados de flujos de efectivos y cambios en el patrimonio.

    (v)   Mediciones de los deterioros del valor.

    (vi)   Mediciones para arrendamientos financieros.

    (vii)   Pagos basados en Acciones.

    (viii)   Beneficios a los empleados.

    (ix)   Impuestos a las ganancias.

Nuevas deliberaciones del Consejo sobre las propuestas al proyecto de norma

FC27   El Consejo empezó sus nuevas deliberaciones sobre las propuestas al proyecto de norma en marzo de 2008. Éstas continuaron hasta abril de 2009—un total de 13 reuniones públicas del Consejo—, que suman un total de 44 reuniones públicas en las que el Consejo deliberó sobre la *NIIF para las PYMES*.

FC28   En la reunión del Consejo de marzo de 2008, el personal presentó una visión general de las principales cuestiones (distintas de las cuestiones de información a revelar) surgidas en las cartas de comentarios al proyecto de norma (véase el párrafo FC26). En la siguiente reunión del Consejo de abril de 2008, el personal presentó una visión general de las principales cuestiones que se identificaron como consecuencia del programa de pruebas de campo del proyecto de norma (véase el párrafo FC25). Ambas reuniones fueron de naturaleza educativa y el personal no planteó cuestiones para decidir.

FC29   El grupo de trabajo del IASB se reunió el 10 y 11 de abril de 2008. Las recomendaciones de los miembros del grupo de trabajo sobre cada tema (distinto de la información a revelar) que fueron discutidas en esa reunión se presentaron al Consejo en su reunión de mayo de 2008. Las recomendaciones de los miembros del grupo de trabajo relativas a la información a revelar se presentaron al Consejo en un documento de la agenda de la reunión del Consejo de julio de 2008 Los informes de las recomendaciones del grupo de trabajo se difundieron a través del sitio web del IASB

FC30   En mayo de 2008, el Consejo empezó a deliberar nuevamente sobre las propuestas al proyecto de norma, abordando las cuestiones relativas al alcance, reconocimiento, medición y presentación que surgieron en las cartas de comentarios al proyecto de norma, en los informes preparados por las entidades que realizaron las pruebas de campo y en las recomendaciones del grupo de trabajo. Estas nuevas deliberaciones continuaron hasta febrero de 2009. En el párrafo FC34 se presenta una lista de los principales cambios realizados como consecuencia de dichas deliberaciones.

FC31   En marzo de 2009, el Consejo consideró los cambios realizados durante sus nuevas deliberaciones sobre el proyecto de norma a la luz de las guías para una nueva exposición del *Manual del Procedimiento a Seguir por el IASB*. El Consejo concluyó que los cambios realizados no justificaban una nueva exposición.

Información adicional para el Consejo

FC32   El proyecto se debatió con el Consejo Asesor de Normas en siete de sus reuniones. Las cuestiones de este proyecto también se debatieron en cinco de las reuniones anuales de los Organismos Emisores de Normas Contables Mundiales que celebró el IASB de 2003 a 2008. El grupo de trabajo se reunió cuatro veces para debatir las cuestiones y asesorar al Consejo. Un grupo de trabajo conjunto del Grupo Asesor Europeo de Normas de Información Financiera (EFRAG) y la Federación Europea de Contadores resultó especialmente útil a la hora de proporcionar orientación al personal.

Alcance extendido especial

FC33   El Consejo reconoció que normalmente las PYMES y sus auditores y banqueros no han participado en el procedimiento a seguir por el IASB. Con el objetivo de animar a estas partes a familiarizarse con el IASB y a considerar y responder al proyecto de norma, el personal llevó a cabo un programa de alcance integral sobre este proyecto. Ese programa supuso presentaciones en 104 congresos y mesas redondas de 40 países, incluyendo 55 presentaciones tras la publicación del proyecto de norma. El IASB también explicó el proyecto de norma y respondió a las preguntas planteadas en dos transmisiones públicas a través de la web en las que se inscribieron casi 1.000 participantes. En abril de 2007, se difundió a través del sitio web del IASB una visión global elaborada por el personal del proyecto de norma, en formato de preguntas y respuestas. El propósito de esta visión global era proporcionar una introducción a las propuestas en un lenguaje no técnico.

La *NIIF para las PYMES* final: principales cambios con respecto al proyecto de norma

FC34   Los principales cambios respecto a los principios de reconocimiento, medición y presentación propuestos en el proyecto de norma procedente de las nuevas deliberaciones del Consejo fueron:

(a)   Hacer la NIIF final un documento independiente (eliminando todas menos una de las 23 referencias a las NIIF completas que se habían propuesto en el proyecto de norma, y en la referencia restante, proporcionar una opción, y no un requerimiento, de seguir la NIC 39 *Instrumentos Financieros: Reconocimiento y Medición* en lugar de la dos secciones sobre instrumentos financieros de la *NIIF para las PYMES*).

(b)   Eliminar la mayoría de las opciones complejas y añadir una guía para las restantes (de ese modo, eliminar las referencias a las NIIF completas propuestas en el proyecto de norma).

(c)   Omitir los temas que es poco probable que se encuentren las PYMES típicas (de ese modo, eliminar las referencias a las NIIF completas propuestas en el proyecto de norma).

(d)   No anticiparse a posibles cambios futuros a las NIIF.

(e)   Eliminar la referencia a los pronunciamientos de otros organismos emisores de normas como fuente de guía cuando la *NIIF para las PYMES* no trate directamente una cuestión contable.

(f)   Cumplir con los requerimientos de presentación de la NIC 1 *Presentación de Estados Financieros*, excepto en el caso de su requerimiento de presentar un estado de situación financiera al principio del primer periodo comparativo.

(g)   Permitir el uso de diferentes políticas contables para contabilizar los distintos tipos de inversiones en los estados financieros separados, en lugar de una política para todos los tipos de inversiones.

(h)   Reestructurar la Sección 11 *Activos Financieros y Pasivos Financieros* del proyecto de norma en dos secciones (Sección 11 *Instrumentos Financieros Básicos* y Sección 12 *Otros Temas relacionados con los Instrumentos Financieros*) y aclarar que el costo amortizado se aplica a casi todos los instrumentos financieros básicos mantenidos o emitidos por las PYMES.

(i)   Modificar los requerimientos para evaluar el deterioro del valor de un instrumento de patrimonio registrado al costo cuando el valor razonable no se pueda medir de forma fiable.

(j)   Eliminar la consolidación proporcional como una opción para las inversiones en entidades controladas de forma conjunta.

(k)   Eliminar la distinción entre distribuciones procedentes de ganancias anteriores y posteriores a la adquisición para inversiones contabilizadas por el método de costo y, en su lugar, reconocer todos los dividendos recibidos en resultados.

(l)   Eliminar el requerimiento, al aplicar el método de la participación, de una diferencia máxima de tres meses entre la fecha sobre la que se informa de la asociada o la entidad controlada de forma conjunta y la del inversor.

(m)   Requerir que una entidad elija su política contable para las propiedades de inversión sobre la base de las circunstancias, en lugar de cómo una opción de libre elección. Las propiedades de inversión cuyo valor razonable se pueda medir de forma fiable sin costo o esfuerzo desproporcionado se medirán al valor razonable con cambios en resultados. Todas las demás propiedades de inversión se contabilizarán como propiedades, planta y equipo utilizando un modelo de costo-depreciación-deterioro del valor.

(n)   No requerir una revisión anual del valor residual, la vida útil y el método de depreciación de las propiedades, planta y equipo y los activos intangibles.

(o)   No permitir la opción de revaluación para las propiedades, planta y equipo.

(p)   No permitir la opción de revaluación para los activos intangibles.

(q)   Amortizar todos los activos intangibles de vida útil indefinida, incluyendo la plusvalía.

(r)   Reconocer como gastos todos los costos de investigación y desarrollo.

(s)   Incorporar el "valor presente de los pagos mínimos por arrendamiento" en la medición del arrendamiento financiero.

(t)   Permitir a los arrendatarios usar un método distinto del lineal para los arrendamientos operativos cuando los pagos mínimos por arrendamiento se estructuran para compensar al arrendador por la inflación general esperada.

(u)   Incorporar a la *NIIF para las PYMES* las modificaciones de febrero de 2008 sobre "instrumentos con opción de venta" a la NIC 32 *Instrumentos Financieros: Presentación* y a la NIC 1.

(v)   Requerir la contabilización de todas las subvenciones del gobierno con un modelo sencillo y simplificado: reconocimiento como ingresos cuando se cumplan las condiciones de desempeño (o antes si no hay condiciones de desempeño) y medición al valor razonable del activo recibido o por recibir.

(w)   Reconocer como gastos todos los costos por préstamos.

(x)   Añadir simplificaciones adicionales para los pagos basados en acciones, incluyendo las valoraciones de los administradores, en lugar del método del valor intrínseco.

(y)   Permitir a las subsidiarias medir los beneficios a los empleados y los gastos de los pagos basados en acciones sobre la base de una distribución razonable de la carga del grupo.

(z)   Añadir mediciones de valor en uso para los deterioros del valor de los activos.

(aa)   Introducir la noción de unidad generadora de efectivo para probar los deterioros del valor de los activos.

(bb)   Simplificar la guía para calcular el deterioro del valor de la plusvalía.

(cc)   Simplificar la medición de una obligación de pensión por beneficios definidos si no está disponible una medición de la "unidad de crédito proyectada" y requeriría un costo o esfuerzo desproporcionado.

(dd)   Permitir el reconocimiento de ganancias y pérdidas actuariales en otro resultado integral como alternativa al reconocimiento en resultados (mientras se conserva la propuesta del proyecto de norma de prohibir el aplazamiento de las ganancias y pérdidas actuariales).

(ee)   Al disponer de un negocio en el extranjero, no "reciclar" en resultados las diferencias de cambio acumuladas que se reconocieron anteriormente en otro resultado integral.

(ff)   Eliminar la clasificación de mantenido para la venta y los requerimientos de medición especiales relacionados.

(gg)   Incorporar todas las exenciones de la NIIF 1 *Adopción por Primera Vez de las Normas Internacionales de Información Financiera* a la Sección 35 *Transición a la* NIIF para las PYMES.

(hh)   Incorporar las conclusiones de las siguientes Interpretaciones, que abordan transacciones y circunstancias que se encuentran a menudo en las PYMES:

(i)   CINIIF 2 *Aportaciones de Socios de Entidades Cooperativas e Instrumentos Similares.*

(ii)   CINIIF 4 *Determinación de si un Acuerdo contiene un Arrendamiento.*

(iii)   CINIIF 8 *Alcance de la NIIF 2.*

(iv)   CINIIF 12 *Acuerdos de Concesión de Servicios.*

(v)   CINIIF 13 *Programas de Fidelización de Clientes.*

(vi)   CINIIF 15 *Acuerdos para la Construcción de Inmuebles.*

(vii)   CINIIF 17 *Distribuciones, a los Propietarios, de Activos Distintos al Efectivo.*

(viii) SIC(12) *Consolidación—Entidades de Cometido Específico.*

Estos Fundamentos de las Conclusiones

FC35   Estos Fundamentos de las Conclusiones establecen las principales cuestiones identificadas por el Consejo, las alternativas consideradas y las razones del Consejo para aceptar algunas alternativas y rechazar otras.

¿Por qué normas de información financiera globales para las PYMES?

FC36   Las normas de información financiera globales, aplicadas coherentemente, mejoran la comparabilidad de la información financiera. Las diferencias contables pueden oscurecer las comparaciones que los inversores, prestamistas y otros hacen. Dando lugar a la presentación de información financiera comparable de alta calidad, las normas de información financiera global de alta calidad mejoran la eficiencia de la distribución y el precio del capital. Esto beneficia no sólo a quienes proporcionan deuda o capital de patrimonio sino a quienes buscan capital porque reduce sus costos de cumplimiento y elimina incertidumbres que afectan a su costo de capital. Las normas globales también mejoran la coherencia en la calidad de la auditoria y facilitan la educación y el entrenamiento.

FC37   Los beneficios de las normas de información financiera globales no se limitan a entidades cuyos títulos cotizan en bolsa. A juicio del Consejo, las PYMES,—y quienes utilizan sus estados financieros—, se pueden beneficiar de un conjunto común de normas contables. Los estados financieros de las PYMES que son comparables entre países son necesarios por las siguientes razones:

(a)   Las instituciones financieras hacen préstamos transfronterizos y operan en el ámbito multinacional. En la mayoría de jurisdicciones, más de la mitad de todas las PYMES, incluyendo las más pequeñas, tienen préstamos bancarios. Los banqueros confían en los estados financieros al tomar decisiones de préstamo y al establecer las condiciones y tasas de interés.

(b)   Los vendedores quieren evaluar la salud financiera de los compradores de otros países antes de vender bienes y servicios a crédito.

(c)   Las agencias de calificación crediticia intentan desarrollar calificaciones transfronterizas uniformes. De forma similar, los bancos y otras instituciones que operan más allá de las fronteras, a menudo desarrollan calificaciones de una forma similar a las agencias de calificación crediticia. La información financiera presentada es crucial para el proceso de calificación.

(d)   Muchas PYMES tienen proveedores en el extranjero y utilizan los estados financieros de un proveedor para valorar las perspectivas de una relación de negocios a largo plazo viable.

(e)   Las firmas de capital riesgo proporcionan financiación transfronteriza a las PYMES.

(f)   Muchas PYMES tienen inversores extranjeros que no están implicados en la gestión del día a día de la entidad. Las normas contables globales para estados financieros con propósito de información general y la comparabilidad a que dan lugar son especialmente importantes cuando esos inversores extranjeros están localizados en un país diferente al de la entidad y cuando tienen intereses en otras PYMES.

¿Debe el IASB desarrollar normas para las PYMES?

FC38   Al decidir desarrollar una *NIIF para las PYMES*, el IASB fue consciente de las siguientes cuestiones:

(a)   ¿Deben las normas de información financiera para las PYMES ser desarrolladas por otros?

(b)   ¿Apoyan los organismos nacionales emisores de normas al IASB en el desarrollo de una *NIIF para las PYMES*?

(c)   ¿Es el desarrollo de una *NIIF para las PYMES* coherente con la misión del Consejo?

(d)   Las NIIF existentes hacen algunas distinciones para las PYMES.

¿Deben hacerlo otros?

FC39   El Consejo consideró si las normas de información financiera para las PYMES deberían ser desarrolladas mejor por otros—ya sea globalmente, país por país, o tal vez a nivel regional—mientras el IASB centra sus esfuerzos fundamentalmente en las normas para entidades que participan en bolsa. Sin embargo, en el Consejo se destacó que su misión, tal como se indica en la Constitución de la Fundación IASC (véase el párrafo FC42), no se restringe a normas para entidades que participan en bolsa. Es probable que centrarse sólo en esas entidades dé lugar a normas o prácticas para otras entidades (que son más del 99 por ciento de todas las entidades en prácticamente todos los países) que puedan no identificar las necesidades de los usuarios externos de estados financieros, ser incoherentes con el *Marco Conceptual para la Preparación y Presentación de Estados Financieros* o con las normas del IASB, carecer de comparabilidad entre fronteras nacionales o dentro de un país, y no permitir una transición fácil a las NIIF completas para entidades que desean entrar en bolsa. Por estas razones, el Consejo decidió llevar a cabo el proyecto.

¿Apoyan los organismos nacionales emisores de normas una iniciativa del IASB?

FC40   Los organismos nacionales emisores de normas de contabilidad de todo el mundo apoyan la iniciativa del IASB. En septiembre de 2003 el IASB auspició un encuentro de los organismos nacionales emisores de normas de contabilidad. En la preparación de ese encuentro el Consejo sometió a los organismos a un sondeo sobre las normas para las PYMES. Casi con unanimidad, los organismos emisores de normas que respondieron dijeron que el IASB debía desarrollar normas globales para las PYMES.

FC41   El Consejo analizó los avances de su proyecto sobre normas para las PYMES en reuniones anuales posteriores de los organismos nacionales emisores de normas de contabilidad en 2005(2008.) Los organismos emisores de normas continuaron apoyando el proyecto del Consejo.

Una *NIIF para las PYMES* es coherente con la misión del IASB

FC42   El desarrollo de un conjunto de normas para las PYMES es coherente con la misión del IASB. El principal objetivo del IASB, tal como se establece en su Constitución y en el *Prólogo a las Normas Internacionales de Información Financiera*, es "desarrollar, buscando el interés público, un único conjunto de normas contables de carácter global que sean de alta calidad, comprensibles y de cumplimiento obligado, que requieran información de alta calidad, transparente y comparable en los estados financieros y en otros tipos de información financiera, para ayudar a los participantes en los mercados de capitales de todo el mundo, y a otros usuarios, a tomar decisiones económicas". "Conjunto único" significa que todas las entidades en circunstancias similares globalmente deberían seguir las mismas normas. Las circunstancias de las PYMES pueden ser diferentes, en diversas formas, de las de entidades más grandes, obligadas a rendir cuentas al público, incluyendo:

(a)   los usuarios de los estados financieros de la entidad y sus necesidades de información;

(b)   cómo utilizan los estados financieros esos usuarios;

(c)   el alcance y la amplitud de la pericia contable disponible para la entidad; y

(d)   la capacidad de las PYMES para asumir los costos de seguir las mismas normas que las entidades más grandes que tienen obligación pública de rendir cuentas.

Las NIIF existentes incluyen algunas diferencias para entidades que no cotizan

FC43   Las NIIF incluyen varias diferencias para entidades cuyos títulos no cotizan en bolsa. Por ejemplo:

(a)   La NIIF 8 *Segmentos de Operación* sólo requiere la revelación de información segmentada a las entidades cuya deuda o instrumentos de patrimonio cotizan o están registrados para cotizar en la bolsa.

(b)   La NIC 27 *Estados Financieros Consolidados y Separados* exime a algunas entidades controladoras de preparar estados financieros consolidados si (i) la controladora es una subsidiaria de una controladora que cumple las NIIF y (ii) su deuda o sus instrumentos de patrimonio no cotizan en bolsa. En la NIC 28 *Inversiones en Entidades Asociadas* y la NIC 31 *Participaciones en Negocios Conjuntos* existen exenciones similares.

(c)   La NIC 33 *Ganancias por Acción* requiere la presentación de ganancias por acción solo para entidades cuyas acciones ordinarias o acciones potencialmente ordinarias cotizan en bolsa.

Diferentes necesidades de los usuarios y consideraciones costo-beneficio

FC44   El *Marco Conceptual* (párrafo 12) establece que:

> El objetivo de los estados financieros es suministrar información acerca de la situación financiera, rendimiento y cambios en la situación financiera de una entidad, que sea útil a una amplia gama de usuarios al tomar sus decisiones económicas.

Al establecer normas sobre la forma y el contenido de los estados financieros con propósito de información general, las necesidades de los usuarios de los estados financieros son primordiales.

FC45   Los usuarios de los estados financieros de las PYMES pueden tener menor interés en cierta información de los estados financieros con propósito general preparados de acuerdo con las NIIF completas que los usuarios de los estados financieros de entidades cuyos títulos están registrados para cotizar en bolsa o que tienen otro tipo de obligación pública de rendir cuentas. Por ejemplo, los usuarios de los estados financieros de las PYMES pueden tener un mayor interés en los flujos de efectivo a corto plazo, la liquidez, la fortaleza del balance y la cobertura de los intereses, y en la tendencia histórica de resultados y cobertura de intereses y no sobre información que pretende ayudar a la realización de previsiones sobre los flujos de efectivo a largo plazo, los resultados y el valor de una entidad. Sin embargo, los usuarios de los estados financieros de las PYMES pueden necesitar alguna información que habitualmente no se presenta en los estados financieros de entidades cotizadas. Por ejemplo, como una alternativa a los mercados públicos de capitales, las PYMES a menudo obtienen capital de sus accionistas, administradores y proveedores, y los accionistas y administradores a menudo pignoran activos personales para que la PYMES pueda obtener financiación bancaria.

FC46 A juicio del Consejo, la naturaleza y el grado de diferencias entre las NIIF completas y una *NIIF para las PYMES* debe determinarse en función de las necesidades de los usuarios y de un análisis de costo-beneficio. En la práctica, los beneficios de aplicar normas contables difieren entre entidades que informan, dependiendo principalmente de la naturaleza, el número y las necesidades de información de los usuarios de los estados financieros de la entidad que informa. Los costos relacionados pueden no diferir de forma significativa. Por lo tanto, de forma coherente con el *Marco Conceptual*, el Consejo concluyó de que la relación costo-beneficio debe evaluarse en relación con las necesidades de los usuarios de los estados financieros de una entidad.

FC47 El Consejo se enfrentó a un dilema al decidir si desarrollar una *NIIF para las PYMES* o no hacerlo. Por un lado, creía que los mismos conceptos de información financiera son apropiados para todas las entidades con independencia de su obligación pública de rendir cuentas—particularmente los conceptos para el reconocimiento y medición de activos, pasivos, ingresos y gastos. Esto sugería que un único conjunto de normas contables debe ser adecuado para todas las entidades, aunque no descartaría diferencias en la información a revelar en función de las necesidades de los usuarios y consideraciones costo-beneficio. Por otro lado, el Consejo reconoció que las diferencias en la tipología y necesidades de los usuarios de los estados financieros de las PYMES, así como las limitaciones y costos de la experiencia contable disponible para las PYMES, sugerían que una norma separada para las PYMES era apropiada. Esa norma separada podría incluir limitaciones tales como definiciones coherentes de elementos de los estados financieros y atención a las necesidades de los usuarios de los estados financieros de las PYMES. Sopesando lo anterior, el Consejo concluyó que el último enfoque (norma separada) era el apropiado.

La adopción de una *NIIF para las PYMES* no implica que las NIIF completas no son apropiadas para las PYMES

FC48 El Consejo cree que el objetivo de los estados financieros, tal como se establece en el *Marco Conceptual*, es apropiado tanto para las PYMES como para las entidades obligadas a aplicar la NIIF completas. El objetivo de suministrar información acerca de la situación financiera, rendimiento y cambios en la situación financiera de una entidad, que sea útil a una amplia gama de usuarios al tomar sus decisiones económicas, es aplicable con independencia del tamaño de la entidad que informa. Por lo tanto, las normas para estados financieros con propósito de información general de entidades con obligación pública de rendir cuentas darían lugar a estados financieros que satisfacen las necesidades de los usuarios de los estados financieros de todas las entidades, incluyendo aquellas sin obligación pública de rendir cuentas. El Consejo es consciente de investigaciones que muestran que actualmente más de 80 jurisdicciones requieren o permiten que las PYMES utilicen las NIIF completas.

El objetivo de la *NIIF para las PYMES*

Por qué la determinación del resultado fiscal y la determinación del resultado distribuible no son objetivos específicos de la *NIIF para las PYMES*

FC49   Las NIIF están diseñadas para ser aplicadas en los estados financieros con propósito de información general, así como en otra información financiera, de todas las entidades con ánimo de lucro. Los estados financieros con propósito de información general se dirigen a la satisfacción de las necesidades comunes de información de un amplio espectro de usuarios, por ejemplo accionistas, acreedores, empleados y público en general. Los estados financieros con propósito de información general son aquéllos que pretenden atender las necesidades de usuarios que no están en condiciones de exigir informes a la medida de sus necesidades específicas de información. Los estados financieros con propósito de información general suministran información sobre la situación financiera, el rendimiento y los flujos de efectivo de una entidad.

FC50   La determinación del resultado fiscal requiere estados financieros con propósitos de información especial—diseñados para cumplir con las leyes y regulaciones fiscales de una determinada jurisdicción. De forma similar, el resultado distribuible de una entidad está definido por las leyes y regulaciones del país u otra jurisdicción en la que esté domiciliada.

FC51   Las autoridades fiscales a menudo también son usuarios externos importantes de los estados financieros de las PYMES. Casi siempre, las autoridades fiscales tienen el poder de demandar cualquier información que necesiten para cumplir con su evaluación fiscal legal y su obligación de recaudar. Las autoridades fiscales a menudo consideran los estados financieros como el punto de partida para determinar las ganancias fiscales, y algunas cuentan con políticas para minimizar los ajustes al resultado contable con el propósito de determinar las ganancias fiscales. No obstante, las normas contables globales para las PYMES no pueden tratar la información fiscal en jurisdicciones individuales. Pero el resultado determinado de conformidad con la *NIIF para las PYMES* puede servir como punto de partida para determinar la ganancia fiscal en una determinada jurisdicción a través de una conciliación que sea desarrollada fácilmente a nivel nacional.

FC52   Una conciliación similar puede desarrollarse para ajustar el resultado medido por la *NIIF para las PYMES* con el resultado distribuible según las leyes y regulaciones nacionales.

Por qué la *NIIF para las PYMES* no tiene como objetivo el suministro de información a los propietarios que son administradores para ayudarles a tomar decisiones de gestión

FC53   Los propietarios que son administradores utilizan los estados financieros de las PYMES para muchos propósitos. Sin embargo, la *NIIF para las PYMES* no tiene por objetivo el suministro de información a los propietarios que son administradores para ayudarles a tomar decisiones de gestión. Los administradores pueden obtener cualquier información que necesiten para gestionar su negocio. (Lo mismo es válido para las NIIF completas). No obstante, los estados financieros con propósito de información general a menudo también servirán las necesidades de la administración proporcionando una mejor comprensión de la situación financiera, el rendimiento y los flujos de efectivo de la entidad.

FC54 Las PYMES a menudo producen estados financieros solo para uso de los propietarios que son administradores, o para información fiscal o para el cumplimiento de otros propósitos reguladores no relacionados con el registro de títulos valores. Los estados financieros producidos únicamente para los citados propósitos no son necesariamente estados financieros con propósito de información general.

La "obligación pública de rendir cuentas" como el principio para identificar a qué entidades va dirigida la *NIIF para las PYMES* y a cuáles no

FC55 Una de las primeras cuestiones afrontadas por el Consejo fue la de describir la clase de entidades a las que debería dirigirse la *NIIF para las PYMES*. El Consejo reconoció que, en última instancia, las decisiones sobre qué entidades deberían utilizar la *NIIF para las PYMES* recaen en las autoridades reguladoras nacionales y en los organismos emisores de normas. Sin embargo, una clara definición de la clase de entidades a las que se dirige la *NIIF para las PYMES* es esencial, de forma que:

(a) el Consejo pueda decidir la norma que sea apropiada para esa clase de entidades, y

(b) las autoridades reguladoras nacionales, los organismos emisores de normas y las entidades que informan y sus auditores estén informados del alcance pretendido para la aplicación de la *NIIF para las PYMES*.

De ese modo, las jurisdicciones entenderán que existen algunos tipos de entidades a las que no se dirige la *NIIF para las PYMES*.

FC56 A juicio del Consejo, la *NIIF para las PYMES* es apropiada para una entidad que no tenga obligación pública de rendir cuentas. Una entidad tiene tal obligación (y, por tanto, debería utilizar las NIIF completas) si:

(a) sus instrumentos de deuda o de patrimonio se negocian en un mercado público o están en proceso de emitir estos instrumentos para negociarse en un mercado público (ya sea una bolsa de valores nacional o extranjera, o un mercado fuera de la bolsa de valores, incluyendo mercados locales o regionales), o

(b) una de sus principales actividades es mantener activos en calidad de fiduciaria para un amplio grupo de terceros. Este suele ser el caso de los bancos, las cooperativas de crédito, las compañías de seguros, los intermediarios de bolsa, los fondos de inversión y los bancos de inversión.

FC57 Aunque los dos criterios para las entidades con obligación pública de rendir cuentas señalados en el párrafo anterior no han cambiado de forma significativa con respecto a los propuestos en el proyecto de norma, el Consejo realizó varios cambios menores en respuesta a los comentarios recibidos:

(a)   El proyecto de norma hacía referencia a, pero no definía, los mercados públicos. La *NIIF para las PYMES* incluye una definición coherente con la definición de la NIIF 8.

(b)   El proyecto de norma había propuesto que cualquier entidad que mantiene activos en calidad de fiduciaria para un grupo amplio de terceros no es apta para utilizar la *NIIF para las PYMES*. Algunos de los que respondieron destacaron que a menudo las entidades que mantienen activos en calidad de fiduciaria por motivos secundarios a su negocio principal (como podría ser el caso, por ejemplo, de las agencias de viajes o inmobiliarias, los colegios, las organizaciones no lucrativas, las cooperativas y las compañías que prestan servicios públicos). La *NIIF para las PYMES* aclara que dichas circunstancias no tienen como consecuencia que una entidad tenga obligación pública de rendir cuentas.

Las entidades cuyos títulos cotizan en un mercado público tienen obligación pública de rendir cuentas

FC58   Los mercados públicos de títulos, por su naturaleza, agrupan a entidades que buscan capital e inversores que no están implicados en la gestión de la entidad y que están considerando si proporcionar capital y a qué precio. Aunque esos inversores públicos a menudo suministran capital-riesgo a largo plazo, no tienen el poder para demandar la información financiera que podrían encontrar útil para la toma de decisiones de inversión. Por esta razón deben confiar en los estados financieros con propósito de información general. La decisión de una entidad de entrar en un mercado público de capitales le obliga a rendir cuentas públicamente, —y debe proporcionar a los inversores en el patrimonio y deuda externos información financiera más amplia de la que necesitan los usuarios de los estados financieros de las entidades que obtienen capital solo de fuentes privadas. Los gobiernos reconocen esta obligación pública de rendir cuentas estableciendo leyes, regulaciones y agencias reguladoras que tratan la regulación del mercado y la información a revelar a los inversores en los mercados públicos de títulos. El Consejo concluyó de que las entidades cuyos títulos cotizan en un mercado público deben seguir las NIIF completas independientemente de su tamaño.

Las instituciones financieras tienen obligación pública de rendir cuentas

FC59   De forma similar, una de las actividades principales de los bancos, compañías de seguros, intermediarios de bolsa, fondos de pensiones, fondos de inversión colectiva y bancos de inversión es mantener y gestionar los recursos financieros que les confíen un amplio grupo de clientes o miembros que no están implicados en la gestión de tales entidades. Dado que éstas actúan en calidad de fiduciaria pública, tienen obligación pública de rendir cuentas. En la mayor parte de los casos, estas instituciones están reguladas por leyes y agencias gubernamentales.

Las PYMES que prestan un servicio público esencial

FC60   En el documento de discusión, la opinión inicial del Consejo era que, además de las dos condiciones citadas en el párrafo FC56, una entidad también tiene obligación pública de rendir cuentas si presta servicios públicos o si es una entidad similar que presta un servicio público esencial.

FC61   La mayoría de los que respondieron al documento de discusión, y también el grupo de trabajo, señalaron que en muchas jurisdicciones las entidades que prestan servicios públicos pueden ser muy pequeñas—por ejemplo, las compañías de recolección de basuras, compañías de agua, compañías locales de generación o distribución de energía, y compañías locales de televisión por cable. Los que respondieron argumentaron que es la naturaleza de los usuarios de los estados financieros y no la naturaleza de la actividad del negocio la que debería determinar si se deben requerir las NIIF completas. El Consejo estuvo de acuerdo.

Las PYMES que son económicamente significativas en su jurisdicción de origen

FC62   En el documento de discusión, la opinión inicial del Consejo era que, además de las dos condiciones citadas en el párrafo FC56, una entidad también tiene obligación pública de rendir cuentas si es económicamente significativa en su país de origen a partir de criterios como los activos totales, los ingresos totales, el número de empleados, el grado de dominio del mercado, y la naturaleza y el grado de financiación externa.

FC63   La mayoría de los que respondieron, y el grupo de trabajo, argumentaron que la significación económica no tiene como consecuencia automática una "obligación pública de rendir cuentas". Esta expresión, tal como se utiliza en los párrafos 1.2 y 1.3, hace referencia a la obligación pública de rendir cuentas hacia aquellos suministradores de recursos presentes y potenciales y hacia terceros externos a la entidad que toman decisiones económicas pero que no están en posición de exigir informes a la medida de sus necesidades específicas de información. El Consejo concluyó que la importancia económica puede ser más importante en asuntos de rendición de cuentas política y social. Si esta rendición de cuentas requiere la elaboración de estados financieros con propósito de información general utilizando las NIIF completas es una cuestión que es mejor dejar que decidan las jurisdicciones locales.

Aprobación de los propietarios para utilizar la *NIIF para las PYMES*

FC64   En el documento de discusión, la opinión inicial del Consejo era que el cien por cien de los propietarios de una pequeña o mediana entidad debe estar de acuerdo para que la entidad pueda utilizar la *NIIF para las PYMES*. Incluso la objeción de un solo propietario de una entidad a utilizar la *NIIF para las PYMES* debería ser evidencia suficiente de la necesidad de que esa entidad prepare sus estados financieros a partir de las NIIF completas. La mayoría de los que hicieron comentarios estuvieron en desacuerdo. En su opinión, una objeción, o incluso la falta de respuesta, de uno o algunos accionistas no hacen que una entidad tenga obligación pública de rendir cuentas. Ellos pensaron que los dos criterios de (a) cotización en mercados públicos e (b) institución financiera, identifican de forma apropiada a las entidades con obligación pública de rendir cuentas. El Consejo encontró convincentes tales argumentos.

Las PYMES que son subsidiarias, asociadas o negocios conjuntos de un inversor conforme a las NIIF

FC65   En el documento de discusión, la opinión inicial del Consejo era que si una subsidiaria, negocio conjunto o asociada de una entidad con obligación pública de rendir cuentas elabora la información financiera conforme a las NIIF completas para cumplir con los requerimientos de la controladora, participante o inversora, se le debe requerir que sus estados financieros separados cumplan con las NIIF completas y no con la *NIIF para las PYMES*. En opinión del Consejo, ya que la información había sido elaborada para otros propósitos conforme a las NIIF completas, resultaría más costoso preparar un segundo conjunto de estados financieros que cumplieran con la *NIIF para las PYMES*. La mayoría de los que hicieron comentarios al documento de discusión no estuvieron de acuerdo. Muchos dijeron que los datos producidos conforme a las NIIF a efectos contables de consolidación o participación en el patrimonio tienen una materialidad o importancia relativa diferente de la que se necesita en los estados financieros propios de la entidad participada. Además, añadían que son las circunstancias de la entidad, en lugar de las de la controladora o inversora, las que deben determinar si tiene obligación pública de rendir cuentas. En consecuencia, argumentaron que sería costoso y gravoso para la entidad participada tener que aplicar las NIIF completas en sus propios estados financieros. El Consejo encontró convincentes tales argumentos. Por tanto, las PYMES deberían evaluar si cumplen las condiciones para aplicar la *NIIF para las PYMES* a partir de sus propias circunstancias, incluso si también presentan la información financiera conforme a las NIIF completas a una entidad controladora, participante o inversora.

FC66   Algunos de los que respondieron al proyecto de norma proponían que a una subsidiaria cuya controladora utiliza las NIIF completas, o forma parte de un grupo consolidado que usa las NIIF completas, se le debe permitir revelar información simplificada conforme a la *NIIF para las PYMES* pero se le debe requerir que siga los principios contables de reconocimiento y medición de las NIIF completas que utiliza su controladora si estos son diferentes de los principios contables de reconocimiento y medición de la *NIIF para las PYMES*. Aquellos que eran de esta opinión pensaban que permitir a la subsidiaria utilizar los mismos principios de reconocimiento y medición que a su controladora o a su grupo haría la consolidación más fácil.

FC67   Sin embargo, el Consejo llegó a la conclusión de que el resultado sería, en efecto, un margen opcional de usar las NIIF completas para un subconjunto relativamente pequeño de entidades que reúnan los requisitos para usar la *NIIF para las PYMES*. El resultado también sería un conjunto de normas contables híbridas que no son ni las NIIF completas ni la *NIIF para las PYMES*. Ese conjunto de normas sería distinto para cada una de estas pequeñas y medianas entidades dependiendo de las políticas contables elegidas por su controladora o su grupo. La *NIIF para las PYMES* es una norma adecuada para las entidades sin obligación pública de rendir cuentas, y no un conjunto de opciones "a la carta". Una subsidiaria de una entidad que cumple las NIIF completas siempre puede elegir seguir las NIIF completas en sus estados separados. El Consejo concluyó que si los estados financieros de una entidad se describen como conformes a la *NIIF para las PYMES*, deben cumplir con todas las disposiciones de esta NIIF.

FC68   Puesto que la *NIIF para las PYMES* permite elegir políticas contables para algunos principios de reconocimiento y medición, las diferencias con respecto a las NIIF completas se pueden minimizar mediante las elecciones de política contable de una entidad. Las circunstancias en las que la *NIIF para las PYMES* exigiría un principio de reconocimiento o medición que sea diferente de la medición conforme a las NIIF completas son limitadas. Los ejemplos principales son los siguientes:

(a)   Activos no corrientes (o grupos de activos y pasivos) mantenidos para la venta

- *NIIF para las PYMES*: Mantener activos para la venta produce una evaluación del deterioro del valor pero, aparte de esto, no hay ningún otro requerimiento contable especial o clasificación de "mantenido para la venta".

- NIIF 5 *Activos no Corrientes Mantenidos para la Venta y Operaciones Discontinuadas*: Medidos al menor entre el importe en libros y el valor razonable menos los costos de venta. La depreciación cesa cuando se clasifican como mantenidos para la venta.

(b)   Costo de servicios pasados no consolidados de los planes por pensiones de beneficios definidos

- *NIIF para las PYMES*: Reconocido en resultados inmediatamente.

- NIC 19 *Beneficios a los Empleados*: Reconocido como gasto de forma lineal durante el periodo medio hasta que los beneficios pasen a ser consolidados.

(c)   Diferencias de cambio en partidas monetarias que forman parte de una inversión neta en un negocio en el extranjero, en estados financieros consolidados

- *NIIF para las PYMES*: Se reconocen en otro resultado integral y no se reclasifican en resultados en la disposición de la inversión.

- NIC 21 *Efectos de las Variaciones en las Tasas de Cambio de la Moneda Extranjera*: Se reclasifican en resultados al realizar la disposición de la inversión.

(d)   Costos por préstamos

- *NIIF para las PYMES*: Se deben cargar a gastos.

- NIC 23 *Costos por Préstamos*: Los costos directamente atribuibles a la adquisición, construcción o producción de un activo apto deben capitalizarse.

(e)   Inversión en una asociada para la que hay un precio de cotización publicado

- *NIIF para las PYMES*: Deben medirse al valor razonable con cambios en resultados.

- NIC 28 *Inversiones en Asociadas*: Debe medirse con el método de la participación.

(f) Inversión en una entidad controlada de forma conjunta para la que hay un precio de cotización publicado

- *NIIF para las PYMES*: Deben medirse al valor razonable con cambios en resultados.

- NIC 31 *Participaciones en Negocios Conjuntos*: Debe medirse utilizando el método de la participación o consolidación proporcional.

(g) Propiedades de inversión cuyo valor razonable se puede medir con fiabilidad sin costo o esfuerzo desproporcionado

- *NIIF para las PYMES*: Deben medirse al valor razonable con cambios en resultados.

- NIC 40 *Propiedades de Inversión*: Elección de política contable entre valor razonable con cambios en resultados o modelo de costo-depreciación-deterioro del valor.

(h) Activos biológicos

- *NIIF para las PYMES*: Se miden al valor razonable con cambios en resultados solo si el valor razonable se determina fácilmente sin costo o esfuerzo desproporcionado.

- NIC 41 *Agricultura*: Se supone que el valor razonable puede medirse de forma fiable.

(i) Impuesto a las ganancias

- *NIIF para las PYMES*: Cuando se aplica una tasa impositiva diferente a los ingresos distribuidos, se miden inicialmente los impuestos corrientes y diferidos a la tasa aplicable a las ganancias no distribuidas.

- Proyecto de norma *Impuesto a las Ganancias*: En este caso, se miden inicialmente los impuestos corrientes y diferidos a la tasa que se espera aplicar cuando se distribuyan las ganancias.

(j) Pagos basados en acciones con alternativas de liquidación en efectivo en las que los términos del acuerdo proporcionan a la contraparte la elección del medio de liquidación.

- *NIIF para las PYMES*: Se contabiliza la transacción como transacción con pagos basados en acciones liquidada en efectivo a menos que la entidad tenga una práctica pasada de liquidación mediante la emisión de instrumentos de patrimonio o la opción de liquidar en efectivo no tenga carácter comercial.

- NIIF 2 *Pagos Basados en Acciones*: Contabilización similar a un instrumento compuesto.

Criterios de tamaño cuantificados

FC69   La definición de PYMES no incluye criterios de tamaño cuantificados para determinar qué es una entidad pequeña o mediana. En el Consejo se destacó que sus normas se aplican en más de 100 países. El Consejo concluyó que no es factible desarrollar pruebas de tamaño cuantificadas que fueran aplicables y duraderas en todos esos países. Esto es coherente con el enfoque en el que se basan los principios generales del Consejo al establecer sus normas.

FC70   Para decidir a qué entidades se les debe requerir o permitir la utilización de la *NIIF para las PYMES*, las jurisdicciones pueden elegir prescribir criterios de tamaño cuantificados. De forma similar, una jurisdicción puede decidir que a las entidades que son económicamente significativas en ese país se les debe requerir utilizar las NIIF completas en lugar de la *NIIF para las PYMES*.

Idoneidad de la *NIIF para las PYMES* para las entidades muy pequeñas – las "micros"

FC71   Algunos sostienen que no es realista diseñar una sola norma que puedan usar todas las entidades sin obligación pública de rendir cuentas, porque el intervalo de tamaños de este grupo de entidades es sencillamente demasiado amplio,–desde entidades no cotizadas de gran tamaño con cientos o incluso miles de empleados a entidades "de tamaño micro" con menos de diez empleados. El Consejo no estuvo de acuerdo. La *NIIF para las PYMES* está diseñada para entidades, independientemente del tamaño, a las que se les requiere o eligen publicar estados financieros con propósito de información general para usuarios externos. Los usuarios externos tales como prestamistas, vendedores, clientes, agencias de calificación crediticia y empleados necesitan tipos específicos de información pero no están en posición de exigir informes a medida para satisfacer sus necesidades específicas de información. Por esta razón deben confiar en los estados financieros con propósito de información general. Esto es tan cierto para las "micros" como para las PYMES más grandes. Los estados financieros preparados utilizando la *NIIF para las PYMES* pretenden satisfacer esas necesidades.

FC72   Algunos de los que cuestionan si la *NIIF para las PYMES* será adecuada para las micros argumentan que muchas de estas entidades preparan los estados financieros exclusivamente para su presentación a las autoridades fiscales con el fin de determinar el resultado fiscal. Como se explica más detalladamente en los párrafos FC50 a FC52, al determinar el resultado fiscal (y también determinar el resultado legalmente distribuible) se requieren unos estados financieros con propósito especial, diseñados para cumplir con las leyes y regulaciones fiscales de una determinada jurisdicción.

FC73   Además, en el Consejo se destacó que, en muchos países se requieren las NIIF completas para todas o para la mayoría de compañías de responsabilidad limitada, incluyendo las micros. En el Consejo también se resaltó que muchos otros países permiten que las micros utilicen las NIIF completas. Como se mencionó en el párrafo FC48, más de 80 jurisdicciones han decidido que se deben requerir o permitir las NIIF completas a todas o la mayoría de las entidades, incluidas las micros. Si las NIIF completas han sido consideradas adecuadas para todas entidades, entonces la *NIIF para las PYMES* seguramente no será demasiado gravosa. La guía de la *NIIF para las PYMES* es clara y concisa. Dicha guía puede tratar algunas transacciones o circunstancias con las que normalmente no se encuentran las micro PYMES, pero el Consejo no cree que esto suponga una carga para éstas. La organización por temas de la *NIIF para las PYMES* facilitará a las micro PYMES la identificación de aquellos aspectos de la norma que sean aplicables a sus circunstancias.

FC74   Algunos son partidarios de establecer una serie de requerimientos contables muy simples y breves para las micro PYMES—con los principios generales de la contabilidad por acumulación o devengo (algunos incluso sugieren los criterios de caja o de caja modificado), principios de reconocimiento y medición específicos solamente para las transacciones más básicas y quizás que requieran solamente un balance y un estado de resultados con una limitada información a revelar en las notas. El Consejo reconoció que este enfoque puede tener como consecuencia unos costos relativamente bajos para las PYMES al elaborar los estados financieros. Sin embargo, el Consejo concluyó que los estados resultantes no satisfacían el objetivo de utilidad para la toma de decisiones, puesto que omitirían información sobre la situación financiera de la entidad, el rendimiento y los cambios en la situación financiera que resulta útil a una amplia gama de usuarios al tomar sus decisiones económicas. Además, el Consejo consideró que unos estados financieros que han sido preparados utilizando un conjunto de requerimientos contables tan simples y breves podrían no servir de ayuda a las PYMES para mejorar su capacidad de obtener capital. Por tanto, el Consejo concluyó que no debía desarrollar este tipo de *NIIF para las PYMES*.

FC75   El IASB no tiene la potestad para requerir a ninguna entidad a aplicar sus normas. Esa es la responsabilidad de los legisladores y reguladores. En algunos países, el gobierno ha delegado esa potestad a un organismo emisor de normas establecido de forma independiente o a un organismo contable profesional. Ellos tendrán que decidir a qué entidades se debe requerir o permitir utilizar, o quizás prohibir el uso, de las *NIIF para las PYMES*. El Consejo cree que la *NIIF para las PYMES* resultará adecuada para todas las entidades que no tienen obligación pública de rendir cuentas, incluyendo las micros.

La *NIIF para las PYMES* no se dirige a entidades pequeñas que cotizan en mercados públicos

FC76   Las entidades, grandes o pequeñas, cuya deuda o instrumentos de patrimonio cotizan en mercados públicos de capital han optado por la búsqueda de capital a través de inversores externos que no están involucrados en la gestión del negocio y que no tienen facultad para exigir información que podría resultarles útil. Las NIIF completas han sido diseñadas para servir a los mercados públicos de capitales facilitando información financiera especialmente dirigida a los inversores y acreedores en estos mercados. Algunos de los principios de reconocimiento y medición de los activos, pasivos, ingresos y gastos de las NIIF completas se han simplificado en la *NIIF para las PYMES*. Alguna de la información a revelar que requieren las NIIF completas no se requiere en la *NIIF para las PYMES*. El Consejo concluyó, por tanto, que las NIIF completas son apropiadas para una entidad con obligación pública de rendir cuentas.

FC77   Una jurisdicción que considere que la *NIIF para las PYMES* es apropiada para las entidades pequeñas que cotizan en mercados públicos en esa jurisdicción podría incorporar los requerimientos de la *NIIF para las PYMES* a sus normas nacionales para entidades pequeñas que cotizan en mercados públicos. En ese caso, sin embargo, los estados financieros deberían describirse como conformes con los PCGA nacionales. *La NIIF para las PYMES* les prohíbe describirse como conformes a la *NIIF para las PYMES*.

"Pequeñas y medianas entidades"

FC78   El término "pequeñas y medianas entidades" (PYMES), según lo utiliza el IASB, se define en la Sección 1 *Alcance* de la *NIIF para las PYMES*. Este término es ampliamente reconocido y utilizado en todo el mundo aunque muchas jurisdicciones han desarrollado su propia definición del término para un amplio rango de propósitos, incluyendo el establecimiento de obligaciones de información financiera. A menudo esas definiciones nacionales o regionales incluyen criterios cuantificados basados en los ingresos de actividades ordinarias, los activos, los empleados u otros factores. Frecuentemente, el término se usa para indicar o incluir entidades muy pequeñas sin considerar si publican estados financieros con propósito de información general para usuarios externos.

FC79   El IASB consideró la posibilidad de utilizar otro término. Incluso antes de publicar el proyecto de norma en febrero de 2007, el Consejo había utilizado el término "entidad sin obligación pública de rendir cuentas" (ESOPRC) durante varios meses a lo largo de 2005. Durante sus nuevas deliberaciones de las propuestas al proyecto de norma durante 2008, el Consejo también usó los términos ESOPRC y "entidades no cotizadas" durante varios meses.

(a)   **Entidades sin obligación pública de rendir cuentas**. Puesto que el Consejo llegó a la conclusión de que las NIIF completas son necesarias para las entidades con obligación pública de rendir cuentas, los términos "entidad con obligación pública de rendir cuentas" y entidad sin obligación pública de rendir cuentas" tenían cierto atractivo. Sin embargo, las partes constituyentes argumentaron que este término no está ampliamente reconocido, mientras que "pequeñas y medianas entidades" y el acrónimo "PYMES" es universalmente reconocido. Algunos dijeron también que "entidades sin obligación pública de rendir cuentas" parecía implicar, de forma incorrecta, que las entidades más pequeñas no tenían obligación de rendir cuentas públicamente de nada. Además, los objetivos de la Fundación IASC y el IASB, según se establecen en la Constitución de la Fundación, utilizan el término "pequeñas y medianas entidades":

Los objetivos de la Fundación IASC son:

(a)   desarrollar, buscando el interés público, un único conjunto de normas contables de carácter global que sean de alta calidad, comprensibles y de cumplimiento obligatorio, que requieran información de alta calidad, transparente y comparable en los estados financieros y en otra información financiera, para ayudar a los participantes en los mercados de capitales de todo el mundo, y a otros usuarios, a tomar decisiones económicas;

(b) promover el uso y la aplicación rigurosa de esas normas;

(c) cumplir con los objetivos asociados con (a) y (b), teniendo en cuenta, cuando sea necesario, las necesidades especiales de las pequeñas y medianas entidades y de economías emergentes; y

(d) llevar a la convergencia entre las normas contables nacionales y las Normas Internacionales de Contabilidad y las Normas Internacionales de Información Financiera, hacia soluciones de alta calidad.

(b) **Entidades no cotizadas**. El término "entidades no cotizadas" se utiliza habitualmente en algunas jurisdicciones—más particularmente en Norteamérica—, para referirse a los tipos de entidades que cumplen con la definición de PYMES del IASB (entidades sin obligación pública de rendir cuentas). Sin embargo, en otras jurisdicciones—más particularmente en las que el gobierno posee participaciones en el patrimonio en entidades de negocio es habitual—, el término "entidades no cotizadas" se usa de forma mucho más restrictiva para hacer referencia únicamente a aquellas entidades en las que no hay propiedad del gobierno. En tales jurisdicciones, el término "entidades no cotizadas" podría malinterpretarse.

Por estos motivos, el Consejo decidió utilizar "pequeñas y medianas entidades".

Los usuarios de los estados financieros de las PYMES preparados utilizando la *NIIF para las PYMES*

FC80 La *NIIF para las PYMES* está dirigida a entidades sin obligación pública de rendir cuentas que publican estados financieros con propósito de información general para usuarios externos. Los principales grupos de usuarios externos incluyen:

(a) Bancos que efectúan préstamos a las PYMES.

(b) Vendedores que venden a las PYMES y utilizan los estados financieros de las PYMES para tomar decisiones sobre créditos y precios.

(c) Agencias de calificación crediticia y otras que utilicen los estados financieros de las PYMES para calificarlas.

(d) Clientes de las PYMES que utilizan los estados financieros de las mismas para decidir si hacer negocios.

(e) Accionistas de las PYMES que no son también gestores de sus PYMES.

Medida en que la *NIIF para las PYMES* debe ser un documento independiente

FC81 Al elaborar el proyecto de norma de la *NIIF para las PYMES* propuesta, el Consejo tenía la intención de que fuera un documento independiente para muchas pequeñas entidades típicas. Sin embargo, no se propuso que fuera completamente independiente. El proyecto de norma propuso que debía haber dos tipos de circunstancias en las que la *NIIF para las PYMES* requeriría consultar las NIIF completas:

(a) El proyecto de norma propuso cuando las NIIF proporcionan una elección de política contable, las PYMES deberían tener la misma opción. La opción más sencilla se incluiría en la *NIIF para las PYMES* mientras que la otra opción u opciones se permitiría mediante una referencia cruzada a las NIIF.

(b) El proyecto de norma propuso que la *NIIF para las PYMES* debería omitir algunos temas contables que son abordados en las NIIF completas, porque el Consejo creyó poco probable que las PYMES típicas se encuentren con estas transacciones o circunstancias. Sin embargo, el proyecto de norma propuso referencias cruzadas que requirieran a las PYMES que se encuentren con estas transacciones o circunstancias consultar una NIIF concreta o una parte de ésta.

FC82 Más del 60 por ciento de las cartas con comentarios que trataban el asunto de la "independencia" eliminarían todas las referencias cruzadas a las NIIF completas. Aproximadamente otro 35 por ciento (a) mantendrían el mínimo posible de referencias o (b) les daba igual mantener un número mínimo de referencias o quitarlas todas. Asimismo, los miembros del grupo de trabajo recomendaron que la *NIIF para las PYMES* debía ser un documento totalmente independiente. Los principales motivos que alegaron los que recomendaban una NIIF independiente fueron los siguientes:

(a) Un documento independiente sería más comprensible y fácil de usar. También se percibiría como un documento más cómodo de utilizar y, por lo tanto, mejoraría su aceptación por parte de las jurisdicciones que están considerando su adopción y por parte de las entidades que quedan dentro del alcance. Las referencias cruzadas requieren que las PYMES estén familiarizadas tanto con la *NIIF para las PYMES* como con las NIIF completas—un requerimiento que algunos consideran incluso más gravoso que el hecho de que una entidad siga las NIIF completas.

(b) El proyecto de norma había propuesto que si se requiere o permite a una entidad seguir una NIIF mediante una referencia cruzada, la entidad debe aplicar esa NIIF (o parte de esa NIIF) en su totalidad. Los dos criterios gemelos de necesidades de los usuarios y criterios costo-beneficio en los que el Consejo basó sus decisiones en la *NIIF para las PYMES* no se aplicaron al material con referencias cruzadas. Sin embargo, si estos temas de referencias cruzadas fueran incorporados a la *NIIF para las PYMES* sería posible hacer simplificaciones adecuadas de principios de reconocimiento y medición y/o reducir la información a revelar basada en las necesidades de los usuarios y criterios de costo-beneficio adoptados por el Consejo.

(c) Las referencias cruzadas crean problemas de "control de versiones". Por ejemplo, si se modifica o sustituye una NIC, NIIF o Interpretación a la que se hace referencia cruzada, ¿debería esto dar lugar a un cambio "automático" de la referencia cruzada? ¿O se mantiene la referencia cruzada a la versión anterior de la NIC, NIIF o Interpretación? Si hay cambios automáticos, esto produciría actualizaciones de la *NIIF para las PYMES* más frecuentes que la revisión periódica planificada por el Consejo. Asimismo, esto requeriría que las PYMES que aplican las referencias cruzadas tendrían que conocer todos los cambios a las NIIF completas. Si se mantiene la referencia cruzada a la versión anterior del pronunciamiento, esto podría ser confuso respecto a qué versión de la Norma debe aplicarse, sobre todo porque algunos de los mismos párrafos a los que se hace referencia cruzada también hacen referencia directa o indirectamente a párrafos de otras de las NIIF completas [véase el siguiente apartado (d)]. Además, la contabilidad elegida o requerida mediante referencia cruzada no será comparable con el aplicado por las entidades conforme a las NIIF completas. Asimismo, si los cambios a las NIIF completas son modificaciones *de facto* a la *NIIF para las PYMES*, las PYMES necesitarían participar en el procedimiento a seguir que diera lugar a los cambios en cada NIIF—una carga que en general las PYMES dijeron al Consejo que no podían manejar (en respuestas tanto al documento de discusión de junio de 2004 como al proyecto de norma).

(d)   Está la cuestión de dónde terminan las referencias cruzadas. Algunos párrafos a los que se hace referencia cruzada, de forma directa o indirecta, se refieren a otros párrafos de las NIIF completas. Esto es problemático porque las actualizaciones se realizan a las NIIF completas, por lo tanto, las PYMES necesitarían supervisar constantemente las NIIF completas en caso de que cualesquiera cambios puedan afectarles a través de una referencia cruzada.

FC83   Tras considerar las cuestiones propuestas por quienes respondieron al proyecto de norma, el Consejo cambió de opinión. La *NIIF para las PYMES* no tiene ningún requerimiento obligatorio de consultar las NIIF completas.

Opciones de política contable

FC84   Las opciones de política contable mencionadas en el párrafo FC81(a) para las que el proyecto de norma había incluido referencias cruzadas a las NIIF completas se han abordado en la *NIIF para las PYMES* de la siguiente forma:

(a)   **Asociadas**. Las opciones propuestas por el proyecto de norma (método del costo, método de la participación y valor razonable con cambios en resultados) se permiten e incorporan a la *NIIF para las PYMES*.

(b)   **Costos por préstamos**. El modelo de capitalización no es una opción. Por lo tanto, no hay ninguna referencia cruzada a las NIIF completas. La guía para la aplicación del método de gastos se había propuesto en el proyecto de norma y se ha mantenido.

(c)   **Costos de desarrollo**. La capitalización de los costos de desarrollo no es una opción. Por lo tanto, no hay ninguna referencia cruzada a las NIIF completas.

(d) **Activos intangibles**. El modelo de revaluación no es una opción. Por lo tanto, no hay ninguna referencia cruzada a las NIIF completas. La guía para la aplicación del modelo de costo-depreciación-deterioro del valor se había propuesto en el proyecto de norma y se ha mantenido.

(e) **Propiedades de inversión**. La medición se basa en las circunstancias en lugar de en la elección de política contable entre los modelos de costo y valor razonable. Si una entidad puede medir el valor razonable de una partida de propiedades de inversión con fiabilidad sin un costo o esfuerzo desproporcionado, debe usar el modelo del valor razonable. En otro caso, debe usar el modelo del costo. Se ha incorporado a la *NIIF para las PYMES* una guía para la aplicación del modelo del valor razonable.

(f) **Entidades controladas de forma conjunta**. Todas las opciones del proyecto de norma se permiten (con la excepción de la consolidación proporcional) y se han incorporado a la *NIIF para las PYMES*.

(g) **Presentación de flujos de efectivo de las actividades de operación**. Se ha mantenido la opción de usar el método directo o indirecto. Se ha incorporado a la *NIIF para las PYMES* una guía para la aplicación del método directo. La guía para la aplicación del método indirecto se había propuesto en el proyecto de norma y se ha mantenido.

(h) **Propiedades, planta y equipo**. El modelo de revaluación no es una opción. Por lo tanto, no hay ninguna referencia cruzada a las NIIF completas. La guía para la aplicación del modelo de costo-depreciación-deterioro del valor se había propuesto en el proyecto de norma y se ha mantenido.

(i) **Subvenciones del gobierno**. Se ha eliminado la opción propuesta de aplicar la NIC 20 *Contabilización de las Subvenciones del Gobierno e Información a Revelar sobre Ayudas Gubernamentales* para algunas subvenciones del gobierno.

FC85 La *NIIF para las PYMES* incluye una opción para una entidad de elegir seguir una NIIF completa y esa es la opción de utilizar la NIC 39 *Instrumentos Financieros: Reconocimiento y Medición* en lugar de las Secciones 11 y 12. Aparte de esto, la *NIIF para las PYMES* final es completamente independiente—a una entidad que la aplique no se le requiere consultar las NIIF completa además de la *NIIF para las PYMES*.

FC86 El proyecto de norma también propuso que si la norma no aborda una transacción o cualquier otro hecho o condición, o proporciona una referencia cruzada a otra NIIF, una entidad debería seleccionar la política contable que dé lugar a información fiable y relevante. Al realizar ese juicio, debería considerar, primero, los requerimientos y guías de la *NIIF para las PYMES* que tratan cuestiones similares y relacionadas y, segundo, las definiciones, los criterios de reconocimiento y los conceptos de medición de activos, pasivos, ingresos y gastos y los principios generales de la Sección 2 *Conceptos y Principios Generales* del proyecto de norma. Si eso no facilita una guía, la entidad puede buscar en los requerimientos y guías de las NIIF, incluyendo las Interpretaciones de las NIIF, que traten temas similares y relacionados. Esta guía se mantiene en la *NIIF para las PYMES*.

Temas omitidos

FC87 Además de las opciones complejas, el segundo tipo de referencia cruzada obligatoria a las NIIF completas propuesto en el proyecto de norma estaba relacionado con los temas que las NIIF completas abordan pero se omiten en la *NIIF para las PYMES* porque no se espera que sean aplicables a la mayoría de las PYMES. Para hacer la *NIIF para las PYMES* final un documento independiente, el Consejo decidió incorporar a la *NIIF para las PYMES* final los siguientes temas para los que el proyecto de norma había propuesto una referencia cruzada a las NIIF completas:

(a) **Transacción con pagos basados en acciones liquidada mediante instrumentos de patrimonio**. Tratado en la Sección 26 *Pagos Basados en Acciones*.

(b) **Transacciones con pagos basados en acciones que dan alternativas de liquidación en efectivo**. Tratado en la Sección 26.

(c) **Medición del valor razonable de los activos biológicos**. Tratado en la Sección 34 *Actividades Especializadas*.

(d) **Hiperinflación**. Tratado en la Sección 31 *Hiperinflación*.

(e) **Contabilización de los arrendamientos financieros desde el punto de vista del arrendador**. Tratado en la Sección 20 *Arrendamientos*.

(f) **El método directo de presentar los flujos de efectivo de las actividades de operación**. Tratado en la Sección 7 *Estados de Flujos de Efectivo*.

FC88 Además, el Consejo decidió que la *NIIF para las PYMES* no debería tratar los siguientes temas para los que el proyecto de norma había propuesto una referencia cruzada a las NIIF completas.

(a) Ganancias por acción.

(b) Información financiera intermedia.

(c) Información financiera por segmentos.

(d) Contabilización especial para los activos mantenidos para la venta.

Si deben permitirse o no todas las opciones de políticas contables de las NIIF completas en la *NIIF para las PYMES*

FC89 Las NIIF completas incluyen algunas opciones de políticas contables (elecciones). Generalmente, para una transacción, suceso o condición dada, una de las opciones es más simple de implementar que la otra u otras. Algunos consideran que la *NIIF para las PYMES* debería eliminar todas las opciones de políticas contables y, por tanto, requerir que todas las PYMES sigan una única política contable para una transacción, suceso o condición dada. Aquellos que tienen esta opción argumentan que los beneficios serían la simplificación de las *NIIF para las PYMES* y una mayor comparabilidad de la información financiera resultante entre las PYMES que utilicen las *NIIF para las PYMES*. Otros argumentan que prohibir que las PYMES utilicen una opción de política contable que está disponible para las entidades que usan las NIIF completas podría dificultar la comparabilidad entre las PYMES y las entidades que aplican las NIIF completas.

FC90   Al desarrollar el proyecto de norma, el Consejo consideró ambos puntos de vista y, sopesando, hubo de concluir que todas las opciones de las NIIF completas deben estar disponibles para las PYMES. Al mismo tiempo, el Consejo reconoció que la mayoría de las PYMES probablemente preferirán la opción más simple contenida en las NIIF completas. Por ello, el proyecto de norma propuso que cuando las NIIF completas permitan opciones de políticas contables, la *NIIF para las PYMES* debería incluir sólo la opción más simple, mientras que las otras opciones más (complejas) deben estar disponibles para las PYMES por referencia cruzada a las NIIF completas.

FC91   Los que respondieron al proyecto de norma estaban divididos en si se deben poner a disposición de las PYMES las opciones más complejas. Sus comentarios reflejaban ambos puntos de vista descritos en el párrafo FC89. Muchos de los que respondieron argumentaron que permitir las opciones de políticas contables más complejas no es coherente con el objetivo del Consejo de una norma simplificada para las entidades más pequeñas y que dificultaría la comparabilidad. Por ejemplo, aunque apoyan la decisión inicial del Consejo de hacer que la *NIIF para las PYMES* sea una norma independiente, el Grupo Asesor Europeo de Normas de Información Financiera (EFRAG), la Federación Europea de Contadores y algunas organizaciones profesionales de contabilidad nacionales y organismos emisores de normas escribieron al Consejo para expresar su desacuerdo con la decisión inicial durante las nuevas deliberaciones de mantener todas o la mayoría de las opciones complejas. La cuestión se debatió en la reunión del Consejo Asesor de Normas (CAN) de noviembre de 2008 y todos sus miembros apoyaron permitir solo las opciones más sencillas en la *NIIF para las PYMES*. Destacaron que la mayoría de las PYMES elegirán seguir las opciones más sencillas puesto que, por lo general, serán menos costosas, requerirán menos pericia y obtendrán una mayor comparabilidad con entidades similares. También resaltaron que si una entidad no cotizada considera muy importante usar una o más de las opciones complejas, podría elegir seguir las NIIF completas en lugar de la *NIIF para las PYMES*.

FC92   Muchos de los que apoyaron no permitir las opciones de políticas contables más complejas pensaron que esto beneficiaría a los usuarios de estados financieros que necesitan hacer comparaciones entre entidades más pequeñas. Los usuarios de los estados financieros de las PYMES suelen ser menos sofisticados que los usuarios de los estados financieros de las entidades con obligación pública de rendir cuentas y, por tanto, se beneficiarían de una menor variación en requerimientos contables entre entidades. Además, la reducción de las opciones no dificulta la comparabilidad con entidades que usan las NIIF completas puesto que en muchos casos conforme a las NIIF completas las entidades pueden aplicar políticas contables diferentes para la misma transacción.

FC93   Prácticamente todos aquellos que estaban de acuerdo en mantener como mínimo algunas de las opciones también estaban de acuerdo en hacer que la NIIF para las PYMES fuera un documento independiente, lo que significaría que las opciones deberían tratarse directamente en la *NIIF para las PYMES* en vez de hacerlo mediante referencias cruzadas a las NIIF completas. Reconocieron que esto produciría un aumento significativo del tamaño de la *NIIF para las PYMES*.

FC94 Tras considerar las alternativas, el Consejo concluyó que algunas opciones no deben estar disponibles para las PYMES mientras que otras deben estarlo. Además, para hacer de la *NIIF para las PYMES* un documento independiente, el Consejo concluyó que estas opciones disponibles para las PYMES deben tratarse directamente, con la simplificación adecuada con respecto a las NIIF completas. En el párrafo FC84 se explican las decisiones del Consejo sobre las opciones individuales.

Por qué el *Marco Conceptual* y los principios y guías obligatorias en las NIIF existentes son el punto de partida apropiado para desarrollar la *NIIF para las PYMES*

FC95 La *NIIF para las PYMES* se desarrolló mediante:

(a) la extracción de los conceptos fundamentales del *Marco Conceptual* y de los principios y guías obligatorias relacionadas de las NIIF (incluyendo las Interpretaciones), y

(b) la consideración de las modificaciones que sean apropiadas en función de las necesidades de los usuarios y las consideraciones costo-beneficio.

FC96 El Consejo consideró que este enfoque es apropiado porque las necesidades de los usuarios de los estados financieros de las PYMES son similares en muchas formas a las necesidades de los usuarios de los estados financieros de las entidades obligadas a rendir cuentas públicamente. Por tanto, las NIIF completas son el punto de partida lógico para desarrollar una *NIIF para las PYMES*.

FC97 El Consejo rechazó la alternativa "del nuevo comienzo" porque dicho enfoque podría haber dado lugar a diferentes objetivos de los informes financieros, diferentes características cualitativas de la información financiera, diferentes definiciones de los elementos de los estados financieros, y diferentes conceptos de reconocimiento y medición. El Consejo concluyó que el enfoque "del nuevo comienzo" sería costoso en tiempo y dinero y, finalmente, inútil. Esto es así porque, en la opinión del Consejo, hay suficiente convergencia en las necesidades de los usuarios con respecto a los estados financieros con propósito de información general de entidades con obligación pública de rendir cuentas y sin ella.

Simplificaciones de reconocimiento y medición

FC98 En los párrafos FC99 a FC136 se explican las simplificaciones significativas a los principios de reconocimiento y medición de las NIIF completas que se reflejan en la *NIIF para las PYMES* y los motivos de éstas. El Consejo también discutió otras simplificaciones de reconocimiento y medición pero decidió no adoptarlas (véanse los párrafos FC137 a FC150).

Instrumentos financieros

FC99 Muchos de los que hicieron comentarios dijeron que los requerimientos de la NIC 39 son gravosos para las PYMES. Citaron como especialmente gravosas para las PYMES las complejidades de la clasificación de los instrumentos financieros en cuatro categorías, las pruebas de "acuerdos de traspaso" y de "participación continua" para la baja en cuentas, y los cálculos detallados que se requieren para cumplir con las condiciones de la contabilidad de coberturas. El Consejo acordó que simplificar la NIC 39 era apropiado para las PYMES.

FC100 Buena parte de la complejidad de la NIC 39 se deriva de permitir que las entidades elijan entre una variedad de alternativas de clasificación y atributos de medición para los instrumentos financieros. Esas elecciones reducen la comparabilidad e imponen complejidad en la medición. La *NIIF para las PYMES* realza la comparabilidad y reduce la complejidad limitando las categorías de clasificación, definiendo un atributo de medición y limitando el uso de otros atributos de medición opcionales.

FC101 Entre las simplificaciones propuestas en la *NIIF para las PYMES* están:

(a) **Clasificación de instrumentos financieros**. Los instrumentos financieros que cumplen los criterios especificados se miden al costo o al costo amortizado, y el resto al valor razonable con cambios en resultados. Las clasificaciones "disponibles para la venta" y "mantenidos hasta el vencimiento" contenidas en la NIC 39 no están disponibles, reduciendo así las complejidades asociadas con las dos categorías adicionales, incluyendo en algunos casos la evaluación de intenciones y "penalizaciones" contables.

(b) **Baja en cuentas**. La *NIIF para las PYMES* establece un principio simple de baja en cuentas. Este principio no se basa en lo previsto por los "acuerdos de traspaso" e "participación continua" que se aplican a la baja en cuentas según la NIC 39. Dichas disposiciones son complejas y se refieren a transacciones de baja en cuentas en las que las PYMES no están habitualmente implicadas.

(c) **Contabilidad de coberturas**. La *NIIF para las PYMES* se centra en los tipos de cobertura cuya realización por las PYMES es probable, específicamente coberturas de:

(i) Riesgo de tasa de interés de un instrumento de deuda medido a su costo amortizado.

(ii) Riesgo de tasa de cambio de la moneda extranjera o de tasa de interés en un compromiso firme o en una transacción altamente probable.

(iii) Riesgo de precio de una materia prima cotizada que la entidad mantiene o en un compromiso firme o una transacción prevista altamente probable de comprar o vender una materia prima cotizada.

(iv) Riesgo de tasa de cambio de la moneda extranjera en una inversión neta en un negocio en el extranjero.

(d) **Instrumentos financieros derivados.** La *NIIF para las PYMES* no requiere la contabilización por separado de los "derivados implícitos". No obstante, los contratos no financieros que incluyen un derivado implícito con características económicas no estrechamente relacionadas con el contrato anfitrión se contabilizan al valor razonable en su totalidad (véase el párrafo FC105).

FC102   En cuanto a la contabilización de coberturas, la Sección 12 requiere el reconocimiento periódico y la medición de la ineficacia de la cobertura, pero bajo condiciones menos estrictas que las que contiene la NIC 39. En particular, la ineficacia se reconoce y se mide al final del período financiero sobre el que se informa y, en el caso de coberturas que ya no cumplen las condiciones para la contabilización de coberturas, ésta es discontinuada prospectivamente a partir de ese punto. La NIC 39 requiere la discontinuación de la contabilización de coberturas de forma prospectiva comenzando desde la fecha en la que las condiciones dejen de cumplirse, un requerimiento que las PYMES a menudo afirman que es gravoso.

FC103   Como una alternativa a la prueba de eficacia simplificada, el Consejo consideró un enfoque que está en la norma estadounidense SFAS 133 *Contabilización para los Instrumentos derivados y Actividades de Cobertura* (Secciones 815-20-25-102 a 815-20-25-117 de la Codificación del FASB) conocido como "método simplificado". De acuerdo con éste, la *NIIF para las PYMES* impondría condiciones estrictas en la designación de una relación de cobertura y presumiría la eficacia posterior de la cobertura sin necesidad de medir su ineficacia. El Consejo concluyó que la prueba de eficacia simplificada es preferible al método simplificado por dos razones principales:

(a)   El reconocimiento de toda la ineficacia de cobertura en resultados es un principio básico de la NIC 39. El método simplificado es incoherente con este principio.

(b)   Para poder suponer que la posibilidad de ineficacia de cobertura es nula o insignificante, las características clave del instrumento de cobertura y de la partida cubierta, incluyendo el plazo, tendrían que coincidir y no tendrían que ser plazos condicionales. En consecuencia, la contabilización de coberturas estaría prohibida si el instrumento de cobertura pudiera ser pagado por anticipado o contuviese una opción de venta u otras características de terminación anticipada o ampliación. Este requerimiento haría en efecto, que la contabilización de coberturas fuese prácticamente imposible para muchas PYMES, y quizá para su mayoría.

FC104   La Sección 12 también difiere de la NIC 39 con respecto a la contabilidad de coberturas en las siguientes formas:

(a)   La contabilidad de coberturas no puede conseguirse utilizando instrumentos de deuda ("instrumentos de efectivo") como instrumentos de cobertura. La NIC 39 permite esto para una cobertura de un riesgo de moneda extranjera.

(b)   No se permite la contabilidad de coberturas con una estrategia de cobertura basada en opciones. Dado que la cobertura con opciones implica incurrir en un costo, es más probable que las PYMES utilicen contratos a término que opciones como instrumentos de cobertura.

(c)   No se permite la contabilidad de coberturas para carteras. La cobertura de carteras añade una complejidad contable considerable debido a la necesidad de volver a medir todas las partidas cubiertas individualmente al valor razonable para asegurar que los importes apropiados sean dados de baja en cuentas cuando se vende el instrumento y asegurar que la amortización es apropiada cuando un instrumento ya no está cubierto.

La simplificación de (a) es adecuada puesto que la contabilidad de coberturas no tendría un efecto significativo sobre los estados financieros debido a los efectos de compensación de la contabilidad para un instrumento de deuda en moneda extranjera según la Sección 11 y al reconocimiento de diferencias de cambio en la mayoría de las partidas monetarias en resultados según la Sección 30 *Conversión de Moneda Extranjera*. Asimismo, el Consejo no considera que las simplificaciones de (b) y (c) afecten de forma negativa a las PYMES porque no son estrategias de cobertura típicas de las PYMES.

FC105   Los contratos para comprar, vender, alquilar o asegurar una partida no financiera tal como una materia prima cotizada, inventario, propiedades, planta o equipo se contabilizan como instrumentos financieros dentro del alcance de la Sección 12 cuando puedan dar lugar a una pérdida para el comprador, vendedor, arrendador, arrendatario o parte asegurada como resultado de los términos contractuales que no están relacionados con cambios en el precio del elemento no financiero, cambios en las tasas de cambio o un incumplimiento por una de las contrapartes. Estos contratos se contabilizan como instrumentos financieros puesto que sus términos incluyen un componente de riesgo financiero que altera el importe de liquidación del contrato y que no está relacionado con la compra, venta, arrendamiento o seguro del elemento no financiero.

FC106   La *NIIF para las PYMES* da a las PYMES la opción de seguir las Secciones 11 y 12 o la NIC 39 al contabilizar todos sus instrumentos financieros. Las razones del Consejo para proponer esa opción en este caso son las siguientes:

(a)   Aunque las Secciones 11 y 12 son un enfoque más sencillo para contabilizar instrumentos financieros que la NIC 39, algunas de las simplificaciones implican la eliminación de opciones que están disponibles para sociedades que tienen obligación pública de rendir cuentas de acuerdo con la NIC 39, por ejemplo:

(i)   La opción del valor razonable.

(ii)   La clasificación disponible para la venta y la opción disponible para la venta.

(iii)   La clasificación mantenido hasta el vencimiento.

(iv)   El enfoque de la participación continuada para la baja en cuentas (esto es, baja en cuentas parcial).

(v)   El uso de la contabilidad de coberturas para coberturas distintas de los cuatro tipos especificados en el párrafo FC101(c).

El Consejo está actualmente replanteándose la NIC 39 en su totalidad y ha concluido que debe permitirse a las PYMES tener las mismas opciones de políticas contables que la NIC 39 hasta la finalización del proyecto integral de la NIC 39.

(b)   Dado que, conforme a la *NIIF para las PYMES*, la categoría propuesta por defecto para los instrumentos financieros en el alcance de la Sección 12 es el valor razonable con cambios en resultados, y el costo o costo amortizado sólo se permiten cuando se cumplen las condiciones especificadas, algunas partidas medidas al costo o al costo amortizado de acuerdo con la NIC 39 debido a su naturaleza deberían medirse al valor razonable con cambios en resultados de acuerdo con la *NIIF para las PYMES*. Algunas PYMES pueden encontrar gravosa esta valoración razonable añadida.

(c)   A veces, una entidad realiza lo que ella ve como una "inversión estratégica" en instrumentos de patrimonio emitidos por otra entidad, con la intención de establecer o mantener una relación operativa a largo plazo con la entidad en la que ha realizado la inversión. Esas entidades generalmente consideran que la clasificación disponible para la venta de la NIC 39 es apropiada para contabilizar inversiones estratégicas. Conforme a la *NIIF para las PYMES*, sin embargo, estas inversiones estratégicas se contabilizarían al valor razonable con cambios en resultados o al costo amortizado.

(d)   Las disposiciones para baja en cuentas de la *NIIF para las PYMES* no darían lugar a la baja en cuentas de muchas transacciones de titulización o de factoraje que pudieran efectuar las PYMES, mientras que en la NIC 39 darían lugar a la baja en cuentas.

FC107   El proyecto de norma había propuesto que una entidad que elija seguir la NIC 39 en lugar de las secciones de los instrumentos financieros de la *NIIF para las PYMES*, también tendría que cumplir los requerimientos de información a revelar de la NIIF 7 *Instrumentos Financieros: Información a Revelar* en su totalidad. Muchos de los que respondieron al proyecto de norma argumentaron que mucha de la información a revelar de la NIIF 7 está diseñada para las instituciones financieras (que no cumplen los requisitos para usar la *NIIF para las PYMES*) o para las entidades cuyos títulos cotizan en mercados públicos de capitales. En su opinión, la información a revelar sobre instrumentos financieros de la *NIIF para las PYMES* es apropiada para todas las PYMES, incluidas aquellas que elijan consultar la NIC 39 para el reconocimiento y medición. Al Consejo le pareció convincente este argumento y la *NIIF para las PYMES* no requiere la información a revelar de la NIIF 7.

Amortización y deterioro del valor de la plusvalía y otros activos intangibles de vida útil indefinida

FC108   En sus respuestas al cuestionario de reconocimiento y medición y en las mesas redondas públicas, muchos preparadores y auditores de los estados financieros de las PYMES dijeron que el requerimiento de la NIC 36 *Deterioro del Valor de los*

Activos de realizar un cálculo anual del importe recuperable de la plusvalía y otros activos intangibles de vida útil indefinida es costoso para las PYMES por la pericia y el costo que implican. Ellos propusieron, como alternativa, que se debía requerir que las PYMES calculen el importe recuperable de la plusvalía y otros activos intangibles de vida útil indefinida sólo cuando exista un indicio del deterioro del valor. También propusieron que la *NIIF para las PYMES* debería incluir una lista de indicadores de deterioro del valor como guía para las PYMES. El Consejo estuvo de acuerdo con esas propuestas. Los que respondieron al proyecto de norma apoyaron la decisión del Consejo del enfoque de un indicador de deterioro del valor. En consecuencia, la *NIIF para las PYMES* establece un enfoque de indicador basado en indicios e incluye una lista de indicadores basados tanto en fuentes internas como externas de información. Además, si la plusvalía no se puede distribuir a unidades generadoras de efectivo individuales (o grupos de unidades generadoras de efectivo) de forma no arbitraria, entonces la *NIIF para las PYMES* proporciona una exención ya que permite a la entidad comprobar el deterioro del valor de la plusvalía determinando el importe recuperable de la entidad adquirida en su totalidad si la plusvalía se refiere a una entidad adquirida que no ha sido integrada. Si la plusvalía se refiere a una entidad que ha sido integrada en el grupo, se comprueba el importe recuperable del grupo completo de entidades.

FC109   La mayoría de los que respondieron al cuestionario de reconocimiento y medición y de los que participaron en las mesas redondas estaban de acuerdo en requerir la amortización de la plusvalía y otros activos intangibles con vida útil indefinida a lo largo de un periodo máximo especificado. Las propuestas generalmente estaban en un rango de 10 a 20 años. Argumentaron que la amortización es más sencilla que un enfoque del deterioro del valor, incluso cuando éste se ejecuta a partir de indicios. Al desarrollar el proyecto de norma, el Consejo no estuvo de acuerdo con esta propuesta por tres razones principales:

(a)   Un enfoque de amortización sigue requiriendo una evaluación del deterioro del valor, por lo que es en realidad un enfoque más complejo que una evaluación del deterioro del valor ejecutada a partir de indicios.

(b)   La amortización es la distribución sistemática del costo de un activo, menos cualquier valor residual, para reflejar, durante la vida útil del activo, el consumo de los beneficios económicos futuros incorporados en él que se produce a lo largo del tiempo. Por su naturaleza, la plusvalía tiene una vida indefinida. Por lo tanto, si no hay un límite previsible al periodo durante el cual una entidad espera consumir los beneficios económicos futuros incorporados en un activo, la amortización de ese activo durante, por ejemplo, un periodo de tiempo máximo determinado arbitrario, no representaría de forma fidedigna la realidad económica.

(c)   Cuando el IASB estaba desarrollando la NIIF 3 *Combinaciones de Negocios* (revisada en 2008) y las modificaciones relacionadas a la NIC 38 *Activos Intangibles*, la mayoría de los usuarios de los estados financieros dijeron que encontraban poco contenido informativo, si lo hubiera, en la amortización de la plusvalía durante un periodo arbitrario de años.

En consecuencia, el proyecto de norma propuso un enfoque solo de deterioro del valor para la plusvalía y otros activos intangibles de vida útil indefinida, combinado con un indicador que pusiera en marcha los cálculos detallados del deterioro del valor.

FC110 Muchos de los que respondieron al proyecto de norma estaban en desacuerdo con la propuesta de no requerir la amortización de la plusvalía. De hecho, la única propuesta sobre reconocimiento y medición contable del proyecto de norma para la que se recibió un mayor número de recomendaciones de reconsideración fue la de la no amortización de la plusvalía. La gran mayoría de los que respondieron que abordaron esta cuestión recomendaron que se permitiera o requiriera la amortización de la plusvalía a lo largo de un número limitado de años. Muchos de los que respondieron reconocieron la necesidad de realizar pruebas de deterioro del valor además, y no en sustitución de, la amortización. Es más, los que opinaban de este modo también creían que no se debe requerir a las PYMES distinguir entre los activos intangibles con vida útil finita o indefinida. En su reunión de abril de 2008, los miembros del grupo de trabajo apoyaron de forma unánime requerir la amortización de todos los activos intangibles, incluida la plusvalía, sujetos a una prueba de deterioro del valor.

FC111 Algunos de los que compartían esta opinión reconocieron que la amortización de la plusvalía y otros activos intangibles con vida útil indefinida podría no ser el enfoque más correcto desde el punto de vista conceptual. Sin embargo, desde un punto de vista práctico, destacaron que a muchas entidades más pequeñas les resultaría difícil evaluar el deterioro del valor con la misma precisión o puntualidad que las entidades más grandes o que cotizan en bolsa, es decir, que la información podría ser menos fiable. La amortización, sobre todo si va unida a un periodo de amortización máxima relativamente corto, reduciría las circunstancias en las que se pondría en marcha el cálculo del deterioro del valor. También observaron que, en el contexto de las PYMES, los usuarios de los estados financieros dicen que encuentran poco contenido informativo, si lo hubiera, en la plusvalía, por ejemplo, los prestamistas no suelen conceder préstamos con la plusvalía como activo.

FC112 Tras considerar los distintos puntos de vista expresados, el Consejo concluyó que, por motivos de costo-beneficio en lugar de considerar los conceptos, se debe considerar que la plusvalía y otros activos intangibles de vida útil indefinida tienen vida útil finita. Por ello, estos activos deben amortizarse a lo largo de su vida útil estimada, con un periodo máximo de amortización de diez años. También se debe evaluar el deterioro del valor de los activos mediante el "enfoque del indicador" de la *NIIF para las PYMES*.

Cargo todos los costos de desarrollo a gastos

FC113 La NIC 38 requiere que todos los costos de investigación sean considerados como gasto cuando se producen, pero los costos de desarrollo incurridos después de que el proyecto ha sido considerado comercialmente viable han de ser capitalizados. Muchos de los preparadores y auditores de los estados financieros de las PYMES dijeron que las mismas no tienen los recursos para evaluar si un proyecto es comercialmente viable sobre una base de negocio en marcha y que, además, la capitalización de sólo una parte de los costos de desarrollo no proporciona información útil. Responsables de préstamos bancarios dijeron al Consejo que la información sobre los costos de desarrollo capitalizados es de poca utilidad para ellos, y que ellos no consideran estos costos cuando toman decisiones de préstamos.

FC114   El Consejo aceptó estas opiniones y la *NIIF para las PYMES* requiere que todos los costos de investigación y desarrollo se reconozcan como gastos en el momento en que se incurren.

Método del costo para las asociadas y las entidades controladas de forma conjunta

FC115   La NIC 28 requiere que una entidad contabilice sus inversiones en asociadas mediante el método de la participación. La NIC 31 permite que una entidad contabilice sus inversiones en entidades controladas de forma conjunta tanto a través del método de la participación como mediante la consolidación proporcional. Muchos preparadores de estados financieros de las PYMES cuestionaron la utilidad de esos métodos contables y comentaron al Consejo que las PYMES tienen una dificultad particular en la aplicación de esos métodos debido a la incapacidad de obtener la información requerida, así como a la necesidad de cumplir con las políticas contables y fechas en las que se informa. En su opinión, el método del costo—que está permitido de acuerdo con la NIC 28 y la NIC 31 en la contabilización de las inversiones en asociadas y negocios conjuntos en los estados financieros separados del inversor—también debe permitirse en la *NIIF para las PYMES*, para ser utilizado en los estados financieros consolidados del inversor. Los prestamistas generalmente indicaron que la información que se publica usando el método de la participación y la consolidación proporcional es de uso limitado para ellos, ya que no resulta útil para evaluar ni los flujos de efectivo futuros ni las garantías de los préstamos. Los valores razonables son más relevantes para esos propósitos. Reconociendo los problemas especiales de las PYMES para aplicar los métodos de la participación y de la consolidación proporcional, y también la relevancia de los valores razonables para los prestamistas, el Consejo concluyó que se debe permitir a las PYMES utilizar tanto el método del costo como el del valor razonable con cambios en resultados.

Valor razonable con cambios en resultados para las asociadas y las entidades controladas de forma conjunta con precios de cotización públicos

FC116   La NIC 28 requiere que las inversiones en asociadas se midan utilizando el método de la participación. La NIC 31 requiere que las inversiones en entidades controladas de forma conjunta se midan utilizando el método de la participación o la consolidación proporcional. Ninguna de esas normas hace una distinción en la medición contable si, eventualmente, estas inversiones tienen precios de cotización públicos.

FC117   La *NIIF para las PYMES* requiere que cualquier inversión en una asociada o entidad controlada de forma conjunta, para la que haya un precio de cotización público, se mida al valor razonable con cambios en resultados. Las razones del Consejo para llegar a esta decisión fueron (a) se eliminan sustancialmente las preocupaciones sobre la fiabilidad de la medición, (b) se elimina sustancialmente el costo de obtener una valoración razonable y (c) estos valores razonables son más relevantes que las mediciones basadas en el costo para los prestamistas y otros usuarios de los estados financieros de las PYMES.

Activos no corrientes mantenidos para la venta

FC118   La NIIF 5 define cuando se "mantienen para la venta" los activos no corrientes o grupos de activos (y pasivos asociados), y además establece los requerimientos contables para estos activos. Los requerimientos contables son, en esencia, (a) cesar la depreciación del activo (o activos del grupo) y (b) medir el activo (o grupo de activos) al valor inferior entre el importe en libros y el valor razonable menos los costos de venta. También hay un requerimiento de revelar información sobre todos los activos no corrientes (o grupos de activos) mantenidos para la venta. El proyecto de norma de la NIIF para las PYMES había propuesto requerimientos prácticamente idénticos.

FC119   Muchos de los que respondieron al proyecto de norma recomendaron que la NIIF para las PYMES no debiera tener una clasificación de mantenido para la venta separada, aduciendo razones de costo-beneficio, y los miembros del grupo de trabajo estuvieron de acuerdo. Consideraron que se podría obtener un resultado contable similar al de la NIIF 5 simplemente al incluir la intención de vender como indicador de deterioro del valor. Muchos de los que eran de esta opinión también recomendaron que la NIIF para las PYMES requiriera revelar información cuando una entidad tuviera un acuerdo firme de venta para una disposición significativa de activos, o grupos de activos o pasivos. El Consejo estuvo de acuerdo con estas recomendaciones porque (a) los requerimientos de deterioro del valor de la NIIF garantizarían que no se sobrevaloraen los activos en los estados financieros y (b) los requerimientos de información a revelar proporcionarán información relevante a los usuarios de los estados financieros de las PYMES.

Costos por préstamos

FC120   La NIC 23 requiere que los costos por préstamos, que sean directamente atribuibles a la adquisición, construcción o producción de un activo apto, se capitalicen como parte del costo del activo. Por razones de costo-beneficio, la NIIF para las PYMES requiere que estos costos se carguen a gastos.

Impuesto a las ganancias

FC121   En sus respuestas al cuestionario y en las mesas redondas públicas, muchos de los preparadores y auditores de estados financieros de las PYMES dijeron que el enfoque de la diferencia temporaria para contabilizar los impuestos a las ganancias en la NIC 12 Impuesto a las Ganancias es difícil de implementar para las PYMES. Ellos dijeron que las PYMES no preparan de forma rutinaria "balances fiscales" y generalmente no realizan un seguimiento de las bases fiscales de muchos activos. Algunos abogaron por un método de "impuestos corrientes por pagar" para contabilizar los impuestos a las ganancias, según el cual las PYMES no reconocerían impuestos diferidos.

FC122   El Consejo no apoyó el enfoque de "impuestos corrientes por pagar" por las razones que se explican en el párrafo FC145. Sin embargo, aun creyendo que el principio de reconocer activos y pasivos por impuestos diferidos es apropiado para las PYMES, el Consejo también concluyó que la implementación de dicho principio podía simplificarse para las PYMES. La Sección 29 *Impuesto a las Ganancias* de la *NIIF para las PYMES* utiliza el enfoque establecido en el proyecto de norma *Impuesto a las Ganancias* del Consejo, publicado en marzo de 2009, que propone una versión simplificada de la NIC 12. La única diferencia significativa de medición en la *NIIF para las PYMES* con respecto al proyecto de norma *Impuesto a las Ganancias* se da en el caso en que se aplique una tasa impositiva diferente a los ingresos distribuidos y no distribuidos. La *NIIF para las PYMES* requiere que los impuestos corrientes y diferidos se midan inicialmente a la tasa aplicable para las ganancias no distribuidas, con un ajuste en los periodos siguientes si se distribuyen las ganancias. El proyecto de norma *Impuesto a las Ganancias* medía inicialmente los impuestos corrientes y diferidos a la tasa que se esperaba aplicar cuando se distribuyeran las ganancias.

Diferencias de cambio en partidas monetarias

FC123   La NIC 21 requiere que las diferencias de cambio surgidas en una partida monetaria, que forme parte de la inversión neta en un negocio en el extranjero de una entidad que informa, se reconozcan en los resultados de los estados financieros separados de la entidad que informa, o en los estados financieros individuales del negocio en el extranjero. En los estados financieros que incluyan al negocio en el extranjero y a la entidad que informa (por ejemplo, los estados financieros consolidados, si el negocio en el extranjero es una subsidiaria), la NIC 21 reconoce estas diferencias de cambio inicialmente en otro resultado integral, y las reclasifica de patrimonio a resultados en el momento de la disposición de la inversión neta. La *NIIF para las PYMES* mantiene un punto de vista distinto: una diferencia de cambio que se reconoce inicialmente en otro resultado integral no se reclasifica a resultados en el momento de la disposición de la inversión. El motivo de la separación es que no requerir la reclasificación resulta menos gravoso para las PYMES, porque elimina la necesidad de hacer un seguimiento de las diferencias de cambio tras el reconocimiento inicial.

Menos valor razonable para la agricultura

FC124   Algunos de los preparadores y auditores de los estados financieros de las PYMES implicadas en actividades agrícolas dijeron que el modelo del "valor razonable con cambios en resultados" es gravoso para las PYMES, en particular cuando se aplica a los activos biológicos de aquellas PYMES que operan en mercados inactivos o en países en desarrollo. Dijeron que la presunción en la NIC 41, de que el valor razonable puede ser estimado para los activos biológicos y la producción agrícola, no es realista con respecto a los activos biológicos de algunas PYMES. Algunos propusieron que se debía permitir o requerir que las PYMES utilizasen un modelo de "costo-depreciación-deterioro del valor" para todos esos activos. El Consejo no apoyó este enfoque por las razones explicadas en el párrafo FC146. Sin embargo, el Consejo concluyó que, debido tanto a los problemas de medición en mercados inactivos y en países en desarrollo como a las razones de costo-beneficio, se debía requerir que las PYMES utilizasen el valor razonable con cambios en resultados sólo cuando el valor razonable sea fácilmente determinable sin costos o esfuerzos desproporcionados. El Consejo concluyó que, cuando ese no sea el caso, las PYMES deben seguir el modelo costo-depreciación-deterioro del valor.

Beneficios a los empleados – medición de la obligación por beneficios definidos

FC125   La NIC 19 requiere que una obligación por beneficios definidos debe siempre medirse utilizando el método de la unidad de crédito proyectada. Por razones de costo-beneficio, la *NIIF para las PYMES* mantiene algunas simplificaciones de medición que, si bien conservan los principios básicos de la NIC 19, reducen la necesidad para las PYMES de contratar a especialistas externos. Por ello, el Consejo decidió que:

(a)   Si la información basada en los cálculos de la unidad de crédito proyectada de la NIC 19 ya está disponible o se puede obtener sin costo o esfuerzo desproporcionado, las PYMES deben usar dicho este método.

(b)   Si la información basada en el método de la unidad de crédito proyectada no está disponible, y no se puede obtener sin costo o esfuerzo desproporcionado, las PYMES deben aplicar un enfoque basado en la NIC 19 pero que no tenga en cuenta la evolución futura de los salarios, los servicios futuros o la posible mortalidad durante el periodo de servicio de un empleado. Este enfoque aún tiene en cuenta la esperanza de vida de los empleados tras cumplir la edad de retiro. La obligación de pensión por beneficios definidos resultante refleja los beneficios consolidados y no consolidados.

(c)   La *NIIF para las PYMES* aclara que normalmente no serían necesarias valoraciones integrales anuales. En los periodos intermedios, las valoraciones se proyectarían hacia adelante para los ajustes agregados relativos a la composición y salarios de los empleados, pero sin cambiar los supuestos de rotación o mortalidad.

Beneficios a los empleados – ganancias y pérdidas actuariales de los planes de beneficios definidos

FC126   Una de las principales complejidades de la NIC 19 es el reconocimiento de las ganancias y pérdidas actuariales. En la NIC 19, una entidad puede elegir una de las siguientes opciones:

(a)   Reconocer las ganancias y pérdidas actuariales completamente en resultados cuando se producen.

(b)   Reconocer las ganancias y pérdidas actuariales de forma completa y directa en el otro resultado integral cuando se producen.

(c)   Amortizar el exceso de ganancias y pérdidas actuariales sobre el importe que sea mayor entre

(i)   el 10% del valor presente de la obligación por beneficios definidos en esa fecha (antes de deducir los activos del plan) y

(ii)   el 10% del valor razonable de cualesquiera activos del plan en esa fecha (con esos límites calculados y aplicados de forma separada para cada plan de beneficios definidos) dividido por la vida laboral restante media de los empleados.

(d)   Reconocer las ganancias y pérdidas actuariales en resultados usando cualquier método sistemático que dé lugar a un reconocimiento más rápido que el del apartado (c) precedente.

FC127   La *NIIF para las PYMES* no permite ninguno de los métodos de aplazamiento y amortización que se describen en los apartados (c) o (d). En su lugar, requiere el reconocimiento inmediato con una opción para presentar el importe en los resultados [método (a)] o en el otro resultado integral [método (b)]. Los métodos (a) y (b) son mucho más sencillos que los métodos de aplazamiento y amortización. Los métodos (c) y (d) requieren la realización de un seguimiento de los datos durante muchos años y la realización de cálculos anuales. Más aún, los usuarios de los estados financieros generalmente han manifestado al Consejo que encuentran que el reconocimiento inmediato [métodos (a) y (b)] proporciona la información más comprensible y útil.

Beneficios a los empleados – costo de servicios pasados no consolidados de los planes de beneficios definidos

FC128   El costo de servicios pasados, relativo al servicio prestado por los empleados en periodos anteriores, se produce cuando se introduce un nuevo plan de beneficios definidos o se modifica un plan existente. La NIC 19 requiere el aplazamiento y amortización del costo de servicio como gasto (o, en el caso de las reducciones de beneficios, como ingreso) de forma lineal durante el periodo medio hasta que se consoliden los beneficios. En la medida en que los beneficios se consolidan inmediatamente cuando se introduce o cambia un plan, el costo del servicio pasado se reconoce en resultados inmediatamente. La *NIIF para las PYMES* requiere el reconocimiento inmediato de todos los costos de servicios pasados (incluidos los relativos a los beneficios no consolidados), sin ningún aplazamiento. El Consejo considera que el método de la *NIIF para las PYMES* es más sencillo porque no requiere el seguimiento de los datos durante muchos años o cálculos anuales. Un modelo de reconocimiento diferido relega la información importante sobre el estado de financiación de los planes post-retiro a las notas a los estados financieros. Además, el reconocimiento diferido trata los cambios en los activos y pasivos de pensiones de una entidad de forma diferente a los cambios en los demás activos y pasivos de la entidad.

Pagos basados en acciones

FC129   El proyecto de norma había propuesto que las PYMES deberían aplicar la NIIF 2 al medir las transacciones de pagos basados en acciones liquidadas con instrumentos de patrimonio, y que la entidad debería revelar la información requerida por la NIIF 2. El razonamiento del Consejo fue que la NIIF 2 ya proporcionaba una simplificación para las PYMES porque, si una entidad no es capaz de estimar de forma fiable el valor razonable de los instrumentos de patrimonio concedidos en la fecha de medición, se permite a dicha entidad medir los instrumentos de patrimonio al valor intrínseco. La mayoría de los que respondieron al proyecto de norma dijeron que el método del valor intrínseco no constituye una simplificación, porque requiere conocer el valor razonable de las acciones subyacentes cuando se concede una opción sobre acciones (u otros pagos basados en acciones) y en cada fecha posterior en la que se informa. El grupo de trabajo compartía esta preocupación sobre la NIIF 2.

FC130 El Consejo consideró las opiniones de los que respondieron y del grupo de trabajo, y concluyó que, por razones de coste-beneficio eran adecuadas simplificaciones adicionales . Por una cuestión de principio, el Consejo concluyó que las PYMES deberían siempre reconocer un gasto para los pagos basados en acciones liquidados con instrumentos de patrimonio, y que dicho gasto se debe medir sobre la base de los precios de mercado observables, si están disponibles. Si no hay precios de mercado observables, las PYMES deberían medir el gasto con base en la mejor estimación hecha por los administradores del valor razonable de los pagos basados en acciones que son liquidados con instrumentos de patrimonio. El Consejo también decidió que la revelación de información sin el reconocimiento de gastos no es adecuada.

FC131 El Consejo también decidió que, para las transacciones de pagos basados en acciones de las PYMES que permiten a la entidad o a la contraparte elegir la liquidación en efectivo o con instrumentos de patrimonio, la entidad debería contabilizar la transacción como una transacción de pagos basados en acciones liquidada en efectivo a menos que:

(a) la entidad haya seguido en el pasado la práctica de emitir instrumentos de patrimonio con acuerdos similares o

(b) la opción de liquidación en efectivo no tenga carácter comercial.

En las circunstancias (a) y (b), la transacción se contabiliza como liquidación con instrumentos de patrimonio.

Transición a la *NIIF para las PYMES*

FC132 La NIIF 1 requiere que los primeros estados financieros conforme a las NIIF de una entidad incluyan al menos un año de información comparativa conforme a las NIIF. Algunos preparadores y auditores de estados financieros de las PYMES explicaron al Consejo que un requerimiento para la preparación, en todos los casos, de datos reexpresados del periodo anterior, sería gravoso para las PYMES que adoptan la *NIIF para las PYMES* por primera vez. De este modo, la *NIIF para las PYMES* incluye una exención de "impracticabilidad". De forma similar, contiene una exención de impracticabilidad con respecto a algunos requerimientos para la reexpresión del estado de situación financiera de apertura.

Propiedades de inversión

FC133 La NIC 40 permite la elección de política contable entre el valor razonable con cambios en resultados o el modelo de costo-depreciación-deterioro del valor (con algunas excepciones limitadas). Una entidad que siga el modelo de costo-depreciación-deterioro del valor está obligada a revelar información suplementaria sobre el valor razonable de sus propiedades de inversión. La *NIIF para las PYMES* no contiene una elección similar de política contable, sino que la contabilización de las propiedades de inversión depende de las circunstancias. Si una entidad conoce o puede medir el valor razonable de una partida de propiedades de inversión sin un costo o esfuerzo desproporcionado, debe usar el modelo del valor razonable con cambios en resultados para esa propiedad de inversión. Debe usar el modelo de costo-depreciación-deterioro del valor para otras propiedades de inversión. A diferencia de la NIC 40, la *NIIF para las PYMES* no requiere información a revelar sobre los valores razonables de las propiedades de inversión medidas sobre la base del costo.

Subvenciones del gobierno

FC134   La *NIIF para las PYMES* requiere un solo método simplificado para la contabilización de todas las subvenciones del gobierno. Todas las subvenciones se reconocen como ingresos cuando se cumplen las condiciones de desempeño exigidas, o antes si no existen tales condiciones de desempeño. Todas las subvenciones se miden al valor razonable del activo recibido o por recibir. La NIC 20 permite otros métodos que no se permiten en la *NIIF para las PYMES*.

Excepción al método lineal para los arrendatarios en arrendamientos operativos cuando los pagos compensan al arrendador por la inflación

FC135   La *NIIF para las PYMES* no requiere que un arrendatario reconozca los pagos de un arrendamiento operativo de forma lineal si los pagos al arrendador están estructurados de forma que se incrementen en línea con la inflación general esperada (en función de índices o estadísticas publicados) para compensar los incrementos de costo por inflación esperados del arrendador. Esta excepción a la base lineal no está incluida en la NIC 17 *Arrendamientos*.

Falta de exigencia de revisión anual de la vida útil, el valor residual y el método de depreciación/amortización

FC136   La *NIIF para las PYMES* no requiere una revisión anual de la vida útil, del valor residual, y del método de depreciación o amortización de las propiedades, planta y equipo y los activos intangibles. En su lugar, solo se requiere una revisión si hay alguna indicación de que se ha producido un cambio significativo desde la última fecha anual sobre la que se haya informado. Las NIC 16 y NIC 38 requieren revisiones como mínimo al final de cada periodo anual.

Simplificaciones consideradas pero no adoptadas

FC137   Al desarrollar la *NIIF para las PYMES*, el Consejo consideró algunas simplificaciones de reconocimiento y medición que decidió no adoptar. Algunas de estas simplificaciones potenciales se identificaron en las normas contables nacionales existentes para las PYMES. Algunas fueron propuestas por las partes constituyentes del Consejo, en sus respuestas al documento de discusión de 2004 o al cuestionario de reconocimiento y medición de 2005. Estas propuestas, y las razones por las que el Consejo las rechazó, se describen en los párrafos FC138 a FC150.

No requerir un estado de flujos de efectivo

FC138   Algunos sugirieron que el Consejo no debería requerir que las PYMES preparen un estado de flujos de efectivo. Algunos de los que mantuvieron esta opinión, creían que elaborar un estado de flujos de efectivo es gravoso. Algunos sostuvieron que los usuarios de los estados financieros de las PYMES no encuentran útil el estado de flujos de efectivo.

FC139   En el Consejo se destacó que cuando se dispone de un estado de situación financiera comparativo (con importes del principio y del final del periodo contable sobre el que se informa) y de un estado de resultados, la elaboración de un estado de flujos de efectivo no es una tarea difícil o costosa en tiempo y dinero. Los marcos de contabilidad de la mayoría de las jurisdicciones requieren que un amplio grupo de entidades, incluidas las PYMES, elaboren un estado de flujos de efectivo. Además, la gran mayoría de los usuarios de los estados financieros de las PYMES que han mantenido comunicación con el Consejo—incluyendo prestamistas particulares y acreedores a corto plazo—indicaron que el estado de flujos de efectivo es útil para ellos.

Tratamiento de todos los arrendamientos como arrendamientos operativos

FC140   En la NIC 17, los derechos y obligaciones de un arrendatario en arrendamiento no se reconocen en el estado de situación financiera cuando el arrendamiento se clasifica como operativo. Aunque los arrendatarios obtienen derechos e incurren en obligaciones en todos los arrendamientos, los arrendamientos financieros crean obligaciones sustancialmente equivalentes a aquéllas que surgen cuando un activo se compra a crédito. La información sobre estos activos y obligaciones es importante para las decisiones de préstamo y otros créditos. Tratar todos los arrendamientos como arrendamientos operativos eliminaría información útil del estado de situación financiera.

Tratamiento de todos los planes de beneficios a los empleados como planes de aportaciones definidas

FC141   Al igual que con los arrendamientos, los usuarios de los estados financieros están preocupados por las "obligaciones fuera del balance". Muchas jurisdicciones requieren por ley que las PYMES proporcionen beneficios que son equivalentes a los planes de pensiones de beneficios definidos—por ejemplo, beneficios después de un largo tiempo de servicio. Los usuarios de los estados financieros de las PYMES, coherentemente, dicen que la información sobre el estado de la financiación de tales obligaciones es útil e importante para ellos.

Método del contrato terminado para contratos de construcción

FC142   El método del contrato terminado puede producir un resultado contable potencialmente engañoso para un contratista de construcción, con años iniciales sin beneficios, seguidos del reconocimiento completo de los beneficios cuando se termine la construcción. Muchos contratistas de construcción son PYMES. La fluctuación entre años de grandes beneficios y años de grandes pérdidas puede aumentarse para las PYMES, porque suelen tener menos contratos que las entidades grandes. Los usuarios de los estados financieros han dicho al Consejo que, para un contratista de construcción, el método del porcentaje de terminación proporciona información que ellos encuentran más útil que el método del contrato terminado.

Menos provisiones

FC143   Las provisiones son pasivos cuyo vencimiento o importe son inciertos. A pesar de las incertidumbres, son obligaciones que cumplen el criterio de reconocimiento de pasivos. Los usuarios de los estados financieros de las PYMES, coherentemente, dicen que quieren que se reconozcan estas obligaciones en el estado de situación financiera, con las incertidumbres de medición explicadas.

No reconocimiento de pagos basados en acciones

FC144   La falta de reconocimiento es incoherente con las definiciones de los elementos de los estados financieros, especialmente de la referente a los gastos. Además, los usuarios de los estados financieros generalmente mantienen la opinión de que los pagos basados en acciones a empleados deben reconocerse como gasto por remuneración porque (a) se pretende que sea una remuneración, (b) implican dar algo de valor a cambio de servicios y (c) el consumo de servicios recibidos de los empleados es un gasto. Aunque la Sección 26 requiere el reconocimiento del gasto, también proporciona una medición simplificada en comparación con la NIIF 2.

Falta de reconocimiento de impuestos diferidos

FC145   Algunos apoyan el "método de los impuestos a pagar" para la contabilización del impuesto a las ganancias. Según este método, sólo se reconoce el impuesto a las ganancias corriente a pagar o a devolver. Un buen número de usuarios de los estados financieros de las PYMES no están de acuerdo con el método de los impuestos a pagar. Destacan que los impuestos diferidos son pasivos (o a veces activos) que pueden dar lugar a importantes salidas (entradas) de efectivo en un futuro próximo y, por lo tanto, deben reconocerse. Incluso aquellos usuarios de estados financieros que no están de acuerdo con que deban reconocerse los pasivos por impuestos diferidos o activos por impuestos diferidos, quieren generalmente conocer los importes, causas y demás información revelada en las notas. La revelación de información en las notas implicaría el mismo esfuerzo de seguimiento y cálculo para las PYMES que el reconocimiento, pero sería incoherente con los principios de reconocimiento de activos y pasivos contenidos en el *Marco Conceptual*. El Consejo concluyó que dejar de aplicar los principios de reconocimiento fundamentales de la NIC 12, mientras se requiere la revelación de información que los usuarios de los estados financieros de las PYMES encuentran útil, no está justificado con un criterio de costo-beneficio. Además, el Consejo considera que los impuestos diferidos cumplen los requerimientos para el reconocimiento como activos y pasivos, y además pueden medirse con fiabilidad.

Modelo del costo para toda la agricultura

FC146   No solo se considera generalmente al valor razonable como la forma de medición más relevante en este sector industrial, sino que los precios de cotización están a menudo fácilmente disponibles, los mercados son activos y la medición del costo es realmente más gravosa y arbitraria por las múltiples distribuciones que se requieren. Además, los gerentes de la mayoría de las PYMES dedicadas a actividades agrícolas dicen que gestionan a partir de los precios de mercado u otras medidas de valor corriente, y no a partir de los costos históricos. Los usuarios también cuestionan la falta de significado de los importes objeto de distribución incluidos en los costes calculados para este sector industrial.

Estados financieros no consolidados

FC147　En muchos países, las PYMES se organizan en dos o más entidades legales por razones fiscales o por otras razones legales, incluso aunque operen como una entidad económica. Inversores, prestamistas y otros usuarios de los estados financieros de las PYMES dicen que encuentran útil para sus decisiones la información sobre la situación financiera, los resultados de operación y los flujos de efectivo de la entidad económica. Señalan que no pueden usar los estados financieros separados de las entidades legales, porque dichas entidades a menudo realizan transacciones entre ellas que no necesariamente son estructuradas, o cuyos precios no se fijan como se harían en operaciones entre partes en condiciones de independencia mutua. En estas circunstancias, los importes incluidos en los estados separados reflejan transacciones internas (por ejemplo, ventas entre las entidades legales) que no son transacciones de la entidad económica con otras entidades económicas. Además, las entidades se gestionan a menudo de forma conjunta, y los préstamos están garantizados mutuamente. A juicio del Consejo, los estados consolidados son esenciales para los usuarios cuando dos entidades operan como una sola entidad económica.

Reconocimiento de todas las partidas de ingreso y gasto en resultados

FC148　La *NIIF para las PYMES* requiere que las PYMES reconozcan las partidas de ingreso o gasto en el otro resultado integral, en vez de en resultados, en tres circunstancias:

(a)　El párrafo 12.23 requiere que las PYMES reconozcan los cambios en el valor razonable de algunos instrumentos de cobertura en otro resultado integral.

(b)　El párrafo 28.24 da a las PYMES la opción de reconocer las ganancias y pérdidas actuariales en resultados o en otro resultado integral.

(c)　El párrafo 30.13 establece que, en los estados financieros consolidados, las PYMES deben reconocer en otro resultado integral las diferencias de cambio en moneda extranjera (ganancia o pérdida) que surjan de una partida monetaria que forma parte de la inversión neta en un negocio en el extranjero de la entidad que informa (subsidiaria, asociada o negocio conjunto).

FC149　Al desarrollar la *NIIF para las PYMES*, el Consejo consideró si requerir que las PYMES reconocieran las ganancias y pérdidas por diferencias de cambio de la moneda extranjera y las ganancias y pérdidas actuariales solo en los resultados, en lugar de hacerlo como parte del otro resultado integral. Puesto que la *NIIF para las PYMES* requiere que las PYMES presenten un estado del resultado integral, el Consejo decidió no requerir la presentación de dichas ganancias y pérdidas en los resultados.

FC150   Como el Consejo ha comenzado un proyecto integral sobre instrumentos financieros, como parte de su programa de convergencia con el Consejo de Normas de Contabilidad Financiera de los EE.UU., no consideró, en este momento, requerir a las PYMES reconocer los cambios en el valor razonable de todos los instrumentos de cobertura en resultados.

Cuestiones tratadas en la *NIIF para las PYMES* que no se abordan en las NIIF completas

FC151   La *NIIF para las PYMES* trata varias cuestiones que, a juicio del Consejo, son relevantes para las PYMES pero no se abordan en las NIIF completas:

(a)   Estados financieros combinados (párrafos 9.28 a 9.30).

(b)   Emisión inicial de acciones u otros instrumentos de patrimonio (párrafos 22.7 a 22.10).

(c)   Venta de opciones, derechos y certificados de opciones para compra de acciones (warrants) (párrafo 22.11).

(d)   Capitalización de ganancias o emisiones gratuitas y división de acciones (párrafo 22.12).

Reversión opcional a las NIIF completas por una entidad que utiliza las *NIIF para las PYMES*

FC152   El Consejo consideró si debiera permitirse que una entidad que utiliza la *NIIF para las PYMES* elija aplicar un principio de reconocimiento o de medición permitido en las NIIF completas que difiera del principio requerido en la sección correspondiente de la *NIIF para las PYMES*.

FC153   Algunos propusieron que la *NIIF para las PYMES* debería, en efecto, contener "simplificaciones opcionales de las NIIF". Dentro de este grupo, había dos corrientes de pensamiento:

(a)   Una corriente permitiría que las PYMES revirtiesen a las NIIF completas principio a principio, mientras que para otros aspectos se utilizaría la *NIIF para las PYMES*.

(b)   La segunda corriente permitiría que las PYMES revirtiesen a las NIIF en su integridad, pero no principio a principio, mientras que para otros aspectos se utilizaría la *NIIF para las PYMES*. Quienes mantienen este punto de vista creen que los principios de reconocimiento y medición en las NIIF completas están tan interrelacionados que deben considerarse como un paquete integrado.

FC154   El punto de vista alternativo es que a una entidad se le debe requerir que opte únicamente entre la aplicación en su totalidad de las NIIF completas y la aplicación completa de la *NIIF para las PYMES*. El Consejo comparte esta opinión (con la única excepción de la opción de aplicar la NIC 39 para los motivos descritos en el párrafo FC106). Permitir a las PYMES revertir opcionalmente a las NIIF completas, tanto principio a principio como norma por norma, mientras se continúa utilizando la *NIIF para las PYMES* para otras transacciones y circunstancias, daría lugar a una falta de comparabilidad significativa. De forma no deseada, las PYMES tendrían prácticamente una infinita variedad de combinaciones de políticas contables para elegir.

Simplificaciones de presentación

FC155   Sobre la base de las necesidades de los usuarios de los estados financieros de las PYMES y los costos para las entidades más pequeñas, el Consejo concluyó que la *NIIF para las PYMES* debería reflejar las siguientes simplificaciones de presentación de estados financieros:

(a)   No se debe requerir a una entidad presentar un estado de situación financiera al principio del primer periodo comparativo, cuando la entidad aplique una política contable de forma retroactiva o realice una reexpresión retroactiva de partidas en sus estados financieros, o cuando reclasifique partidas en sus estados financieros. La NIC 1 requeriría esta presentación.

(b)   Todos los activos y pasivos por impuestos diferidos se deben clasificar como activos o pasivos no corrientes. El proyecto de norma *Impuesto a las Ganancias* del Consejo propone que los impuestos y pasivos diferidos deben clasificarse como corrientes o no corrientes en función de la clasificación en el estado de situación financiera del activo o pasivo, que no tenga carácter impositivo, relacionado.

(c)   A una entidad se le permite presentar un solo estado de resultados y ganancias acumuladas, en lugar de un estado del resultado integral y un estado de cambios en el patrimonio, si los únicos cambios en su patrimonio durante los periodos para los que se presentan estados financieros surgen del resultado, pago de dividendos, correcciones de errores de periodos anteriores y cambios de políticas contables. Esta opción no existe en las NIIF completas.

Simplificaciones de la información a revelar

FC156   Los requerimientos de información a revelar en la *NIIF para las PYMES* han sido considerablemente reducidos en comparación con los requerimientos de información a revelar que contienen las NIIF completas. Las razones para estas reducciones son fundamentalmente de cuatro tipos:

(a)   Alguna información a revelar no está incluida porque está relacionada con temas cubiertos por las NIIF que se han omitido en la *NIIF para las PYMES* (véase el párrafo FC88).

(b)   Alguna información a revelar no se ha incluido porque está relacionada con principios de reconocimiento y medición de las NIIF completas que han sido reemplazados por simplificaciones en la *NIIF para las PYMES* (véanse los párrafos FC98 a FC136).

(c)   Alguna información a revelar no se ha incluido porque está relacionada con opciones de las NIIF completas que no se han incluido en la *NIIF para las PYMES* (véanse los párrafos FC84 a FC86).

(d)   Alguna información a revelar no se ha incluido sobre la base de las necesidades de los usuarios o por consideraciones de costo-beneficio (véanse los párrafos FC44 a FC47, FC157 y FC158).

FC157   La evaluación de la información a revelar según las necesidades de los usuarios no fue fácil, porque los usuarios de los estados financieros tienden a favorecer la exigencia de más información a revelar, en lugar de menos. El Consejo se guió por los siguientes principios generales:

(a)   Los usuarios de los estados financieros de las PYMES están particularmente interesados en información sobre los flujos de efectivo a corto plazo y sobre obligaciones, compromisos y contingencias, estén o no estén reconocidos como pasivos. La información a revelar en las NIIF completas, que proporcionan este tipo de información, es necesaria también para las PYMES.

(b)   Los usuarios de los estados financieros de las PYMES están particularmente interesados en información sobre la liquidez y la solvencia. La información a revelar en las NIIF completas, que proporcionan este tipo de información, es necesaria también para las PYMES.

(c)   La información sobre incertidumbres de medición es importante para las PYMES.

(d)   La información sobre las elecciones de políticas contables de una entidad es importante para las PYMES.

(e)   La desagregación de los importes presentados en los estados financieros de las PYMES es importante para comprenderlos.

(f)   Alguna información a revelar en las NIIF completas es más relevante para las decisiones de inversión en mercados públicos de capitales que para las transacciones y otros sucesos y condiciones que tienen lugar en las PYMES típicas.

FC158   El Consejo también se apoyó en las recomendaciones del grupo de trabajo, que realizó una revisión global de las propuestas de información a revelar en el proyecto de norma, así como de los comentarios a estas propuestas en las respuestas al proyecto de norma. El grupo de trabajo envió sus recomendaciones globales al Consejo en julio de 2008. Además, el personal del Comité de Normas de Contabilidad alemán se reunión con representantes de seis bancos alemanes que conceden préstamos a pequeñas entidades no cotizadas, y proporcionaron al IASB un informe global sobre las necesidades de información a revelar desde la perspectiva de un banco prestamista.

Por qué un volumen separado en lugar de secciones añadidas a cada NIIF

FC159   El Consejo vio ventajas en los dos enfoques: publicar la *NIIF para las PYMES* en un volumen separado y publicar una sección independiente en cada NIIF individual (incluyendo Interpretaciones). Las principales ventajas de un volumen separado son:

(a)   Facilidad de uso para quienes deseen aplicar la *NIIF para las PYMES*. Si la *NIIF para las PYMES* aborda las transacciones, sucesos y condiciones que habitualmente tienen lugar en las PYMES, gran parte del material de las NIIF completas no tendría normalmente aplicación para las PYMES;

(b)   La *NIIF para las PYMES* puede diseñarse utilizando un lenguaje simplificado, sin los detalles que son necesarios en las NIIF completas.

FC160   Entre las ventajas de incluir los requerimientos para las PYMES como una sección separada de cada NIIF (incluyendo Interpretaciones) se incluyen las siguientes:

(a)   Se destacan las modificaciones y exenciones.

(b)   La facilitación de su uso, en la medida que las PYMES puede elegir consultar las NIIF completas, por incluirse tanto los requerimientos para las PYMES como las normas completas en un único lugar.

(c)   La reducción de la probabilidad de que, al redactar la *NIIF para las PYMES*, surja una diferencia involuntaria entre una NIIF y los requerimientos relacionados en la *NIIF para las PYMES*.

FC161   Los que respondieron al documento de discusión estuvieron por lo general a favor del enfoque de un volumen separado. Sopesando lo anterior y por las razones expuestas en el párrafo FC159, el Consejo estuvo de acuerdo.

Por qué la organización por temas

FC162   El Consejo vio ventajas tanto en la organización secuencial de los requerimientos para las PYMES, de forma similar a las NIIF completas, como en la organización por temas. La utilización del mismo sistema de organización y numeración que en las NIIF completas permitiría al usuario establecer la conexión con las NIIF completas para buscar guías adicionales en una determinada cuestión contable. La organización por temas, por otro lado, haría posible que la *NIIF para las PYMES* fuera más parecida a un manual de referencia, que es probablemente el modo que será utilizado, y por tanto sería más cómodo de usar. La indexación podría minimizar los beneficios de uno de estos enfoques sobre el otro. El suministro de la *NIIF para las PYMES* en formato electrónico podría también minimizar los beneficios de un enfoque sobre el otro. La mayoría de los que respondieron al documento de discusión y el proyecto de norma estuvieron a favor de la organización por temas. Sopesando lo anterior, al Consejo le parecieron convincentes los beneficios de un manual de referencia organizado por temas.

El plan del Consejo para mantener (actualizar) la *NIIF para las PYMES*

FC163   En el documento de discusión, el Consejo expresó una opinión inicial según la cual "una vez que la *NIIF para las PYMES* inicial tenga vigencia, simultáneamente con cada proyecto de norma de una NIIF y con cada proyecto de Interpretación, y probablemente como parte de dichos documentos, el Consejo propondrá los requerimientos relacionados para las PYMES. Las fechas de vigencia de los requerimientos nuevos o revisados para las PYMES serían probablemente las mismas fechas de vigencia que para las NIIF nuevas o revisadas (incluyendo a las Interpretaciones)". En general, los que respondieron al documento de discusión no estuvieron de acuerdo con este enfoque. Explicaron que dado que las PYMES no tienen recursos contables internos o la posibilidad de contratar a asesores contables de una forma continuada, la *NIIF para las PYMES* debía actualizarse sólo periódicamente quizás sólo una vez cada dos o tres años. También destacaron que cada nueva NIIF o Interpretación o modificación a una NIIF o Interpretación no tiene por qué afectar a la *NIIF para las PYMES*. Sobre la base de las necesidades de los usuarios o consideraciones costo-beneficio, algunos de esos cambios pueden ser relevantes sólo para las NIIF completas. Además, pueden existir ciertos cambios en la *NIIF para las PYMES* que sean apropiados incluso aunque las NIIF completas no cambien.

FC164   De acuerdo con la manera de pensar del Consejo y de los que respondieron, los beneficios principales de considerar los cambios en la *NIIF para las PYMES* al mismo tiempo que se propone cada nueva NIIF o cada modificación a una NIIF existente, consisten en anular el desfase de tiempo entre el momento en que los cambios afectan a las NIIF completas y el momento en que cambios similares afectan a la *NIIF para las PYMES*, y también en evitar normas potencialmente diferentes entre las NIIF completas y la *NIIF para las PYMES*.

FC165   Sopesando lo anterior, el Consejo encontró en general convincentes los argumentos establecidos en el párrafo FC163 para las actualizaciones periódicas, y no contemporáneas, de la *NIIF para las PYMES*. Los párrafos P16 a P18 del Prólogo de la *NIIF para las PYMES* explican el plan del Consejo para el mantenimiento de la *NIIF para las PYMES*.

Fundamentos de las Conclusiones sobre las Modificaciones de 2015 a la Norma

Revisión integral inicial (2015)

Antecedentes

Razones para llevar a cabo la revisión inicial

FC166   Cuando se emitió la *NIIF para las PYMES*, el IASB señaló su plan de llevar a cabo una revisión integral inicial de la *NIIF para las PYMES* que permitiera la evaluación de la experiencia que las entidades habrían tenido para implementarla y considerar si había necesidad de introducir modificaciones. Las jurisdicciones no comenzaron a usar la *NIIF para las PYMES* en una fecha congruente. Sin embargo, en 2010, algunas entidades en varias jurisdicciones habían adoptado esta Norma. Por consiguiente, el IASB decidió comenzar su revisión integral inicial en 2012. El IASB también señaló que, después de la revisión inicial, esperaba considerar las modificaciones a la *NIIF para las PYMES* aproximadamente una vez cada tres años. El párrafo FC264 cubre el tratamiento del IASB sobre el procedimiento para revisiones futuras de la *NIIF para las PYMES*.

Petición de Información (PdI)

FC167   En junio de 2012, el IASB emitió una Petición de Información (PdI) como el primer paso de su revisión integral inicial. La PdI se desarrolló junto con el Grupo de Implementación de las PYMES (GIPYMES). El GIPYMES es un organismo asesor del IASB que fue establecido por la Fundación IFRS en 2010. El objetivo del GIPYMES es apoyar la adopción internacional de la *NIIF para las PYMES* y seguir su implementación.

FC168   El objetivo de la PdI era solicitar las opiniones de quienes habían estado aplicando la *NIIF para las PYMES*, quienes habían estado utilizando la información financiera preparada de acuerdo con la *NIIF para las PYMES* y el resto de partes interesadas, sobre si había necesidad de realizar modificaciones a esta norma y, si es así, qué modificaciones deben realizarse. La PdI no contenía opiniones preliminares del IASB o del SMEIG. El IASB recibió 89 cartas de comentarios sobre la PdI. Un resumen detallado del análisis de las cartas de comentarios se proporcionó a los miembros del GIPYMES en su reunión de febrero de 2013 y a los miembros del IASB en los documentos de la agenda para sus reuniones de marzo-mayo 2013. Estos documentos de la agenda están disponibles en el sitio web del IASB (www.ifrs.org).

Proyecto de Norma (PN 2013)

FC169   En octubre de 2013, el IASB emitió un Proyecto de Norma de modificaciones propuestas a la *NIIF para las PYMES* (el "PN de 2013"). Tras considerar la información recibida sobre la PdI, y teniendo en cuenta el hecho de que la *NIIF para las PYMES* es, todavía, una Norma nueva, el IASB propuso realizar modificaciones relativamente limitadas a la *NIIF para las PYMES*.

FC170   En total, el IASB propuso 57 modificaciones en el PN de 2013. Con la excepción de las modificaciones propuestas a la Sección 29 , cada modificación individual solo afectó a unas pocas frases o palabras de la *NIIF para las PYMES*. Además, la mayoría de las modificaciones propuestas pretendían aclarar los requerimientos existentes o añadir guías de apoyo, en lugar de proponer cambios a los requerimientos subyacentes de la *NIIF para las PYMES*. Por consiguiente, para la mayoría de las PYMES, se esperaba que las propuestas mejoraran la comprensión de los requerimientos existentes, sin que dieran lugar necesariamente a cambios en las prácticas o a cambios que afectasen a los estados financieros.

FC171   El Consejo recibió 57 cartas de comentarios sobre el PN de 2013. Un resumen detallado del análisis de las cartas de comentarios se proporcionó al IASB en su reunión de mayo de 2014 y al GIPYMES en julio de 2014. De marzo a mayo de 2014, el personal técnico realizó actividades de difusión externa adicionales con suministradores de financiación a las PYMES para complementar las opiniones que había recibido de otras partes interesadas sobre la PdI y el PN de 2013. Un resumen de estas actividades de difusión externa se proporcionó al IASB en octubre de 2014. Estos resúmenes están disponibles en los documentos de la agenda en el sitio web del IASB.

Recomendaciones GIPYMES

FC172   En febrero de 2013 el GIPYMES se reunió para tratar los comentarios recibidos sobre la PdI y para desarrollar un informe de recomendaciones para el IASB sobre modificaciones posibles a la *NIIF para las PYMES*. El informe se publicó en el sitio web del IASB en marzo de 2013. En julio de 2014, el GIPYMES también consideró los comentarios del público recibidos sobre el PN de 2013 y desarrolló un segundo informe de recomendaciones para el IASB sobre las propuestas del PN de 2013. El segundo informe se publicó en el sitio web del IASB en octubre de 2014. Todas menos una de las recomendaciones que fueron apoyadas por una mayoría de miembros del GIPYMES en el segundo informe son congruentes con las decisiones del IASB durante sus nuevas deliberaciones sobre el PN de 2013. La excepción está considerando permitir el modelo de revaluación para propiedades, planta y equipo para las cuales las opiniones de los miembros del GIPYMES estaban muy igualadas.

Cambios en las propuestas del PN de 2013

FC173   La mayoría de los que respondieron al PN de 2013 apoyaron la mayoría de los cambios propuestos en el PN de 2013. Lo siguiente es un resumen de las cuestiones principales planteadas por los que respondieron:

(a)   La preocupación más común era la decisión del IASB de no proponer una opción de política contable para la revaluación de las propiedades, planta y equipo. Algunos de los que respondieron también expresaron su preocupación de que el IASB no hubiera propuesto opciones para capitalizar los costos de desarrollo o por préstamos (véanse los párrafos FC208 a FC214).

(b)   Muchos de los que respondieron comentaron el enfoque propuesto por el IASB para tratar las Normas NIIF completas nuevas y revisadas (véanse los párrafos FC185 a FC207). Las cuestiones más comunes planteadas fueron las siguientes:

    (i)   Los criterios usados para evaluar los cambios en las NIIF completas deben aclararse.

    (ii)   Algunos de los que respondieron dijeron que no deben introducirse cambios en la *NIIF para las PYMES* hasta que exista experiencia de implementación suficiente bajo las NIIF completas. Por el contrario, otros dijeron que la *NIIF para las PYMES* debe alinearse estrechamente con las NIIF completas sin un lapso importante de tiempo.

    (iii)   La identificación mejor de las necesidades de los usuarios de los estados financieros de las PYMES.

    (iv)   Las simplificaciones según la NIC 19, emitida en junio de 2011, deben incorporarse durante esta revisión.

(c)   Muchos de los que respondieron comentaron sobre el alcance de la *NIIF para las PYMES* (véanse los párrafos FC178 a FC184 y FC191 a FC193). Las cuestiones más comunes planteadas fueron las siguientes:

    (i)   El alcance no debe restringirse a entidades sin obligación pública de rendir cuentas;

(ii)   Existe una discrepancia entre el alcance (todas las entidades sin obligación pública de rendir cuentas) y el objetivo principal del IASB, al desarrollar la *NIIF para las PYMES* en el PN de 2013 (repetido en el párrafo FC187), que parece centrarse en las entidades sin obligación pública de rendir cuentas más pequeñas/menos complejas; y

(iii)   la *NIIF para las PYMES* es demasiado compleja para entidades pequeñas gestionadas por el propietario.

(d)   La mayoría de los que respondieron apoyaron la alineación de la Sección 29 con la NIC 12. Sin embargo, alrededor de la mitad de los que respondieron también sugerían simplificaciones o modificaciones a las propuestas (véanse los párrafos FC219 a FC223).

(e)   Relativamente pocos de los que respondieron hicieron comentarios sobre muchas de las otras modificaciones propuestas en el PN de 2013 o hicieron otros comentarios sobre requerimientos específicos en la *NIIF para las PYMES*. Sin embargo, el IASB deliberó nuevamente sobre las cuestiones siguientes, que fueron las principales sobre las que enviaron comentarios:

(i)   aplicación del "esfuerzo o costo desproporcionado" (modificación propuesta (MP) 3 en el PN de 2013)—véase el párrafo FC233;

(ii)   definición de los instrumentos financieros básicos (MP 14)—véase el párrafo FC246;

(iii)   requerimientos para estimar la vida útil de la plusvalía/otros activos intangibles (MP21/26)—véase el párrafo FC247;

(iv)   exención de los requerimientos para compensar los activos y pasivos por impuesto a las ganancias (MP 45)—véase el párrafo FC222;

(v)   consolidación de las entidades del grupo con fechas de información diferentes (MP 9)—véase el párrafo FC255(f);

(vi)   uso de la exención por esfuerzo o costo desproporcionado en una combinación de negocios (MP 25)—véase el párrafo FC241;

(vii) contabilización de las actividades extractivas (MP 49)—véanse los párrafos FC224 a FC226;

(viii) agrupación de partidas en otro resultado integral (MP 6)—véase el párrafo FC203;

(ix)   diferencias de cambio acumuladas en la disposición de una subsidiaria (MP 10)—véase el párrafo FC234;

(x)   información a revelar sobre la política contable para beneficios por terminación (MP 43)—véase el párrafo FC253;

(xi)   subsidiarias adquiridas y mantenidas para la venta (MP 8)—véase el párrafo FC255(e);

(xii) distribución de activos distintos al efectivo (MP 34)—véase el párrafo FC239;

(xiii)   evidencia mejor del valor razonable (MP 15)–véase el párrafo FC255(k); y

(xiv)   clasificación de las piezas de repuesto (MP 20)–véase el párrafo FC205.

(f)   La mayoría de los que respondieron apoyaron las propuestas del PN de 2013, para los requerimientos de transición y la fecha de vigencia. Sin embargo, una minoría significativa pensaba que debe haber una exención de la aplicación retroactiva para algunas o todas las modificaciones propuestas, en concreto para los cambios propuestos en la Sección 29 (véanse los párrafos FC256 a FC263).

FC174   El resultado de las nuevas deliberaciones sobre las cuestiones planteadas es que se han realizado tres cambios significativos y otros diez cambios más a las propuestas del PN de 2013, excluyendo cambios menores de diseño.

FC175   Los tres cambios significativos son:

(a)   permitir un modelo de revaluación para las propiedades, planta y equipo (véanse los párrafos FC208 a FC212);

(b)   simplificar los requerimientos de transición (véanse los párrafos FC256 a FC260); y

(c)   alinear los requerimientos principales para el reconocimiento y medición de activos para exploración y evaluación con la NIIF 6 *Exploración y Evaluación de Recursos Minerales* (véanse los párrafos FC224 a FC226).

FC176   El resto de cambios son:

(a)   requerir que para cada exención por esfuerzo o costo desproporcionado en la *NIIF para PYMES*, una PYME deba revelar cuándo ha usado la exención y las razones para hacerlo;

(b)   requerir que las propiedades de inversión medidas al costo menos la depreciación y deterioro de valor acumulados se presenten por separado en el cuerpo del estado de situación financiera;

(c)   añadir guías que aclaren la contabilización de una subsidiaria adquirida con intención de venderla o disponer de ella dentro de un año si dicha subsidiaria no se ha vendido o dispuesto durante ese marco temporal;

(d)   permitir que una PYME contabilice las inversiones en subsidiarias, asociadas y entidades controladas de forma conjunta en sus estados financieros separados usando el método de la participación, sobre la base de los cambios similares en *Método de la Participación en los Estados Financieros Separados* (Modificaciones a la NIC 27), emitida en agosto de 2014;

(e)   aclarar el criterio para los instrumentos financieros básicos en el párrafo 11.9 de la *NIIF para las PYMES* y añadir ejemplos de acuerdo de préstamo simples que cumplan ese criterio;

(f)   incorporar la exención en el párrafo 70 de la NIC 16 que permite que una entidad use el costo de la pieza de sustitución como un indicador de cuál fue el costo de la pieza sustituida en el momento en que se adquirió o construyó, si no fuera practicable determinar el importe en libros de una parte del elemento de propiedades, planta y equipo que ha sido sustituido;

(g)   añadir una exención por esfuerzo o costo desproporcionado al requerimiento de medir el pasivo para pagar un dividendo distinto al efectivo a valor razonable de los activos distintos al efectivo a distribuir;

(h)   unas pocas modificaciones adicionales a la Sección 29, incluyendo la aclaración de la redacción de la exención de los requerimientos para compensar activos y pasivos por impuesto a las ganancias;

(i)   modificar la definición de una parte relacionada para incluir una entidad de gestión que proporciona los servicios del personal clave de la gerencia, sobre la base de cambios similares a los de *Mejoras Anuales a las NIIF, Ciclo 2010-2012*, emitida en diciembre de 2013; y

(j)   no modificar la definición de un pasivo financiero como propuso el PN de 2013 para incorporar *Clasificación de las Emisiones de Derechos* (Modificaciones a la NIC 32), emitida en octubre de 2009.

FC177   Los párrafos FC178 a FC234 y FC264 cubren el tratamiento del IASB de las principales cuestiones identificadas durante la revisión integral y cómo se resolvieron. Los párrafos FC235 a FC255 enumeran todos los cambios realizados a la *NIIF para las PYMES* y proporcionan las razones del IASB para hacer esos cambios en la medida en que la explicación no está ya cubierta en FC178 a FC234. Los párrafos FC256 a FC263 explican las consideraciones del IASB para establecer los requerimientos de transición y la fecha de vigencia. Los párrafos FC265 a FC272 proporcionan un análisis de los efectos probables de las modificaciones.

Principales cuestiones identificadas en la revisión integral inicial

Alcance de la *NIIF para las PYMES*

FC178   El IASB abordó en primer lugar las cuestiones relacionadas con el alcance. El IASB destacó que era importante para aclarar las entidades a las que está dirigida la *NIIF para las PYMES* antes de decidir qué tipo de modificaciones a esta Norma deben realizarse.

Uso de la NIIF para las PYMES *por entidades con obligación pública de rendir cuentas*

FC179   Algunos de los que respondieron a la PdI y al PN de 2013 señalaron que el alcance no debe restringirse a entidades con obligación pública de rendir cuentas. Por consiguiente, el IASB consideró si el párrafo 1.5 de la *NIIF para las PYMES* es demasiado restrictivo y si las jurisdicciones deberían tener la autoridad de decidir si las entidades con obligación pública de rendir cuentas deben poder utilizar y declarar el cumplimiento con la *NIIF para las PYMES*.

FC180 El IASB observó que la *NIIF para las PYMES* estaba específicamente diseñada para PYMES y los usuarios de los estados financieros de las PYMES y, por ello, podría no ser apropiada para un grupo más amplio de entidades. Además, el IASB destacó que si se ampliaba el alcance para incluir algunas entidades con obligación pública de rendir cuentas, ello podía conducir a realizar cambios en la *NIIF para las PYMES*, para abordar cuestiones que pudieran surgir de ese grupo más amplio, lo cual incrementaría su complejidad. El IASB también tuvo reservas sobre los riesgos asociados con el uso inapropiado de la *NIIF para las PYMES* si se eliminaba la restricción del párrafo 1.5 de la *NIIF para las PYMES* sobre que las entidades con obligación pública de rendir cuentas utilicen esta Norma. Una mayoría de miembros del Consejo Asesor de las NIIF y del GIPYMES compartieron las reservas del IASB y recomendaron conservar el requerimiento del párrafo 1.5 que impide que las entidades con obligación pública de rendir cuentas declaren el cumplimiento con la *NIIF para las PYMES*.

FC181 Después de considerar las respuestas al PN de 2013, el IASB decidió que no había información nueva que condujera al IASB a reconsiderar su decisión anterior. Por consiguiente, decidió conservar el párrafo 1.5 de la *NIIF para las PYMES*. El IASB destacó que las jurisdicciones ya pueden incorporar la *NIIF para las PYMES* en sus PCGA locales si desean permitir que ciertas entidades con obligación pública de rendir cuentas la utilicen. Sin embargo, esas entidades señalarían que cumplen con los PCGA locales, pero no con la *NIIF para las PYMES*.

Significado de en calidad de fiduciario

FC182 Algunos de quienes respondieron a la PdI dijeron que el significado de "en calidad de fiduciario" de la definición de obligación pública de rendir cuentas no estaba claro, ya que es un término con implicaciones diferentes en las distintas jurisdicciones. Sin embargo, quienes respondieron generalmente no sugirieron formas alternativas de describir la obligación pública de rendir cuentas ni indicaron qué guías ayudarían a aclarar el significado de "en calidad de fiduciario". Por consiguiente, el IASB hizo una pregunta en el PN de 2013 para averiguar más sobre las preocupaciones planteadas.

FC183 La mayoría de los que respondieron al PN de 2013 señalaron que no hay necesidad de aclarar o sustituir el término "en calidad de fiduciario". Sin embargo, unos pocos de los que respondieron destacaron que el término había creado incertidumbre sobre la implementación de la *NIIF para las PYMES* en sus jurisdicciones. El IASB observó que sería difícil proporcionar una definición del término "en calidad de fiduciario" o proporcionar guías que fueran aplicables en todas las jurisdicciones que apliquen la *NIIF para las PYMES*, debido a los requerimientos legales diferentes y tipos de entidades en jurisdicciones distintas. Además, el IASB destacó que las autoridades legislativas y reguladoras locales, y los emisores de normas en jurisdicciones individuales, pueden estar mejor situados para identificar las clases de entidades en sus jurisdicciones que mantienen activos en calidad de fiduciario para un grupo amplio de terceros como un negocio principal. Por esto, el IASB no quiere decir que esas autoridades y emisores de normas estén mejor situados para elegir qué entidades en sus jurisdicciones cumplen el criterio del párrafo 1.3(b) de la *NIIF para las PYMES*. En su lugar, el objetivo del IASB era asegurar que la definición del párrafo 1.3 se aplica en sus jurisdicciones de forma congruente de acuerdo con el alcance previsto de la *NIIF para las PYMES*. Además, el IASB destacó que esas autoridades y emisores de normas locales están también mejor situadas para decidir si otros factores pueden querer decir en sus jurisdicciones, que las NIIF completas puede ser más adecuadas para ciertas PYMES que la *NIIF para las PYMES*. Por consiguiente, el IASB decidió no proporcionar guías sobre la aplicación del término "en calidad de fiduciario".

Uso de la NIIF para las PYMES *por entidades sin fines de lucro*

FC184   Algunas partes interesadas han preguntado si la solicitud y aceptación de aportaciones harían automáticamente a una entidad sin fines de lucro una entidad con obligación pública de rendir cuentas porque esta actividad involucra que la entidad mantenga recursos financieros confiados a la misma por sus aportantes. El IASB destacó que una entidad solo tiene obligación pública de rendir cuentas si cumple los criterios del párrafo 1.3 de la *NIIF para las PYMES*. El IASB, además, destacó que el párrafo 1.4 enumera las organizaciones de beneficencia como un ejemplo de una entidad que no tiene automáticamente obligación pública de rendir cuentas si solo mantiene recursos financieros confiados a ella por otros, por razones secundarias a su actividad principal. El IASB, por ello, decidió que la *NIIF para las PYMES* es suficientemente clara en que solicitar y aceptar aportaciones no hace que las entidades sin fines de lucro tengan obligación pública de rendir cuentas.

Normas NIIF nuevas y revisadas

Introducción

FC185   La *NIIF para las PYMES* se desarrolló utilizando las NIIF completas como punto de partida y, a partir de ahí, se consideró qué modificaciones eran apropiadas en función de las necesidades de los usuarios de los estados financieros de las PYMES y de consideraciones costo-beneficio (véanse los párrafos FC95 a FC97). Por consiguiente, una de las cuestiones más significativas a la que se enfrentó el IASB fue cómo debe actualizarse la *NIIF para las PYMES* en función de las Normas NIIF completas nuevas y revisadas publicadas después de que fuera emitida la *NIIF para las PYMES* en 2009–en concreto, cómo equilibrar la importancia de mantener el alineamiento con las NIIF completas y a la vez tener una Norma estable e independiente que se centre en las necesidades de las PYMES.

FC186   Quienes respondieron a la PdI y al PN de 2013 estaban divididos sobre cómo debe actualizarse la *NIIF para las PYMES* durante esta revisión integral de Normas NIIF completas nuevas y revisadas. Las opiniones expresadas por los que respondieron estaban generalmente influidas por su comprensión del propósito de la *NIIF para las PYMES* y a qué entidades debería atender, por ejemplo:

(a)   Algunos de los que respondieron destacaron que la *NIIF para las PYMES* debería atender a subsidiarias que cumplen los requisitos para utilizar la *NIIF para las PYMES* pero que necesitan proporcionar información conforme a las NIIF completas a efectos de consolidación. Otros entre quienes respondieron pensaban que la *NIIF para las PYMES* debería actuar como una Norma intermedia para una empresa que espera la transición a las NIIF completas en el futuro. Ambos grupos preferían que la *NIIF para las PYMES* estuviera totalmente alineada con las NIIF completas, idealmente sin ningún desfase temporal, con las simplificaciones de las NIIF completas restringidas a los requerimientos de información a revelar.

(b)   Otros entre quienes respondieron destacaron que el principal propósito de la *NIIF para las PYMES* es ser una Norma independiente hecha a medida de los negocios más pequeños. Los que respondieron dijeron que mantener la alineación con las NIIF completas es menos importante y también que es más importante tener primero la experiencia de implementación de las Normas NIIF nuevas y revisadas antes de introducir esos requerimientos para las PYMES.

Los principios del IASB que tratan de las Normas NIIF completas nuevas y revisadas

FC187   El IASB observó que el principal propósito al desarrollar la *NIIF para las PYMES* fue proporcionar un conjunto simplificado e independiente de principios contables para entidades que no tienen obligación pública de rendir cuentas y que habitualmente tienen transacciones menos complejas, recursos limitados para aplicar las NIIF completas y que operan en circunstancias en las que la comparabilidad con sus pares cotizados no es una consideración importante. El IASB también destacó su decisión de no ampliar el alcance de la *NIIF para las PYMES* para permitir que entidades con obligación pública de rendir cuentas la utilicen.

FC188   Con este propósito principal en mente, el IASB consideró un marco sobre cómo tratar las Normas NIIF completas nuevas y revisadas durante esta revisión integral y revisiones futuras de la *NIIF para las PYMES*. El IASB desarrolló los siguientes principios:

(a)   Cada Norma NIIF completa nueva y revisada debe considerarse individualmente y caso por caso para decidir si, y cómo, deben incorporarse sus requerimientos en la *NIIF para las PYMES*.

(b)   Las Normas NIIF completas nuevas y revisadas no deberían considerarse hasta que hayan sido emitidas. Sin embargo, generalmente, no sería necesario esperar hasta que se hubieran completado sus revisiones posteriores a la implementación (RPI).

(c)   Las mejoras anuales/cambios menores a las NIIF completas deberían considerarse también sobre la base de caso por caso.

(d)   Los cambios a la *NIIF para las PYMES* podrían considerarse al mismo tiempo que se emitan las Normas NIIF completas nuevas y revisadas. Sin embargo, la *NIIF para las PYMES* solo sería actualizada por razón de dichos cambios en la próxima revisión periódica de la *NIIF para las PYMES*, con el fin de proporcionar una plataforma estable para las PYMES.

FC189   El IASB, además, observó que, al aplicar los principios del párrafo FC188, deben ponderarse decisiones sobre qué cambios incorporar en la *NIIF para las PYMES* y el momento apropiado para la incorporación de dichos cambios contra la necesidad de proporcionar a las PYMES una plataforma estable y la adecuación de estos cambios para las PYMES y usuarios de sus estados financieros. El IASB destacó que se puede decidir incorporar cambios procedentes de Normas NIIF completas nuevas y revisadas complejas solo después de que se haya evaluado la experiencia de implementación de esa Norma. Sin embargo, el Consejo realizará esta evaluación en la revisión periódica que siga a la emisión de Normas NIIF completas nuevas o revisadas, en lugar de esperar automáticamente hasta que haya experiencia sustancial de entidades que hayan aplicado la NIIF nueva y revisada o hasta que haya tenido lugar una RPI de una NIIF.

FC190   El IASB decidió que las Normas NIIF completas nuevas y revisadas no deberían considerarse hasta que hayan sido emitidas. Esto es así porque, hasta que se emite una Norma NIIF completa final, las opiniones del IASB son siempre provisionales y sujetas a cambio.

FC191   Algunos de los que respondieron al PN de 2013 expresaron su preocupación por que el objetivo principal del IASB fuera desarrollar la *NIIF para las PYMES* como se establece en el párrafo FC187, lo que significa que las necesidades de información de las entidades "grandes" sin obligación pública de rendir cuentas no se abordaba efectivamente. El IASB estuvo de acuerdo en que la *NIIF para las PYMES* está dirigida a todas las PYMES, que se definen como aquellas entidades que no tienen obligación pública de rendir cuentas a las que se les requiere, o bien eligen, publicar estados financieros con propósito de información general para usuarios externos. El IASB destacó que sus razones para desarrollar una Norma dirigida a todas las PYMES se explican en los párrafos FC55 a FC77. No obstante, el IASB observó que al decidir sobre el contenido de la *NIIF para las PYMES*, su principal objetivo fue centrarse en las clases de transacciones, sucesos y condiciones con las que se encuentran las PYMES típicas que están probablemente aplicando la *NIIF para las PYMES*. Si el IASB hubiera intentado atender todas las posibles transacciones que pueden realizar las PYMES, la *NIIF para las PYMES* tendría que haber mantenido la mayoría del contenido de las NIIF completas. En concreto, el IASB tuvo en mente que muchas PYMES tienen recursos limitados, y que la *NIIF para las PYMES* debería acomodarse a esa limitación. Por el contrario, las entidades con transacciones y actividades más complejas, incluyendo PYMES, es probable que tengan sistemas más sofisticados y mayores recursos para gestionar esas transacciones.

FC192   Si una PYME tiene transacciones muy complejas o determina que la comparabilidad con sus entidades similares con obligación pública de rendir cuentas es de importancia clave para su negocio, el IASB observó que se esperaría que la entidad quisiera y tuviera suficiente pericia para referirse a guías más detalladas sobre transacciones complejas en las NIIF completas si la *NIIF para las PYMES* no proporciona guías específicas (véase el párrafo 10.6) o aplicase las NIIF completas en lugar de la *NIIF para las PYMES*. Los párrafos FC69 y FC70 explican por qué no es posible para el IASB establecer criterios adicionales que fueran apropiados en todas las jurisdicciones para entidades que pueden encontrar las NIIF completas más apropiadas para sus necesidades. Sin embargo, las jurisdicciones pueden elegir establecer criterios de tamaño o decidir que a entidades que son económicamente significativas en ese país se les deba requerir utilizar las NIIF completas en lugar de la *NIIF para las PYMES*.

FC193   Algunos de quienes respondieron al PN de 2013 señalaron que la *NIIF para las PYMES* era demasiado complicada para las entidades gestionadas por el propietario. El IASB destacó que la *NIIF para las PYMES* está diseñada para entidades a las que se les requiere que publiquen estados financieros con propósito de información general para usuarios externos, o que opten por hacerlo. Los estados financieros con propósito de información general son los que pretenden atender las necesidades generales de información financiera de un amplio espectro de usuarios que no están en condiciones de exigir informes a la medida de sus necesidades específicas de información. El Prólogo a la *NIIF para las PYMES* explica que las PYMES, a menudo, elaboran estados financieros solo para uso de los gerentes -propietarios o solo para el uso de las autoridades fiscales u otras autoridades gubernamentales, y que los estados financieros elaborados solo para estos propósitos no son necesariamente estados financieros con propósito de información general. El IASB destacó que la *NIIF para las PYMES* no está diseñada para entidades pequeñas gestionadas por el propietario que elaboran estados financieros solo por razones fiscales o de cumplimiento con la legislación local. Sin embargo, las entidades pequeñas gestionadas por el propietario pueden encontrar en la *NIIF para las PYMES* ayuda para preparar dichos estados financieros

FC194 Algunos de los que respondieron al PN de 2013 señalaron que el IASB debería establecer un marco formal o principios más claros para determinar si y cuándo deben incorporarse los cambios en las NIIF completas en la *NIIF para las PYMES*. Quienes respondieron destacaron que los principios desarrollados por el IASB en el párrafo FC188 no son suficientemente robustos o no ayudan a las partes interesadas a predecir cuándo se considerarán los cambios en las NIIF completas. Algunos de los que respondieron proporcionaron sugerencias que pensaban mejorarían los criterios. El IASB destacó que existen consideraciones especiales aplicables a esta revisión inicial de la *NIIF para las PYMES*, que condujeron al IASB a dar mayor énfasis sobre la necesidad de cambios limitados Sin embargo, el IASB tratará en qué medida debe establecerse un marco más desarrollado para revisiones futuras de la *NIIF para las PYMES* antes de la próxima revisión periódica de la *NIIF para las PYMES*.

FC195 Algunos de los que respondieron al PN de 2013 señalaron que encontraban difícil comprender la base conceptual de las diferencias entre la *NIIF para las PYMES* y las NIIF completas y que el IASB debería identificar claramente las necesidades de los usuarios de los estados financieros de las PYMES. El IASB destacó que estos Fundamentos de las Conclusiones son claros en estos dos puntos. En concreto:

(a) el párrafo FC95 destaca que la *NIIF para las PYMES* se desarrolló considerando las modificaciones que son adecuadas a las NIIF completas a la luz de las necesidades de los usuarios y las consideraciones costo-beneficio; y

(b) los párrafos FC44 a FC47 y FC157 describen las necesidades de los usuarios de los estados financieros de las PYMES y explican cómo difieren de las necesidades de los usuarios de los estados financieros de las entidades con obligación pública de rendir cuentas.

FC196 Algunos de los que respondieron al PN de 2013 dijeron que si las consideraciones costo-beneficio son el principal motivo de las diferencias entre la *NIIF para las PYMES* y las NIIF completas, la obligación pública de rendir cuentas no es un criterio apropiado. El IASB está de acuerdo en que los costos relacionados con las entidades con y sin obligación pública de rendir cuentas pueden no diferir significativamente. Sin embargo, destacó que el lado de los "beneficios" del equilibrio costo-beneficio considera las distintas necesidades de información de los diferentes usuarios de los estados financieros como se explicó en los párrafos FC44 a FC47.

Las Normas NIIF completas individuales nuevas y revisadas durante la revisión actual

FC197   El IASB consideró la forma de tratar las Normas NIIF completas individuales nuevas y revisadas durante esta revisión integral en función de los principios del párrafo FC188. El IASB observó que esta revisión integral está sujeta a consideraciones adicionales en comparación con revisiones futuras porque es la primera revisión desde la publicación inicial de la *NIIF para las PYMES*. Aunque la *NIIF para las PYMES* se emitió en 2009 en muchas jurisdicciones que la han adoptado, ha sido efectiva desde un periodo más corto. Además, en jurisdicciones que permiten en lugar de requerir, la *NIIF para las PYMES*, muchas PYMES recientemente han comenzado la transición a ésta. Como resultado, para la mayoría de las PYMES que utilizan o van a utilizar la *NIIF para las PYMES* es aún una Norma nueva. Por estas razones, el IASB decidió que existe una necesidad mayor de estabilidad durante esta revisión inicial de la que pueda haber en revisiones futuras. Una mayoría de los miembros del Consejo Asesor de las NIIF también recomendaron priorizar la necesidad de proporcionar a las PYMES una Norma estable, independiente y única por sobre la de maximizar el alineamiento con las Normas completas.

NIIF 3 (2008), NIIF 10, NIIF 11, NIIF 13 y NIC 19 (2011)

FC198   El IASB consideró la forma de abordar las cinco Normas NIIF completas nuevas o revisadas en el PN de 2013 que el IASB estimaba que tenían el potencial de dar lugar a los cambios más significativos a la *NIIF para las PYMES*, concretamente la NIIF 3 (2008), NIIF 10 *Estados Financieros Consolidados*, NIIF 11 *Acuerdos Conjuntos*, NIIF 13 *Medición del Valor Razonable* y NIC 19 (2011). Durante el desarrollo del PN de 2013, el IASB realizó las siguientes observaciones:

(a)   Las NIIF 10, NIIF 11 y NIIF 13 tienen vigencia reciente e introducen cambios complejos que se espera que den lugar, y se beneficien de las guías de implementación significativas en la práctica. Además, esperarían tener un impacto práctico limitado sobre la mayoría de las PYMES porque los requerimientos nuevos es improbable que afecten a muchas mediciones del valor razonable comunes y a la contabilidad para grupos de entidades con una estructura de grupo simple.

(b)   El principal cambio de la NIC 19 (2011), si se incorpora para las PYMES, sería un requerimiento de presentar ganancias y pérdidas actuariales en el otro resultado integral. Como parte de su proyecto de *Marco Conceptual*, el IASB está considerando actualmente su tratamiento del otro resultado integral y esto puede dar lugar a cambios en los requerimientos relativos a éste según las NIIF completas. Dados estos posibles cambios, el IASB decidió que podía ser mejor continuar permitiendo a las PYMES optar por reconocer las ganancias y pérdidas actuariales en el resultado del periodo o en el otro resultado integral hasta que este tema se trate más adelante.

(c)   Los cambios en la NIIF 3 (2008) darían lugar a una complejidad significativa para las PYMES en concreto debido a las mediciones del valor razonable adicionales requeridas. Sobre la base de la información recibida de la PDI, de los miembros del SMEIG y de otras partes interesadas, el enfoque actual de la *NIIF para las PYMES* [basado en la NIIF 3 (2004)] está funcionando bien en la práctica y se entiende y acepta bien por preparadores y usuarios de los estados financieros de las PYMES. Además, tiene el mismo enfoque subyacente básico que la NIIF 3 (2008) pero simplificado.

Por las razones descritas en este párrafo y en el párrafo FC197 el IASB decidió no modificar la *NIIF para las PYMES* durante esta revisión inicial para incorporar la NIIF 3 (2008), NIIF 10, NIIF 11, NIIF 13 y NIC 19 (2011).

FC199   Además de los que apoyan el alineamiento completo con las NIIF completas (véase el párrafo FC186), muy pocos de los que respondieron al PN de 2013 tenían comentarios específicos sobre la decisión del IASB de no incorporar las NIIF 3 (2008), NIIF 10, NIIF 11 y NIIF 13. Por el contrario, algunos de los que respondieron señalaron que el IASB debería reconsiderar su decisión de no incorporar algunos de los cambios introducidos por la NIC 19 (2011) durante esta revisión integral. Los que respondieron afirmaron que algunos de los cambios introducidos por la NIC 19 (2011) simplificarían los requerimientos de la *NIIF para las PYMES*, mientras que al mismo tiempo incrementan la congruencia en las NIIF completas.

FC200   El IASB observó que las Normas NIIF completas nuevas y revisadas que están siendo incorporadas durante esta revisión solo harían cambios mínimos a la *NIIF para las PYMES* para la mayoría de las PYMES (véanse los párrafos FC201 a F207). Este no sería el caso para la NIC 19 (2011). Además, el IASB no pensaba que fuera apropiado incorporar solo uno o dos cambios realizados por la NIC 19 (2011), por ejemplo, los que podrían proporcionar una simplificación para las PYMES tales como la base del cálculo del interés neto, sin considerar los otros cambios. La Sección 28 *Beneficios a los Empleados* se basa actualmente en la NIC 19 antes de que fuera modificada en 2011. La incorporación de solo uno o dos de los cambios introducidos por la NIC 19 (2011) arriesga el desarrollo de un modelo mixto para la NIC 19 nueva y antigua. El IASB destacó que esto podría confundir y dar lugar a incongruencias en la *NIIF para las PYMES*.

Otras Normas NIIF completas nuevas y revisadas emitidas antes de que fuera publicado el PN de 2013

FC201   El IASB consideró entonces cómo proponer el tratamiento de otros cambios introducidos por otras Normas NIIF completas nuevas y revisadas en el PN de 2013. Sobre la base de una evaluación individual de cada Norma NIIF completa nueva y revisada, el IASB decidió que deben incorporarse los cambios principales de las siguientes Normas NIIF completas nuevas y revisadas:

(a)   *Presentación de Partidas de Otro Resultado Integral* (Modificaciones a la NIC 1) emitida en junio de 2011;

(b) La CINIIF 19 *Cancelación de Pasivos Financieros con Instrumentos de Patrimonio* emitida en noviembre de 2009; y

(c) dos modificaciones a la NIIF 1:

(i) *Hiperinflación Grave y Eliminación de las Fechas Fijadas para Entidades que Adoptan por Primera vez las NIIF* emitido en diciembre de 2010; y

(ii) *Préstamos del Gobierno* emitido en marzo de 2012.

FC202 El IASB seleccionó las Normas NIIF completas nuevas y revisadas especificadas en el párrafo FC201 sobre la base de seleccionar los cambios que fueran relevantes para las PYMES; proporcionasen claridad adicional o una simplificación, o solucionasen problemas esperados o ya detectados o diversidad en la práctica. Además, el IASB destacó que cada una de las Normas NIIF completas nuevas o revisadas del párrafo FC201 es solo probable que modifiquen uno o dos párrafos de la *NIIF para las PYMES* y, por ello, los cambios resultantes serán mínimos y serán congruentes con el mantenimiento de la estabilidad durante los primeros años de implementación de la *NIIF para las PYMES*. Al incorporar los cambios principales en estas Normas NIIF completas nuevas y revisadas el IASB también decidió hacer dos cambios adicionales:

(a) Para completar los cambios realizados con respecto a la presentación de partidas de otro resultado integral, el IASB decidió aclarar que la *NIIF para las PYMES* no recomienda cómo, cuándo o si pueden transferirse importes entre componentes de patrimonio (véase el párrafo 2.22 de la *NIIF para las PYMES*).

(b) El IASB destacó que la medición de instrumentos de patrimonio no cotizados es, con frecuencia, difícil para las PYMES porque involucra un juicio sustancial y cálculos complejos. El IASB también observó que esperaría habitualmente que los beneficios para los usuarios de los estados financieros de una PYME de tener información sobre el valor razonable sobre los instrumentos de patrimonio de la PYME no justificaría que la PYME incurriese en un esfuerzo o costo desproporcionado para proporcionar la información. Por consiguiente, el IASB decidió incluir una exención por esfuerzo o costo desproporcionado del requerimiento de medir los instrumentos de patrimonio propios a valor razonable en la CNIIF 19, y alinear de otra forma los requerimientos con la CINIIF 19.

FC203 Algunos de los que respondieron al PN de 2013 destacaron que no pensaban que el cambio del párrafo FC201(a) fuera útil a los usuarios de los estados financieros de las PYMES, debido a la limitadas circunstancias en las que las partidas se reconocen en otro resultado integral según la *NIIF para las PYMES*. Quienes respondieron también afirmaron que la incorporación de esta modificación era incongruente con la decisión del IASB durante el desarrollo del PN de 2013 de no reconsiderar el uso del otro resultado integral durante esta revisión integral, porque está considerando el tratamiento del otro resultado integral como parte de su proyecto de *Marco Conceptual*. Sin embargo, el IASB observó que la agrupación de partidas del otro resultado integral haría más fácil para las PYMES la aplicación y la información resultante tendría valor predictivo útil. Por consiguiente, decidió que el cambio es apropiado por razones de costo-beneficio.

El IASB también destacó que su decisión de incluir una opción para las PYMES de aplicar el modelo de revaluación para propiedades, planta y equipo (véase el párrafo FC210 a FC212) significará que más PYMES pueden tener una o más partidas reconocidas en el otro resultado integral.

FC204 El IASB también decidió que los cambios principales en las mejoras anuales siguientes deben incorporarse en la *NIIF para las PYMES* porque son relevantes para las PYMES y proporcionan claridad y, en la mayoría de los casos, simplificación:

(a) *Mejoras a las NIIF*, emitida en mayo de 2010:

   (i) bases de revaluación como costo atribuido (NIIF 1);

   (ii) uso del costo atribuido para operaciones sujetas a regulación de tarifas (NIIF 1); y

   (iii) aclaración del estado de cambios en el patrimonio (NIC 1).

(b) *Mejoras Anuales a las NIIF, Ciclo 2009-2011* fue emitida en mayo de 2012.

   (i) aplicación reiterada de la NIIF 1 (NIIF 1);

   (ii) clasificación del equipo auxiliar (NIC 16); y

   (iii) efecto fiscal de las distribuciones a los tenedores de instrumentos de patrimonio (NIC 32).

FC205 Algunos de los que respondieron al PN de 2013 señalaron que el control del costo y esfuerzo y el seguimiento de las piezas de repuesto, equipo de reserva y equipo auxiliar individuales como propiedades, planta y equipo o como inventario en el párrafo FC204(b)(ii)] no justificaría los beneficios para los usuarios de los estados financieros de las PYMES. El IASB observó que el cambio solo aclara lo que siempre ha sido requerido por la Sección 17 *Propiedades, Planta y Equipo*. El IASB también piensa que los cambios en la redacción del párrafo 17.5 de la *NIIF para las PYMES* hacen los requerimientos más fáciles de comprender.

Normas NIIF completas nuevas y revisadas emitidas desde que fuera publicado el PN de 2013

FC206 El IASB observó que durante las revisiones de la *NIIF para las PYMES*, consideraría generalmente solo las Normas NIIF completas nuevas y revisadas publicadas después de que haya sido emitido el Proyecto de Norma relativo a las modificaciones propuestas a la *NIIF para las PYMES* si abordan una necesidad urgente para las PYMES o los usuarios de sus estados financieros. Esto es así porque si el IASB hace cambios fundamentales a las propuestas de un Proyecto de Norma, sobre el que quienes respondan no han tenido oportunidad de comentar, esto daría lugar, probablemente, a la necesidad de volver a exponer las propuestas. Al final del nuevo periodo de exposición habría otra lista de Normas NIIF completas nuevas y revisadas que considerar. Sobre esta base, el IASB destacó que haría solo dos cambios como consecuencia de Normas NIIF completas nuevas y revisadas emitidas desde que se publicó el PN de 2013:

(a) La modificación de la definición de una parte relacionada para una entidad de gestión que proporciona los servicios de personal clave de la gerencia en *Mejoras Anuales a las NIIF, Ciclo 2010-2012*. El IASB destacó que el

PN de 2013 propuso alinear la definición de una parte relacionada con la NIC 24 *Información a Revelar sobre Partes Relacionadas* durante esta revisión integral y este cambio menor permitiría la alineación completa.

(b) El cambio principal según el *Método de la Participación en los Estados Financieros Separados* (Modificaciones a la NIC 27), es decir, permitir que las entidades utilicen el método de la participación para contabilizar subsidiarias, asociadas y entidades controladas de forma conjunta en los estados financieros separados. El IASB destacó que este cambio no afectaría a los estados financieros principales de las PYMES y que la *NIIF para las PYMES* no requería la preparación de estados financieros separados. Por consiguiente, el IASB decidió permitir a las PYMES esta flexibilidad si preparan estos estados financieros adicionales.

FC207 Algunos de los que respondieron al PN de 2013 señalaron que era importante para el IASB considerar *Agricultura: Plantas Productoras* (Modificaciones a la NIC 16 y la NIC 41), emitida en junio de 2014, que permite un modelo del costo para plantas productoras, un subconjunto de activos biológicos, durante esta revisión integral. Sin embargo, el IASB destacó que la *NIIF para las PYMES* solo requiere que una entidad contabilice un activo biológico usando el modelo del valor razonable si su valor razonable es fácilmente determinable sin esfuerzo o costo desproporcionado. Las modificaciones a la NIC 16 y a la NIC 41 respondían a las preocupaciones planteadas por algunas compañías de plantación de que, bajo ciertas circunstancias, las mediciones del valor razonable de las plantas productoras son complejas y costosas en ausencia de mercados en funcionamiento para esos activos. En las circunstancias en las que este sea el caso, el IASB destacó que las PYMES deberían considerar la exención por esfuerzo o costo desproporcionado por las PYMES. Por consiguiente, el IASB no piensa que exista una necesidad urgente de hacer una exención para incorporar los cambios según *Agricultura: Plantas Productoras* (Modificaciones a la NIC 16 y a la NIC 41) durante esta revisión integral.

Opciones de política contable

FC208 El IASB destacó que los usuarios de los estados financieros de las PYMES, que necesitan comprender las políticas contables utilizadas y que hacen comparaciones entre distintas PYMES, han dicho que prefieren que las PYMES no tengan opciones de política contable o éstas sean solo limitadas. Además, el IASB destacó que aunque las PYMES todavía podrían optar por aplicar la opción más simple, añadir opciones complejas a la *NIIF para las PYMES* incorporaría complejidad en toda la Norma. Por consiguiente, el IASB continúa apoyando sus razones iniciales para restringir las opciones de política contable en la *NIIF para las PYMES* como establecen los párrafos FC89 a FC94.

FC209 Las actividades de difusión externa del personal técnico del IASB con los suministradores de financiación, que están considerados como el grupo de usuarios externos principales de las PYMES, confirmó la importancia para ese grupo de usuarios de restringir las opciones de política contable para las PYMES. Los participantes en las actividades de difusión externa destacaron que generalmente introducen la información de los estados financieros auditados de una PYME directamente en sus modelos al tomar decisiones de préstamo. Por consiguiente, es importante para estas partes que las PYMES debieran proporcionar información comparable y que no necesiten hacer ajustes a esa información.

Modelo de revaluación de propiedades, planta y equipo

FC210   La preocupación más común planteada por los que respondieron al PN de 2013 era la decisión del IASB de no proponer una opción de política contable para la revaluación de las propiedades, planta y equipo. El IASB ha recibido información de preparadores, emisores de normas, firmas de contabilidad y otras partes interesadas de que no tener una opción de revaluación es una barrera a la adopción de la *NIIF para las PYMES* en jurisdicciones en la que las PYMES comúnmente revalúan sus propiedades, planta y equipo o se requiere por ley la revaluación de las propiedades, planta y equipo. Esas partes interesadas destacan que, para entidades que están aplicando actualmente el modelo de revaluación según los PCGA locales, un cambio en el modelo del costo puede tener implicaciones para los acuerdos de préstamos actuales y afectar a su capacidad de obtener financiación en el futuro. Además, algunos de los que respondieron han destacado que la opción de revaluación es importante en jurisdicciones que están experimentando inflación alta. Aproximadamente la mitad de los miembros del GIPYMES también recomendaron que el IASB debería reconsiderar su propuesta de no permitir un modelo de revaluación para las propiedades, planta y equipo.

FC211   Durante sus nuevas deliberaciones sobre el PN de 2013, y a la luz de las amplias y constantes preocupaciones planteadas por los que respondieron, el IASB decidió permitir una opción para las PYMES de revaluar las propiedades, planta y equipo. Aunque el IASB piensa que limitar las opciones es importante por las razones dadas en los párrafos FC208 y FC209, reconoce que, sobre la base de las respuestas a la PDI y el PN de 2013, no permitir un modelo de revaluación para propiedades, planta y equipo parece ser el único impedimento más importante para la adopción de la *NIIF para las PYMES* en algunas jurisdicciones. El IASB está también de acuerdo con quienes respondieron que señalaron que la información de valor corriente es potencialmente más útil que la de costo histórico. El IASB, por ello, decidió que los beneficios de un mayor uso de la *NIIF para las PYMES*, y por ello, el potencial de mejoras globales en la información y congruencia, junto con la utilidad de la información proporcionada, superaba los costos percibidos para los usuarios y preparadores de los estados financieros de añadir esta opción. Además, el IASB destacó que el cambio solo introduce una opción, no un requerimiento. Por consiguiente, no hace necesario un cambio o costos adicionales para los preparadores. El IASB también destacó que no había nada que impida a las autoridades y emisores de normas en jurisdicciones individuales requerir que todas las PYMES en su jurisdicción usen solo el modelo del costo, o solo el modelo de revaluación para las propiedades, planta y equipo. Estas acciones no impedirían a las PYMES señalar el cumplimiento con la *NIIF para las PYMES*.

FC212   En congruencia con las NIIF completas, la *NIIF para las PYMES* no recomienda generalmente cómo, cuándo o si los importes pueden transferirse entre componentes del patrimonio [véase el párrafo FC202(a)]. En su lugar, estas decisiones se dejan a la discreción de los preparadores, sujetas a las restricciones impuestas por la Sección 2. La Sección 2 requiere que la información presentada debe ser comprensible, relevante y fiable. El IASB destacó que, en ciertas circunstancias, puede ser apropiado transferir todo o parte del otro resultado integral acumulado del superávit de revaluación de las propiedades, planta y equipo directamente a las ganancias acumuladas u otro componente de patrimonio. El IASB destacó también que en otras circunstancias, estas transferencias pueden ser exigidas o prohibidas por la legislación local. Por consiguiente, en congruencia con los requerimientos para otros elementos del otro resultado integral acumulado, al añadir una opción de usar el modelo de revaluación para propiedades, planta y equipo, el IASB decidió no recomendar cómo, cuándo o si las partidas del otro resultado integral acumulado deben transferirse a otros componentes de patrimonio.

Capitalización de costos por préstamos o de desarrollo

FC213   Solo un pequeño número de quienes respondieron a la PdI y al PN de 2013 apoyaban un requerimiento para las PYMES de capitalizar los costos de desarrollo o por préstamos basándose en criterios similares a las NIIF completas. Sin embargo, varios de los que respondieron apoyaban dar a las PYMES una opción de capitalizar los costos de desarrollo o por préstamos basándose en criterios similares a los de las NIIF completas. Éstos apoyaban introducir esta opción por razones similares a las expresadas en el párrafo FC210 por los que respondieron, es decir el efecto sobre acuerdos de préstamo actuales y futuros y entornos de alta inflación. Sin embargo, muchos de los que respondieron no apoyaron cambiar los requerimientos actuales y por ello continuaron requiriendo a las PYMES contabilizar como gasto todos los costos de desarrollo o por préstamos.

FC214   La *NIIF para las PYMES* requiere que todos los costos de desarrollo o por préstamos se reconozcan como gastos. Las NIIF completas requieren la capitalización de los costos de desarrollo o por préstamos que cumplan ciertos criterios; en otro caso se reconocen como gastos. Por consiguiente, la *NIIF para las PYMES* simplifica los requerimientos de las NIIF completas, en lugar de eliminar una opción permitida en éstas. El IASB, por ello, destacó que permitir opciones de capitalizar ciertos costos de desarrollo o por préstamos involucraría consideraciones diferentes que las de permitir una opción de revaluación para propiedades, planta y equipo. En concreto, el IASB observó que permitir opciones de política contable para capitalizar los costos por préstamos o de desarrollo que cumplan los criterios para la capitalización de las NIC38/NIC23, además del enfoque actual, daría lugar a más opciones de política contable que en las NIIF completas. El IASB destacó que continúa sosteniendo sus razones para requerir el reconocimiento como gastos de todos los costos de desarrollo o por préstamos, por razones de costo-beneficio como establecen los párrafos FC113, FC114 y FC120, y para no proporcionar las opciones de política contable adicionales más complejas como establecen los párrafos FC208 y FC209. El IASB destacó que una PYME puede revelar información adicional sobre sus préstamos o costos de desarrollo si lo considera relevante para los usuarios de sus estados financieros.

Uso subsidiario opcional de las NIIF completas para instrumentos financieros

FC215 La *NIIF para las PYMES* permite que las entidades opten por aplicar alternativamente (véase el párrafo 11.2 de la *NIIF para las PYMES*):

(a) las disposiciones de las Secciones 11 y 12 en su totalidad; o

(b) las disposiciones de reconocimiento y medición de la NIC 39 y los requerimientos de información a revelar de las Secciones 11 y 12.

La *NIIF para las PYMES* hace referencia específicamente a la NIC 39. A las PYMES no se les permite aplicar la NIIF 9 *Instrumentos Financieros*.

FC216 Los párrafos FC187 a FC196 explican los principios del IASB que tratan de las Normas NIIF completas nuevas y revisadas. En línea con esos principios, el IASB decidió que la NIIF 9 no debe considerarse al desarrollar el PN de 2013 porque, en ese momento, no había sido todavía completada. Además, las razones del IASB para no considerar los cambios en las NIIF completas después de que el PN de 2013 hubiera sido emitido se establecen en los párrafos FC206 y FC207. El IASB destacó que sus razones para no considerar las NIIF 10, NIIF 11, NIIF 12 *Información a Revelar sobre Participaciones en otras Entidades* y NIIF 13 durante esta revisión (véase el párrafo FC198) son igualmente aplicables a la NIIF 9.

FC217 En congruencia con el propósito principal de desarrollar un conjunto de principios independientes y simplificados para las PYMES, el IASB preferiría que se eliminase, en última instancia, la subsidiariedad de las NIIF completas. Sin embargo, el IASB decidió que la subsidiariedad a la NIC 39 debe mantenerse hasta que la NIIF 9 se considere en la revisión futura por las siguientes razones:

(a) Cuando se emitió la *NIIF para las PYMES*, el IASB decidió que debía permitirse a las PYMES tener las mismas opciones de política contable que en la NIC 39, estando pendiente de completar el proyecto de *Instrumentos Financieros* del IASB y este razonamiento se mantiene válido hasta que sea considerada la NIIF 9 (véase el párrafo FC106).

(b) Si las entidades están actualmente aplicando la NIC 39, el IASB no considera que sea apropiado requerirles que cambien a las Secciones 11 y 12, puesto que se espera que la NIIF 9 se considere en una revisión futura de la *NIIF para las PYMES*.

(c) El IASB destaca que, sobre la base de sus actividades de difusión externa, la mayoría de las PYMES, excepto las subsidiarias de los grupos que aplican las NIIF completas, parece que han encontrado onerosa la subsidiariedad de éstas y han optado por seguir las Secciones 11 y 12 en su totalidad. Sin embargo, sin evidencia suficiente, el IASB no considera que deba eliminarse la subsidiariedad de las NIIF completas durante esta revisión integral.

El IASB trató la introducción de la subsidiariedad de la NIIF 9 como una opción (tercera) adicional. Esto se rechazó porque el IASB consideró que la confusión potencial creada por tener tres modelos alternativos superaría cualquier beneficio potencial.

FC218   El IASB destacó que una PYME que elige seguir los principios de reconocimiento y medición de la NIC 39 en lugar de los de las Secciones 11 y 12, aplicaría actualmente la versión de la NIC 39 en la publicación de las NIIF completas titulada Normas Internacionales de Información Financiera Consolidadas sin aplicación anticipada (Libro Azul) que está en vigencia en la fecha de presentación de la entidad (es decir, sin aplicación anticipada de las partes de la NIIF 9). El IASB también observó que cuando la NIC 39 se sustituya por la NIIF 9, se necesitará conservar en la página web de las PYMES del sitio web del IASB una copia de la versión de la NIC 39 que se aplique inmediatamente antes de la NIIF 9 para referencia de las PYMES mientras se mantenga la subsidiariedad de la NIC 39.

Contabilidad del impuesto a las ganancias

FC219   Cuando la *NIIF para las PYMES* se emitió en 2009, la Sección 29 se basó en el Proyecto de Norma del IASB *Impuesto a las Ganancias* (el "Proyecto de Norma de la NIC 12 de 2009") que fue emitido en marzo de 2009. Sin embargo, los cambios propuestos en el PN de la NIC 12 de 2009 nunca fueron finalizados por el IASB. Por consiguiente, el IASB decidió alinear los requerimientos principales para reconocer y medir los impuestos diferidos de la Sección 29 con el enfoque de la NIC 12, modificado para ser congruente con los otros requerimientos de la *NIIF para las PYMES*. El IASB destacó que la mayoría de los que respondieron a la PdI apoyaron este enfoque. El IASB observó también que en muchas jurisdicciones la NIC 12 ha sido aplicada por entidades, incluyendo PYMES, desde hace años. La alineación de los requerimientos con la NIC 12 tendría la ventaja de permitir a las PYMES hacer uso de su experiencia, así como del material educativo disponible sobre la NIC 12 para comprender los requerimientos. El IASB continúa apoyando sus razones como establece el párrafo FC145 de no permitir en enfoque del impuesto por pagar. Sin embargo, aunque el IASB considera que el principio de reconocimiento de los activos y pasivos por impuestos diferidos es apropiado para las PYMES, planteó una pregunta en el PN de 2013 para obtener información sobre si la Sección 29 (revisada) puede hacerse operativa por las PYMES, o si deben considerarse guías o simplificaciones adicionales.

FC220   Algunos de los que respondieron al PN de 2013 apoyaron tener una exención por esfuerzo o costo desproporcionado para todos o parte de los requerimientos de la Sección 29 (revisada). Sin embargo, los que respondieron que sugerían tener una exención por esfuerzo o costo desproporcionado para algunos requerimientos de la Sección 29 (revisada) no identificaron qué requerimientos debería cumplir los requisitos para la exención. Además, la única solución de subsidiariedad simplificada sugerida, que podría aplicarse de usar una exención de esfuerzo o costo desproporcionado, era la del enfoque del impuesto por pagar con revelación de información. El IASB decidió no considerar esta exención porque piensa que la mayoría de las PYMES tendrán, año tras año, tipos similares de transacciones. El IASB destacó que una vez que las PYMES comprendan los cálculos del impuesto diferido para esas transacciones, el tratamiento contable debe ser relativamente sencillo de ahí en adelante.

FC221   Algunos de los que respondieron apoyaron incluir material adicional de la NIC 12. En respuesta a algunas preocupaciones planteadas, el IASB decidió añadir el párrafo 29.21(c) a la *NIIF para las PYMES* y modificar los párrafos 29.30 y 29.40(c).

FC222　El IASB decidió conservar los requerimientos de presentación simplificados en la Sección 29 existente con una simplificación adicional. El IASB destacó que la NIC 12 tiene requerimientos separados para compensar activos y pasivos por impuestos diferidos para evitar la necesidad de detallar la distribución temporal, mientras que según la Sección 29 los requerimientos de compensación de activos y pasivos por impuestos diferidos son los mismos que para compensar los activos y pasivos corrientes por impuestos. El IASB, por ello, decidió añadir una exención por "esfuerzo o costo desproporcionado" de forma que, si se requiere una distribución temporal detallada, no se requeriría la compensación de activos y pasivos por impuestos diferidos. La exención pretende proporcionar una exención similar a la de la NIC 12, sin incluir la redacción más compleja utilizada en la NIC 12. En respuesta a las preocupaciones de que la exención propuesta en el PN de 2013 no estaba clara, el IASB aclaró la redacción en las modificaciones finales.

FC223　El IASB también decidió mantener el mismo nivel de información a revelar que en la Sección 29 existente. La información a revelar existente se redujo y simplificó con respecto al Proyecto de Norma de la NIC 12 de 2009 sobre la base de las necesidades de los usuarios y del costo-beneficio. Sin embargo, debido a las modificaciones para alinear los requerimientos de reconocimiento y medición con la NIC 12, el IASB ha realizado un número de modificaciones consiguientes en la información a revelar.

Exploración y evaluación de recursos minerales

FC224　El PN de 2013 proponía describir con mayor claridad los requerimientos de contabilización para entidades involucradas en la exploración o evaluación de recursos minerales en respuesta a las solicitudes de los que respondieron a la PDI. Sin embargo, algunos de los que respondieron al PN de 2013 afirmaron que los requerimientos propuestos eran más onerosos que los requerimientos relacionados en las NIIF completas. Quienes respondieron destacaron que el párrafo 7 de la NIIF 6 exime a una entidad bajo las NIIF completas de aplicar los párrafos 11 y 12 de la NIC 8 *Políticas Contables, Cambios en las Estimaciones Contables y Errores* al desarrollar políticas contables para el reconocimiento y medición de los activos de exploración y evaluación. Quienes respondieron observaron que el párrafo 34.11 del PN de 2013 requeriría que una entidad determinara una política contable de acuerdo con la jerarquía de políticas contables de los párrafos 10.4 a 10.6 de la *NIIF para las PYMES*, que requeriría que una entidad considere los conceptos y principios de la Sección 2. Quienes respondieron sugerían proporcionar una exención similar a la de las NIIF completas del párrafo 34.11. Además, unos pocos de los que respondieron también señalaron que deben proporcionarse guías específicas para la contabilización del deterioro de valor de activos de exploración y evaluación, en lugar de requerir que las entidades sigan los requerimientos generales de la Sección 27 *Deterioro de Valor de los Activos*. Quienes respondieron afirmaron que desarrollar guías específicas para el deterioro de valor de los activos de exploración y evaluación fue una cuestión importante en la NIIF 6.

FC225　Algunos de los que respondieron dijeron que permitir una subsidiariedad de la NIIF 6 sería una buena solución para abordar dichas preocupaciones. Sin embargo, el IASB destacó que la *NIIF para las PYMES* pretende ser una NIIF independiente y, por ello, no apoyaba introducir otra subsidiariedad de la NIIF completas (véase el párrafo FC217). Por consiguiente, el IASB decidió añadir requerimientos a la Sección 34 que alineen los requerimientos principales de reconocimiento y medición para los activos de exploración y evaluación con la NIIF 6. El IASB destacó que esto aseguraría que la *NIIF para las PYMES* proporcione la misma exención que las NIIF completas para estas actividades. El IASB piensa que esto es importante por las razones establecidas en los párrafos FC2 a FC5 de la NIIF 6. El IASB destacó que estos cambios son congruentes con el mantenimiento de la estabilidad durante los primeros años de implantación de la *NIIF para las PYMES*, porque solo afectan a PYMES con un tipo específico de actividad y responden a la necesidad de claridad y constituyen una simplificación para esas entidades, concretamente, las que realizan la transición a la *NIIF para las PYMES*.

FC226   Sin embargo, el IASB decidió no realizar ningún cambio en los requerimientos de presentación e información a revelar. El IASB destacó que no es posible para la *NIIF para las PYMES* incluir, para distintos sectores industriales, información a revelar para sectores industriales específicos y conservar un uso fácil para las PYMES sencillas. No obstante, destacó que cuando es importante revelar información adicional para la comprensión de actividades de sectores industriales específicos, se aplicaría el párrafo 8.2(c) de la *NIIF para las PYMES*.

PyR DEL GIPYMES

FC227   El IASB decidió que las PyR existentes deben incorporarse a la *NIIF para las PYMES* o al material educativo de la Fundación IFRS y las PyR originales deberían eliminarse a continuación. El IASB decidió que las siguientes guías de las PyR deben incorporarse a la *NIIF para las PYMES*:

(a)   aclaración del uso de la *NIIF para las PYMES* en los estados financieros separados de la controladora en la Sección 1 (tomado de la PyR 2011/01);

(b)   aclaración de la guía de exención por "esfuerzo o costo desproporcionado" que se utiliza en varias secciones de la *NIIF para las PYMES* (tomada de la PyR 2012/01); y

(c)   aclaración del párrafo 9.18 de la *NIIF para las PYMES* de que las diferencias de cambio acumuladas que surgen de conversiones de una subsidiaria extranjera no se reconocen en el resultado del periodo en el momento de la disposición de dicha subsidiaria (tomada de PyR 2012/04).

FC228   El IASB está de acuerdo con las guías del GIPYMES del párrafo FC227(a) a (c) y también con el razonamiento del SMEIG que apoya las guías tal como se establecen en las PyR del GIPYMES. El IASB ha proporcionado razones adicionales sobre el párrafo FC227(b) y (c) en los párrafos FC231 a FC235. El IASB decidió que las guías restantes de las PyR del GIPYMES eran de naturaleza más educativa y, por ello, decidió que se deberían proporcionar como parte del material educativo de la Fundación IFRS.

FC229   El resultado de incorporar las guías no obligatorias de las PyR en la *NIIF para las PYMES* es que pasarán a ser obligatorias. Solo las partes de las PyR incorporadas a la *NIIF para las PYMES* pasarán a ser obligatorias, no las PyR completas de las que se tomaron las guías.

FC230   El IASB decidió eliminar todas las PyR del GIPYMES existentes en el momento de emitir las modificaciones a la *NIIF para las PYMES*. Todas las PyR se han incorporado (sin modificar) al material educativo de la Fundación IFRS que está disponible en el sitio web del IASB: http://go.ifrs.org/smetraining. Por consiguiente, las guías procedentes de las PyR continuarán disponibles en el sitio web del IASB.

Esfuerzo y costo desproporcionados

FC231   Los párrafos 2.13 y 2.14 de la *NIIF para las PYMES* destacan el equilibrio entre beneficios y costos, y señalan el principio general al que hace referencia el IASB al tomar sus decisiones sobre emisión de normas. Los requerimientos dentro de la *NIIF para las PYMES* se han desarrollado teniendo en consideración el equilibrio entre beneficios y costos. Además, de esta consideración, la *NIIF para las PYMES* también permite una exención por esfuerzo o costo desproporcionado en ciertas circunstancias especificadas y definidas. El IASB destacó que algunas partes interesadas parecen tener una comprensión equivocada de la exención por esfuerzo o costo desproporcionado, y que esas partes interesadas han concluido que es un principio/exención general que puede aplicarse en toda la *NIIF para las PYMES*. Por consiguiente, el IASB decidió que incluir guías adicionales sobre la aplicación de las exenciones por esfuerzo o costo desproporcionado ayudará a eliminar esta concepción errónea.

FC232   El IASB también piensa que las guías de aclaración ayudarán a enfatizar dos puntos adicionales:

(a)   Que la exención por esfuerzo o costo desproporcionado no pretende rebajar la exigencia. Esto es porque se requiere que una entidad pondere cuidadosamente los efectos esperados de aplicar la exención sobre los usuarios de los estados financieros contra el esfuerzo o costo de cumplir con el requerimiento relacionados. En concreto, el IASB observó que esperaría que si una entidad ya tenía, o podría adquirir fácilmente y de forma no costosa, la información necesaria para cumplir con un requerimiento, no sería aplicable la exención por esfuerzo o costo desproporcionado relacionado. Esto es porque, en ese caso, los beneficios para los usuarios de los estados financieros de tener la información se esperaría que superen los costos o esfuerzos adicionales de la entidad.

(b)   Que una entidad debe hacer una evaluación nueva de si un requerimiento involucrará un esfuerzo o costo en cada fecha de presentación.

FC233   Algunos de los que respondieron al PN de 2013 pidieron guías adicionales o una definición de esfuerzo o costo desproporcionado. El IASB decidió que no era apropiado proporcionar guías adicionales en la *NIIF para las PYMES* porque, en última instancia, la aplicación de una exención por esfuerzo o costo desproporcionado depende de las circunstancias específicas de una PYME y del juicio de la gerencia. El IASB también destacó que los términos "costo desproporcionado" y "esfuerzo o costo desproporcionado" se usan en las NIIF completas y no será apropiado definir un término bajo la *NIIF para las PYMES* que se usa, pero no define, en las NIIF completas. Esto es porque puede usarse para interpretar requerimientos de las NIIF completas. El IASB también observó que la aplicación de una exención por esfuerzo o costo desproporcionado necesita considerar cómo afectaría si se llevara a cabo esa exención a los que esperan usar los estados financieros. Por consiguiente, el esfuerzo o costo desproporcionado generalmente sería más fácilmente alcanzado por las PYMES que por entidades con obligación pública de rendir cuentas, porque el concepto se aplica con respecto a los beneficios para los usuarios y las PYMES no rinden cuentas a agentes interesados de mercados.

Diferencias de cambio en la conversión de una subsidiaria en el extranjero

FC234   Algunos de los que respondieron al PN de 2013 señalaron que las diferencias de cambio acumuladas por conversiones de una subsidiaria en el extranjero deben reconocerse en el resultado del periodo en el momento de la disposición de la subsidiaria, lo que sería congruente con las NIIF completas. El IASB destacó que no requerir la "reclasificación" a través del resultado del periodo era un cambio específicamente realizado durante las nuevas deliberaciones del IASB en respuesta a comentarios al PN de 2007 [véase el párrafo FC34(ee)]. Algunos de los que respondieron al PN de 2013 también destacaron que si no había requerimientos de reclasificar las diferencias de cambios al resultado del periodo en el momento de la disposición de una subsidiaria, debe permitirse que una PYME reconozca esas diferencias de cambio en las ganancias acumuladas de forma inmediata o en el momento de la disposición; en otro caso permanecerán como un componente separado del patrimonio para siempre. El IASB destacó que la *NIIF para las PYMES* no contiene ningún requerimiento que prohíba que las PYMES transfieran los importes reconocidos en otro resultado integral dentro del patrimonio. Por consiguiente, una PYME, podría, de acuerdo con la *NIIF para las PYMES*, transferir las diferencias de cambio acumuladas reconocidas en otro resultado integral y mostrarlas como un componente separado de patrimonio (por ejemplo, en una reserva de conversión de moneda extranjera) directamente en las ganancias acumuladas en el momento de la disposición de la subsidiaria relacionada [véase el párrafo Fc202(a)]. No obstante, el IASB observó que una entidad necesitaría también considerar si había restricciones específicas de la jurisdicción sobre la transferencia entre componentes del patrimonio.

Las modificaciones a la *NIIF para las PYMES* como consecuencia de la revisión integral inicial

FC235   El IASB realizó 56 cambios en la *NIIF para las PYMES* durante la revisión integral inicial. Estos son de los tipos siguientes:

(a)   tres cambios significativos;

(b)   doce cambios/aclaraciones relativamente menores sobre la base de Normas NIIF completas nuevas y revisadas;

(c)   siete exenciones nuevas de los requerimientos de la *NIIF para las PYMES* que se permiten solo en casos especiales;

(d)   otros seis cambios en los requerimientos de reconocimiento y medición;

(e)   seis cambios más en los requerimientos de presentación y medición;

(f) aclaraciones menores o guías de aclaración que no se espera que cambien la práctica actual.

Cambios significativos en la *NIIF para las PYMES*

FC236 El IASB realizó tres cambios significativos durante la revisión integral inicial:

(a) incorporación de una opción para usar el modelo de revaluación para propiedades, planta y equipo (véanse los párrafos FC208 a FC212);

(b) alineación de los requerimientos principales de reconocimiento y medición para impuestos diferidos con la NIC 12 (véanse los párrafos FC219 a FC223); y

(c) alineación de los requerimientos principales de reconocimiento y medición de activos de exploración y evaluación con la NIIF 6 (véanse los párrafos FC224 a FC226).

Otros cambios en la *NIIF para las PYMES*

Normas NIIF completas nuevas y revisadas

FC237 El IASB realizó doce cambios/aclaraciones relativamente menores sobre la base de las Normas NIIF completas nuevas y revisadas durante la revisión integral inicial (véanse los párrafos FC201 a FC207).

Exenciones nuevas

FC238 El IASB añadió siete exenciones nuevas durante la revisión integral inicial que se permiten en casos especiales:

(a) cuatro exenciones por esfuerzo o costo desproporcionado (véanse los párrafos FC239 a FC241).

(b) Dos exenciones para transacciones de control comunes (véase el párrafo FC242 y FC243).

(c) La exención en el párrafo 70 de la NIC 16 de que una entidad puede usar el costo de la pieza de repuesto como un indicador de cuál fue el costo de la pieza repuesta en el momento en que se adquirió o construyó, si no fuera practicable determinar el importe en libros de los últimos. Esta exención se añadió en respuesta a las preocupaciones planteadas en el PN de 2013 de que la *NIIF para las PYMES* no debe ser más onerosa que las NIIF completas.

Exenciones por esfuerzo y costo desproporcionado

FC239 El IASB decidió añadir exenciones por esfuerzo o costo desproporcionado para los requerimientos siguientes en la *NIIF para las PYMES* en respuesta a los comentarios planteados por los que respondieron a la PdI y al PN de 2013:

(a) medición de inversiones en instrumentos de patrimonio a valor razonable de las Secciones 11 y 12;

(b) reconocimiento de activos intangibles de la adquirida de forma separada en una combinación de negocios;

(c)   el requerimiento de medir el pasivo para pagar una distribución distinta al efectivo a valor razonable de los activos distintos al efectivo a distribuir; y

(d)   el requerimiento de compensar activos y pasivos por impuesto a las ganancias (véase el párrafo FC222).

FC240   El IASB destacó que los requerimientos de los párrafos FC239(a) a (c) son, a menudo, muy difíciles de aplicar para las PYMES en ausencia de información de mercado porque involucran juicios substanciales y cálculos complejos. El IASB, por ello, decidió, en estas tres situaciones, que los beneficios para los usuarios de los estados financieros de las PYMES de tener información no justifica que las PYMES empleen un esfuerzo o costo desproporcionado para facilitar la información de valor razonable necesaria. No obstante, el IASB también destacó que una exención por esfuerzo o costo desproporcionado no pretende rebajar la exigencia y que las guías adicionales sobre la aplicación de la exención ayudarán a aclarar esto (véanse los párrafos FC231 a FC233).

FC241   Algunos de los que respondieron al PN de 2013 destacaron que la identificación de los pasivos contingentes en una combinación de negocios es también un reto y señalaron que la exención debe ampliarse a los pasivos contingentes. El IASB decidió no ampliar la exención. El IASB destacó que una de las razones para que el IASB permita un exención por esfuerzo o costo desproporcionado para activos intangibles adquiridos en una combinación de negocios es porque el resultado de no reconocer por separado esos activos intangibles es improbable que tenga un impacto significativo en el resultado del periodo de una PYME o en su situación financiera. Esto es porque cualquier activo intangible que no se reconozca por separado se incluirá en el importe reconocido como plusvalía, y la contabilización resultante será similar porque a muchas PYMES se les requerirá que amorticen la plusvalía y otros activos intangibles a lo largo de un periodo de diez años o menos (véase el párrafo FC247). Esta razón no se aplica a los pasivos contingentes asumidos en una combinación de negocios.

Exenciones por control común

FC242   En respuesta a las preocupaciones planteadas por los que respondieron a la PdI, el IASB decidió añadir exenciones para las transacciones siguientes:

(a)   El párrafo 22.8 de la *NIIF para las PYMES*—exención de determinar el valor del patrimonio emitido como el valor razonable del efectivo u otros recursos recibidos por los instrumentos de patrimonio emitidos como parte de una combinación de negocios bajo control común. El IASB, además, decidió que la exención añadida al párrafo 22.8 debería cubrir instrumentos de patrimonio emitidos como parte de una combinación de negocios (incluyendo combinaciones de negocios bajo control común), porque el párrafo 19.11 proporciona guías específicas para la contabilización de los instrumentos de patrimonio que se emiten como parte de una combinación de negocios dentro del alcance de la Sección 19 *Combinaciones de Negocios y Plusvalía*.

(b)   El párrafo 22.18B de la *NIIF para las PYMES*—exención para distribuciones de activos distintos al efectivo que están controlados en última instancia por las mismas partes antes y después de la distribución, en línea como las NIIF completas. El IASB destacó que el párrafo 22.18 se añadió a la *NIIF para las PYMES* para incorporar las conclusiones de la CINIIF 17. El IASB estuvo de acuerdo en que fue un descuido no incluir la exclusión del alcance en el párrafo 5 de la CINIIF 17.

FC243 El IASB destacó que el párrafo 10.4 de la jerarquía de política contable de la *NIIF para las PYMES* señala que si la *NIIF para las PYMES* no aborda específicamente una transacción, la gerencia utilizará su juicio para desarrollar una política contable. El párrafo 10.5 señala que la entidad considera otras guías en la *NIIF para las PYMES* que traten de cuestiones similares y relacionadas. Por consiguiente, el IASB observó que por no proporcionar requerimientos específicos para los instrumentos de patrimonio emitidos como parte de una combinación de negocios de entidades o negocios bajo control común, las PYMES todavía podrían aplicar los párrafos 19.11 o 22.8 por analogía. De forma análoga, se permitiría a las PYMES aplicar el párrafo 22.18 por analogía para la distribución de activos distintos al efectivo que estén controlados en última instancia por las mismas partes antes y después de la distribución. Sin embargo, las PYMES también podrían considerar otros tratamientos contables para esas transacciones, siempre que los tratamientos contables elegidos se apliquen de forma congruente y cumplan con la jerarquía de política contable de los párrafos 10.4 y 10.5. El IASB también observó que este sería el caso para los tipos de transacciones cubiertas por las exenciones del párrafo 22.15(a) y (b).

Otros cambios a los requerimientos de reconocimiento y medición

FC244 El IASB realizó los seis cambios adicionales siguientes al requerimiento de reconocimiento y medición de la *NIIF para las PYMES* durante la revisión integral inicial. El IASB observó que cuatro de los cambios (véanse los párrafos FC245 y FC248 a FC250) es improbable que afecten a la inmensa mayoría de las PYMES.

Estados financieros combinados

FC245 El IASB decidió modificar la definición de estados financieros combinados para referirse a entidades bajo control común, en lugar de solo a aquellas bajo control común de un solo inversor (véase el párrafo 9.28 de la *NIIF para las PYMES*). Esto es así porque el IASB observó que los estados financieros combinados pueden prepararse para entidades controladas por un grupo de inversores, tales como una familia.

Instrumentos financieros básicos

FC246 El PN de 2013 propuso aclarar que los préstamos en moneda extranjera y los préstamos con cláusulas de préstamo estándares serán habitualmente instrumentos financieros básicos, después de considerar las preocupaciones de los que respondieron a la PdI de que estos instrumentos no cumplen los criterios actuales del párrafo 11.9 de la *NIIF para las PYMES*. Sin embargo, algunos de los que respondieron al PN de 2013 plantearon su preocupación porque, incluso dados los cambios propuestos al párrafo 11.9, ciertos instrumentos de deuda "básicos", tales como préstamos con tasas de interés escalonadas y penalizaciones por reembolsos anticipados, no cumplirían los criterios del párrafo 11.9. Estos destacaron que esto significaría que se requeriría que estos instrumentos de deuda se midieran a valor razonable de acuerdo con la Sección

12. Algunos de los que respondieron también señalaron que el párrafo 11.9 era difícil de comprender y que el IASB debería intentar la simplificación de la redacción. El IASB concluyó que muchos de los instrumentos de deuda sobre los que los que respondieron tenían preocupación cumplirían realmente los criterios del párrafo 11.9. Por consiguiente, el IASB reafirmó que los criterios del párrafo 11.9 deberían dar lugar a la medición del costo amortizado para los préstamos más simples contratados por las PYMES. El IASB también decidió añadir ejemplos ilustrativos para ayudar a las PYMES a aplicar el párrafo 11.9. Estos ejemplos abordan algunos de los instrumentos de deuda específicos sobre los que los que respondieron tenían preocupación y que el IASB también pensaba que era probable que contrataran habitualmente las PYMES.

Vida útil de activos intangibles

FC247 El IASB decidió requerir que si la vida útil de la plusvalía u otro activo intangible no puede establecerse con fiabilidad, la vida útil se estimará por la gerencia, pero no superará los diez años. Anteriormente, la *NIIF para las PYMES* requería que si no podía realizarse una estimación fiable, se supondría que la vida útil era de diez años. El IASB destacó que aunque una vida útil por defecto de diez años es simple, no proporciona a los usuarios de los estados financieros información sobre el periodo sobre el que la plusvalía u otro activo intangible se espera que esté disponible para su uso. El IASB destacó que requerir a la gerencia que realice la mejor estimación es improbable que exija trabajo adicional porque los párrafos 18.20 y 19.23 de la *NIIF para las PYMES* ya contemplan que la gerencia evalúe si la vida útil puede estimarse con fiabilidad. Algunos de los que respondieron al PN de 2013 expresaron su preocupación sobre el requisito de que la gerencia estime la vida útil, si no puede establecerse con fiabilidad. El IASB destacó que se requiere que las PYMES realicen las mejores estimaciones en otras secciones de la *NIIF para las PYMES* Por consiguiente, el IASB confirmó su decisión de modificar los requerimientos de la *NIIF para las PYMES*.

Arrendamientos con una cláusula de variación de la tasa de interés vinculada a las tasas de interés del mercado

FC248 El IASB decidió que debe incluirse en la Sección 20 el caso de un arrendamiento con una cláusula de variación de la tasa de interés vinculada a tasas de interés de mercado, en lugar de ser contabilizado a valor razonable con cambios en resultados según la Sección 12. El IASB destacó que estas cláusulas se encuentran en ocasiones en arrendamientos realizados por las PYMES. Además, el IASB destacó que este riesgo implícito no requeriría normalmente contabilización separada según las NIIF completas.

Instrumentos financieros compuestos

FC249 El párrafo 22.15 de la *NIIF para las PYMES* requería que el componente de pasivo de un instrumento financiero compuesto se contabilice al costo amortizado incluso si el componente de pasivo, de haber sido un instrumento independiente, se hubiera contabilizado al valor razonable con cambios en resultado según la Sección 12. El IASB decidió eliminar esta incongruencia y requerir que el componente de pasivo se contabilice de la forma que un pasivo financiero independiente similar.

Alcance de la Sección 26

FC250   El párrafo 26.17 de la *NIIF para las PYMES* trata del escenario en que la contraprestación identificable recibida por una entidad parece ser menor que el valor razonable de los instrumentos de patrimonio concedidos o el pasivo incurrido. Sin embargo, el IASB observó que solo abordaba los planes exigidos del gobierno. El IASB destacó que en algunas jurisdicciones la cuestión surge en ejemplos que no están restringidos a planes obligatorios del gobierno. Por consiguiente, el IASB decidió modificar el párrafo 26.17 para requerir que las guías a aplicar a todas las transacciones con pagos basados en acciones en las que la contraprestación identificable parece ser menor que el valor razonable de los instrumentos de patrimonio concedidos o pasivos incurridos y no solo a las proporcionadas de acuerdo con los programas establecidos según la ley.

Cambios en los requerimientos de la presentación e información a revelar

FC251   El IASB realizó los seis cambios siguientes a los requerimientos de presentación e información a revelar durante la revisión integral inicial:

(a)   Incorporación de un requerimiento por el que una entidad debe revelar sus razones para usar una exención por esfuerzo o costo desproporcionado (véase el párrafo FC252).

(b)   Incorporación de un requerimiento de presentar las propiedades de inversión medidas al costo menos la depreciación y el deterioro de valor acumulados de forma separada en el cuerpo del estado de situación financiera. El IASB decidió añadir esta partida por congruencia con el requerimiento para activos biológicos, y porque destacó que era importante que las propiedades de inversión medidas según el modelo del costo de la Sección 17 se presenten por separado de las propiedades, planta y equipo.

(c)   Eliminación del requerimiento de preparar conciliaciones del año anterior de los saldos de activos biológicos y capital en acciones por congruencia con otras secciones de la *NIIF para las PYMES*.

(d)   Eliminación del requerimiento de revelar la política contable de los beneficios por terminación (véase el párrafo FC253).

(e)   Alineación de la definición de parte relacionada con la NIC 24 (2009). El IASB estuvo de acuerdo con quienes respondieron a la PdI que sugerían alinear la definición de parte relacionada con la NIC 24 (2009) porque el término sin definir "poder de voto significativo" estaba causando problemas en la práctica. El IASB también añadió una definición de "familiares cercanos a una persona".

FC252   En el PN de 2013, el IASB propuso añadir guías que aclarasen la aplicación de una exención por esfuerzo o costo desproporcionado (véanse los párrafos FC231 a FC233). Sin embargo, el IASB no propuso que deba requerirse que una PYME revele las razones para usar la exención. Esto es porque el IASB pensaba que revelar las razones puede ser demasiado limitado para proporcionar información útil a los usuarios de los estados financieros. Sin embargo, algunos de los que respondieron al PN de 2013 afirmaron que la información a revelar ayudaría al control del uso de la exención y podría proporcionar información útil a los usuarios de los estados financieros con bajo costo para las PYMES. El IASB estuvo de acuerdo con este razonamiento y decidió requerir que las PYMES revelen sus razones cada vez que utilicen la exención por esfuerzo o costo desproporcionado, con una excepción. El IASB decidió que un requerimiento de revelar una descripción cualitativa de los factores que forman cualquier plusvalía reconocida en una combinación de negocios proporcionaría más información útil que la revelación de las razones para usar la exención por esfuerzo o costo desproporcionado para apoyar la falta de reconocimiento de ciertos activos intangibles si su valor razonable no pudiera medirse con fiabilidad.

FC253   Algunos de los que respondieron al PN de 2013 no estuvieron de acuerdo con la eliminación del requerimiento de revelar la política contable para los beneficios de terminación, únicamente porque las entidades no tengan una opción de tratamiento contable para éstos. Quienes respondieron señalaron que una entidad debería revelar todas las políticas contables para la que sea relevante revelar información para comprender los estados financieros. El IASB estuvo de acuerdo con este razonamiento pero destacó que eliminar el requerimiento sería congruente con los requerimientos de información a revelar de otras secciones. La *NIIF para las PYMES* tiene requerimientos para revelar información específicos para políticas contables cuando se permite la elección de modelos o métodos porque, cuando las transacciones relacionadas son significativas, esto significaría normalmente que la revelación de la política contable aplicada es importantes para comprender los estados financieros. El IASB piensa que cuando una opción de política contable no está disponible, el requerimiento general del párrafo 8.5 de la *NIIF para las PYMES* de revelar " ... las políticas contables usadas que sean relevantes para comprender los estados financieros" es suficiente.

FC254   Algunos de los que respondieron a la PdI y al PN de 2013, señalaron que el IASB debería considerar formas adicionales de reducir los requerimientos de revelar información en la *NIIF para las PYMES*, pero se proporcionaron pocos ejemplos de cuándo la información a revelar existente es excesiva. Además, algunos de los que respondieron solicitaron requerimientos para revelar información adicional en algunas áreas de la *NIIF para las PYMES*. El IASB consideró todas las sugerencias específicas realizadas pero, excepto como se especifica en el párrafo FC251, no pensaba que fueran necesarios cambios adicionales. El IASB destacó que se están buscando actualmente formas de mejorar la información a revelar bajo las NIIF completas y considerará los resultados de este trabajo en la próxima revisión de la *NIIF para las PYMES*. El IASB también destacó que el párrafo 8.2(c) de la *NIIF para las PYMES* contiene un requerimiento general de que las entidades deben proporcionar información adicional si esa información es relevante para comprender los estados financieros.

Aclaraciones menores a los requerimientos existentes en la *NIIF para las PYMES*

FC255   El IASB decidió hacer las siguientes modificaciones menores a la *NIIF para las PYMES* en respuesta a las preocupaciones que han sido destacadas formal o informalmente por las partes interesadas durante la revisión integral inicial. El

IASB piensa que estas modificaciones aclaran los requerimientos existentes y darían lugar a una mejor comprensión y aplicación de estos requerimientos. El IASB también observó que puesto que estas modificaciones aclaran los requerimientos existentes, en la mayoría de los casos no se esperaría que tuvieran efecto sobre la contabilización actual de las transacciones afectadas:

(a)   Aclaración de que las entidades enumeradas en el párrafo 1.3(b) no tienen automáticamente obligación pública de rendir cuentas [véase el párrafo 1.3(b) de la *NIIF para las PYMES*].

(b)   Adición de guías que aclaren el uso de la *NIIF para las PYMES* en los estados financieros separados de la controladora—sobre la base de las PyR 2011/01 (véase el párrafo 1.7 de la *NIIF para las PYMES*).

(c)   Adición de la guía que aclara la exención por esfuerzo o costo desproporcionado que se utiliza en varias secciones de la *NIIF para las PYMES*—basada en las PyR 2012/01 (véanse los párrafos 2.14A a 2.14D de la *NIIF para las PYMES*).

Las razones adicionales del IASB se cubren en los párrafos FC231 a FC233.

(d)   Aclaración de que el importe único presentado por operaciones discontinuadas incluye cualquier deterioro de valor de las operaciones discontinuadas medido de acuerdo con la Sección 27 [véase el párrafo 5.5(e)(ii) de la *NIIF para las PYMES*]. La redacción anteriormente hacía referencia a "la medición al valor razonable menos los costos de venta".

El IASB destacó que la Sección 27 requiere la medición al menor del costo y el importe recuperable, no al menor del costo y el valor razonable menos los costos de venta. Sin embargo, el IASB no espera que la modificación tenga un impacto material sobre las PYMES porque cuando una entidad espera recuperar el importe en libros de los activos netos de una operación discontinuada a través de la venta y los flujos de efectivo futuros del uso restante de dicha operación discontinuada se estiman desdeñables, el valor en uso se aproximaría al valor razonable menos los costos de venta (y por ello, el valor razonable menos los costos de venta se aproximarían al importe recuperable).

(e)   Aclaración de que todas las subsidiarias adquiridas con la intención de venta o disposición dentro de un año se excluirán de la consolidación y las guías que aclaran la forma de contabilizar y disponer de estas subsidiarias (véanse los párrafos 9.3 a 9.3C y 9.23A de la *NIIF para las PYMES*).

En respuesta a las preocupaciones de los que respondieron, el IASB ha ampliado las guías anteriormente propuestas en el PN de 2013.

(f)   Incorporación de guías que aclaran la preparación de estados financieros consolidados si las entidades del grupo tienen diferentes fechas de presentación (véase el párrafo 9.16 de la *NIIF para las PYMES*).

Algunos de los que respondieron al PN de 2013 señalaron que esta guía, que permite que una entidad controladora use los estados financieros más recientes de la subsidiaria, facilita demasiada flexibilidad. Quienes respondieron generalmente pensaban que el IASB debería también añadir el requerimiento de la NIIF 10 que la diferencia entre la fecha de presentación de la subsidiaria y de la controladora debe ser de no más de tres meses y debe ser congruente para cada periodo. El IASB decidió no añadir este requerimiento para las PYMES. Esto es porque destacó que, en el caso excepcional en el que fuera impracticable preparar estados financieros en la misma fecha, el párrafo 9.16 requeriría que los estados financieros de la subsidiaria se ajusten por los efectos de transacciones o sucesos significativos que ocurren entre la fecha de los estados financieros y la de los estados financieros consolidados. El IASB destacó que la eliminación de la restricción de tres meses era también un cambio específicamente realizado durante las nuevas deliberaciones del IASB en respuesta a comentarios al PN de 2007 [véase el párrafo FC34(l)].

(g) Aclaración de que las diferencias de cambio acumuladas que surgen de la conversión de una subsidiaria en el extranjero no se reconocen en el resultado del periodo en el momento de la disposición de la subsidiaria—sobre la base de las PyR 2012/04 (véase el párrafo 9.18 de la *NIIF para las PYMES*).

(h) Aclaración de la definición de los estados financieros separados (véanse los párrafos 9.24 y 9.25 y la definición relacionada en el glosario).

(i) Aclaración de la interacción del alcance de las Secciones 11 y 12 con otras secciones de la *NIIF para las PYMES* (véanse los párrafos 11.7 y 12.3 de la *NIIF para las PYMES*).

(j) Aclaración de cuándo un acuerdo constituiría una transacción financiera [véase el párrafo 11.13 de la *NIIF para las PYMES*).

Algunos de los que respondieron al PN de 2013 afirmaron que algunas PYMES están interpretando el párrafo 11.13 como que se les requiere el uso del precio de la transacción, por ejemplo, el valor nominal de un préstamo, en lugar del valor presente de los pagos futuros, para acuerdos con partes relacionadas basados en intereses por debajo del mercado, por ejemplo, préstamos realizados a los empleados a tasas menores que las de mercado. Por consiguiente, el IASB decidió aclarar que al aplicar el párrafo 11.13, la entidad debe considerar si un acuerdo constituye una transacción de financiación para los propósitos de la *NIIF para las PYMES*, ya sea para ella misma o la contraparte. En otras palabras la entidad debe considerar los activos financieros y pasivos financieros.

(k) Aclaración en la guía sobre medición del valor razonable de la Sección 11 de cuándo la mejor evidencia del valor razonable puede ser un precio en un acuerdo de venta vinculante. Las guías se aplican a las mediciones del valor razonable en otras secciones y no solo para instrumentos financieros dentro del alcance de la Sección 11 (véase el párrafo 11.27 *NIIF para las PYMES*).

En respuesta a las preocupaciones de los que respondieron, el IASB ha ampliado la redacción anteriormente propuesta en el PN de 2013.

(l) Aclaración de los requerimientos para la contabilidad de coberturas, incluyendo la incorporación de una frase que aclara el tratamiento de las diferencias de cambio relacionadas con una inversión neta en un negocio en el extranjero por congruencia con los párrafos 9.18 y 30.13 [véanse los párrafos 12.8, 12.23, 12.25 y 12.29 de la *NIIF para las PYMES*].

(m) Sustitución del término no definido de "fecha del cambio" por el de "fecha de la adquisición" en los requerimientos para medir el costo de una combinación de negocios [véase el párrafo 19.11(a) de la *NIIF para las PYMES*].

(n) Incorporación de guías que aclaran los requerimientos de medición para acuerdos de beneficios a los empleados, impuestos diferidos y participaciones no controladoras al asignar el costo de una combinación de negocios (véase el párrafo 19.14 de la *NIIF para las PYMES*).

El IASB destacó que los acuerdos de beneficios a los empleados y los impuestos diferidos son las dos únicas áreas en las que las exenciones de medición son necesarias según el párrafo 19.14, al asignar el costo de una combinación de negocios y que las PYMES no deberían asumir que pueden tratar otras medidas como valor razonable para otros elementos.

(o) Aclaración de que solo algunos acuerdos de subcontratación, contratos de telecomunicaciones que proporcionan los derechos a contratos de capacidad y de compra obligatoria son, en esencia, arrendamientos (véase el párrafo 20.3 de la *NIIF para las PYMES*).

(p) Incorporación de guías que aclaran la clasificación de instrumentos financieros como patrimonio o pasivo (véase el párrafo 22.3A de la *NIIF para las PYMES*).

(q) Incorporación de guías que aclaran la contabilización de la cancelación del dividendo por pagar para una distribución de activos distintos al efectivo (véase el párrafo 22.18 de la *NIIF para las PYMES*).

(r) Alineación del alcance y de las definiciones de la Sección 26 con la NIIF2 para clarificar que las transacciones con pagos basados en acciones que involucran instrumentos de patrimonio de otras entidades del grupo están dentro del alcance de la Sección 26 (véanse los párrafos 26.1 y 26.1A y las definiciones relacionadas del glosario de la *NIIF para las PYMES*).

Partes interesadas han comentado al IASB que no queda claro que la *NIIF para las PYMES* se aplique a los instrumentos de patrimonio de otras entidades del grupo aun cuando el párrafo 26.16 aborda los planes del grupo. El IASB destacó que la *NIIF para las PYMES* se finalizó en un momento similar al de las modificaciones a la NIIF 2 que aclaraban el alcance de la NIIF 2 en relación con los planes del grupo. Por consiguiente, las modificaciones de 2009 a la NIIF 2 no estuvieron disponibles durante la redacción de la *NIIF para las PYMES*. Sin embargo, para abordar las preocupaciones planteadas por las partes interesadas, el IASB decidió alinear el alcance y definiciones de la Sección 26 con la NIIF 2 (después de las modificaciones de 2009), a fin de corregir posibles consecuencias no intencionadas de la redacción actual.

(s)   Aclaración del tratamiento contable de las condiciones de irrevocabilidad (consolidación) de la concesión y de las modificaciones de concesiones de instrumentos de patrimonio (véanse los párrafos 26.9, 26.12 y tres definiciones nuevas en el glosario de la *NIIF para las PYMES*).

(t)   Aclaración de que la simplificación proporcionada para planes de grupo es solo para la medición del gasto por pagos basados en acciones y no proporciona exención de su reconocimiento (véanse los párrafos 26.16 y 26.22 de la *NIIF para las PYMES*).

(u)   Aclaración de que la Sección 27 no se aplica a activos que surgen de contratos de construcción [véase el párrafo 27.1(f) de la *NIIF para las PYMES*].

(v)   Aclaración de la aplicación de los requerimientos contables del párrafo 28.23 a otros beneficios a los empleados a largo plazo (véase el párrafo 28.30 de la *NIIF para las PYMES*).

(w)   Aclaración que los instrumentos financieros que derivan su valor razonable del cambio en una tasa de cambio de moneda extranjera especificada se excluyen de la Sección 30, pero no los instrumentos financieros denominados en una moneda extranjera (véase el párrafo 30.1 de la *NIIF para las PYMES*).

(x)   Simplificación de la redacción utilizada en la exención de la reexpresión de la información financiera en el momento de la adopción por primera vez de la *NIIF para las PYMES* (véase el párrafo 35.11 de la *NIIF para las PYMES*).

(y)   Elementos del glosario nuevos para "mercado activo", "familiares cercanos a una persona", "negocio en el extranjero", "pagos mínimos del arrendamiento" y "costos de transacción".

Transición y fecha de vigencia

Disposiciones de transición

FC256   El IASB no espera que la aplicación retroactiva de cualquiera de las modificaciones sea significativamente onerosa para las PYMES. Esto es así, porque la mayoría de las modificaciones a la *NIIF para las PYMES* aclaran o eximen de requerimientos existentes. Por consiguiente, en el PN de 2013, el IASB propuso que las modificaciones de las Secciones 2 a 34 de la *NIIF para las PYMES* deben aplicarse retroactivamente.

FC257   Algunos de los que respondieron al PN de 2013 destacaron que la aplicación retroactiva de las modificaciones a la Sección 29 podría ser gravosa, porque las PYMES necesitarán considerar el efecto de cada cambio individual en los requerimientos para reconocer y medir impuestos diferidos, incluyendo cambios de redacción menores. Estos destacaron que la determinación de la forma en que estos cambios individuales, si se aplican retroactivamente, afectarían a los estados financieros podría llevar tiempo y ser complejo para algunas PYMES.

FC258   El IASB observó que las modificaciones a la Sección 29 no se espera que afecten de forma significativa a los importes que la mayoría de las PYMES reconocen por impuestos diferidos, porque las modificaciones no cambian el enfoque subyacente de contabilización de los impuestos diferidos. Además, el IASB está únicamente haciendo cambios menores en los requerimientos de revelar información de la Sección 29. Por consiguiente, el IASB destacó que se esperaría que el impacto de las modificaciones de la Sección 29 sobre la información en los estados financieros fuera limitado para la mayoría de las PYMES. No obstante, el IASB no piensa que el beneficio para los usuarios de los estados financieros de las PYMES de reexpresar la información según la Sección 29, que el IASB considera que es solo probable que se requiera en un porcentaje pequeño de casos, justifique requerir que todas las PYMES apliquen la Sección 29 de forma retroactiva. Como consecuencia, el IASB decidió permitir que las PYMES apliquen las modificaciones a la Sección 29 de forma prospectiva desde el comienzo del periodo en el que la entidad aplique por primera vez las modificaciones, porque está apoyado por razones de costo-beneficio.

FC259 El IASB también decidió requerir la aplicación prospectiva desde el comienzo del periodo en el que la entidad aplique por primera vez las modificaciones para las dos modificaciones siguientes:

(a) La opción de utilizar el modelo de revaluación para propiedades, planta y equipo. El IASB observó que este requerimiento es congruente con los requerimientos para un cambio en políticas contables desde el modelo del costo al modelo de revaluación según las NIIF completas y que los requerimientos para las PYMES no deben hacerse más onerosos que esto. El IASB también destacó que puede ser difícil aplicar el modelo de revaluación de forma retroactiva a propiedades, planta y equipo sin el uso del razonamiento en retrospectiva al seleccionar los datos de entrada que habrían sido apropiados en periodos anteriores.

(b) Sustitución del término no definido "fecha de intercambio" por el término definido "fecha de adquisición". El IASB observó que esto evitaría que la entidad necesite revisar combinaciones de negocios pasadas para determinar si estas dos fechas son las mismas.

FC260 Algunos de los que respondieron también señalaron que algunas de las otras modificaciones podían también ser costosas de aplicar de forma retroactiva y no consideraban que los beneficios de la reexpresión de la información justificaran el incurrir en costos significativos. El IASB observó que la Sección 35 no requiere que las entidades que adoptan por primera vez la NIIF de forma retroactiva apliquen los requerimientos de la *NIIF para las PYMES* si fuera impracticable (véase el párrafo 35.11 de la *NIIF para las PYMES*) e incluir una exención general de "impracticable" en los requerimientos de transición sería congruente con esto. Por consiguiente, el IASB decidió que, aunque no consideraba que la aplicación de las modificaciones a las Secciones 2 a 28 y 30 a 35 de forma retroactiva fuera significativamente gravoso para las PYMES, incluiría una exención por impracticable que se aplicaría a cada modificación por separado en el caso de que existan circunstancias que no haya considerado en las que la aplicación retroactiva sería impracticable.

Fecha de vigencia de las modificaciones

FC261 El Prólogo a la *NIIF para las PYMES* señala:

El IASB espera que transcurra un periodo de un año como mínimo entre la emisión de las modificaciones a la *NIIF para las PYMES* y la fecha de vigencia de dichas modificaciones.

FC262   El IASB no espera que ninguna de las modificaciones a la *NIIF para las PYMES* dé lugar a cambios significativos para las PYMES y, por ello, decidió que la fecha de vigencia debe establecerse como la primera fecha adecuada de un año desde la fecha en que se emiten las modificaciones. Algunos de los que respondieron señalaron que el tiempo de implementación de un año era demasiado corto y sugirieron que era más apropiado un periodo de 18 meses a dos años. Algunos de los que respondieron destacaron que las PYMES necesitan tiempo suficiente para hacer la transición a cualquier requerimiento nuevo debido a restricciones de recursos. Algunos de los que respondieron también destacaron que se requiere tiempo adicional para que las jurisdicciones que tienen que cumplir con procesos de aprobación local proporcionen un plazo de implementación suficiente a sus PYMES. El IASB observó que las modificaciones están siendo emitidas en mayo de 2015 y, por ello, la fecha de vigencia de 1 de enero de 2017 caería más allá de los 18 meses después de la emisión. Por consiguiente, el IASB decidió que no había necesidad de reconsiderar esta fecha.

Aplicación anticipada

FC263   El IASB decidió que debe permitirse la adopción anticipada de las modificaciones a la *NIIF para las PYMES* para ayudar a las entidades y jurisdicciones que están actualmente en proceso de adoptar, o planean adoptar, la *NIIF para las PYMES*. El IASB destacó que la aplicación anticipada también permitiría a las PYMES utilizar la *NIIF para las PYMES* revisada para los estados financieros preparados en años anteriores. Por ejemplo, algunas PYMES pueden no estar obligadas a presentar estados financieros o pueden necesitar un plazo significativo para presentarlos. Por consiguiente, estas PYMES pueden estar preparando estados financieros mucho después de su fecha de presentación y pueden querer aplicar las modificaciones a años anteriores.

El plan del IASB para revisiones futuras de la *NIIF para las PYMES*

FC264   Quienes respondieron al PN de 2013 estaban divididos en partes iguales sobre si el IASB debería actualizar la *NIIF para las PYMES* aproximadamente una vez cada tres años o si debería seguir un ciclo más largo, con cinco años como la alternativa sugerida más frecuente. El IASB apoyaba lo siguiente como un enfoque provisional para revisiones futuras de la *NIIF para las PYMES*:

(a)   Una revisión integral de la *NIIF para las PYMES* debería comenzar aproximadamente dos años después de la fecha de vigencia de las modificaciones a la *NIIF para las PYMES* procedentes de una revisión integral anterior. Esto daría tiempo para que las PYMES apliquen las modificaciones, y para que las partes interesadas identificaran y comentaran cualquier cuestión de implementación o consecuencias no previstas que procedan de esas modificaciones. El IASB observó que esperaba que las revisiones integrales comenzasen con la emisión de una PdI.

(b) Entre las revisiones integrales, el IASB con información procedente del GIPYMES, decidiría si existe una necesidad de una revisión intermedia para considerar cualquier Norma NIIF completa nueva o revisada no incorporada todavía o modificaciones urgentes que hayan sido identificadas.

(c) Este proceso significaría que las modificaciones a la *NIIF para las PYMES* no se esperaría que fuera habitualmente con mayor frecuencia de aproximadamente una vez cada tres años para proporcionar a las PYMES una plataforma estable.

Análisis de los efectos probables de las modificaciones

FC265 Antes de que el IASB emita requerimientos nuevos, o haga modificaciones a las Normas existentes, considera los costos y beneficios de los pronunciamientos nuevos. Esto incluye la evaluación de los efectos sobre los costos para preparadores y usuarios de los estados financieros. El IASB también considera las ventajas comparativas que tienen los preparadores para elaborar información que, de otra forma, requeriría que los usuarios de los estados financieros incurrieran en costos de desarrollo. El IASB tiene en cuenta los beneficios para la toma de decisiones económicas procedentes de la mejora de la información financiera. El IASB obtiene una mejor comprensión de los efectos probables de las propuestas para las Normas nuevas o revisadas a través de su exposición formal de propuestas y a través de su análisis y consulta con las partes interesadas a través de actividades de difusión externa.

FC266 El IASB llevó a cabo amplias actividades de difusión externa con partes interesadas durante la revisión integral de la *NIIF para las PYMES*. Esto incluía la emisión de dos documentos de consulta pública (el PdI y el PN de 2013), actividades de difusión externa adicionales con los suministradores de financiación a las PYMES y analizar las cuestiones principales en reuniones del Consejo Asesor de las NIIF y emisores de normas de todo el mundo. Además, el IASB consultó al GIPYMES sobre sus modificaciones propuestas durante el desarrollo del PN de 2013 y las modificaciones finales. Este Análisis de Efectos se basa en la información recibida mediante este proceso.

FC267 La evaluación de los costos y beneficios son necesariamente cualitativa, más que cuantitativa. Esto es así porque cuantificar los costos y, en concreto, los beneficios, es inherentemente difícil. Aunque otros emisores de normas realizan tipos similares de análisis, existe una ausencia de técnicas fiables y suficientemente bien establecidas para cuantificar este análisis. Por consiguiente, el IASB ve este Análisis de Efectos como parte de un proceso que evoluciona. Además, la evaluación realizada es de los efectos probables de los requerimientos nuevos, porque los efectos reales, no serán conocidos hasta después de que se hayan aplicado los requerimientos nuevos. Estos se considerarán en la revisión próxima de la *NIIF para las PYMES*.

FC268 El IASB se comprometió a evaluar y compartir conocimiento sobre los costos probables de implementación de los nuevos requerimientos y los probables costos y beneficios subsecuentes de aplicación de las Normas nuevas o revisadas—los costos y beneficios se designan conjuntamente como "efectos".

FC269   Para evaluar los efectos probables de las modificaciones, el IASB ha considerado la forma en que:

(a)   se informaría sobre las actividades en los estados financieros de los que aplican la *NIIF para las PYMES*;

(b)   mejoraría la comparabilidad de la información financiera entre periodos diferentes de presentación para la misma entidad y entre entidades distintas en un periodo de presentación en concreto;

(c)   información financiera más útil daría lugar a una mejor toma de decisiones económicas;

(d)   se verían probablemente afectados los costos de cumplimiento para los preparadores; y

(e)   se verían afectados los costos probables de análisis para los usuarios de los estados financieros.

Cambios que podrían tener un efecto significativo

FC270   Las siguientes son las modificaciones significativas a la *NIIF para las PYMES*. Todas estas modificaciones alinean estrechamente los requerimientos relacionados con las NIIF completas. Por consiguiente, un beneficio importante de estas modificaciones es la alineación más estrecha con las NIIF completas. Lo siguiente es una consideración adicional de los efectos de estas modificaciones en el contexto de los estados financieros de las PYMES:

(a)   Incorporación de una opción de usar el modelo de revaluación.

Los usuarios de los estados financieros de las PYMES han dicho al IASB que no les parece adecuado que las entidades apliquen opciones de política contable diferentes para transacciones similares porque afecta a la comparabilidad entre entidades. No obstante, el IASB ha recibido información significativa de preparadores, emisores de normas, firmas de contabilidad y otras partes interesadas de que no tener una opción de revaluación de las propiedades, planta y equipo es una barrera a la adopción de la *NIIF para las PYMES* en jurisdicciones en la que las PYMES comúnmente revalúan sus propiedades, planta y equipo o se requiere por ley la revaluación de las propiedades, planta y equipo. Además, el IASB está también de acuerdo con los que respondieron que señalaron que la información de valor corriente es potencialmente más útil que la de costo histórico. Por consiguiente, el IASB decidió que en este caso especial, los beneficios de un uso más amplio de la *NIIF para las PYMES*, y, por ello, el potencial de mejora global en la información y congruencia, superan la importancia para los usuarios de los estados financieros de las PYMES de prohibir esta opción para propiedades, planta y equipo. Además, el IASB destacó que aunque los requerimientos adicionales para incorporar la opción de revaluación pueden incrementar la complejidad percibida de la *NIIF para las PYMES* ligeramente, las modificaciones introducen una opción, no un requerimiento. Por consiguiente, no hace necesario un cambio o costos adicionales para los preparadores (véanse también los párrafos FC208 a FC212).

(b)   La alineación de los requerimientos principales de reconocimiento y medición para impuestos diferidos con la NIC 12.

Se espera que la alineación tenga un efecto global limitado sobre el reconocimiento, medición, presentación e información a revelar de los impuestos diferidos (véanse los párrafos FC219 a FC223). Por consiguiente, el IASB no espera que la información proporcionada a los usuarios de los estados financieros se vea significativamente afectada. Además, aunque los preparadores tendrán inicialmente que dedicar tiempo a comprender los requerimientos revisados, en la mayoría de los casos no se espera que cause esfuerzo o costo desproporcionado—y si lo hace, las disposiciones de transición proporcionan exención de la reexpresión retroactiva de los importes por impuestos diferidos. El IASB destacó que algunas PYMES pueden encontrar los requerimientos revisados de la Sección 29 más fáciles de aplicar que los requerimientos anteriores, por ejemplo, si están familiarizados con la contabilidad de los impuestos diferidos según las NIIF completas o debido a material de formación significativo y experiencia en algunas jurisdicciones en la aplicación de la NIC 12.

(c)   La alineación de los requerimientos principales de reconocimiento y medición de activos de exploración y evaluación con la NIIF 6.

El IASB destacó que esta modificación asegura que los requerimientos de la *NIIF para las PYMES* no son más onerosos que las NIIF completas. Estos requerimientos solo se aplican a un tipo específico de actividad y, de esa forma, no afectará a la mayoría de las PYMES y usuarios de sus estados financieros.

Otros cambios basados en razones de costo-beneficio

FC271   El IASB considera que los cambios siguientes están apoyados en razones costo-beneficio como se explica en los párrafos a los que se hace referencia para:

(a)   Modificar el párrafo 18.20 de la *NIIF para las PYMES* para especificar que si la vida útil de un activo intangible, incluyendo la plusvalía no puede establecerse con fiabilidad, la vida útil se determinará sobre la base de la mejor estimación de la gerencia pero no superará los diez años. Esto sustituye el requerimiento de utilizar una vida fija de diez años, en ausencia de una estimación fiable de la vida útil. El uso de la mejor estimación se espera que proporcione información mejor a los usuarios de los estados financieros sin costo adicional para los preparadores, que requerir una vida fija de diez años (véanse los párrafos FC247).

(b)   La incorporación de la exención por esfuerzo o costo desproporcionado para los siguientes tres requerimientos (véanse los párrafos FC202, FC222 y FC239 a FC241):

(i)   medición de inversiones en instrumentos de patrimonio a valor razonable de las Secciones 11 y 12;

(ii)   reconocimiento de activos intangibles de forma separada en una combinación de negocios;

(iii) la medición de los instrumentos de patrimonio propio de la entidad al valor razonable cuando se emiten para un acreedor para extinguir un pasivo (que procede de incorporar las conclusiones de la CINIIF 19);

(iv) el requerimiento de medir el pasivo para pagar una distribución distinta al efectivo a valor razonable de los activos distintos al efectivo a distribuir; y

(v) el requerimiento de compensar activos y pasivos por impuesto a las ganancias.

(c) Un requerimiento de que una entidad debe revelar sus razones para usar cualquier exención por esfuerzo o costo desproporcionado (véase el párrafo FC252).

(d) Los requerimientos de transición para las modificaciones a la *NIIF para las PYMES* (véanse los párrafos FC258 a FC269).

Cambios que se espera que tengan un efecto limitado

FC272 Aparte de los cambios descritos en los párrafos FC270 y FC271, las modificaciones del IASB de la *NIIF para las PYMES* son de uno o más de los tipos siguientes:

(a) Cambios relativamente menores que alinean los requerimientos de la *NIIF para las PYMES* con los de las NIIF completas, para incorporar algunos de los cambios en las Normas NIIF completas nuevas o revisadas o para incluir guías que aclaran procedentes de las NIIF completas. Estos cambios se introdujeron para reducir los costos de aplicar la *NIIF para las PYMES* porque proporcionan claridad adicional, una simplificación o resuelven problemas esperados o conocidos o diversidad potencial en la práctica. No se espera que estos cambios añadan complejidad para los preparadores de las PYMES y son en áreas en las que las necesidades de los usuarios de los estados financieros de las PYMES se espera que sean similares a las de los usuarios de los estados financieros de las entidades con obligación pública de rendir cuentas.

(b) Los cambios que aclaran requerimientos existentes o eliminan consecuencias no previstas de redacción existente en la *NIIF para las PYMES*. El efecto de esas modificaciones se espera que sea una comprensión mejor y aplicación de los requerimientos de la *NIIF para las PYMES* y, en la mayoría de los casos no se esperaría que afecten a la contabilización actual de esas transacciones.

(c) Cambios que no se espera que tengan un impacto significativo para la inmensa mayoría de las PYMES porque, por ejemplo, están relacionados con transacciones con las que las PYMES solo se encuentran rara vez.

Opiniones en contrario

Aprobación por el Consejo de la *NIIF para las PYMES* emitida en julio de 2009

OC1   El Sr. Leisenring discrepa de la emisión de la NIIF porque cree que la *NIIF para las PYMES* no es ni necesaria ni deseable.

OC2   Es innecesaria porque la gran mayoría de decisiones sobre políticas contables de las PYMES son sencillas y no requieren una referencia extensa a las NIIF y, cuando la requieren, ésta no es gravosa.

OC3   No es deseable porque la NIIF produciría información no comparable. Las PYMES no serán comparables entre ellas y no serán comparables con entidades con obligación pública de rendir cuentas. Ese resultado es incoherente con el *Marco Conceptual* del IASB y los conceptos y principios generales de la NIIF.

OC4   Dará lugar a una falta de comparabilidad, ya que la NIIF permitirá a las PYMES, como consecuencia del párrafo 10.5, ignorar los requerimientos de otras NIIF aun cuando el problema contable específico se trate en éstas. Si una entidad estuviera satisfecha con el resultado de aplicar el párrafo 10.5(a) y (b), no existirá nunca el requerimiento de buscar en las NIIF completas. Así, transacciones idénticas pueden contabilizarse de forma diferente por distintas PYMES y por entidades con obligación pública de rendir cuentas. Si el Consejo encuentra necesario el desarrollo de materiales educativos para ayudar a las PYMES en la aplicación de las NIIF, eso sería ciertamente apropiado. Sin embargo, el Sr. Leisenring considera que en todas las circunstancias las NIIF deben ser la fuente última de guías contables para todas las entidades.

OC5   El Sr. Leisenring no considera que el Consejo haya demostrado la necesidad de hacer modificaciones a los requerimientos de reconocimiento y medición de las NIIF para su aplicación por las PYMES sobre la base del análisis de costo-beneficio o de las necesidades de los usuarios. Como consecuencia, para él no habría ninguna diferencia en los requerimientos de reconocimiento y medición con respecto a las NIIF completas. De forma alternativa, él modificaría más extensamente los requerimientos de información a revelar para cumplir las necesidades especiales de los usuarios. Esa modificación podría bien crear información a revelar no requerida actualmente, tal como la información sobre dependencia económica y control común.

OC6   El Sr. Leisenring también considera que la NIIF es incoherente con la Constitución de la Fundación del Comité de Normas Internacionales de Contabilidad y el *Prólogo a las Normas Internacionales de Información Financiera*. Esos documentos establecen un objetivo para un único conjunto de normas contables teniendo en cuenta las necesidades especiales de pequeñas y medianas entidades y las economías emergentes. El Sr. Leisenring acepta ese objetivo pero no cree que implique un conjunto separado de normas para las entidades en circunstancias diferentes como se indica en el párrafo FC42. La conclusión de ese párrafo sugiere que muchos conjuntos de normas contables serían adecuados en función de las circunstancias diferentes.

Opinión en contrario de la Sra. Tokar con respecto a las *Modificaciones de 2015 a la NIIF para las PYMES*

OC1   La Sra. Tokar opina en contrario por la decisión del IASB de hacer que se informe del valor razonable de las distribuciones no efectuadas en efectivo, sujeta a una exención por esfuerzo o costo desproporcionado. A ella le preocupa que la exención por esfuerzo o costo desproporcionado prive a los usuarios de los estados financieros de información relevante sobre el valor de los activos distribuidos a los propietarios. Aunque podría aceptar que una exención por esfuerzo o costo desproporcionado puede ser apropiada con respecto a la nueva medición del activo a distribuir entre el momento de reconocimiento de la distribución por pagar y el momento de la liquidación, opina en contrario de proporcionar una exención por esfuerzo o costo desproporcionado con respecto a la nueva medición inicial de la transacción.

OC2   En su opinión, la información del valor razonable debería usarse normalmente para evaluar la calidad de la decisión de distribución desde una perspectiva de gobierno corporativo, y, por ello, esta información debe estar disponible al preparar los estados financieros. Aunque el IASB ha buscado aclarar, en estas modificaciones, las circunstancias en la que está disponible la exención por esfuerzo o costo desproporcionado, a la Sra. Tokar le preocupa que permitir una exención por esfuerzo o costo desproporcionado para transacciones para las que la información del valor razonable debe estar disponible supone rebajar la exigencia que el IASB pretende para el uso de esta exención. Ella considera que la eficacia de la *NIIF para las PYMES*, que incluye un número de exenciones por esfuerzo o costo desproporcionado, requiere que la exención se use solo en circunstancias en las que los costos (monetarios y en recursos de la entidad, o "esfuerzo") claramente superan los beneficios para los usuarios de tener la información.

ÍNDICE

   © IFRS Foundation

Norma Internacional de Información Financiera para Pequeñas y Medianas Entidades

Estados Financieros Ilustrativos y Tabla de Requerimientos de Presentación e Información a Revelar

Esta guía acompaña a la Norma Internacional de Información Financiera para Pequeñas y Medianas Entidades (NIIF para las PYMES) pero no forma parte de ella.

Estados Financieros Ilustrativos

F1   La Sección 3 *Presentación de Estados Financieros de la NIIF para las PYMES* define un conjunto completo de estados financieros y establece normas generales para su presentación. Sección 4 *Estado de Situación Financiera*, Sección 5 *Estado del Resultado Integral y Estado de Resultados*, Sección 6 *Estado de Cambios en el Patrimonio y Estado de Resultados y Ganancias Acumuladas*, Sección 7 *Estado de Flujos de Efectivo* y Sección 8 *Notas a los Estados Financieros* establecen el formato y el contenido de los estados financieros individuales y las notas. Otras secciones de la *NIIF para las PYMES* establecen requerimientos adicionales de información a revelar y presentar. Los estados financieros siguientes ilustran cómo pueden cumplirse los requerimientos de información a revelar y presentar, por parte de una entidad pequeña o mediana típica. Por supuesto, cada entidad necesitará considerar el contenido, la secuencia y el formato de presentación y las descripciones utilizadas en las partidas para lograr una presentación razonable de las circunstancias particulares de la entidad. Estos estados financieros ilustrativos no deben considerarse como una plantilla apropiada para todas las entidades.

F2   El estado de situación financiera ilustrativo presenta los activos corrientes seguidos por los activos no corrientes, los pasivos corrientes seguidos por los pasivos no corrientes y a continuación el patrimonio (es decir, las partidas de más liquidez primero). En algunas jurisdicciones, la secuencia suele ser a la inversa (es decir, las partidas de más liquidez en último lugar) y eso también se permite en la *NIIF para las PYMES*. En coherencia con el párrafo 3.22 de la *NIIF para las PYMES*, una entidad puede utilizar denominaciones para los estados financieros distintas de las utilizadas en estas ilustraciones.

F3   De acuerdo con el párrafo 3.18, los estados financieros ilustrativos presentan un único estado del resultado integral y ganancias acumuladas en lugar de dos estados financieros separados—un estado del resultado integral y un estado de cambios en el patrimonio. Esto puede hacerse si los únicos cambios en el patrimonio de una entidad durante los periodos para los que se presentan los estados financieros surgen de ganancias o pérdidas, pago de dividendos, correcciones de errores de periodos anteriores y cambios en las políticas contables. (Puesto que no existen partidas de otro resultado integral, este estado podría haber sido denominado también estado de resultados y ganancias acumuladas.) Se facilitan dos estados del resultado integral y ganancias acumuladas para ilustrar las clasificaciones alternativas de ingresos y gastos, por naturaleza y por función—véase el párrafo 5.11 de la *NIIF para las PYMES*.

F4   Los estados financieros ilustrativos no pretenden ilustrar todos los aspectos de la *NIIF para las PYMES*. El material educativo de la *NIIF para las PYMES* de la

Fundación IFRS, disponible en las páginas web de las PYMES del sitio web de la Fundación IFRS (www.ifrs.org), contiene, por secciones, ejemplos adicionales de los requerimientos de presntación e información a revelar de la *NIIF para las PYMES*.

F5   La *NIIF para las PYMES* no requiere un estado de situación financiera al principio del primer periodo comparativo. El siguiente estado de situación financiera ilustrativo únicamente incluye una columna para el estado de situación financiera de apertura para ayudar a comprender mejor los cálculos de los importes subyacentes en el estado de flujos de efectivo.

Grupo XYZ

Estado del resultado integral y ganancias acumuladas consolidado para el año que termina el 31 de diciembre de 20X2

(Alternativa 1 – ilustración de la clasificación de gastos por función)

	Notas	20X2 u.m.	20X1 u.m.
Ingresos de actividades ordinarias	5	6.863.545	5.808.653
Costo de ventas		(5.178.530)	(4.422.575)
Ganancia bruta		1.685.015	1.386.078
Otros ingresos	6	88.850	25.000
Costos de distribución		(175.550)	(156.800)
Gastos de administración		(810.230)	(660.389)
Otros gastos		(106.763)	(100.030)
Costos financieros	7	(26.366)	(36.712)
Ganancia antes de impuestos	8	654.956	457.147
Gasto por impuestos a las ganancias	9	(270.250)	(189.559)
Ganancia del año		384.706	267.588
Ganancias acumuladas al comienzo del año		2.171.353	2.003.765
Dividendos		(150.000)	(100.000)
Ganancias acumuladas al final del año		2.406.059	2.171.353

Nota: El formato ilustrado presenta los gastos de acuerdo con su función (costos de ventas, distribución, administración, etc.). Como los únicos cambios en el patrimonio del Grupo XYZ durante el año surgen de ganancias o pérdidas y del pago de dividendos, se ha optado por presentar un único estado del resultado integral y ganancias acumuladas en lugar de estados separados del resultado integral y cambios en el patrimonio.

Grupo XYZ

Estado del resultado integral y ganancias acumuladas consolidado para el año que termina el 31 de diciembre de 20X2

(Alternativa 2 – ilustración de la clasificación de gastos por naturaleza)

	Notas	20X2	20X1
		u.m.	u.m.
Ingresos de actividades ordinarias	5	6.863.545	5.808.653
Otros ingresos	6	88.850	25.000
Variación en los inventarios de productos terminados y en proceso		3.310	(1.360)
Consumos de materias primas y consumibles		(4.786.699)	(4.092.185)
Salarios y beneficios a los empleados		(936.142)	(879.900)
Gastos por depreciación y amortización		(272.060)	(221.247)
Deterioro del valor de propiedades, planta y equipo		(30.000)	–
Otros gastos		(249.482)	(145.102)
Costos financieros	7	(26.366)	(36.712)
Ganancia antes de impuestos	8	654.956	457.147
Gasto por impuestos a las ganancias	9	(270.250)	(189.559)
Ganancia del año		384.706	267.588
Ganancias acumuladas al comienzo del año		2.171.353	2.003.765
Dividendos		(150.000)	(100.000)
Ganancias acumuladas al final del año		2.406.059	2.171.353

Nota: El formato ilustrativo presenta los gastos según su naturaleza (materias primas y consumibles, salarios y beneficios a los empleados, depreciación y amortización, deterioro de valor, etc.). Como los únicos cambios en el patrimonio del Grupo XYZ durante el año surgen de ganancias o pérdidas y del pago de dividendos, se ha optado por presentar un único estado del resultado integral y ganancias acumuladas en lugar de estados separados del resultado integral y cambios en el patrimonio.

Grupo XYZ

Estado de situación financiera consolidado a 31 de diciembre de 20X2

	Notas	20X2 u.m.	20X1 u.m.	20X0 u.m.
ACTIVOS				
Activos corrientes				
Efectivo		28.700	22.075	18.478
Deudores comerciales y otras cuentas por cobrar	10	585.548	573.862	521.234
Inventarios	11	57.381	47.920	45.050
		671.629	643.857	584.762
Activos no corrientes				
Inversiones en asociadas	12	107.500	107.500	107.500
Propiedades, Planta y Equipo	13	2.549.945	2.401.455	2.186.002
Activos intangibles	14	850	2.550	4.250
Activo por impuestos diferidos	15	4.309	2.912	2.155
		2.662.604	2.514.417	2.299.907
Activos totales		3.334.233	3.158.274	2.884.669
PASIVOS Y PATRIMONIO				
Pasivos corrientes				
Sobregiros bancarios	16	83.600	115.507	20.435
Acreedores comerciales	17	431.480	420.520	412.690
Intereses por pagar	7	2.000	1.200	–
Impuestos corrientes por pagar		271.647	190.316	173.211
Provisión para obligaciones por garantías	18	4.200	5.040	2.000
Obligaciones a corto plazo por beneficios a los empleados	19	4.944	4.754	4.571
Obligaciones a corto plazo por arrendamientos financieros	20	21.461	19.884	18.423
		819.332	757.221	631.330
Pasivos no corrientes				
Préstamos bancarios	16	50.000	150.000	150.000
Obligaciones a largo plazo por beneficios a los empleados	19	5.679	5.076	5.066
Obligaciones por arrendamientos financieros	20	23.163	44.624	64.508
		78.842	199.700	219.574
Pasivos totales		898.174	956.921	850.904

continúa...

...*continuación*

Patrimonio

Capital en acciones	22	30.000	30.000	30.000
Ganancias acumuladas	4	2.406.059	2.171.353	2.003.765
		2.436.059	2.201.353	2.033.765
Total pasivos y patrimonio		3.334.233	3.158.274	2.884.669

Nota: La *NIIF para las PYMES* no requiere un estado de situación financiera al principio del primer periodo comparativo, por lo que se muestra sombreado. Se presenta aquí para ayudar a comprender los cálculos de los importes subyacentes en el estado de flujos de efectivo.

Grupo XYZ

Estado de flujos de efectivo consolidado para el año que termina el 31 de diciembre de 20X2

	Notas	20X2	20X1
		u.m.	u.m.
Flujos de efectivo por actividades de operación			
Ganancia del año		384.706	267.588
Ajustes por ingresos y gastos que no requirieron uso de efectivo:			
Costos financieros que no requirieron uso de efectivo (a)		800	1.200
Gasto por impuestos a las ganancias que no requirió uso de efectivo (b)		79.934	16.348
Depreciación de propiedades, planta y equipo		270.360	219.547
Pérdida por deterioro		30.000	–
Amortización de intangibles		1.700	1.700
Flujo de efectivo incluidos en actividades de inversión:			
Ganancia por la venta de equipo		(63.850)	–
Cambios en activos y pasivos de operación			
Disminución (aumento) en deudores comerciales y otras cuentas por cobrar		(11.686)	(52.628)
Disminución (aumento) en inventarios		(9.461)	(2.870)
Incremento (disminución) en acreedores comerciales acreedores (c)		10.120	10.870
Aumento en beneficios a los empleados por pagar a corto y largo plazo		793	193
Efectivo neto proveniente de actividades de operación		693.416	461.948
Flujos de efectivo por actividades de inversión			
Cobros por venta de equipo		100.000	–
Compras de equipo		(485.000)	(435.000)
Efectivo neto utilizado en actividades de inversión		(385.000)	(435.000)
Flujos de efectivo por actividades de financiación			
Pago de pasivos derivados de arrendamientos financieros		(19.884)	(18.423)
Reembolso de préstamos		(100.000)	–

continúa...

...continuación

Dividendos pagados	(150.000)	(100.000)
Efectivo neto utilizado en actividades de financiación	(269.884)	(118.423)
Aumento (disminución) neto en el efectivo y equivalentes al efectivo	38.532	(91.475)
Efectivo y equivalentes al efectivo al comienzo del año	(93.432)	(1.957)
Efectivo y equivalentes al efectivo al final del año	23 (54.900)	(93.432)
(a) Costos financieros pagados en efectivo	25.566	35.512
(b) Impuestos a las ganancias pagados en efectivo	190.316	173.211
(c) Incluye pérdidas por moneda extranjera no realizadas	1.000	–

Grupo XYZ
Políticas contables y notas explicativas a los estados financieros para el año que termina el 31 de Diciembre de 20X2

1. Información general

XYZ (Controladora) Responsabilidad Limitada (la Compañía) es una sociedad de responsabilidad limitada radicada en el país A. El domicilio de su sede social y principal centro del negocio es _____. El Grupo XYZ está compuesto por la Sociedad y su subsidiaria enteramente participada XYZ (Comercial) Sociedad de Responsabilidad Limitada. Sus actividades principales son la fabricación y la venta de velas.

2. Bases de elaboración y políticas contables

Estos estados financieros consolidados se han elaborado de acuerdo con la *Norma Internacional de Información Financiera para Pequeñas y Medianas Entidades (NIIF para las PYMES)* emitida por el Consejo de Normas Internacionales de Contabilidad (IASB). Están presentados en las unidades monetarias (u.m.) del país A.

Bases de consolidación

Los estados financieros consolidados incorporan los estados financieros de la Sociedad y de su subsidiaria enteramente participada. Todas las transacciones, saldos, ingresos y gastos intragrupo han sido eliminados.

Inversiones en asociadas

Las inversiones en asociadas se contabilizan al costo menos cualquier pérdida por deterioro de valor acumulada.

Los ingresos por dividendos de inversiones en asociadas se reconocen cuando se establece el derecho a recibirlos por parte del Grupo. Se incluyen en otros ingresos.

Reconocimiento de ingresos de actividades ordinarias

Los ingresos de actividades ordinarias procedentes de la venta de bienes se reconocen cuando se entregan los bienes y ha cambiado su propiedad. Los ingresos de actividades ordinarias por regalías procedentes de la concesión de licencias de patentes para hacer velas para su uso por otros se reconocen según los acuerdos de la licencia correspondientes. Los ingresos de actividades ordinarias se miden al valor razonable de la contraprestación recibida o por recibir, neta de descuentos e impuestos asociados con la venta cobrados por cuenta del gobierno del País A.

Costos por préstamos

Todos los costos por préstamos se reconocen en el resultado del periodo en el que se incurren.

Impuesto a las ganancias

El gasto por impuestos a las ganancias representa la suma del impuesto corriente por pagar y del impuesto diferido.

El impuesto corriente por pagar está basado en la ganancia fiscal del año.

El impuesto diferido se reconoce a partir de las diferencias entre los importes en libros de los activos y pasivos en los estados financieros y sus bases fiscales correspondientes (conocidas como diferencias temporarias). Los pasivos por impuestos diferidos se reconocen, generalmente, para todas las diferencias temporarias que darán lugar a cantidades imponibles al determinar la ganancia fiscal (pérdida fiscal) de periodos futuros cuando el importe en libros del activo o pasivo se reconozca o liquide (diferencias temporarias tributables). Los activos por impuestos diferidos, generalmente, se reconocen para todas las diferencias temporarias que darán lugar a cantidades que sean deducibles al determinar la ganancia fiscal (pérdida fiscal) de periodos futuros cuando el importe en libros del activo o pasivo se recupere o liquide (diferencias temporarias deducibles)—pero solo en la medida en que sea probable que habrá ganancias fiscales disponibles contra las que utilizar las diferencias temporarias deducibles.

El importe en libros de los activos por impuestos diferidos se revisa en cada fecha sobre la que se informa y se ajusta para reflejar la evaluación actual de las ganancias fiscales futuras. Cualquier ajuste se reconoce en el resultado del periodo.

El impuesto diferido se calcula según las tasas impositivas que se espera aplicar a la ganancia (pérdida) fiscal de los periodos en los que se espera realizar el activo por impuestos diferidos o cancelar el pasivo por impuestos diferidos, sobre la base de las tasas impositivas que hayan sido aprobadas o cuyo proceso de aprobación esté prácticamente terminado al final del periodo sobre el que se informa.

Propiedades, planta y equipo

Las partidas de propiedades, planta y equipo se miden al costo menos la depreciación acumulada y cualquier pérdida por deterioro del valor acumulada.

La depreciación se carga para distribuir el costo de los activos menos sus valores residuales a lo largo de su vida útil estimada, aplicando el método de lineal. En la depreciación de las propiedades, planta y equipo se utilizan las siguientes tasas:

| Edificios | 2 por ciento |
| Instalaciones fijas y equipo | 10 a 30 por ciento |

Si existe algún indicio de que se ha producido un cambio significativo en la tasa de depreciación, vida útil o valor residual de un activo, se revisa la depreciación de ese activo de forma prospectiva para reflejar las nuevas expectativas.

Activos intangibles

Los activos intangibles son programas informáticos adquiridos que se expresan al costo menos la depreciación acumulada y las pérdidas por deterioro acumuladas. Se amortizan a lo largo de la vida estimada de cinco años empleando el método lineal. Si existe algún indicio de que se ha producido un cambio significativo en la tasa de amortización, vida útil o valor residual de un activo intangible, se revisa la amortización de ese activo de forma prospectiva para reflejar las nuevas expectativas.

Deterioro del valor de los activos

En cada fecha sobre la que se informa, se revisan las propiedades, plantas y equipo, activos intangibles e inversiones en asociadas para determinar si existen indicios de que esos activos hayan sufrido una pérdida por deterioro de valor. Si existen indicios de un posible deterioro del valor, se estima y compara el importe recuperable de cualquier activo afectado (o grupo de activos relacionados) con su importe en libros. Si el importe recuperable estimado es inferior, se reduce el importe en libros al importe recuperable estimado, y se reconoce una pérdida por deterioro del valor en resultados.

De forma similar, en cada fecha sobre la que se informa, se evalúa si existe deterioro del valor de los inventarios comparando el importe en libros de cada partida del inventario (o grupo de partidas similares) con su precio de venta menos los costos de terminación y venta. Si una partida del inventario (o grupo de partidas similares) se ha deteriorado, se reduce su importe en libros al precio de venta menos los costos de terminación y venta, y se reconoce inmediatamente una pérdida por deterioro del valor en resultados.

Si una pérdida por deterioro del valor revierte posteriormente, el importe en libros del activo (o grupo de activos relacionados) se incrementa hasta la estimación revisada de su valor recuperable (precio de venta menos costos de terminación y venta, en el caso de los inventarios), sin superar el importe que habría sido determinado si no se hubiera reconocido ninguna pérdida por deterioro de valor del activo (grupo de activos) en años anteriores. Una reversión de una pérdida por deterioro de valor se reconoce inmediatamente en resultados.

Arrendamientos

Los arrendamientos se clasifican como arrendamientos financieros siempre que los términos del arrendamiento transfieran sustancialmente todos los riesgos y las ventajas inherentes a la propiedad del activo arrendado al Grupo. Todos los demás arrendamientos se clasifican como operativos.

Los derechos sobre los activos mantenidos en arrendamiento financiero se reconocen como activos del Grupo al valor razonable de la propiedad arrendada (o, si son inferiores, por el valor presente de los pagos mínimos por arrendamiento) al inicio del arrendamiento. El correspondiente pasivo con el arrendador se incluye en el estado de situación financiera como una obligación por el arrendamiento financiero. Los pagos del arrendamiento se reparten entre cargas financieras y reducción de la obligación del arrendamiento, para así conseguir una tasa de interés constante sobre el saldo restante del pasivo. Los cargos financieros se deducen en la medición de resultados. Los activos mantenidos en arrendamiento financiero se incluyen en propiedades, planta y equipo, y la depreciación y evaluación de pérdidas por deterioro de valor se realiza de la misma forma que para los activos que son propiedad del Grupo.

Las rentas por pagar de arrendamientos operativos se cargan a resultados sobre una base lineal a lo largo del plazo del arrendamiento correspondiente.

Inventarios

Los inventarios se expresan al importe menor entre el costo y el precio de venta menos los costos de terminación y venta. El costo se calcula aplicando el método de primera entrada, primera salidas (FIFO).

Deudores comerciales y otras cuentas por cobrar

La mayoría de las ventas se realizan con condiciones de crédito normales, y los importes de las cuentas por cobrar no tienen intereses. Cuando el crédito se amplía más allá de las condiciones de crédito normales, las cuentas por cobrar se miden al costo amortizado utilizando el método de interés efectivo. Al final de cada periodo sobre el que se informa, los importes en libros de los deudores comerciales y otras cuentas por cobrar se revisan para determinar si existe alguna evidencia objetiva de que no vayan a ser recuperables. Si es así, se reconoce inmediatamente en resultados una pérdida por deterioro del valor.

Acreedores comerciales

Los acreedores comerciales son obligaciones basadas en condiciones de crédito normales y no tienen intereses. Los importes de acreedores comerciales denominados en moneda extranjera se convierten a la unidad monetaria (u.m.) usando la tasa de cambio vigente en la fecha sobre la que se informa. Las ganancias o pérdidas por cambio de moneda extranjera se incluyen en otros gastos o en otros ingresos.

Sobregiros y préstamos bancarios

Los gastos por intereses se reconocen sobre la base del método del interés efectivo y se incluyen en los costos financieros.

Beneficios a los empleados – pagos por largos periodos de servicio

El pasivo por obligaciones por beneficios a los empleados está relacionado con lo establecido por el gobierno para pagos por largos periodos de servicio. Todo el personal a tiempo completo de la plantilla, a excepción de los administradores, está cubierto por el programa. Al final de cada cinco años de empleo, se lleva a cabo un pago del 5% del salario (que se determina de acuerdo a los doce meses anteriores al pago). El pago se efectúa en el quinto año, como parte de la nómina de diciembre. El Grupo no financia esta obligación por anticipado.

El costo y la obligación del Grupo de realizar pagos por largos periodos de servicio a los empleados se reconocen durante los periodos de servicio de los empleados. El costo y la obligación se miden usando el método de la unidad de crédito proyectada, que supone una media anual del 4% de incremento salarial, con una rotación de empleados basada en la experiencia reciente del Grupo, descontados utilizando la tasa de mercado vigente para bonos corporativos de alta calidad.

Provisión para obligaciones por garantías

Todos los bienes del Grupo están garantizados por defectos de fabricación por un periodo de un año. Los bienes se reparan o sustituyen por decisión del Grupo. Cuando se reconoce un ingreso de actividades ordinarias, se realiza una provisión por el costo estimado de la obligación por garantía.

3. Supuestos clave de la incertidumbre en la estimación

Pagos por largos periodos de servicio

Al determinar el pasivo para los pagos por largos periodos de servicio (explicado en la nota 19), la gerencia debe hacer una estimación de los incrementos de los sueldos durante los siguientes cinco años, la tasa de descuento para los siguientes cinco años a utilizar para calcular el valor presente y el número de empleados que se espera que abandonen la entidad antes de recibir los beneficios.

4. Restricción al pago de dividendos

Según los términos de los acuerdos sobre préstamos y sobregiros bancarios, no pueden pagarse dividendos en la medida en que reduzcan el saldo de las ganancias acumuladas por debajo de la suma de los saldos pendientes de los préstamos y sobregiros bancarios.

5. Ingresos de actividades ordinarias

	20X2	20X1
	u.m.	u.m.
Venta de bienes	6.743.545	5.688.653
Regalías—Concesión de licencias de patentes para fabricar velas	120.000	120.000
	6.863.545	5.808.653

6. Otros ingresos

Otros ingresos incluye los dividendos recibidos de 25.000 u.m. procedentes de una asociada en 20X1 y en 20X2 y la ganancia de 63.850 u.m. por la disposición de propiedades, planta y equipo en 20X2.

7. Costos financieros

	20X2	20X1
	u.m.	u.m.
Intereses de préstamos y sobregiros bancarios	(21.250)	(30.135)
Intereses de arrendamientos financieros	(5.116)	(6.577)
	(26.366)	(36.712)

8. Ganancia antes de impuestos

Las siguientes partidas se han reconocido como gastos (ingresos) para determinar la ganancia antes de impuestos:

	20X2	20X1
	u.m.	u.m.
Costo de inventarios reconocido como gasto	5.178.530	4.422.575
Costos de investigación y desarrollo (incluidos en otros gastos)	31.620	22.778
Pérdidas por moneda extranjera de acreedores comerciales (incluidas en otros gastos)	1.000	–
Gasto por garantías (incluido en el costo de ventas*)	5.260	7.340

*Si la entidad clasifica sus gastos por naturaleza en el estado de resultados, se leería "incluido en materias primas y consumibles utilizados".

9. Gasto por impuestos a las ganancias

	20X2	20X1
	u.m.	u.m.
Impuesto corriente	271.647	190.316
Impuesto diferido (nota 15)	(1.397)	(757)
	270.250	189.559

El impuesto a las ganancias se calcula al 40% (20X1: 40%) de la ganancia evaluable estimada para el año.

El gasto de 270.250 u.m. por impuestos a las ganancias del año 20X2 (189.559 u.m. en 20X1) difiere del importe que resultaría de aplicar la tasa impositiva del 40% (en 20X2 y en 20X1) a la ganancia antes de impuestos porque, según la legislación fiscal del País A, algunos gastos de remuneración a los empleados (20.670 u.m. en 20X2 y 16.750 u.m. en 20X1) que se reconocen en la medición de la ganancia antes de impuestos no son deducibles fiscalmente.

10. Deudores comerciales y otras cuentas por cobrar

	20X2	20X1
	CU	CU
Deudores comerciales	528.788	528.384
Pagos anticipados	56.760	45.478
	585.548	573.862

11. Inventarios

	20X2	20X1
	u.m.	u.m.
Materias primas	42.601	36.450
Trabajo en proceso	1.140	900
Productos terminados	13.640	10.570
	57.381	47.920

12. Inversiones en asociadas

El Grupo es propietario del 35% de una asociada cuyas acciones no cotizan en bolsa.

	20X2	20X1
	u.m.	u.m.
Costo de inversión en asociada	107.500	107.500
Dividendo recibido de la asociada (incluido en otros ingresos)	25.000	25.000

13. Propiedades, planta y equipo

	Terrenos y edificios	Instala-ciones fijas y equipo	Total
	u.m.	u.m.	u.m.
Costo			
1 de enero de 20X2	1.960.000	1.102.045	3.062.045
Adiciones	–	485.000	485.000
Disposiciones	–	(241.000)	(241.000)
31 de diciembre de 20X2	1.960.000	1.346.045	3.306.045
Depreciación acumulada y deterioros de valor acumulados			
1 de enero de 20X2	390.000	270.590	660.590
Depreciación anual	30.000	240.360	270.360
Deterioro del valor	–	30.000	30.000
Menos depreciación acumulada de los activos dispuestos	–	(204.850)	(204.850)
31 de diciembre de 20X2	420.000	336.100	756.100

continúa...

...continuación

Importe en libros

31 de diciembre de 20X2	1.540.000	1.009.945	2.549.945

Durante 20X2, el Grupo percibió una disminución significativa en la eficiencia de un equipo principal y, por tanto, llevó a cabo una revisión de su importe recuperable. La revisión condujo al reconocimiento de un deterioro de valor de 30.000 u.m.

El importe en libros de las instalaciones fijas y equipo del Grupo incluye un importe de 40.000 u.m. (20X1: 60.000 u.m.) con respecto a activos mantenidos en arrendamiento financiero.

El 10 de diciembre de 20X2, los administradores decidieron disponer de una máquina. El importe en libros de la máquina de 1.472 u.m. se incluye en instalaciones fijas y equipo el 31 de diciembre de 20X2, y los acreedores comerciales por pagar incluyen la obligación restante del Grupo de 1.550 u.m. por la adquisición de esta máquina. Como se espera que el importe obtenido por la disposición supere el importe neto en libros del activo y pasivo relacionado, no se ha reconocido ninguna pérdida por deterioro del valor.

14. Activos intangibles

Programas informáticos:

Costo	u.m.
1 de enero de 20X2	8.500
Adiciones	–
Disposiciones	–
31 de diciembre de 20X2	8.500
Depreciación acumulada y deterioros de valor acumulados	
1 de enero de 20X2	5.950
Amortización anual (incluida en gastos administrativos*)	1.700
31 de diciembre de 20X2	7.650
Importe en libros	
31 de diciembre de 20X2	850

*Si la entidad clasifica sus gastos por naturaleza en el estado de resultados, se leería "incluida en gastos por depreciación y amortización".

15. Impuestos diferidos

Las diferencias entre los importes reconocidos en el estado de resultados y los importes sobre los que se informa a las autoridades fiscales en relación con las inversiones en la subsidiaria y la asociada son insignificantes.

Los activos por impuestos diferidos son los efectos fiscales de las ganancias fiscales futuras esperadas en relación con:

(a)   El beneficio por largos periodos de servicio (nota 19) que no será deducible fiscalmente hasta que el beneficio sea efectivamente pagado, pero que ya ha sido reconocido como un gasto al medir la ganancia del Grupo del año.

(b)   La pérdida por moneda extranjera por acreedores comerciales, que no será deducible fiscalmente hasta que las cuentas por pagar se liquiden, pero que ya ha sido reconocida como un gasto al medir la ganancia del Grupo del año.

La gerencia considera probable que se produzcan ganancias fiscales contra las que las futuras deducciones fiscales puedan ser utilizadas.

A continuación se indican los pasivos (activos) por impuestos diferidos reconocidos por el Grupo:

	Programas informáti-cos	Pérdidas por moneda extranjera	Beneficios por largos periodos de servicio	Total
	u.m.	u.m.	u.m.	u.m.
1 de enero de 20X1	1.700	–	(3.855)	(2.155)
Cargo (abono) a resultados del año	(680)	–	(77)	(757)
1 de enero de 20X2	1.020	–	(3.932)	(2.912)
Cargo (abono) a resultados del año	(680)	(400)	(317)	(1.397)
31 de diciembre de 20X2	340	(400)	(4.249)	(4.309)

Los activos por impuestos diferidos por la pérdida por moneda extranjera y por los beneficios por largos periodos de servicio, así como el pasivo por impuestos diferidos por programas informáticos se relacionan con el impuesto a las ganancias de la misma jurisdicción, y la legislación permite su compensación neta. Por ello, se han compensado en el estado de situación financiera como se señala a continuación:

	20X2	20X1
	u.m.	u.m.
Pasivo por impuestos diferidos	340	1.020
Activo por impuestos diferidos	(4.649)	(3.932)
	(4.309)	(2.912)

16. Sobregiros y préstamos bancarios

	20X2	20X1
	u.m.	u.m.
Sobregiros bancarios	83.600	115.507
Préstamos bancarios—totalmente exigibles en 20X4, pagables anticipadamente sin penalización	50.000	150.000
	133.600	265.507

Los sobregiros y préstamos bancarios están asegurados con un derecho de embargo sobre los terrenos y edificios propiedad del Grupo por un importe en libros de 266.000 u.m. a 31 de diciembre de 20X2 (412.000 u.m. a 31 de diciembre de 20X1).

La tasa de interés a pagar por sobregiro bancario está referenciada a la tasa London Interbank Borrowing Rate (LIBOR) más 200 puntos. El interés por pagar es por el préstamo bancario de 7 años a una tasa fija del 5% del importe del principal.

17. Acreedores comerciales

El importe de acreedores comerciales a 31 de diciembre de 20X2 incluye 42.600 u.m. denominados en monedas extranjeras (cero a 31 de diciembre de 20X1).

18. Provisión para obligaciones por garantías

Los cambios en la provisión para obligaciones por garantías durante 20X2 fueron:

	20X2 u.m.
1 de enero de 20X2	5.040
Acumulación (o devengo) adicional durante el año	5.260
Costo de reparaciones y sustituciones en periodo de garantía durante el año	(6.100)
31 de diciembre de 20X2	4.200

La obligación se clasifica como un pasivo corriente porque la garantía está limitada a 12 meses.

19. Obligación por beneficios a los empleados – pagos por largos periodos de servicio

La obligación del Grupo por beneficios a los empleados por pagos por largos periodos de servicio, de acuerdo con un plan impuesto por el gobierno, se basa en una valoración actuarial integral con fecha de 31 de diciembre de 20X2 y es como sigue:

	20X2 u.m.
Obligación a 1 de enero de 20X2	9.830
Acumulación (o devengo) adicional durante el año	7.033
Pagos de beneficios realizados en el año	(6.240)
Obligación a 31 de diciembre de 20X2	10.623

La obligación se clasifica como:

	20X2 u.m.	20X1 u.m.
Pasivo corriente	4.944	4.754
Pasivo no corriente	5.679	5.076
Total	10.623	9.830

20. Obligaciones por arrendamientos financieros

El Grupo mantiene una máquina especializada con una vida útil estimada de cinco años en arrendamiento financiero a cinco años. Los pagos mínimos futuros del arrendamiento son los siguientes:

	20X2 u.m.	20X1 u.m.
En el plazo de un año	25.000	25.000
Entre uno y cinco años	25.000	50.000
Más de cinco años	–	–
	50.000	75.000

La obligación se clasifica como:

	20X2 u.m.	20X1 u.m.
Pasivo corriente	21.461	19.884
Pasivo no corriente	23.163	44.624
	44.624	64.508

21. Compromisos por arrendamientos operativos

El Grupo alquila varias oficinas de venta en arrendamiento operativo. Los arrendamientos son para un periodo medio de tres años, con cuotas fijas a lo largo de dicho periodo.

	20X2 u.m.	20X1 u.m.
Pagos mínimos por arrendamiento operativo reconocidos como gastos durante el año	26.100	26.100

Al final del año, el Grupo tiene compromisos pendientes por arrendamientos operativos no cancelables, con los siguientes vencimientos:

	20X2 u.m.	20X1 u.m.
En el plazo de un año	13.050	26.100
Entre uno y cinco años	–	13.050
Más de cinco años	–	–
	13.050	39.150

22. Capital en acciones

Los saldos a 31 de diciembre de 20X2 y 20X1 de 30.000 u.m. comprenden 30.000 acciones ordinarias con un valor nominal de 1,00 u.m. completamente desembolsadas, emitidas y en circulación. Otras 70.000 acciones adicionales están autorizadas legalmente pero no han sido emitidas.

23. Efectivo y equivalentes al efectivo

	20X2 u.m.	20X1 u.m.
Efectivo en caja	28.700	22.075
Sobregiros	(83.600)	(115.507)
	(54.900)	(93.432)

24. Pasivos contingentes

Durante 20X2, un cliente inició un juicio contra XYZ (Comercial) Responsabilidad Limitada debido a un incendio provocado por una vela defectuosa. El cliente asegura que las pérdidas totales ascienden a 50.000 u.m. y ha iniciado un litigio para reclamar este importe.

El asesor legal del Grupo considera que la demanda no tiene base, y el Grupo pretende impugnarla. En estos estados financieros no se ha reconocido ninguna provisión porque la gerencia del Grupo no considera probable que surja una pérdida.

25. Hechos ocurridos después del periodo sobre el que se informa

El 25 de enero de 20X3, hubo una inundación en uno de los almacenes de velas. Se espera que el costo de la renovación ascienda a 36.000 u.m. El reembolso por parte del seguro se estima en 16.000 u.m.

El 14 de febrero de 20X3, los administradores votaron para declarar un dividendo de 1,00 u.m. por acción (30.000 u.m. en total), a pagar el 15 de abril de 20X3, a los accionistas registrados a 31 de marzo de 20X3. Dado que la obligación surgió en 20X3, no se muestra ningún pasivo en el estado de situación financiera el 31 de diciembre de 20X2.

26. Transacciones entre partes relacionadas

Las transacciones entre la Sociedad y su subsidiaria, que es una parte relacionada, han sido eliminadas en la consolidación.

El Grupo vende bienes a su asociada (véase nota 12), que es una parte relacionada, según el siguiente detalle:

	Venta de bienes		Importes adeudados al Grupo por la parte relacionada e incluidos en los deudores comerciales a final de año	
	20X2 u.m.	20X1 u.m.	20X2 u.m.	20X1 u.m.
Asociada	10.000	8.000	800	400

Los pagos por arrendamientos financieros (véase la nota 20) están garantizados personalmente por un accionista principal de la Sociedad. No se ha solicitado cargo alguno por esta garantía.

La remuneración total de los administradores y de otros miembros del personal clave en 20X2 (incluidos salarios y beneficios) ascendió a 249.918 u.m. (20X1: 208.260 u.m.).

27. Aprobación de los estados financieros

Estos estados financieros fueron aprobados por el consejo de administración y autorizados para su publicación el 10 de Marzo de 20X3.

Tabla de Presentación y Requerimientos de Información a Revelar por sección

Esta tabla se basa en los requerimientos de información a revelar y presentar de la NIIF *para las* PYMES.

D1   Esta tabla reúne los requerimientos de presentación e información a revelar de la *NIIF para las PYMES* para facilitar una referencia para preparar los estados financieros.

D2   Esta tabla trata la presentación e información a revelar. A menudo, una presentación obligatoria equivale a un requerimiento de revelación de información. Para ilustrar, la Sección 3 *Presentación de Estados Financieros*, la Sección 4 *Estado de Situación Financiera*, la Sección 5 *Estado del Resultado Integral y Estado de Resultados* y la Sección 6 *Estado de Cambios en el Patrimonio y Estado de Resultados y Ganancias Acumuladas* de la Norma requieren la presentación de algunas partidas específicas en el estado de situación financiera, estado del resultado integral, estado de resultados (si se presenta), estado de cambios en el patrimonio y estado de flujos de efectivo.

D3   En la mayoría de los casos, la Norma no especifica si la información a revelar debe incluirse dentro de los estados financieros o en las notas. En varios casos, no obstante, se requiere expresamente que la información a revelar esté en los estados financieros; éstos están identificados en esta tabla.

D4   Algunos requerimientos especifican la información que se requiere incluir en los estados financieros, los cuales incluyen a las notas. No es necesario que una entidad revele información específica requerida por la *NIIF para las PYMES* o presente una partida de los estados financieros por separado si la información procedente de esa revelación carece de importancia relativa. Este es el caso incluso si la *NIIF para las PYMES* contiene una lista de requerimientos específicos o los describe como requerimientos mínimos. El párrafo 2.6 analiza el concepto de materialidad o importancia relativa.

D5   Se supone que la aplicación de la *NIIF para las PYMES*, junto con información a revelar adicional cuando sea necesario, dará lugar a estados financieros que logren una presentación razonable de la situación financiera, el rendimiento financiero y los flujos de efectivo de una entidad que cumpla las condiciones para utilizar la Norma. Una entidad considerará también si proporcionar o no información adicional, cuando el cumplimiento con los requerimientos específicos de las *NIIF para las PYMES* resulte insuficiente para permitir a los usuarios comprender el efecto de transacciones concretas, así como de otros sucesos y condiciones, sobre la situación y el rendimiento financieros de la entidad. Una entidad debe presentar partidas adicionales, encabezamientos y subtotales en los estados financieros cuando esta presentación sea relevante para comprender la situación financiera, el rendimiento y los cambios en la situación financiera de la entidad. Análogamente, una entidad debe incluir en las notas a los estados financieros información que no se presente en ninguna parte de los estados financieros, pero que sea relevante para su comprensión.

Sección 1 *Pequeñas y Medianas Entidades*

Esta sección no tiene requerimientos de información a revelar o presentar.

Sección 2 *Conceptos y Principios Fundamentales*

Esta sección no tiene requerimientos de información a revelar o presentar.

Sección 3 *Presentación de Estados Financieros*

Cumplimiento con la *NIIF para las PYMES*

3.3	Una entidad cuyos estados financieros cumplan con la *NIIF para las PYMES* efectuará en las notas, una declaración, explícita y sin reservas, de este cumplimiento. Los estados financieros no deberán señalar que cumplen la *NIIF para las PYMES* a menos que cumplan con todos los requerimientos de esta Norma.
3.5	Cuando una entidad no aplique un requerimiento de esta Norma de acuerdo con el párrafo 3.4, revelará: (a) Que la gerencia ha llegado a la conclusión de que los estados financieros presentan razonablemente la situación financiera, rendimiento financiero y flujos de efectivo; (b) Que se ha cumplido con la *NIIF para las PYMES*, excepto que ha dejado de aplicar un requerimiento concreto para lograr una presentación razonable; y (c) La naturaleza de la falta de aplicación, incluyendo el tratamiento que la *NIIF para las PYMES* requeriría, la razón por la que ese tratamiento sería en las circunstancias tan engañoso como para entrar en conflicto con el objetivo de los estados financieros establecido en la Sección 2, y el tratamiento adoptado.
3.6	Cuando una entidad haya dejado de aplicar, en algún periodo anterior, un requerimiento de esta Norma, y eso afecte a los importes reconocidos en los estados financieros del periodo actual, revelará la información establecida en el párrafo 3.5(c).

continúa...

...continuación

3.7	En las circunstancias extremadamente excepcionales en que la gerencia concluya que cumplir con un requerimiento de esta Norma sería tan engañoso como para entrar en conflicto con el objetivo de los estados financieros de las PYMES establecido en la Sección 2, pero el marco regulatorio prohibiera dejar de aplicar el requerimiento, la entidad reducirá, en la mayor medida posible, los aspectos de cumplimiento que perciba como causantes del engaño, revelando lo siguiente: (a) La naturaleza del requerimiento en esta Norma, y la razón por la cual la gerencia ha llegado a la conclusión de que su cumplimiento sería tan engañoso en las circunstancias que entra en conflicto con el objetivo de los estados financieros establecido en la Sección 2; y (b) Para cada periodo presentado, los ajustes a cada partida de los estados financieros que la gerencia ha concluido que serían necesarios para lograr una presentación razonable.
3.9	Cuando la gerencia sea consciente, al realizar su evaluación, de la existencia de incertidumbres significativas relativas a sucesos o condiciones que puedan aportar dudas significativas sobre la capacidad de la entidad para continuar como un negocio en marcha, la entidad revelará esas incertidumbres. Cuando una entidad no prepare los estados financieros bajo la hipótesis de negocio en marcha, revelará este hecho, junto con las hipótesis sobre las que han sido elaborados, así como las razones por las que la entidad no se considera como un negocio en marcha.

Frecuencia de la información

3.10	Una entidad presentará un juego completo de estados financieros (incluyendo información comparativa—véase el párrafo 3.14) al menos anualmente. Cuando cambie el final del periodo sobre el que se informa de una entidad y los estados financieros anuales se presenten para un periodo superior o inferior al año, la entidad deberá revelar lo siguiente: (a) ese hecho; (b) la razón para utilizar un periodo de duración inferior o superior; y (c) el hecho de que los importes comparativos presentados en los estados financieros (incluyendo las notas relacionadas) no son totalmente comparables.

Uniformidad en la presentación

3.12	Cuando se modifique la presentación o la clasificación de partidas de los estados financieros, una entidad reclasificará los importes comparativos, a menos que resulte impracticable hacerlo. Cuando los importes comparativos se reclasifiquen, una entidad revelará: (a) la naturaleza de la reclasificación; (b) el importe de cada partida o grupo de partidas que se han reclasificado; y (c) El motivo de la reclasificación.
3.13	Cuando la reclasificación de los importes comparativos sea impracticable, una entidad revelará por qué no ha sido practicable la reclasificación.

Información comparativa

3.14	A menos que esta Norma permita o requiera otra cosa, una entidad revelará información comparativa respecto del periodo comparativo anterior para todos los importes incluidos en los estados financieros del periodo corriente. Una entidad incluirá información comparativa para la información descriptiva y narrativa, cuando esto sea relevante para la comprensión de los estados financieros del periodo corriente.

Materialidad (importancia relativa) y agrupación de datos

3.15	Una entidad presentará por separado cada clase significativa de partidas similares. Una entidad presentará por separado las partidas de naturaleza o función distinta, a menos que no tengan importancia relativa.

Conjunto completo de estados financieros

3.17	Un conjunto completo de estados financieros de una entidad incluye todo lo siguiente:
	
	(a) un estado de situación financiera a la fecha sobre la que se informa;
	
	(b) una u otra de las siguientes informaciones:
	
	    (i) un solo estado del resultado integral para el periodo sobre el que se informa que muestre todas las partidas de ingresos y gastos reconocidas durante el periodo incluyendo aquellas partidas reconocidas al determinar el resultado (que es un subtotal en el estado del resultado integral) y las partidas de otro resultado integral.
	
	    (ii) un estado de resultados separado y un estado del resultado integral separado. Si una entidad elige presentar un estado de resultados y un estado del resultado integral, el estado del resultado integral comenzará con el resultado y, a continuación, mostrará las partidas de otro resultado integral.
	
	(c) un estado de cambios en el patrimonio del periodo sobre el que se informa;
	
	(d) un estado de flujos de efectivo del periodo sobre el que se informa; y
	
	(e) Notas, que incluyan un resumen de las políticas contables significativas y otra información explicativa.

3.18	Si los únicos cambios en el patrimonio durante los periodos para los que se presentan los estados financieros surgen de ganancias o pérdidas, pago de dividendos, correcciones de errores de periodos anteriores, y cambios de políticas contables, la entidad puede presentar un único estado de resultados y ganancias acumuladas en lugar del estado del resultado integral y del estado de cambios en el patrimonio (véase el párrafo 6.4).
3.19	Si una entidad no tiene partidas de otro resultado integral en ninguno de los periodos para los que se presentan estados financieros, puede presentar solo un estado de resultados o un estado del resultado integral en el que la última línea se denomine "resultado".
3.20	Puesto que el párrafo 3.14 requiere importes comparativos con respecto al periodo anterior para todos los importes presentados en los estados financieros, un conjunto completo de estados financieros significa que la entidad presentará, como mínimo, dos de cada uno de los estados financieros requeridos y de las notas relacionadas.
3.21	En un conjunto completo de estados financieros una entidad presentará cada estado financiero con el mismo nivel de importancia.

Identificación de los estados financieros

3.23	Una entidad identificará claramente cada uno de los estados financieros y de las notas y los distinguirá de otra información que esté contenida en el mismo documento. Además, una entidad presentará la siguiente información de forma destacada, y la repetirá cuando sea necesario para la comprensión de la información presentada:
	(a) el nombre de la entidad que informa y cualquier cambio en su denominación desde el final del periodo precedente sobre el que se informa;
	(b) si los estados financieros pertenecen a la entidad individual o a un grupo de entidades;
	(c) la fecha del cierre del periodo sobre el que se informa y el periodo cubierto por los estados financieros;
	(d) la moneda de presentación, tal como se define en la Sección 30 *Conversión de Moneda Extranjera*; y
	(e) el grado de redondeo, si lo hay, practicado al presentar los importes en los estados financieros.
3.24	Una entidad revelará en las notas lo siguiente:
	(a) el domicilio y forma legal de la entidad, el país en que se ha constituido y la dirección de su sede social (o el domicilio principal donde desarrolle sus actividades, si fuese diferente de la sede social); y
	(b) una descripción de la naturaleza de las operaciones de la entidad y de sus principales actividades.

Presentación de información no requerida por esta Norma

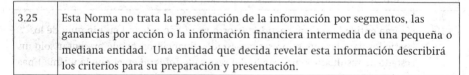

3.25	Esta Norma no trata la presentación de la información por segmentos, las ganancias por acción o la información financiera intermedia de una pequeña o mediana entidad. Una entidad que decida revelar esta información describirá los criterios para su preparación y presentación.

Sección 4 *Estado de Situación Financiera*

Información a presentar en el estado de situación financiera

4.2	Como mínimo, el estado de situación financiera incluirá partidas que presenten los siguientes importes:
	(a) efectivo y equivalentes al efectivo;
	(b) deudores comerciales y otras cuentas por cobrar;
	(c) activos financieros [excluidos los mencionados en los apartados (a), (b), (i) y (j)];
	(d) inventarios;
	(e) propiedades, planta y equipo;
	(ea) propiedades de inversión registradas al costo menos la depreciación y el deterioro del valor acumulados;
	(f) propiedades de inversión registradas al valor razonable con cambios en resultados;
	(g) activos intangibles;
	(h) activos biológicos registrados al costo menos la depreciación acumulada y el deterioro del valor;
	(i) activos biológicos registrados al valor razonable con cambios en resultados;
	(j) inversiones en asociadas;
	(k) inversiones en entidades controladas de forma conjunta;
	(l) acreedores comerciales y otras cuentas por pagar;
	(m) pasivos financieros [excluyendo los importes mostrados en (l) y (p)];
	(n) pasivos y activos por impuestos corrientes;
	(o) pasivos por impuestos diferidos y activos por impuestos diferidos (éstos siempre se clasificarán como no corrientes);
	(p) provisiones;
	(q) participaciones no controladoras, presentadas dentro del patrimonio de forma separada al patrimonio atribuible a los propietarios de la controladora; y
	(r) Patrimonio atribuible a los propietarios de la controladora.
4.3	Una entidad presentará en el estado de situación financiera partidas adicionales, encabezamientos y subtotales, cuando sea relevante para comprender su situación financiera.

Distinción entre partidas corrientes y no corrientes

4,4	Una entidad presentará sus activos corrientes y no corrientes, y sus pasivos corrientes y no corrientes, como categorías separadas en su estado de situación financiera, de acuerdo con los párrafos 4.5 a 4.8, excepto cuando una presentación basada en el grado de liquidez proporcione una información fiable que sea más relevante. Cuando se aplique tal excepción, todos los activos y pasivos se presentarán de acuerdo con su liquidez aproximada (ascendente o descendente).

Ordenación y formato de las partidas del estado de situación financiera

4.9	Esta Norma no prescribe ni el orden ni el formato en que tienen que presentarse las partidas. El párrafo 4.2 simplemente proporciona una lista de partidas que son suficientemente diferentes en su naturaleza o función como para justificar su presentación por separado en el estado de situación financiera. Además:
	(a) se incluirán otras partidas cuando el tamaño, naturaleza o función de una partida o grupo de partidas similares sea tal que la presentación por separado sea relevante para comprender la situación financiera de la entidad; y
	(b) las denominaciones utilizadas y la ordenación de las partidas o agrupaciones de partidas similares podrán modificarse de acuerdo con la naturaleza de la entidad y de sus transacciones, para suministrar información que sea relevante para la comprensión de la situación financiera de la entidad.

Información a presentar en el estado de situación financiera o en las notas

4.11	Una entidad revelará, ya sea en el estado de situación financiera o en las notas, las siguientes subclasificaciones de las partidas presentadas:
	(a) propiedades, planta y equipo en clasificaciones adecuadas a la entidad;
	(b) deudores comerciales y otras cuentas por cobrar mostrando por separado los importes debidos por partes relacionadas, importes debidos por otras partes, y cuentas por cobrar que surgen de ingresos acumulados o devengados todavía no facturados;
	(c) inventarios, que muestren por separado importes de inventarios:
	(i) poseídos para ser vendidos en el curso normal del negocio;
	(ii) en proceso de producción con vistas a esa venta; y
	(iii) en forma de materiales o suministros, para ser consumidos en el proceso de producción, o en la prestación de servicios.
	(d) cuentas por pagar comerciales y otras cuentas por pagar, mostrando de forma separada los importes por pagar a los proveedores comerciales, por pagar a partes relacionadas, ingresos diferidos y acumulados o devengados;
	(e) provisiones por beneficios a los empleados y otras provisiones; y
	(f) Clases de patrimonio, tales como capital desembolsado, primas de emisión, ganancias acumuladas y partidas de ingreso y gasto que, como requiere esta Norma, se reconocen en otro resultado integral y se presentan por separado en el patrimonio.

continúa...

...*continuación*

4.12	Una entidad con capital en acciones revelará, ya sea en el estado de situación financiera o en las notas, lo siguiente:
	(a) para cada clase de capital en acciones:
	(i) El número de acciones autorizadas.
	(ii) el número de acciones emitidas y pagadas totalmente, así como las emitidas pero aún no pagadas en su totalidad.
	(iii) el valor nominal de las acciones, o el hecho de que no tengan valor nominal.
	(iv) una conciliación entre el número de acciones en circulación al principio y al final del periodo; No es necesario presentar esta conciliación para periodos anteriores.
	(v) Los derechos, privilegios y restricciones correspondientes a cada clase de acciones, incluyendo los que se refieran a las restricciones que afecten a la distribución de dividendos y al reembolso del capital.
	(vi) las acciones de la entidad mantenidas por ella o por sus subsidiarias o asociadas.
	(vii) las acciones cuya emisión está reservada como consecuencia de la existencia de opciones o contratos para la venta de acciones, describiendo las condiciones e importes.
	(b) una descripción de cada reserva incluida en el patrimonio.
4.13	Una entidad sin capital en acciones, tal como las que responden a una fórmula societaria o fiduciaria, revelará información equivalente a la requerida en el párrafo 4.12(a), mostrando los cambios producidos durante el periodo en cada una de las categorías que componen el patrimonio y los derechos, privilegios y restricciones asociados a cada una.
4.14	Si, en la fecha de presentación, una entidad tiene un acuerdo vinculante de venta para una disposición importante de activos, o de un grupo de activos y pasivos, la entidad revelará la siguiente información:
	(a) una descripción de los activos o el grupo de activos y pasivos;
	(b) una descripción de los hechos y circunstancias de la venta o plan; y
	(c) El importe en libros de los activos o, si la disposición involucra a un grupo de activos y pasivos, los importes en libros de esos activos y pasivos.

Sección 5 *Estado del Resultado Integral y Estado de Resultados*

Presentación del resultado integral total

5.2	Una entidad presentará su resultado integral total para un periodo:
	(a) en un único estado del resultado integral, en cuyo caso el estado del resultado integral presentará todas las partidas de ingreso y gasto reconocidas en el periodo; o
	(b) En dos estados—un estado de resultados y un estado del resultado integral—, en cuyo caso el estado de resultados presentará todas las partidas de ingreso y gasto reconocidas en el periodo excepto las que se reconocen en el resultado integral total fuera del resultado, como permite o requiere esta Norma.

continúa...

...*continuación*

5.5	Como mínimo, una entidad incluirá, en el estado del resultado integral, partidas que presenten los siguientes importes para el periodo:
	(a) los ingresos de actividades ordinarias.
	(b) Los costos financieros.
	(c) Participación en el resultado de las inversiones en asociadas (véase la Sección 14 *Inversiones en Asociadas*) y entidades controladas de forma conjunta (véase la Sección 15 *Inversiones en Negocios Conjuntos*) que se contabilicen utilizando el método de la participación.
	(d) el gasto por impuestos excluyendo los impuestos asignados a los apartados (e), (g) y (h) a continuación (véase el párrafo 29.35).
	(e) Un único importe que comprenda el total de:
	(i) el resultado después de impuestos de las operaciones discontinuadas, y
	(ii) la ganancia o pérdida después de impuestos atribuible al deterioro, o reversión de éste, de los activos en las operaciones discontinuadas (véase la Sección 27 *Deterioro del Valor de los Activos*) en el momento de clasificarse como una operación discontinuada, y posteriormente, y en la disposición de los activos netos que constituyan la operación discontinuada.
	(f) El resultado (si una entidad no tiene partidas de otro resultado integral, no es necesario presentar esta línea).
	(g) cada partida de otro resultado integral [véase el párrafo 5.4(b)] clasificada por naturaleza [excluyendo los importes a los que se hace referencia en el apartado (h)]. Estas partidas se agruparán en las que, de acuerdo con esta Norma:
	(i) no se reclasifiquen posteriormente en el resultado del periodo—es decir, las del párrafo 5.4(b)(i), (ii) y (iv); y
	(ii) se reclasifiquen posteriormente en el resultado del periodo, cuando se cumplan las condiciones específicas—es decir, las del párrafo 5.4(b)(iii).
	(h) La participación en el otro resultado integral de asociadas y entidades controladas de forma conjunta contabilizadas por el método de la participación.
	(i) El resultado integral total (si una entidad no tiene partidas de otro resultado integral, puede usar otro término para esta línea tal como resultado).

continúa...

...continuación

| 5.6 | Una entidad revelará por separado las siguientes partidas en el estado del resultado integral como distribuciones para el periodo:

(a)   el resultado del periodo atribuible a:

    (i)   la participación no controladora; y

    (ii)   los propietarios de la controladora.

(b)   el resultado integral total del periodo atribuible a:

    (i)   la participación no controladora; y

    (ii)   los propietarios de la controladora. |

Requerimientos aplicables a ambos enfoques

5.8	Según esta Norma, los efectos de correcciones de errores y cambios en las políticas contables se presentarán como ajustes retroactivos de periodos anteriores y no como parte del resultado en el periodo en el que surgen (véase la Sección 10 *Políticas, Estimaciones y Errores Contables*).
5.9	Una entidad presentará partidas adicionales, encabezamientos y subtotales en el estado del resultado integral (y en el estado de resultados, si se presenta), cuando esta presentación sea relevante para comprender el rendimiento financiero de la entidad.
5.10	Una entidad no presentará ni describirá ninguna partida de ingreso o gasto como "partidas extraordinarias" en el estado del resultado integral (o en el estado de resultados, si se presenta) o en las notas.

Desglose de gastos

5.11	Una entidad presentará un desglose de gastos, utilizando una clasificación basada en la naturaleza o en la función de los gastos dentro de la entidad, lo que proporcione una información que sea fiable y más relevante.
	Desglose por naturaleza de los gastos
	(a) Según este método de clasificación los gastos se agrupan en el estado del resultado de acuerdo con su naturaleza (por ejemplo depreciación, compras de materiales, costos de transporte, beneficios a los empleados y costos de publicidad) y no los redistribuirá entre las diferentes funciones dentro de la entidad.
	Desglose por función de los gastos
	(b) Según este método de clasificación, los gastos se agruparán de acuerdo con su función como parte del costo de las ventas o, por ejemplo, de los costos de actividades de distribución o administración. Como mínimo una entidad revelará, según este método, su costo de ventas de forma separada de otros gastos.

Sección 6 *Estado de Cambios en el Patrimonio y Estado de Resultados y Ganancias Acumuladas*

Información a presentar en el estado de cambios en el patrimonio

6.3	El estado de cambios en el patrimonio incluye la información siguiente:
	(a) el resultado integral total del periodo, mostrando de forma separada los importes totales atribuibles a los propietarios de la controladora y a las participaciones no controladoras;
	(b) para cada componente de patrimonio, los efectos de la aplicación retroactiva o la reexpresión retroactiva reconocidos según la Sección 10 *Políticas, Estimaciones y Errores Contables*; y
	(c) para cada componente del patrimonio, una conciliación entre los importes en libros, al inicio y al final del periodo, revelando por separado los cambios resultantes de:
	(i) el resultado del periodo;
	(ii) otro resultado integral; y
	(iii) los importes de las inversiones hechas por los propietarios y de los dividendos y otras distribuciones hechas a éstos en su capacidad de propietarios, mostrando por separado las emisiones de acciones, las transacciones de acciones propias en cartera, los dividendos y otras distribuciones a los propietarios, y los cambios en las participaciones en la propiedad en subsidiarias que no den lugar a una pérdida de control.

Información a presentar en el estado de resultados y ganancias acumuladas

6.5	Una entidad presentará en el estado de resultados y ganancias acumuladas, además de la información exigida en la Sección 5 *Estado del Resultado Integral y Estado de Resultados, las siguientes partidas*:
	(a) ganancias acumuladas al comienzo del periodo sobre el que se informa;
	(b) dividendos declarados durante el periodo, pagados o por pagar;
	(c) reexpresión de ganancias acumuladas por correcciones de errores de periodos anteriores;
	(d) reexpresiones de ganancias acumuladas por cambios en políticas contables; y
	(e) Ganancias acumuladas al final del periodo sobre el que se informa.

Sección 7 *Estados de Flujos de Efectivo*

Información a presentar en el estado de flujos de efectivo

7.3	Una entidad presentará un estado de flujos de efectivo que muestre los flujos de efectivo habidos durante el periodo sobre el que se informa, clasificados por actividades de operación, actividades de inversión y actividades de financiación.

Información sobre flujos de efectivo procedentes de actividades de operación

7.7	Una entidad presentará los flujos de efectivo procedentes de actividades de operaciones utilizando:
	(a) el método indirecto, según el cual la ganancia o pérdida se ajusta por los efectos de las transacciones no monetarias, por todo tipo de partidas de pago diferido o acumulaciones (o devengo) de cobros o pagos en efectivo pasados o futuros y de las partidas de ingreso o gasto asociadas con flujos de efectivo de inversión o financiación; o
	(b) el método directo, según el cual se revelan las principales categorías de cobros y pagos en términos brutos.

Información sobre flujos de efectivo de las actividades de inversión y financiación

7.10	Una entidad presentará por separado las principales categorías de cobros y pagos brutos procedentes de actividades de inversión y financiación. Los flujos de efectivo agregados procedentes de adquisiciones y ventas y disposición de subsidiarias o de otras unidades de negocio deberán presentarse por separado, y clasificarse como actividades de inversión.

Intereses y dividendos

7.14	Una entidad presentará por separado los flujos de efectivo procedentes de intereses y dividendos recibidos y pagados. La entidad clasificará los flujos de efectivo de forma coherente, periodo a periodo, como de actividades de operación, de inversión o de financiación.

Impuesto a las ganancias

7.17	Una entidad presentará por separado los flujos de efectivo procedentes del impuesto a las ganancias, y los clasificará como flujos de efectivo procedentes de actividades de operación, a menos que puedan ser específicamente identificados con actividades de inversión y de financiación. Cuando los flujos de efectivo por impuestos se distribuyan entre más de un tipo de actividad, la entidad revelará el importe total de impuestos pagados.

Transacciones no monetarias

7.18	Una entidad excluirá del estado de flujos de efectivo las transacciones de inversión y financiación que no requieran el uso de efectivo o equivalentes al efectivo. Una entidad revelará tales transacciones en cualquier parte de los estados financieros, de forma que suministren toda la información relevante acerca de estas actividades de inversión o financiación.

Componentes de la partida efectivo y equivalentes al efectivo

7.20	Una entidad presentará los componentes del efectivo y equivalentes al efectivo, así como una conciliación de los importes presentados en el estado de flujos de efectivo con las partidas equivalentes presentadas en el estado de situación financiera. Sin embargo, no se requiere que una entidad presente esta conciliación si el importe del efectivo y equivalentes al efectivo presentado en el estado de flujos de efectivo es idéntico al importe que se describe de forma similar en el estado de situación financiera.

Otra información a revelar

7.21	Una entidad revelará, junto con un comentario de la gerencia, el importe de los saldos de efectivo y equivalentes al efectivo significativos mantenidos por la entidad que no están disponibles para ser utilizados por ésta. El efectivo y los equivalentes al efectivo mantenidos por una entidad pueden no estar disponibles para el uso por ésta, debido a, entre otras razones, controles de cambio de moneda extranjera o por restricciones legales.

Sección 8 *Notas a los Estados Financieros*

Estructura de las notas

8.2	Las notas:
	(a) presentarán información sobre las bases para la preparación de los estados financieros, y sobre las políticas contables específicas utilizadas, de acuerdo con los párrafos 8.5 a 8.7;
	(b) revelarán la información requerida por esta Norma que no se presente en otro lugar de los estados financieros; y
	(c) proporcionarán información adicional que no se presenta en ninguno de los estados financieros, pero que es relevante para la comprensión de cualquiera de ellos.
8.3	Una entidad presentará las notas, en la medida en que sea practicable, de una forma sistemática. Una entidad hará referencia para cada partida de los estados financieros a cualquier información en las notas con la que esté relacionada.
8.4	Una entidad presentará normalmente las notas en el siguiente orden:
	(a) una declaración de que los estados financieros se ha elaborado cumpliendo con la *NIIF para las PYMES* (véase el párrafo 3.3);
	(b) un resumen de las políticas contables significativas aplicadas (véase el párrafo 8.5);
	(c) información de apoyo para las partidas presentadas en los estados financieros en el mismo orden en que se presente cada estado y cada partida; y
	(d) cualquier otra información a revelar.

Información a revelar sobre políticas contables

8.5	Una entidad revelará lo siguiente, en el resumen de políticas contables significativas:
	(a) la base (o bases) de medición utilizada para la elaboración de los estados financieros; y
	(b) las otras políticas contables utilizadas que sean relevantes para la comprensión de los estados financieros.

Información sobre juicios

8.6	Una entidad revelará, en el resumen de las políticas contables significativas o en otras notas, los juicios, diferentes de aquéllos que involucran estimaciones (véase el párrafo 8.7), que la gerencia haya realizado al aplicar las políticas contables de la entidad y que tengan el efecto más significativo sobre los importes reconocidos en los estados financieros.

Información sobre las fuentes clave de incertidumbre en la estimación

8.7	Una entidad revelará en las notas información sobre los supuestos clave acerca del futuro y otras causas clave de incertidumbre en la estimación en la fecha sobre la que se informa, que tengan un riesgo significativo de ocasionar ajustes significativos en el importe en libros de los activos y pasivos dentro del ejercicio contable siguiente. Con respecto a esos activos y pasivos, las notas incluirán detalles de:
	(a) su naturaleza; y
	(b) su importe en libros al final del periodo sobre el que se informa.

Sección 9 *Estados Financieros Consolidados y Separados*

Requerimientos para presentar estados financieros consolidados

9.2	Excepto por lo permitido o requerido en ellos párrafos 9.3 y 9.3C, una entidad controladora presentará estados financieros consolidados en los que consolide sus inversiones en subsidiarias. Los estados financieros consolidados incluirán todas las subsidiarias de la controladora.

continúa...

...continuación

9.3	Una controladora no necesita presentar estados financieros consolidados si se cumplen las dos condiciones siguientes:
	(a) la controladora es ella misma una subsidiaria; y
	(b) su controladora última (o cualquier controladora intermedia) elabora estados financieros con propósito de información general consolidados que cumplen las NIIF completas o con esta Norma.
9.3C	Si una controladora no tiene subsidiarias distintas de aquellas que no se requiere consolidar de acuerdo con los párrafos 9.3A y 9.3B, no presentará estados financieros consolidados. Sin embargo, la controladora proporcionará la información a revelar del párrafo 9.23A.

Participaciones no controladoras en subsidiarias

9.20	Una entidad presentará las participaciones no controladoras en el estado de situación financiera consolidado dentro del patrimonio, por separado del patrimonio de los propietarios de la controladora, como se requiere en el párrafo 4.2(q).
9.21	Una entidad revelará las participaciones no controladoras en los resultados del grupo por separado del estado del resultado integral, como se requiere en el párrafo 5.6 (o en el estado de resultados, si se presenta, como se requiere en el párrafo 5.7).

Información a revelar en los estados financieros consolidados

9.23	En los estados financieros consolidados deberá revelarse la siguiente información:
	(a) el hecho de que los estados son estados financieros consolidados;
	(b) la base para concluir que existe control cuando la controladora no posee, directa o indirectamente a través de subsidiarias, más de la mitad del poder de voto;
	(c) cualquier diferencia en la fecha sobre la que se informa de los estados financieros de la controladora y sus subsidiarias utilizados para la elaboración de los estados financieros consolidados; y
	(d) la naturaleza y el alcance de cualquier restricción significativa, (por ejemplo, como las procedentes de acuerdos de fondos tomados en préstamo o requerimientos de los reguladores) sobre la capacidad de las subsidiarias para transferir fondos a la controladora en forma de dividendos en efectivo o de reembolsos de préstamos.

continúa...

...continuación

9.23A	Además, de los requerimientos de información a revelar de la Sección 11, una entidad controladora revelará el importe en libros de las inversiones en subsidiarias que no se consolidan (véanse los párrafos 9.3A a 9.3C) en la fecha de presentación, en total, en el estado de situación financiera o en las notas.

Información a revelar en los estados financieros separados

9.27	Cuando una controladora, un inversor en una asociada o un participante con una participación en una entidad controlada de forma conjunta elabore estados financieros separados, revelarán:
	(a) que los estados son estados financieros separados; y
	(b) una descripción de los métodos utilizados para contabilizar las inversiones en subsidiarias, entidades controladas de forma conjunta y asociadas,
	e identificará los estados financieros consolidados u otros estados financieros principales con los que se relacionan.

Información a revelar en los estados financieros combinados

9.30	Los estados financieros combinados revelarán la siguiente información:
	(a) el hecho de que los estados financieros son estados financieros combinados;
	(b) la razón por la que se preparan estados financieros combinados;
	(c) la base para determinar qué entidades se incluyen en los estados financieros combinados;
	(d) la base para la preparación de los estados financieros combinados; y
	(e) la información a revelar sobre partes relacionadas requerida en la Sección 33 *Información a Revelar sobre Partes Relacionadas*.

Sección 10 *Políticas, Estimaciones y Errores Contables*

Información a revelar sobre un cambio de política contable

10.13	Cuando una modificación a esta Norma tenga un efecto en el periodo corriente o en cualquier periodo anterior, o pueda tener un efecto en futuros periodos, una entidad revelará:
	(a) la naturaleza del cambio en la política contable;
	(b) el importe del ajuste para cada partida afectada de los estados financieros para el periodo corriente y para cada periodo anterior del que se presente información, en la medida en que sea practicable;
	(c) el importe del ajuste relativo a periodos anteriores a los presentados, en la medida en que sea practicable; y
	(d) una explicación en el caso de que la determinación de los importes a revelar de los apartados (b) o (c) anteriores no sea practicable.
	No es necesario repetir esta información a revelar en estados financieros de periodos posteriores.
10.14	Cuando un cambio voluntario en una política contable tenga un efecto en el periodo corriente o en cualquier periodo anterior, una entidad revelará:
	(a) la naturaleza del cambio en la política contable;
	(b) las razones por las que la aplicación de la nueva política contable suministra información más fiable y relevante;
	(c) en la medida en que sea practicable, el importe del ajuste para cada partida de los estados financieros afectada, mostrado por separado:
	(i) para el periodo corriente;
	(ii) para cada periodo anterior presentado; y
	(iii) para periodos anteriores a los presentados, de forma agregada.
	(d) una explicación en el caso de que sea impracticable la determinación de los importes a revelar en el apartado (c).
	No es necesario repetir esta información a revelar en estados financieros de periodos posteriores.

Información a revelar sobre un cambio en una estimación

10.18	Una entidad revelará la naturaleza de cualquier cambio en una estimación contable y el efecto del cambio sobre los activos, pasivos, ingresos y gastos para el periodo corriente. Si es practicable para la entidad estimar el efecto del cambio sobre uno o más periodos futuros, la entidad revelará estas estimaciones.

Información a revelar sobre errores de periodos anteriores

10.23	Una entidad revelará la siguiente información sobre errores en periodos anteriores:
	(a) la naturaleza del error del periodo anterior;
	(b) para cada periodo anterior presentado, en la medida en que sea practicable, el importe de la corrección para cada partida afectada de los estados financieros;
	(c) en la medida en que sea practicable, el importe de la corrección al principio del primer periodo anterior sobre el que se presente información; y
	(d) una explicación si no es practicable determinar los importes a revelar en los apartados (b) o (c).
	No es necesario repetir esta información a revelar en estados financieros de periodos posteriores.

Sección 11 *Instrumentos Financieros Básicos*

Información a revelar

11.39	La siguiente información a revelar hace referencia a la información a revelar para pasivos financieros medidos al valor razonable con cambios en resultados. Las entidades que solo tienen instrumentos financieros básicos (y, por lo tanto, no aplican la Sección 12 *Otros Temas Relacionados con los Instrumentos Financieros*) no tendrán ningún pasivo financiero medido al valor razonable con cambios en resultados y, por lo tanto, no necesitarán revelar esta información.

Información a revelar sobre las políticas contables de instrumentos financieros

11.40	De acuerdo con el párrafo 8.5, una entidad revelará, en el resumen de las políticas contables significativas, la base (o bases) de medición utilizadas para instrumentos financieros y otras políticas contables utilizadas para instrumentos financieros que sean relevantes para la comprensión de los estados financieros.

Estado de situación financiera – categorías de activos financieros y pasivos financieros

11.41	Una entidad revelará los importes en libros de cada una de las siguientes categorías de activos financieros y pasivos financieros en la fecha de presentación, en total, en el estado de situación financiera o en las notas: (a) activos financieros medidos al valor razonable con cambios en resultados (párrafo 11.14(c)(i) y párrafos 12.8 y 12.9); (b) activos financieros que son instrumentos de deuda medidos al costo amortizado [párrafo 11.14(a)]; (c) activos financieros que son instrumentos de patrimonio medidos al costo menos deterioro del valor (párrafo 11.14(c)(ii) y párrafos 12.8 y 12.9); (d) pasivos financieros medidos al valor razonable con cambios en resultados (párrafos 12.8 y 12.9); (e) pasivos financieros medidos al costo amortizado [párrafo 11.14(a)]; y (f) compromisos de préstamo medidos al costo menos deterioro del valor [párrafo 11.14(b)].
11.42	Una entidad revelará información que permita a los usuarios de sus estados financieros evaluar la significatividad de los instrumentos financieros en su situación financiera y en su rendimiento. Por ejemplo, para las deudas a largo plazo, esta información normalmente incluiría los plazos y condiciones del instrumento de deuda (tal como la tasa de interés, vencimiento, plazos de reembolso y restricciones que el instrumento de deuda impone a la entidad).
11.43	Para todos activos financieros y pasivos financieros medidos al valor razonable, la entidad informará sobre la base utilizada para determinar el valor razonable, esto es, el precio de mercado cotizado en un mercado activo u otra técnica de valoración. Cuando se utilice una técnica de valoración, la entidad revelará los supuestos aplicados para determinar los valores razonables de cada clase de activos financieros o pasivos financieros. Por ejemplo, si fuera aplicable, una entidad revelará información sobre las hipótesis relacionadas con las tasas de pagos anticipados, las tasas de pérdidas estimadas en los créditos y las tasas de interés o de descuento.
11.44	Si una medida fiable del valor razonable deja de estar disponible, o no está disponible sin esfuerzo o costo desproporcionado cuando se proporciona esta exención para los instrumentos financieros que se requeriría en otro caso que se midiese a valor razonable con cambios en resultados de acuerdo con esta Norma, la entidad revelará ese hecho, el importe en libros de los instrumentos financieros, y, si se ha usado la exención por esfuerzo o costo desproporcionado, las razones por las que una medición fiable del valor razonable involucraría un esfuerzo o costo desproporcionado.

Baja en cuentas

11.45	Si una entidad ha transferido activos financieros a una tercera parte en una transacción que no cumple las condiciones para la baja en cuentas (véanse los párrafos 11.33 a 11.35), la entidad revelará para cada clase de estos activos financieros:
	(a) la naturaleza de los activos;
	(b) la naturaleza de los riesgos y ventajas inherentes a la propiedad a los que la entidad continúe expuesta; y
	(c) El importe en libros de los activos o de cualesquiera pasivos asociados que la entidad continúe reconociendo.

Garantía

11.46	Cuando una entidad haya pignorado activos financieros como garantía por pasivos o pasivos contingentes, revelará lo siguiente:
	(a) el importe en libros de los activos financieros pignorados como garantía; y
	(b) Los plazos y condiciones relacionados con su pignoración.

Incumplimientos y otras infracciones de préstamos por pagar

11.47	Para los préstamos por pagar reconocidos en la fecha de presentación, en los que se haya producido una infracción de los plazos o un incumplimiento de pagos del principal, intereses, fondos de amortización o cláusulas de reembolso que no se hayan corregido en la fecha de presentación, la entidad revelará lo siguiente:
	(a) detalles de esa infracción o incumplimiento;
	(b) el importe en libros de los préstamos por pagar relacionados en la fecha de presentación; y
	(c) si la infracción o incumplimiento ha sido corregido o si se han renegociado las condiciones de los préstamos por pagar antes de la fecha de autorización para emisión de los estados financieros.

Partidas de ingresos, gastos, ganancias o pérdidas

11.48	Una entidad revelará las siguientes partidas de ingresos, gastos, ganancias o pérdidas:
	(a) ingresos, gastos, ganancias o pérdidas, incluidos los cambios al valor razonable reconocidos en:
	(i) activos financieros medidos al valor razonable con cambios en resultados;
	(ii) pasivos financieros medidos al valor razonable con cambios en resultados;
	(iii) activos financieros medidos al costo amortizado; y
	(iv) Pasivos financieros medidos al costo amortizado.
	(b) ingresos por intereses totales y los gastos por intereses totales (calculados utilizando el método del interés efectivo) por activos financieros y pasivos financieros que no se miden al valor razonable con cambios en resultados; y
	(c) el importe de las pérdidas por deterioro de valor para cada clase de activo financiero.

Sección 12 *Otros Temas relacionadas con Instrumentos Financieros*

Información a revelar

12.26	Una entidad que aplique esta sección revelará toda la información requerida en la Sección 11 *Instrumentos Financieros Básicos* e incorporará a esa información los instrumentos financieros que queden dentro del alcance de esta sección, así como los que queden dentro del alcance de la Sección 11. Además, si la entidad utiliza contabilidad de coberturas, revelará la información adicional de los párrafos 12.27 a 12.29.
12.27	Una entidad revelará la siguiente información de forma separada para coberturas de cada uno de los cuatro tipos de riesgo descritos en el párrafo 12.17:
	(a) una descripción de la cobertura;
	(b) una descripción de los instrumentos financieros designados como instrumentos de cobertura y de sus valores razonables en la fecha sobre la que se informa; y
	(c) La naturaleza de los riesgos cubiertos, incluyendo una descripción de la partida cubierta.

continúa...

...continuación

12.28	Si una entidad utiliza la contabilidad de coberturas para una cobertura de riesgo de tasa de interés fijo o de precio de una materia prima cotizada que posea (párrafos 12.19 a 12.22), revelará lo siguiente:
	(a) el importe del cambio en el valor razonable del instrumento de cobertura reconocido en el resultado; y
	(b) el importe del cambio en el valor razonable del instrumento de cobertura reconocido en el resultado del periodo.
12.29	Si una entidad utiliza la contabilidad de coberturas para una cobertura de riesgo de tasa de interés variable, riesgo de tasa de cambio, riesgo de precio de materia prima cotizada en un compromiso en firme o transacción prevista altamente probable, o inversión neta en un negocio en el extranjero (párrafos 12.23 a 12.25), revelará lo siguiente:
	(a) los periodos en los que se espera que se produzcan los flujos de efectivo, cuándo se espera que afecten al resultado;
	(b) una descripción de las transacciones previstas para las que se haya utilizado anteriormente la contabilidad de coberturas, pero cuya ocurrencia ya no se espere;
	(c) el importe del cambio en el valor razonable del instrumento de cobertura que se reconoció en otro resultado integral durante el periodo (párrafo 12.23);
	(d) el importe reclasificado a resultados para el periodo (párrafos 12.23 a 12.25); y
	(e) el importe de cualquier exceso del cambio acumulado en el valor razonable del instrumento de cobertura sobre el cambio acumulado en el valor razonable de los flujos de efectivo esperados que se reconoció en el resultado del periodo (párrafo 12.23).

Sección 13 *Inventarios*

Información a revelar

13.22	Una entidad revelará la siguiente información:
	(a) las políticas contables adoptadas para la medición de los inventarios, incluyendo la fórmula de medición de los costos que se haya utilizado;
	(b) el importe total en libros de los inventarios, y los importes parciales según la clasificación apropiada para la entidad;
	(c) el importe de los inventarios reconocido como gasto durante el periodo;
	(d) las pérdidas por deterioro del valor reconocidas o revertidas en el resultado de acuerdo con la Sección 27 *Deterioro del Valor de los Activos*; y
	(e) El importe total en libros de los inventarios pignorados en garantía de pasivos.

Sección 14 *Inversiones en Asociadas*

Presentación de los estados financieros

14.11	Un inversor clasificará las inversiones en asociadas como activos no corrientes.

Información a revelar

14.12	Una entidad revelará la siguiente información:
	(a) su política contable para inversiones en asociadas;
	(b) el importe en libros de las inversiones en asociadas [véase el párrafo 4.2(j)]; y
	(c) El valor razonable de las inversiones en asociadas, contabilizadas utilizando el método de la participación, para las que existan precios de cotización públicos.
14.13	Para las inversiones en asociadas contabilizadas por el método del costo, un inversor revelará el importe de los dividendos y otras distribuciones reconocidas como ingresos.
14.14	Para inversiones en asociadas contabilizadas por el método de la participación, un inversor revelará por separado su participación en los resultados de estas asociadas y su participación en operaciones discontinuadas de estas asociadas.

continúa...

...*continuación*

14.15	Para las inversiones en asociadas contabilizadas por el modelo del valor razonable, un inversor revelará la información requerida por los párrafos 11.41 a 11.44. Si un inversor aplica la exención por esfuerzo o costo desproporcionado del párrafo 14.10 a cualquier asociada, revelará ese hecho, las razones por las que la medición del valor razonable involucraría un esfuerzo o costo desproporcionado y el importe en libros de las inversiones en asociadas contabilizadas según el modelo del costo.

Sección 15 *Inversiones en Negocios Conjuntos*

Información a revelar

15.19	Una entidad revelará la siguiente información:
	(a) la política contable que utiliza para reconocer sus participaciones en entidades controladas de forma conjunta;
	(b) el importe en libros de las inversiones en entidades controladas de forma conjunta [véase el párrafo 4.2(k)];
	(c) el valor razonable de las inversiones en entidades controladas de forma conjunta, contabilizadas utilizando el método de la participación, para las que existan precios de cotización públicos; y
	(d) El importe agregado de sus compromisos relacionados con negocios conjuntos, incluyendo su participación en los compromisos de inversión de capital en los que se haya incurrido de forma conjunta con otros participantes, así como su participación en los compromisos de inversión de capital asumidos por los propios negocios conjuntos.
15.20	Para las entidades controladas de forma conjunta contabilizadas de acuerdo con el método de la participación, el inversor también revelará la información que requiere el párrafo 14.14 para las inversiones por el método de la participación.
15.21	Para las inversiones en entidades controladas de forma conjunta contabilizadas de acuerdo con el modelo del valor razonable, el inversor revelará la información requerida por los párrafos 11.41 a 11.44. Si un participante en un negocio conjunto aplica la exención del esfuerzo o costo desproporcionado del párrafo 15.15 a cualquiera de las entidades controladas de forma conjunta, revelará ese hecho, las razones por las que la medición del valor razonable involucraría un esfuerzo o costo desproporcionado y el importe en libros de las inversiones en entidades controladas de forma conjunta contabilizadas según el modelo del costo.

Sección 16 *Propiedades de Inversión*

Información a revelar

16.10	Una entidad revelará la siguiente información para todas las propiedades de inversión contabilizadas por el valor razonable con cambios en resultados (párrafo 16.7):
	(a) Los métodos e hipótesis significativos empleados en la determinación del valor razonable de las propiedades de inversión.
	(b) La medida en que el valor razonable de las propiedades de inversión (como han sido medidas o reveladas en los estados financieros) está basado en una tasación hecha por un tasador independiente, de reconocida cualificación profesional y con suficiente experiencia reciente en la zona y categoría de la propiedad de inversión objeto de valoración. Si no hubiera tenido lugar dicha forma de valoración, se revelará este hecho.
	(c) La existencia e importe de las restricciones a la realización de las propiedades de inversión, al cobro de los ingresos derivados de las mismas o de los recursos obtenidos por su disposición.
	(d) Las obligaciones contractuales para adquisición, construcción o desarrollo de propiedades de inversión, o por concepto de reparaciones, mantenimiento o mejoras de las mismas.
	(e) Una conciliación entre el importe en libros de las propiedades de inversión al inicio y al final del periodo, que muestre por separado lo siguiente:
	(i) adiciones, revelando por separado las procedentes de adquisiciones a través de combinaciones de negocios;
	(ii) ganancias o pérdidas netas procedentes de los ajustes al valor razonable.
	(iii) transferencias a y desde propiedades de inversión registradas al costo menos la depreciación y el deterioro de valor acumulados (véase el párrafo 16.8);
	(iv) transferencias de propiedades a inventarios, o de inventarios a propiedades, y hacia o desde propiedades ocupadas por el dueño; y
	(v) otros cambios.
	No es necesario presentar esta conciliación para periodos anteriores.

continúa...

...continuación

16.11	De acuerdo con la Sección 20 *Arrendamientos*, el dueño de propiedades de inversión proporcionará información a revelar del arrendador sobre arrendamientos en los que haya participado. Una entidad que mantenga propiedades de inversión en arrendamiento financiero u operativo, proporcionará la información a revelar del arrendatario para los arrendamientos financieros y la información a revelar del arrendador para los arrendamientos operativos en los que haya participado.

Sección 17 *Propiedades, Planta y Equipo*

Información a revelar

17.31	Una entidad revelará la siguiente información para cada clase de propiedades, planta y equipo determinada de acuerdo con el párrafo 4.11(a) y de forma separada las propiedades de inversión registradas al costo menos la depreciación y deterioro de valor acumulados:
	(a) las bases de medición utilizadas para determinar el importe en libros bruto;
	(b) los métodos de depreciación utilizados;
	(c) las vidas útiles o las tasas de depreciación utilizadas;
	(d) el importe bruto en libros y la depreciación acumulada (agregada con pérdidas por deterioro del valor acumuladas), al principio y final del periodo sobre el que se informa; y
	(e) Una conciliación entre los importes en libros al principio y al final del periodo sobre el que se informa, que muestre por separado:
	(i) las adiciones;
	(ii) las disposiciones;
	(iii) las adquisiciones mediante combinaciones de negocios;
	(iv) los incrementos o disminuciones, resultantes de las revaluaciones, de acuerdo con los párrafos 17.15B a 17.15D, así como las pérdidas por deterioro del valor reconocidas, o revertidas en otro resultado integral, en función de lo establecido en la Sección 27;
	(v) transferencias a y desde propiedades de inversión registradas a valor razonable con cambios en resultados (véase el párrafo 16.8);
	(vi) las pérdidas por deterioro del valor reconocidas o revertidas en el resultado de acuerdo con la Sección 27 *Deterioro del Valor de los Activos*;
	(vii) depreciación; y
	(viii) otros cambios.
	No es necesario presentar esta conciliación para periodos anteriores.

continúa...

...*continuación*

17.32	La entidad revelará también:
	(a) la existencia e importes en libros de las propiedades, planta y equipo a que la entidad tiene alguna restricción o que está pignorada como garantía de deudas;
	(b) el importe de los compromisos contractuales para la adquisición de propiedades, planta y equipo; y
	(c) si una entidad tiene propiedades de inversión cuyo valor razonable no puede medirse con fiabilidad sin esfuerzo o costo desproporcionado revelará ese hecho y las razones por las que la medición del valor razonable involucraría un esfuerzo o costo desproporcionado para los elementos de propiedades de inversión.
17.33	Cuando los elementos de propiedades, planta y equipo se contabilicen por sus importes revaluados, se revelará la siguiente información:
	(a) la fecha efectiva de la revaluación;
	(b) si se han utilizado los servicios de un tasador independiente;
	(c) los métodos y suposiciones significativas aplicadas al estimar los valores razonables de las partidas;
	(d) para cada clase de propiedades, planta y equipo que se haya revaluado, el importe en libros al que se habría reconocido si se hubieran contabilizado según el modelo del costo; y
	(e) el superávit de revaluación, indicando los movimientos del periodo, así como cualquier restricción sobre la distribución de su saldo a los accionistas.

Sección 18 *Activos Intangibles distintos de la Plusvalía*

Información a revelar

18.27	Una entidad revelará, para cada clase de activos intangibles, lo siguiente:
	
	(a) las vidas útiles o las tasas de amortización utilizadas;
	
	(b) los métodos de amortización utilizados;
	
	(c) el importe en libros bruto y cualquier amortización acumulada (junto con el importe acumulado de las pérdidas por deterioro del valor), tanto al principio como al final de cada periodo sobre el que se informa;
	
	(d) la partida o partidas, en el estado de resultado integral (y en el estado de resultados, si se presenta) en las que está incluida cualquier amortización de los activos intangibles; y
	
	(e) Una conciliación entre los importes en libros al principio y al final del periodo sobre el que se informa, que muestre por separado:
	
	    (i) las adiciones;
	
	    (ii) las disposiciones;
	
	    (iii) las adquisiciones mediante combinaciones de negocios;
	
	    (iv) la amortización;
	
	    (v) las pérdidas por deterioro del valor;
	
	    (vi) otros cambios.
	
	No es necesario presentar esta conciliación para periodos anteriores.

18.28	Una entidad revelará también:
	
	(a) una descripción, el importe en libros y el periodo de amortización restante de cualquier activo intangible individual que sea significativo para los estados financieros de la entidad;
	
	(b) para los activos intangibles adquiridos mediante una subvención del gobierno, y que hayan sido reconocidos inicialmente al valor razonable (véase el párrafo 18.12):
	
	    (i) el valor razonable por el que se han reconocido inicialmente estos activos; y
	
	    (ii) sus importes en libros.
	
	(c) la existencia e importes en libros de los activos intangibles a cuya titularidad la entidad tiene alguna restricción o que está pignorada como garantía de deudas; y
	
	(d) El importe de los compromisos contractuales para la adquisición de activos intangibles.

continúa...

...*continuación*

18.29	Una entidad revelará el importe agregado de los desembolsos en investigación y desarrollo reconocido como un gasto durante el periodo (es decir, el importe de los desembolsos incurridos internamente en investigación y desarrollo que no se ha capitalizado como parte del costo de otro activo que cumple los criterios de reconocimiento de esta Norma).

Sección 19 *Combinaciones de Negocios y Plusvalía*

Información a revelar para combinaciones de negocios durante el periodo sobre el que se informa

19.25	Para cada combinación de negocios durante el periodo, la adquirente revelará la siguiente información:
	(a) los nombres y descripciones de las entidades o negocios combinados;
	(b) la fecha de adquisición;
	(c) el porcentaje de instrumentos de patrimonio con derecho a voto adquiridos;
	(d) el costo de la combinación, y una descripción de los componentes de éste (tales como efectivo, instrumentos de patrimonio e instrumentos de deuda);
	(e) los importes reconocidos, en la fecha de adquisición, para cada clase de activos, pasivos y pasivos contingentes de la adquirida, incluyendo la plusvalía;
	(f) el importe de cualquier exceso reconocido en el resultado del periodo de acuerdo con el párrafo 19.24, y la partida del estado del resultado integral (y el estado de resultados, si se presenta) en la que esté reconocido dicho exceso; y
	(g) una descripción cualitativa de los factores que constituyen la plusvalía reconocida, tales como sinergias esperadas de las operaciones combinadas de la adquirida y la adquirente, activos intangibles u otras partidas no reconocidas de acuerdo con el párrafo 19.15.

Información a revelar para todas las combinaciones de negocios

19.26	La adquirente revelará información sobre las vidas útiles utilizadas para la plusvalía y una conciliación del importe en libros de la plusvalía al principio y al final del periodo, mostrando por separado: (a) los cambios que surgen de las nuevas combinaciones de negocios; (b) las pérdidas por deterioro del valor; (c) las disposiciones de negocios adquiridos previamente; y (d) otros cambios. No es necesario presentar esta conciliación para periodos anteriores.

Sección 20 *Arrendamientos*

Estados financieros de los arrendatarios – arrendamientos financieros

20.13	Un arrendatario revelará la siguiente información sobre los arrendamientos financieros:
	
	(a) para cada clase de activos, el importe neto en libros al final del periodo sobre el que se informa;
	
	(b) el total de pagos mínimos futuros del arrendamiento al final del periodo sobre el que se informa, para cada uno de los siguientes periodos:
	
	    (i) hasta un año;
	
	    (ii) entre uno y cinco años; y
	
	    (iii) más de cinco años.
	
	(c) una descripción general de los acuerdos de arrendamiento significativos incluyendo, por ejemplo, información sobre cuotas contingentes, opciones de renovación o adquisición y cláusulas de revisión, subarrendamientos y restricciones impuestas por los acuerdos de arrendamiento.

20.14	Además, los requerimientos de información a revelar sobre activos de acuerdo con la Sección 17 *Propiedades, Planta y Equipo*, la Sección 18 *Activos Intangibles Distintos de la Plusvalía*, la Sección 27 *Deterioro del Valor de los Activos* y la Sección 34 *Actividades Especializadas* se aplicarán a los arrendatarios de activos arrendados bajo arrendamientos financieros.

Estados financieros de los arrendatarios – arrendamientos operativos

20.16 Un arrendatario revelará la siguiente información para los arrendamientos operativos:

(a) el total de pagos futuros mínimos del arrendamiento, bajo contratos de arrendamiento operativo no cancelables para cada uno de los siguientes periodos:

(i) hasta un año;

(ii) entre uno y cinco años; y

(iii) más de cinco años.

(b) los pagos por arrendamiento reconocidos como un gasto; y

(c) una descripción general de los acuerdos de arrendamiento significativos incluyendo, por ejemplo, información sobre cuotas contingentes, opciones de renovación o adquisición y cláusulas de revisión, subarrendamientos y restricciones impuestas por los acuerdos de arrendamiento.

Estados financieros de los arrendadores—arrendamientos financieros

20.23	Un arrendador revelará la siguiente información para los arrendamientos financieros:
	(a) Una conciliación entre la inversión bruta en el arrendamiento al final del periodo sobre el que se informa y el valor presente de los pagos mínimos por cobrar en esa misma fecha. Además, el arrendador revelará, al final del periodo sobre el que se informa, la inversión bruta en el arrendamiento y el valor presente de los pagos mínimos por cobrar en esa misma fecha, para cada uno de los siguientes plazos:
	(i) hasta un año;
	(ii) entre uno y cinco años; y
	(iii) más de cinco años.
	(b) los ingresos financieros no ganados.
	(c) el importe de los valores residuales no garantizados acumulables a favor del arrendador.
	(d) la estimación de incobrables relativa a los pagos mínimos por el arrendamiento pendientes de cobro.
	(e) las cuotas contingentes reconocidas como ingresos en el periodo.
	(f) una descripción general de los acuerdos de arrendamiento significativos del arrendador incluyendo, por ejemplo, información sobre cuotas contingentes, opciones de renovación o adquisición y cláusulas de escalación, subarrendamientos y restricciones impuestas por los acuerdos de arrendamiento.

Estados financieros de los arrendadores—arrendamientos operativos

20.30	Un arrendador revelará la siguiente información para los arrendamientos operativos:
	
	(a) Los pagos futuros mínimos del arrendamiento en arrendamientos operativos no cancelables, para cada uno de los siguientes periodos:
	
	    (i) hasta un año;
	
	    (ii) entre uno y cinco años; y
	
	    (iii) más de cinco años.
	
	(b) las cuotas contingentes totales reconocidas como ingreso; y
	
	(c) Una descripción general de los acuerdos de arrendamiento significativos del arrendador, incluyendo, por ejemplo, información sobre cuotas contingentes, opciones de renovación o adquisición y cláusulas de revisión, y restricciones impuestas por los acuerdos de arrendamiento.

20.31	Además, se aplicarán los requerimientos sobre información a revelar sobre activos de acuerdo con las Secciones 17, 18, 27 y 34 a los arrendadores por los activos suministrados en arrendamiento operativo.

Transacciones de venta con arrendamiento posterior

20.35	Los requerimientos de información a revelar para arrendatarios y arrendadores se aplicarán igualmente a las ventas con arrendamiento posterior. La descripción requerida sobre los acuerdos sobre arrendamientos significativos incluye la descripción de las disposiciones únicas o no habituales de los acuerdos o términos de las transacciones de venta con arrendamiento posterior.

Sección 21 *Provisiones y Contingencias*

Información a revelar sobre provisiones

21.14	Para cada tipo de provisión, una entidad revelará lo siguiente:
	(a) una conciliación que muestre:
	(i) el importe en libros al principio y al final del periodo;
	(ii) las adiciones realizadas durante el periodo, incluyendo los ajustes procedentes de los cambios en la medición del importe descontado;
	(iii) los importes cargados contra la provisión durante el periodo; y
	(iv) los importes no utilizados revertidos en el periodo.
	(b) una breve descripción de la naturaleza de la obligación y del importe y calendario esperados de cualquier pago resultante;
	(c) una indicación acerca de las incertidumbres relativas al importe o al calendario de las salidas de recursos; y
	(d) el importe de cualquier reembolso esperado, indicando el importe de los activos que hayan sido reconocidos por esos reembolsos esperados.
	No se requiere información comparativa para los periodos anteriores.

Información a revelar sobre pasivos contingentes

21.15	A menos que la posibilidad de una eventual salida de recursos para liquidarlo sea remota, una entidad revelará para cada clase de pasivo contingente, en la fecha de presentación, una breve descripción de la naturaleza del mismo y, cuando fuese practicable:
	(a) una estimación de sus efectos financieros, medidos de acuerdo con los párrafos 21.7 a 21.11;
	(b) una indicación de las incertidumbres relacionadas con el importe o el calendario de las salidas de recursos; y
	(c) la posibilidad de cualquier reembolso.
	Si resulta impracticable revelar una o más de estas informaciones, este hecho deberá indicarse.

Información a revelar sobre activos contingentes

21.16	Si es probable una entrada de beneficios económicos (con mayor probabilidad de que ocurra que de lo contrario) pero no prácticamente cierta, una entidad revelará una descripción de la naturaleza de los activos contingentes al final del periodo sobre el que se informa y, a menos que involucrase costos o esfuerzos desproporcionados, una estimación de su efecto financiero, medido utilizando los principios establecidos en los párrafos 21.7 a 21.11. Si esta estimación involucrara esfuerzo o costo desproporcionado, la entidad revelará ese hecho y las razones por las que la estimación del efecto financiero involucraría dicho esfuerzo o costo desproporcionado.

Información a revelar perjudicial

21.17	En casos extremadamente excepcionales, puede esperarse que la revelación de información, total o parcial, requerida por los párrafos 21.14 a 21.16 pueda esperarse que perjudique seriamente la posición de la entidad, en disputas con terceros sobre las situaciones que contemplan las provisiones, los pasivos contingentes o los activos contingentes. En estos casos, una entidad no necesita revelar la información, pero revelará la naturaleza genérica de la disputa, junto con el hecho de que la información no se ha revelado y las razones por las que han llevado a tomar tal decisión.

Sección 22 *Pasivos y Patrimonio*

Información a revelar

22.20	Si el valor razonable de los activos a distribuir, como se describe en los párrafos 22.18 y 22.18A no puede medirse con fiabilidad sin esfuerzo o costo desproporcionado, la entidad revelará ese hecho y las razones por las que una medición del valor razonable fiable involucraría un esfuerzo o costo desproporcionado.

Sección 23 *Ingresos de Actividades Ordinarias*

Información general a revelar sobre los ingresos de actividades ordinarias

23.30	Una entidad revelará:
	(a) las políticas contables adoptadas para el reconocimiento de los ingresos de actividades ordinarias, incluyendo los métodos utilizados para determinar el porcentaje de terminación de las transacciones involucradas en la prestación de servicios; y
	(b) el importe de cada categoría de ingresos de actividades ordinarias reconocida durante el periodo, que mostrará de forma separada como mínimo los ingresos de actividades ordinarias procedentes de:
	(i) venta de bienes;
	(ii) la prestación de servicios;
	(iii) intereses;
	(iv) regalías;
	(v) dividendos;
	(vi) comisiones;
	(vii) subvenciones del gobierno; y
	(viii) cualesquiera otros tipos de ingresos de actividades ordinarias significativos.

Información a revelar relacionada con los ingresos de actividades ordinarias procedentes de contratos de construcción

23.31	Una entidad revelará la siguiente información:
	(a) el importe de los ingresos de actividades ordinarias del contrato reconocidos como tales en el periodo;
	(b) los métodos utilizados para determinar la porción de ingreso de actividades ordinarias del contrato reconocido como tal en el periodo; y
	(c) los métodos usados para determinar el grado de realización del contrato en proceso.
23.32	Una entidad presentará:
	(a) los importes brutos por cobrar a los clientes por contratos ejecutados, como un activo; y
	(b) los importes brutos por cobrar a los clientes por contratos ejecutados, como un pasivo.

Sección 24 *Subvenciones del Gobierno*

Información a revelar

24.6	Una entidad revelará la siguiente información: (a) la naturaleza y los importes de las subvenciones del gobierno reconocidas en los estados financieros; (b) las condiciones incumplidas y otras contingencias relacionadas con las subvenciones del gobierno que no se hayan reconocido en resultados; y (c) Una indicación de otras modalidades de ayudas gubernamentales de las que se haya beneficiado directamente la entidad.
24.7	A efectos de la información a revelar requerida en el párrafo 24.6(c), ayuda gubernamental es la acción diseñada por el gobierno con el propósito de suministrar beneficios económicos específicos a una entidad o un conjunto de entidades que cumplen las condiciones bajo criterios especificados. Son ejemplos los servicios de asistencia técnica o comercial gratuitos, la prestación de garantías y los préstamos a tasas de interés bajas o sin interés.

Sección 25 *Costos por Préstamos*

Información a revelar

25.3	El párrafo 5.5(b) requiere que se revelen los costos financieros. El párrafo 11.48(b) requiere que se revele el gasto total por intereses (utilizando el método del interés efectivo) de los pasivos financieros que no están al valor razonable en resultados. Esta sección no requiere ninguna otra información adicional a revelar.

Sección 26 *Pagos basados en Acciones*

Información a revelar

26.18	Una entidad revelará la siguiente información sobre la naturaleza y el alcance de los acuerdos con pagos basados en acciones que hayan existido durante el periodo:
	
	(a) Una descripción de cada tipo de acuerdo con pagos basados en acciones que haya existido a lo largo del periodo, incluyendo los plazos y condiciones generales de cada acuerdo, tales como requerimientos para la consolidación (irrevocabilidad) de la concesión, el plazo máximo de las opciones concedidas y el método de liquidación (por ejemplo, en efectivo o patrimonio). Una entidad con tipos de acuerdos con pago basados en acciones esencialmente similares puede agregar esta información.
	
	(b) El número y la media ponderada de los precios de ejercicio de las opciones sobre acciones, para cada uno de los siguientes grupos de opciones:
	
	    (i) existentes al comienzo del periodo;
	
	    (ii) concedidas durante el periodo;
	
	    (iii) anuladas durante el periodo;
	
	    (iv) ejercitadas durante el periodo;
	
	    (v) expiradas durante el periodo;
	
	    (vi) existentes al final del periodo; y
	
	    (vii) Ejercitables al final del periodo.

26.19	Para los acuerdos con pagos basados en acciones que se liquiden con instrumentos de patrimonio, la entidad revelará información acerca de cómo ha medido el valor razonable de los bienes o servicios recibidos o el valor de los instrumentos de patrimonio concedidos. Si se ha utilizado una metodología de valoración, la entidad revelará el método y el motivo por el que lo eligió.
26.20	Para los acuerdos con pagos basados en acciones que se liquiden en efectivo, la entidad revelará información sobre la forma en que se midió el pasivo.
26.21	Para los acuerdos con pagos basados en acciones que se modificaron a lo largo del periodo, la entidad revelará una explicación de esas modificaciones.
26.22	Si la entidad participa en un plan de grupo de pagos basados en acciones, y mide los gastos relativos a los pagos basados en acciones sobre la base de una distribución razonable del gasto reconocido del grupo, revelará ese hecho y la base de la distribución (véase el párrafo 26.16).

continúa...

...*continuación*

26.23	Una entidad revelará la siguiente información acerca del efecto que las transacciones con pagos basados en acciones tienen sobre el resultado de la entidad durante el periodo, así como sobre su situación financiera:
	(a) el gasto total reconocido en los resultados del periodo; y
	(b) El importe total en libros al final del periodo para los pasivos que surgen de transacciones con pagos basados en acciones.

Sección 27 *Deterioro del Valor de los Activos*

Información a revelar

27.32	Una entidad revelará, para cada clase de activos indicada en el párrafo 27.33, la siguiente información:
	(a) el importe de las pérdidas por deterioro del valor reconocidas en resultados durante el periodo y la partida o partidas del estado del resultado integral (y del estado de resultados, si se presenta) en las que esas pérdidas por deterioro del valor estén incluidas; y
	(b) el importe de las reversiones de pérdidas por deterioro del valor reconocidas en resultados durante el periodo y la partida o partidas del estado del resultado integral (y del estado de resultados, si se presenta) en que tales pérdidas por deterioro del valor revirtieron.
27.33	Una entidad revelará la información requerida en el párrafo 27.32 para cada una de las siguientes clases de activos:
	(a) inventarios;
	(b) propiedades, plantas y equipos (incluidas las propiedades de inversión contabilizadas mediante el método del costo);
	(c) plusvalía;
	(d) activos intangibles diferentes de la plusvalía;
	(e) inversiones en asociadas; y
	(f) Inversiones en negocios conjuntos.

Sección 28 *Beneficios a los Empleados*

Información a revelar sobre los beneficios a los empleados a corto plazo

28.39	Esta sección no requiere información a revelar específica sobre beneficios a los empleados a corto plazo.

Información a revelar sobre los planes de aportaciones definidas

28.40	Una entidad revelará el importe reconocido en resultados como un gasto por los planes de aportaciones definidas. Si la entidad trata a un plan multi-patronal de beneficios definidos como un plan de aportaciones definidas porque no dispone de información suficiente para utilizar la contabilidad de los planes de beneficios definidos (véase el párrafo 28.11), revelará el hecho de que es un plan de beneficios definidos y la razón por la que se contabiliza como un plan de aportaciones definidas, junto con cualquier información disponible sobre el superávit o el déficit del plan y las implicaciones, si las hubiere, para la entidad.

Información a revelar sobre los planes de beneficios definidos

28.41	Una entidad revelará la siguiente información sobre los planes de beneficios definidos (excepto para cualesquiera planes multi-patronales de beneficios definidos que se contabilicen como planes de aportaciones definidas de acuerdo con el párrafo 28.11, para los que se aplica en su lugar la información a revelar del párrafo 28.40). Si una entidad tiene más de un plan de beneficios definidos, estas informaciones pueden ser reveladas sobre el conjunto de los planes, sobre cada plan por separado o agrupadas de la manera que se considere más útil:

	(a)	una descripción general del tipo de plan incluyendo la política de financiación.
	(b)	la política contable de la entidad para reconocer las ganancias y pérdidas actuariales (en resultados o como una partida de otro resultado integral) y el importe de las pérdidas y ganancias actuariales reconocidas durante el periodo;
	(c)	si la entidad utiliza cualquier simplificación del párrafo 28.19 para medir la obligación por beneficios definidos, revelará ese hecho y las razones por las que usar el método de la unidad de crédito proyectada para medir su obligación y el costo bajo un plan de beneficios definidos involucraría un esfuerzo o costo desproporcionado;
	(d)	la fecha de la valoración actuarial integral más reciente y, si no se hizo en la fecha sobre la que se informa, una descripción de los ajustes que se hicieron para medir la obligación por beneficios definidos en la fecha sobre la que se informa;
	(e)	una conciliación de los saldos de apertura y cierre de la obligación por beneficios definidos que muestre por separado los beneficios pagados y todos los demás cambios;
	(f)	Una conciliación de los saldos de apertura y cierre del valor razonable de los activos del plan y de los saldos de apertura y cierre de cualquier derecho de reembolso reconocido como un activo, que muestre por separado, si procede:
		(i) aportaciones;
		(ii) beneficios pagados; y
		(iii) otros cambios en los activos del plan.

continúa...

...continuación

(g)	el costo total relativo a planes de beneficios definidos del periodo, revelando de forma separada los importes:
	(i) reconocidos en resultados como un gasto; e
	(ii) incluidos en el costo como un activo.
(h)	para cada una de las principales clases de activos del plan, las cuales incluirán, pero no se limitarán a, los instrumentos de patrimonio, los instrumentos de deuda, los inmuebles y todos otros activos, el porcentaje o importe que cada clase principal representa en el valor razonable de los activos totales del plan en la fecha sobre la que se informa;
(i)	Los importes incluidos en el valor razonable de los activos del plan para:
	(i) cada clase de los instrumentos de patrimonio propio de la entidad; y
	(ii) cualquier inmueble ocupado u otros activos utilizados por la entidad.
(j)	el rendimiento real de los activos del plan; y
(k)	Los supuestos actuariales principales utilizados, incluyendo, cuando sea aplicable:
	(i) las tasas de descuento;
	(ii) las tasas de rendimiento esperadas de cualesquiera activos del plan para los periodos presentados en los estados financieros;
	(iii) las tasas esperadas de incrementos salariales;
	(iv) las tasas de tendencia de los costos de asistencia médica; y
	(v) cualquier otra suposición actuarial significativa utilizada.
	Las conciliaciones a que se refieren los apartados (e) y (f) no deben presentarse para los periodos anteriores.
	Una subsidiaria que reconozca y mida el gasto de beneficios a los empleados sobre la base de una distribución razonable del gasto reconocido del grupo (véase el párrafo 28.38) describirá, en sus estados financieros separados, su política para realizar la distribución, y revelará la información prevista en (a) a (k) para el plan como un conjunto.

Información a revelar sobre otros beneficios a largo plazo

28.42	Para cada categoría de otros beneficios a largo plazo que una entidad proporcione a sus empleados, la entidad revelará la naturaleza de los beneficios, el importe de su obligación y el nivel de financiación en la fecha en la que se informa.

Información a revelar sobre los beneficios por terminación

28.43	Para cada categoría de otros beneficios a largo plazo que una entidad proporcione a sus empleados, la entidad revelará la naturaleza de los beneficios, el importe de su obligación y el nivel de financiación en la fecha en la que se informa.
28.44	Cuando exista incertidumbre acerca del número de empleados que aceptarán una oferta de beneficios por terminación, existirá un pasivo contingente. La Sección 21 *Provisiones y Contingencias* requiere que la entidad revele información sobre sus pasivos contingentes, a menos que la posibilidad de salida de efectivo en la liquidación sea remota.

Sección 29 *Impuesto a las Ganancias*

Separación entre partidas corrientes y no corrientes

29.36	Cuando una entidad presente activos corrientes o no corrientes y pasivos corrientes o no corrientes, como clasificaciones separadas en su estado de situación financiera no clasificará ningún activo (pasivo) por impuestos diferidos como activo (o pasivo) corriente.

Compensación

29.37	Una entidad compensará los activos por impuestos corrientes y los pasivos por impuestos corrientes, o los activos por impuestos diferidos y los pasivos por impuestos diferidos, si y solo si tiene el derecho, exigible legalmente, de compensar los importes y puede demostrar sin esfuerzo o costo desproporcionado que tenga planes de liquidarlos en términos netos o de realizar el activo y liquidar el pasivo simultáneamente.

Información a revelar

29.38	Una entidad revelará información que permita a los usuarios de sus estados financieros evaluar la naturaleza y el efecto financiero de las consecuencias de los impuestos corrientes y diferidos de transacciones y otros eventos reconocidos.

continúa...

...continuación

29.39	Una entidad deberá revelar separadamente los principales componentes del gasto (ingreso) por el impuesto a las ganancias. Estos componentes del gasto (ingreso) por impuestos pueden incluir:
	(a) el gasto (ingreso) por impuesto a las ganancias corriente;
	(b) cualesquiera ajustes de los impuestos corrientes del periodo presente o de los anteriores;
	(c) el importe del gasto (ingreso) por impuestos diferidos relacionado con el nacimiento y reversión de diferencias temporarias;
	(d) el importe del gasto (ingreso) por impuestos diferidos relacionado con cambios en las tasas fiscales o con la aparición de nuevos impuestos;
	(e) el importe de los beneficios de carácter fiscal, procedentes de pérdidas fiscales, créditos fiscales o diferencias temporarias, no reconocidos en periodos anteriores, que se han utilizado para reducir el gasto por impuestos;
	(f) los ajustes al gasto (ingreso) por impuestos diferidos que surjan de un cambio en el estatus fiscal de la entidad o sus accionistas;
	(g) el impuesto diferido surgido de la baja, o la reversión de bajas anteriores, de saldos de activos por impuestos diferidos, de acuerdo con lo establecido en el párrafo 29.31; y
	(h) el importe del gasto (ingreso) por el impuesto relacionado con los cambios en las políticas y los errores contables, que se ha incluido en la determinación del resultado del periodo, de acuerdo con la Sección 10 *Políticas, Estimaciones y Errores Contables* porque no ha podido ser contabilizado de forma retroactiva.

continúa...

...*continuación*

29.40	Una entidad revelará la siguiente información de forma separada:
	(a) Los impuestos corrientes y diferidos agregados relacionados con partidas reconocidas como partidas de otro resultado integral.
	(b) El importe total de los impuestos, corrientes y diferidos, relacionados con las partidas cargadas o acreditadas directamente a patrimonio.
	(c) Una explicación de cualquier diferencia significativa entre el gasto (ingreso) por impuestos y la ganancia contable multiplicada por la tasa impositiva aplicable. Por ejemplo, estas diferencias pueden surgir de transacciones tales como ingresos de actividades ordinarias que están exentas de impuestos o gastos que no son deducibles para la determinación de la ganancia fiscal (pérdida fiscal).
	(d) Una explicación de los cambios en la tasa o tasas impositivas aplicables, en comparación con las del periodo sobre el que se informa anterior.
	(e) Para cada tipo de diferencia temporaria y para cada tipo de pérdidas y créditos fiscales no utilizados:
	(i) el importe de los activos por impuestos diferidos y pasivos por impuestos diferidos al final del periodo sobre el que se informa; y
	(ii) un análisis de los cambios en los activos por impuestos diferidos y pasivos por impuestos diferidos durante el periodo.
	(f) el importe (y fecha de validez, si la tuvieran), de las diferencias temporarias deducibles, pérdidas o créditos fiscales no utilizados para los cuales no se hayan reconocido activos por impuestos diferidos en el estado de situación financiera;
	(g) en las circunstancias descritas en el párrafo 29.33, una explicación de la naturaleza de las consecuencias potenciales que podrían producirse en el impuesto a las ganancias por el pago de dividendos a sus accionistas.
29.41	Si una entidad no compensa activos y pasivos por impuestos de acuerdo con el párrafo 29.37 porque no puede demostrar sin esfuerzo o costo desproporcionado que tiene previsto liquidarlos sobre una base neta o realizarlos de forma simultánea, la entidad revelará los importes que no han sido compensados y las razones por las que la aplicación del requerimiento involucraría esfuerzo o costo desproporcionado.

Sección 30 *Conversión de moneda extranjera*

Información a revelar

30.24	En los párrafos 30.26 y 30.27, las referencias a la "moneda funcional" se aplicarán, en el caso de un grupo, a la moneda funcional de la controladora.
30.25	Una entidad revelará la siguiente información: (a) El importe de las diferencias de cambio reconocidas en los resultados durante el periodo, con excepción de las procedentes de los instrumentos financieros medidos al valor razonable con cambios en resultados, de acuerdo con la Sección 11 *Instrumentos Financieros Básicos* y la Sección 12 *Otros Temas relacionadas con Instrumentos Financieros*; y (b) El importe de las diferencias de cambio que surjan durante el periodo y que se clasifiquen en un componente separado del patrimonio al final del periodo.
30.26	Una entidad revelará la moneda en la cual se presentan los estados financieros. Cuando la moneda de presentación sea diferente de la moneda funcional, una entidad señalará este hecho y revelará la moneda funcional y la razón de utilizar una moneda de presentación diferente.
30.27	Cuando se produzca un cambio en la moneda funcional de la entidad que informa o de algún negocio en el extranjero significativo, la entidad revelará este hecho, así como la razón de dicho cambio en la moneda funcional.

Sección 31 *Hiperinflación*

Información a revelar

31.15	Una entidad a la que sea aplicable esta sección revelará lo siguiente: (a) el hecho de que los estados financieros y otros datos del periodo anterior han sido reexpresados para reflejar los cambios en el poder adquisitivo general de la moneda funcional; (b) la identificación y el nivel del índice general de precios, en la fecha sobre la que se informa y las variaciones durante el periodo corriente y el anterior; y (c) El importe de la ganancia o pérdida en las partidas monetarias.

Sección 32 *Hechos Ocurridos después del Periodo sobre el que se Informa*

Fecha de autorización para la publicación

32.9	Una entidad revelará la fecha en que los estados financieros han sido autorizados para su publicación y quién ha concedido esa autorización. Si los propietarios de la entidad u otros tienen poder para modificar los estados financieros tras la publicación, la entidad revelará ese hecho.

Hechos ocurridos después del periodo sobre el que se informa que no implican ajuste

32.10	Una entidad revelará la siguiente información para cada categoría de hechos ocurridos después del periodo sobre el que se informa que no implican ajuste:
	(a) la naturaleza del hecho; y
	(b) una estimación de sus efectos financieros, o un pronunciamiento de que no se puede realizar esta estimación.

continúa...

...continuación

32.11	Los siguientes son ejemplos de hechos ocurridos después del periodo sobre el que se informa que no implican ajuste, si bien por lo general darían lugar a revelar información; la información a revelar reflejará información conocida después del final del periodo sobre el que se informa pero antes de que se autorice la publicación de los estados financieros:
	(a) una combinación de negocios importante o la disposición de una subsidiaria importante;
	(b) el anuncio de un plan para discontinuar definitivamente una operación;
	(c) las compras de activos muy importantes, las disposiciones o planes para la disposición de activos, o la expropiación de activos importantes por parte del gobierno;
	(d) la destrucción por incendio de una planta de producción importante;
	(e) el anuncio, o el comienzo de la ejecución, de una reestructuración importante;
	(f) las emisiones o recompras de la deuda o los instrumentos de patrimonio de una entidad;
	(g) los cambios anormalmente grandes en los precios de los activos o en las tasas de cambio de la moneda extranjera;
	(h) cambios en las tasas impositivas o en las leyes fiscales, aprobadas o anunciadas, que tengan un efecto significativo en los activos y pasivos por impuestos corrientes y diferidos;
	(i) la asunción de compromisos o pasivos contingentes significativos, por ejemplo, al emitir garantías significativas; y
	(j) el inicio de litigios importantes, surgidos exclusivamente como consecuencia de hechos ocurridos después del periodo sobre el que se informa.

Sección 33 *Información a Revelar sobre Partes Relacionadas*

Información a revelar sobre las relaciones controladora-subsidiaria

33.5	Deberán revelarse las relaciones entre una controladora y sus subsidiarias con independencia de que haya habido transacciones entre dichas partes relacionadas. Una entidad revelará el nombre de su controladora y, si fuera diferente, el de la parte controladora última del grupo. Si ni la controladora de la entidad ni la parte controladora última del grupo elaboran estados financieros disponibles para uso público, se revelará también el nombre de la controladora próxima más importante que ejerce como tal (si la hay).

Información a revelar sobre las remuneraciones del personal clave de la gerencia

33.7	Una entidad revelará el total de las remuneraciones del personal clave de la gerencia.

Información a revelar sobre las transacciones entre partes relacionadas

33.8	Una transacción entre partes relacionadas es una transferencia de recursos, servicios u obligaciones entre una entidad que informa y una parte relacionada, con independencia de que se cargue o no un precio. Ejemplos habituales de transacciones entre partes relacionadas en las PYMES incluyen, sin ser una lista exhaustiva, las siguientes: (a) transacciones entre una entidad y su(s) propietario(s) principal(es); (b) transacciones entre una entidad y otra cuando ambas están bajo el control común de una sola entidad o persona; y (c) Transacciones en las que una entidad o persona que controla la entidad que informa lleva a cabo gastos directamente, que de otra forma se hubieran realizado por la entidad que informa.

33.9	Si una entidad realiza transacciones entre partes relacionadas, revelará la naturaleza de la relación con cada parte relacionada, así como la información sobre las transacciones, los saldos pendientes y los compromisos que sean necesarios para la comprensión de los efectos potenciales que la relación tiene en los estados financieros. Estos requerimientos de información a revelar son adicionales a los contenidos en el párrafo 33.7, para revelar las remuneraciones del personal clave de la gerencia. Como mínimo, tal información a revelar incluirá:
	
	 (a) el importe de las transacciones;
	
	 (b) El importe de los saldos pendientes y:
	
	     (i) sus plazos y condiciones, incluyendo si están garantizados y la naturaleza de la contraprestación a proporcionar en la liquidación; y
	
	     (ii) detalles de cualquier garantía otorgada o recibida.
	
	 (c) provisiones por cuentas por cobrar incobrables relacionadas con el importe de los saldos pendientes; y
	
	 (d) el gasto reconocido durante el periodo con respecto a las deudas incobrables y de dudoso cobro, procedentes de partes relacionadas.
	
	 Estas transacciones pueden incluir las compras, ventas o transferencias de bienes o servicios; arrendamientos; garantías; y liquidaciones que haga la entidad en nombre de la parte relacionada, o viceversa.

continúa...

...continuación

33.10	Una entidad revelará la información requerida por el párrafo 33.9 de forma separada para cada una de las siguientes categorías: (a) entidades con control, control conjunto o influencia significativa sobre la entidad; (b) entidades sobre las que la entidad ejerza control, control conjunto o influencia significativa; (c) personal clave de la gerencia de la entidad o de su controladora (en total); y (d) otras partes relacionadas.
33.11	Una entidad estará exenta de los requerimientos de información a revelar del párrafo 33.9 con relación a lo siguiente: (a) un estado (un gobierno nacional, regional o local) que ejerza control, control conjunto o influencia significativa sobre la entidad que informa; y (b) otra entidad que sea una parte relacionada, porque el mismo estado ejerce control, control conjunto o influencia significativa sobre la entidad que informa y sobre la otra entidad. Sin embargo, la entidad debe revelar, en todo caso, las relaciones controladora-subsidiaria, tal como requiere el párrafo 33.5.
33.12	Los siguientes son ejemplos de transacciones que deberán revelarse si son con una parte relacionada: (a) compras o ventas de bienes (terminados o no); (b) compras o ventas de inmuebles y otros activos; (c) prestación o recepción de servicios; (d) arrendamientos; (e) transferencias de investigación y desarrollo; (f) transferencias en función de acuerdos sobre licencias; (g) transferencias realizadas en función de acuerdos de financiación (incluyendo préstamos y aportaciones de patrimonio en efectivo o en especie); (h) otorgamiento de garantías colaterales y avales; (i) liquidación de pasivos en nombre de la entidad, o por la entidad en nombre de un tercero; y (j) Participación de una controladora o de una subsidiaria en un plan de beneficios definidos que comparta riesgos entre las entidades del grupo.

continúa...

...continuación

33.13	Una entidad no señalará que las transacciones entre partes relacionadas fueron realizadas en términos equivalentes a los que prevalecen en transacciones realizadas en condiciones de independencia mutua, a menos que estas condiciones puedan ser justificadas o comprobadas.
33.14	Una entidad puede revelar las partidas de naturaleza similar de forma agregada, excepto cuando la revelación de información separada sea necesaria para una comprensión de los efectos de las transacciones entre partes relacionadas en los estados financieros de la entidad.

Sección 34 *Actividades Especializadas*

Información a revelar sobre agricultura—modelo del valor razonable

34.7	Una entidad revelará lo siguiente con respecto a sus activos biológicos medidos al valor razonable:
	(a) Una descripción de cada clase de activos biológicos.
	(b) Los métodos y las hipótesis significativas aplicadas en la determinación del valor razonable de cada clase de productos agrícolas, en el punto de cosecha o recolección, y de cada clase de activos biológicos.
	(c) Una conciliación de los cambios en el importe en libros de los activos biológicos entre el comienzo y el final del periodo corriente. La conciliación incluirá:
	(i) la ganancia o pérdida surgida de cambios en el valor razonable menos los costos de venta;
	(ii) los incrementos procedentes de compras;
	(iii) las disminuciones procedentes de la cosecha;
	(iv) los incrementos que procedan de combinaciones de negocios;
	(v) las diferencias netas de cambio derivadas de la conversión de los estados financieros a una moneda de presentación diferente, así como las que se derivan de la conversión de un negocio en el extranjero a la moneda de presentación de la entidad que informa; y
	(vi) otros cambios.
	No es necesario presentar esta conciliación para periodos anteriores.

Información a revelar sobre agricultura—modelo del costo

34.10	Una entidad revelará lo siguiente con respecto a los activos biológicos medidos utilizando el modelo del costo:
	(a) una descripción de cada clase de activos biológicos;
	(b) una explicación de por qué el valor razonable no se puede medir con fiabilidad sin esfuerzo o costo desproporcionado;
	(c) el método de depreciación utilizado;
	(d) las vidas útiles o las tasas de depreciación utilizadas; y
	(e) El importe en libros bruto y la depreciación acumulada (a la que se agregarán las pérdidas por deterioro del valor acumuladas), al principio y al final del periodo.

Exploración y evaluación de recursos minerales

34.11C	Se evaluará el deterioro del valor de los activos para exploración y evaluación cuando los hechos y circunstancias sugieran que el importe en libros de un activo para exploración y evaluación puede superar a su importe recuperable. Una entidad medirá, presentará y revelará las pérdidas por deterioro de valor resultantes de acuerdo con la Sección 27 *Deterioro del Valor de los Activos*, excepto por lo previsto en el párrafo 34.11F.

Acuerdos de concesión de servicios—ingresos de actividades ordinarias de operación

34.16	El operador de un acuerdo de concesión de servicios reconocerá, medirá y revelará los ingresos de actividades ordinarias por los servicios que preste de acuerdo con la Sección 23 *Ingresos de Actividades Ordinarias*.

Sección 35 *Transición a la* NIIF para las PYMES

Alcance de esta sección

35.2	Una entidad que haya aplicado la *NIIF para las PYMES* en un periodo sobre el que se informa anterior, pero cuyos estados financieros anuales anteriores más recientes no contenían una declaración explícita y sin reservas de cumplimento con la *NIIF para las PYMES*, deberá aplicar esta sección o la *NIIF para las PYMES* de forma retroactiva de acuerdo con la Sección 10 *Políticas, Estimaciones y Errores Contables*, como si la entidad nunca hubiera dejado de aplicar la *NIIF para las PYMES*. Cuando esta entidad decide no aplicar esta sección, todavía se le requiere que aplique los requerimientos de información a revelar del párrafo 35.12A, además de los requerimientos de información a revelar de la Sección 10.

Procedimientos para preparar los estados financieros en la fecha de transición

35.11	Cuando sea impracticable para una entidad realizar uno o varios de los ajustes requeridos por el párrafo 35.7 en la fecha de transición, la entidad aplicará los párrafos 35.7 a 35.10 para dichos ajustes en el primer periodo para el que resulte practicable hacerlo, e identificará qué importes de los estados financieros no han sido reexpresados Si es impracticable para una entidad proporcionar alguna de la información a revelar requerida por esta Norma, incluyendo la de periodos comparativos, debe revelarse la omisión.

Explicación de la transición a la *NIIF para las PYMES*

35.12	Una entidad explicará cómo ha afectado la transición desde el marco de información financiera anterior a esta Norma a su situación financiera, al rendimiento financiero y a los flujos de efectivo presentados con anterioridad.
35.12A	Una entidad que haya aplicado la *NIIF para las PYMES* en un periodo anterior, tal como se describe en el párrafo 35.2, revelará: (a) la razón por la que dejó de aplicar la *NIIF para las PYMES*; (b) la razón por la que reanuda la aplicación de la *NIIF para las PYMES*; y (c) si ha aplicado esta sección o ha aplicado la *NIIF para las PYMES* retroactivamente de acuerdo con la Sección 10.

Conciliaciones

35.13	Para cumplir con el párrafo 35.12, los primeros estados financieros preparados conforme a esta Norma de una entidad incluirán:
	
	(a) una descripción de la naturaleza de cada cambio en la política contable;
	
	(b) Conciliaciones de su patrimonio, determinado de acuerdo con su marco de información financiera anterior, con su patrimonio determinado de acuerdo con esta Norma, para cada una de las siguientes fechas:
	
	        (i) la fecha de transición a esta Norma; y
	
	        (ii) el final del último periodo presentado en los estados financieros anuales más recientes de la entidad determinado de acuerdo con su marco de información financiera anterior.
	
	(c) una conciliación del resultado, determinado de acuerdo con su marco de información financiera anterior, para el último periodo incluido en los estados financieros anuales más recientes de la entidad, con su resultado determinado de acuerdo con esta Norma para ese mismo periodo.

35.14	Si una entidad tuviese conocimiento de errores contenidos en la información elaborada conforme al marco de información financiera anterior, las conciliaciones requeridas por el párrafo 35.13(b) y (c) distinguirán, en la medida en que resulte practicable, las correcciones de esos errores de los cambios en las políticas contables.
35.15	Si una entidad no presentó estados financieros en periodos anteriores, revelará este hecho en sus primeros estados financieros conforme a esta Norma.

Fecha de vigencia y transición

A1	Se permite la aplicación anticipada de *Modificaciones de 2015 a la NIIF para las PYMES*. Si una entidad aplicase *Modificaciones de 2015 a la NIIF para las PYMES* en un período que comience con anterioridad, revelará este hecho.
A3	La entidad identificará qué importes en los estados financieros no han sido reexpresados como resultado de la aplicación del párrafo A2.

Notas

Notas

Notas

Notas

Notas

Notas

Notas

Notas

Printed and bound by CPI Group (UK) Ltd, Croydon, CR0 4YY

Norma Internacional de Información Financiera para Pequeñas y Medianas Entidades (NIIF para las PYMES)

ÍNDICE

> SOBRE LOS DOCUMENTOS COMPLEMENTARIOS ENUMERADOS A CONTINUACIÓN, VÉASE LA PARTE B DE ESTA EDICIÓN

FUNDAMENTOS DE LAS CONCLUSIONES

ESTADOS FINANCIEROS ILUSTRATIVOS

La *Norma Internacional de Información Financiera para Pequeñas y Medianas Entidades (NIIF para las PYMES)* está contenida en las secciones 1 a 35 y en los Apéndices A a B. Las definiciones de términos en el Glosario están **en negrita** la primera vez que aparecen en cada sección. La *NIIF para las PYMES* viene acompañada de un Prólogo, una Tabla de Procedencias, unos Fundamentos de las Conclusiones y una Guía de Implementación que está formada por estados financieros ilustrativos y una tabla que reúne los requerimientos de presentación e información a revelar de la *NIIF para las PYMES*.

Prólogo a la *NIIF para las PYMES*

El IASB

P1   El Consejo de Normas Internacionales de Contabilidad (IASB) se estableció en 2001 como parte de la Fundación del Comité de Normas Internacionales de Contabilidad (Fundación IASC). En 2010 la Fundación IASC pasó a denominarse Fundación IFRS.

P2   El gobierno de la Fundación IFRS es ejercido por 22 Fideicomisarios. Entre las responsabilidades de estos Fideicomisarios se encuentran el nombramiento de los miembros del IASB y de los consejos y comités asociados al mismo, así como la consecución de fondos para financiar la organización.

P3   Los objetivos del IASB son:

   (a)   Desarrollar, en el interés público, un conjunto único de Normas de información financiera legalmente exigibles, y globalmente aceptadas, comprensibles y de alta calidad basadas en principios claramente articulados. Estas Normas deberían requerir información comparable, transparente y de alta calidad en los estados financieros y otra información financiera que ayude a los inversores, a otros partícipes en varios mercados de capitales de todo el mundo y a otros usuarios de la información financiera a tomar decisiones económicas.

   (b)   promover el uso y la aplicación rigurosa de esas Normas.

   (c)   Considerar en el cumplimiento de los objetivos asociados con (a) y (b), cuando sea adecuado, las necesidades de un rango de tamaños y tipos de entidades en escenarios económicos diferentes.

   (d)   promover el uso y la aplicación rigurosa de esas Normas.

P4   La aprobación de las Normas y documentos relacionados, tales como Proyectos de Norma y otros documentos de discusión, es la responsabilidad del IASB.

Normas Internacionales de Información Financiera completas (NIIF completas)

P5   El IASB consigue sus objetivos fundamentalmente a través del desarrollo y publicación de las Normas, así como promoviendo su uso en los estados financieros con propósito de información general y en otra información financiera.   Otra información financiera comprende la información, suministrada fuera de los estados financieros, que ayuda en la interpretación de un conjunto completo de estados financieros o mejora la capacidad de los usuarios para tomar decisiones económicas eficientes. El término "información financiera" abarca los estados financieros con propósito de información general y la otra información financiera.

P6   Las NIIF completas establecen los requerimientos de reconocimiento, medición, presentación e información a revelar que se refieren a las transacciones y los sucesos que son importantes en los estados financieros con propósito de información general. También pueden establecer estos requerimientos para transacciones, sucesos y condiciones que surgen principalmente en sectores industriales específicos. Las NIIF se basan en el *Marco Conceptual*, que se refiere a los conceptos subyacentes en la información presentada dentro de los estados financieros con propósito de información general. El objetivo del *Marco Conceptual* es facilitar la formulación uniforme y lógica de las NIIF completas. También suministra una base para el uso del juicio para resolver cuestiones contables.

Estados financieros con propósito de información general

P7   Las Normas del IASB están diseñadas para ser aplicadas en los estados financieros con propósito de información general, así como en otra información financiera, de todas las entidades con ánimo de lucro. Los estados financieros con propósito de información general se dirigen a la satisfacción de las necesidades comunes de información de un amplio espectro de usuarios, por ejemplo accionistas, acreedores, empleados y público en general. El objetivo de los estados financieros es suministrar información sobre la situación financiera, el rendimiento y los flujos de efectivo de una entidad, que sea útil para esos usuarios al tomar decisiones económicas.

P8   Los estados financieros con propósito de información general son los que pretenden atender las necesidades generales de información financiera de un amplio espectro de usuarios que no están en condiciones de exigir informes a la medida de sus necesidades específicas de información. Los estados financieros con propósito de información general comprenden los que se presentan de forma separada o dentro de otro documento de carácter público, como un informe anual o un prospecto de información bursátil.

La *NIIF para las PYMES*

P9   El IASB desarrolla y emite una Norma separada que pretende que se aplique a los estados financieros con propósito de información general y otros tipos de información financiera de entidades que en muchos países son conocidas por diferentes nombres como pequeñas y medianas entidades (PYMES), entidades privadas y entidades sin obligación pública de rendir cuentas. Esa Norma es la *Norma Internacional de Información Financiera para Pequeñas y Medianas Entidades (NIIF para las PYMES)*. La *NIIF para las PYMES* se basa en las NIIF completas con modificaciones para reflejar las necesidades de los usuarios de los estados financieros de las PYMES y consideraciones costo-beneficio.

P10   El término pequeñas y medianas entidades, tal y como lo usa el IASB, se define y explica en la Sección 1 *Pequeñas y Medianas Entidades*. Muchas jurisdicciones en todas partes del mundo han desarrollado sus propias definiciones de PYMES para un amplio rango de propósitos, incluyendo el establecimiento de obligaciones de información financiera. A menudo esas definiciones nacionales o regionales incluyen criterios cuantificados basados en los ingresos de actividades ordinarias, los activos, los empleados u otros factores. Frecuentemente, el término PYMES se usa para indicar o incluir entidades muy pequeñas sin considerar si publican estados financieros con propósito de información general para usuarios externos.

P11 A menudo, las PYMES producen estados financieros para el uso exclusivo de los propietarios-gerentes, o para las autoridades fiscales u otros organismos gubernamentales. Los estados financieros producidos únicamente para los citados propósitos no son necesariamente estados financieros con propósito de información general.

P12 Las leyes fiscales son específicas de cada jurisdicción, y los objetivos de la información financiera con propósito de información general difieren de los objetivos de información sobre ganancias fiscales. Así, es improbable que los estados financieros preparados en conformidad con la *NIIF para las PYMES* cumplan completamente con todas las mediciones requeridas por las leyes fiscales y regulaciones de una jurisdicción. Una jurisdicción puede ser capaz de reducir la "doble carga de información" para las PYMES mediante la estructuración de los informes fiscales como conciliaciones con los resultados determinados según la *NIIF para las PYMES* y por otros medios.

Autoridad de la *NIIF para las PYMES*

P13 Las decisiones sobre a qué entidades se les requiere o permite utilizar las Normas del IASB recaen en las autoridades legislativas y reguladoras y en los emisores de normas en cada jurisdicción. Esto se cumple para las NIIF completas y para la *NIIF para las PYMES*. Sin embargo, una clara definición de la clase de entidades a las que se dirige la *NIIF para las PYMES* —como se establece en la Sección 1 de la Norma—es esencial, de forma que:

(a) el IASB pueda decidir sobre los requerimientos de contabilización e información a revelar que sean apropiados para esa clase de entidades, y

(b) las autoridades reguladoras y legislativas, los organismos emisores de normas y las entidades que informan y sus auditores estén informados del alcance pretendido para la aplicación de la *NIIF para las PYMES*.

Una definición clara es también esencial para que las entidades que no son pequeñas y medianas entidades, y, por tanto, no cumplen los requisitos para utilizar la *NIIF para las PYMES*, no afirmen que están cumpliendo con ella (véase el párrafo 1.5).

Organización de la *NIIF para las PYMES*

P14 La *NIIF para las PYMES* se organiza por temas, presentándose cada tema en una Sección numerada por separado. Las referencias a párrafos se identifican por el número de sección seguido por el número de párrafo. Los números de párrafo tienen el formato xx.yy, donde xx es el número de sección e yy es el número de párrafo secuencial dentro de dicha sección. En los ejemplos que incluyen importes monetarios, la unidad de medida es la Unidad Monetaria (cuya abreviatura es u.m.).

P15   Todos los párrafos de la *NIIF para las PYMES* tienen la misma autoridad. Algunas secciones incluyen apéndices de guía de implementación que no forman parte de la Norma y son, más bien, guías para su aplicación.

Mantenimiento de la *NIIF para las PYMES*

P16   El IASB espera proponer modificaciones a la *NIIF para las PYMES* publicando un Proyecto de Norma recopilatorio periódicamente, pero con una frecuencia no superior a una vez cada tres años aproximadamente. En el desarrollo de esos Proyectos de Norma, el Consejo espera considerar las nuevas Normas NIIF completas y las modificaciones, así como temas específicos que hayan llamado su atención con relación a la aplicación de la *NIIF para las PYMES*. En ocasiones el IASB puede identificar un tema urgente para el que puede ser necesario considerar una modificación de la *NIIF para las PYMES* al margen del proceso de revisión periódica. Sin embargo, estas ocasiones se espera que sean excepcionales.

P17   Hasta que se modifique la *NIIF para las PYMES*, cualquier cambio que el IASB pueda realizar o proponer con respecto a las NIIF completas no se aplicará a las *NIIF para las PYMES*. La *NIIF para las PYMES* es un documento independiente. Las PYMES no anticiparán o aplicarán cambios realizados en la NIIF completas antes de que dichos cambios se incorporen a la *NIIF para las PYMES* a menos que, en ausencia de guías específicas en la *NIIF para las PYMES*, una PYME opte por aplicar guías de las NIIF completas y esos principios no estén en conflicto con requerimientos de la jerarquía de los párrafos 10.4 y 10.5.

P18   El IASB espera que transcurra un periodo de un año como mínimo entre la emisión de las modificaciones a la *NIIF para las PYMES* y la fecha de vigencia de dichas modificaciones.

Norma Internacional de Información Financiera (NIIF) para Pequeñas y Medianas Entidades

Sección 1
Pequeñas y Medianas Entidades

Alcance pretendido de esta Norma

1.1 Se pretende que la *NIIF para las PYMES* se utilice por las **pequeñas y medianas entidades** (PYMES). Esta sección describe las características de las PYMES.

Descripción de pequeñas y medianas entidades

1.2 Las pequeñas y medianas entidades son entidades que:

(a) no tienen **obligación pública de rendir cuentas**; y

(b) publican **estados financieros con propósito de información general** para usuarios externos.

Son ejemplos de usuarios externos los **propietarios** que no están implicados en la gestión del negocio, los acreedores actuales o potenciales y las agencias de calificación crediticia.

1.3 Una entidad tiene obligación pública de rendir cuentas cuando:

(a) sus instrumentos de deuda o de patrimonio se negocian en un mercado público o están en proceso de emitir estos instrumentos para negociarse en un mercado público (ya sea una bolsa de valores nacional o extranjera, o un mercado fuera de la bolsa de valores, incluyendo mercados locales o regionales); o

(b) una de sus principales actividades es mantener activos en calidad de fiduciaria para un amplio grupo de terceros (la mayoría de bancos, cooperativas de crédito, compañías de seguros, comisionistas e intermediarios de valores, fondos de inversión y bancos de inversión cumplirían este segundo criterio).

1.4 Es posible que algunas entidades mantengan activos en calidad de fiduciaria para un amplio grupo de terceros porque mantienen y gestionan recursos financieros que les han confiado clientes o miembros que no están implicados en la gestión de la entidad. Sin embargo, si lo hacen por motivos secundarios a la actividad principal (como podría ser el caso, por ejemplo, de las agencias de viajes o inmobiliarias, los colegios, las organizaciones no lucrativas, las cooperativas que requieran el pago de un depósito nominal para la afiliación y los vendedores que reciban el pago con anterioridad a la entrega de artículos o servicios como las compañías que prestan servicios públicos), esto no las convierte en entidades con obligación pública de rendir cuentas.

1.5 Si una entidad que tiene obligación pública de rendir cuentas utiliza esta Norma, sus estados financieros no se describirán como en conformidad con la

NIIF para las PYMES, aunque la legislación o regulación de la jurisdicción permita o requiera que esta Norma se utilice por entidades con obligación pública de rendir cuentas.

1.6 No se prohíbe a una **subsidiaria** cuya **controladora** utilice las **NIIF completas,** o que forme parte de un **grupo** consolidado que utilice las NIIF completas, utilizar esta Norma en sus propios estados financieros si dicha subsidiaria no tiene obligación pública de rendir cuentas por sí misma. Si sus estados financieros se describen como en conformidad con la *NIIF para las PYMES*, debe cumplir con todas las disposiciones de esta Norma.

1.7 Una controladora (incluyendo la controladora última o cualquier controladora intermedia) evaluará si cumple con los requisitos para utilizar esta Norma en sus **estados financieros separados** sobre la base de su propio estatus sin considerar si otras entidades del grupo tienen, o el grupo tiene como un todo, obligación pública de rendir cuentas. Si una controladora por sí misma no tiene obligación pública de rendir cuentas, puede presentar sus estados financieros separados de acuerdo con esta Norma (véase la Sección 9 *Estados Financieros Consolidados y Separados*), incluso si presenta sus **estados financieros consolidados** de acuerdo con las NIIF completas u otro conjunto de principios de contabilidad generalmente aceptados (PCGA), tales como sus normas de contabilidad nacionales. Los estados financieros preparados de acuerdo con esta Norma se distinguirán con claridad de los estados financieros preparados de acuerdo con otros requerimientos.

Sección 2
Conceptos y Principios Fundamentales
Alcance de esta sección

2.1   Esta sección describe el **objetivo de los estados financieros** de las **pequeñas y medianas entidades** (PYMES) y las cualidades que hacen que la información de los **estados financieros** de las PYMES sea útil. También establece los conceptos y principios básicos subyacentes a los estados financieros de las PYMES.

Objetivo de los estados financieros de las pequeñas y medianas entidades

2.2   El objetivo de los estados financieros de una pequeña o mediana entidad es proporcionar información sobre la **situación financiera**, el **rendimiento** y los **flujos de efectivo** de la entidad que sea útil para la toma de decisiones económicas de una amplia gama de usuarios de los estados financieros que no están en condiciones de exigir informes a la medida de sus necesidades específicas de información.

2.3   Los estados financieros también muestran los resultados de la administración llevada a cabo por la gerencia: dan cuenta de la responsabilidad en la gestión de los recursos confiados a la misma.

Características cualitativas de la información en los estados financieros

Comprensibilidad

2.4   La información proporcionada en los estados financieros debe presentarse de modo que sea comprensible para los usuarios que tienen un conocimiento razonable de las actividades económicas y empresariales y de la contabilidad, así como voluntad para estudiar la información con diligencia razonable. Sin embargo, la necesidad de **comprensibilidad** no permite omitir información relevante por el mero hecho de que ésta pueda ser demasiado difícil de comprender para determinados usuarios.

Relevancia

2.5   La información proporcionada en los estados financieros debe ser relevante para las necesidades de toma de decisiones de los usuarios. La información tiene la cualidad de **relevancia** cuando puede ejercer influencia sobre las decisiones económicas de quienes la utilizan, ayudándoles a evaluar sucesos pasados, presentes o futuros, o bien a confirmar o corregir evaluaciones realizadas con anterioridad.

Materialidad o importancia relativa

2.6   La información es **material**—y por ello es relevante—, si su omisión o su presentación errónea pueden influir en las decisiones económicas que los usuarios tomen a partir de los estados financieros. La materialidad (o importancia relativa) depende de la magnitud y la naturaleza de la omisión o inexactitud, juzgada en función de las circunstancias particulares en que se hayan producido. Sin embargo, no es adecuado cometer, o dejar sin corregir, desviaciones no significativas de la *NIIF para las PYMES*, con el fin de conseguir una presentación particular de la situación financiera, del rendimiento financiero o de los flujos de efectivo de una entidad.

Fiabilidad

2.7   La información proporcionada en los estados financieros debe ser fiable. La información es fiable cuando está libre de **error** significativo y sesgo, y representa fielmente lo que pretende representar o puede esperarse razonablemente que represente. Los estados financieros no están libres de sesgo (es decir, no son neutrales) si, debido a la selección o presentación de la información, pretenden influir en la toma de una decisión o en la formación de un juicio, para conseguir un resultado o desenlace predeterminado.

La esencia sobre la forma

2.8   Las transacciones y demás sucesos y condiciones deben contabilizarse y presentarse de acuerdo con su esencia y no solamente en consideración a su forma legal. Esto mejora la **fiabilidad** de los estados financieros.

Prudencia

2.9   Las incertidumbres que inevitablemente rodean muchos sucesos y circunstancias se reconocen mediante la revelación de información acerca de su naturaleza y extensión, así como por el ejercicio de **prudencia** en la preparación de los estados financieros. Prudencia es la inclusión de un cierto grado de precaución al realizar los juicios necesarios para efectuar las estimaciones requeridas bajo condiciones de incertidumbre, de forma que los **activos** o los **ingresos** no se expresen en exceso y que los **pasivos** o los **gastos** no se expresen en defecto. Sin embargo, el ejercicio de la prudencia no permite la infravaloración deliberada de activos o ingresos o la sobrevaloración deliberada de pasivos o gastos. En síntesis, la prudencia no permite el sesgo.

Integridad

2.10   Para ser fiable, la información en los estados financieros debe ser completa dentro de los límites de la importancia relativa y el costo. Una omisión puede causar que la información sea falsa o equívoca, y por tanto no fiable y deficiente en términos de relevancia.

Comparabilidad

2.11   Los usuarios deben ser capaces de comparar los estados financieros de una entidad a lo largo del tiempo, para identificar las tendencias de su situación financiera y su rendimiento financiero. Los usuarios también deben ser capaces de comparar los estados financieros de entidades diferentes, para evaluar su situación financiera, rendimiento y flujos de efectivo relativos. Por tanto, la **medida** y presentación de los efectos financieros de transacciones similares y otros sucesos y condiciones deben ser llevadas a cabo de una forma uniforme por toda la entidad, a través del tiempo para esa entidad y también de una forma uniforme entre entidades. Además, los usuarios deben estar informados de las

políticas contables empleadas en la preparación de los estados financieros, de cualquier cambio habido en dichas políticas y de los efectos de estos cambios.

Oportunidad

2.12   Para ser relevante, la información financiera debe ser capaz de influir en las decisiones económicas de los usuarios. La **oportunidad** implica proporcionar información dentro del periodo de tiempo para la decisión. Si hay un retraso indebido en la presentación de la información, ésta puede perder su relevancia. La gerencia puede necesitar sopesar los méritos relativos de la presentación a tiempo frente al suministro de información fiable. Al conseguir un equilibrio entre relevancia y fiabilidad, la consideración decisiva es cómo se satisfacen mejor las necesidades de los usuarios cuando toman sus decisiones económicas.

Equilibrio entre costo y beneficio

2.13   Los beneficios derivados de la información deben exceder a los costos de suministrarla. La evaluación de beneficios y costos es, sustancialmente, un proceso de juicio. Además, los costos no son soportados necesariamente por quienes disfrutan de los beneficios y con frecuencia disfrutan de los beneficios de la información una amplia gama de usuarios externos.

2.14   La información financiera ayuda a los suministradores de capital a tomar mejores decisiones, lo que deriva en un funcionamiento más eficiente de los mercados de capitales y un costo inferior del capital para la economía en su conjunto. Las entidades individuales también disfrutan de beneficios, entre los que se incluyen un mejor acceso a los mercados de capitales, un efecto favorable sobre las relaciones públicas y posiblemente un costo inferior del capital. Entre los beneficios también pueden incluirse mejores decisiones de la gerencia porque la información financiera que se usa de forma interna a menudo se basa, por lo menos en parte, en la información financiera preparada con propósito de información general.

Esfuerzo y costo desproporcionados

2.14A   Se especifica una exención por esfuerzo o costo desproporcionado para algunos requerimientos de esta Norma. Esta exención no se usará para otros requerimientos de esta Norma.

2.14B   La consideración de si la obtención o determinación de la información necesaria para cumplir con un requerimiento involucraría esfuerzo o costo desproporcionado depende de las circunstancias específicas de la entidad y del juicio de la gerencia de los costos y beneficios de la aplicación de ese requerimiento. Este juicio requiere la consideración de la forma en que puedan verse afectadas las decisiones económicas de los que esperan usar los estados financieros por no disponer de esa información. La aplicación de un requerimiento involucraría esfuerzo o costo desproporcionado por parte de una PYME, si el incremento de costo (por ejemplo, honorarios de tasadores) o esfuerzo adicional (por ejemplo, esfuerzos de los empleados) superan sustancialmente los beneficios que recibirían de tener esa información quienes esperan usar los estados financieros de las PYMES. Una evaluación del esfuerzo o costo desproporcionado por parte de una PYME de acuerdo con esta Norma constituiría habitualmente un obstáculo menor que una evaluación del esfuerzo o costo desproporcionado por parte de una entidad con obligación pública de rendir cuentas porque las PYMES no rinden cuentas a terceros que actúan en el mercado.

2.14C   La evaluación de si un requerimiento involucraría esfuerzo o costo desproporcionado en el **reconocimiento** inicial en los estados financieros, por ejemplo en la fecha de la transacción, debe basarse en información sobre los costos y beneficios del requerimiento en el momento del reconocimiento inicial. Si la exención por esfuerzo o costo desproporcionado también se aplica a mediciones posteriores al reconocimiento inicial, por ejemplo, la medición posterior de una partida, deberá realizarse una nueva evaluación del esfuerzo o costo desproporcionado en esa fecha posterior, sobre la base de la información disponible en dicha fecha.

2.14D   Excepto por la exención por esfuerzo o costo desproporcionado del párrafo 19.15, que está cubierta por los requerimientos de información a revelar del párrafo 19.25, siempre que se use la exención por esfuerzo o costo desproporcionado, la entidad revelará ese hecho y las razones por las que la aplicación del requerimiento involucraría un esfuerzo o costo desproporcionado.

Situación financiera

2.15   La situación financiera de una entidad es la relación entre los activos, los pasivos y el **patrimonio** en una fecha concreta, tal como se presenta en el **estado de situación financiera**. Estos se definen como sigue:

(a)   un activo es un recurso controlado por la entidad como resultado de sucesos pasados, del que la entidad espera obtener, en el futuro, beneficios económicos;

(b)   un pasivo es una obligación presente de la entidad, surgida a raíz de sucesos pasados, al vencimiento de la cual, y para cancelarla, la entidad espera desprenderse de recursos que incorporan beneficios económicos; y

(c)   patrimonio es la parte residual de los activos de la entidad, una vez deducidos todos sus pasivos.

2.16   Es posible que algunas partidas que cumplen la definición de activo o pasivo no se reconozcan como activos o como pasivos en el estado de situación financiera porque no satisfacen el criterio de reconocimiento establecido en los párrafos 2.27 a 2.32. En particular, la expectativa de que los beneficios económicos futuros fluirán a una entidad o desde ella, debe ser suficientemente certera como para cumplir el criterio de probabilidad antes de que se reconozca un activo o un pasivo.

Activos

2.17   Los beneficios económicos futuros de un activo son su potencial para contribuir directa o indirectamente, a los flujos de **efectivo** y de **equivalentes al efectivo** de la entidad. Esos flujos de efectivo pueden proceder de la utilización del activo o de su disposición.

2.18   Muchos activos, como por ejemplo las **propiedades, planta y equipo**, son elementos tangibles. Sin embargo, la tangibilidad no es esencial para la existencia del activo. Algunos activos son intangibles.

2.19   Al determinar la existencia de un activo, el derecho de propiedad no es esencial. Así, por ejemplo, una propiedad mantenida en **arrendamiento** es un activo si la entidad controla los beneficios que se espera que fluyan de la propiedad.

Pasivos

2.20   Una característica esencial de un pasivo es que la entidad tiene una obligación presente de actuar de una forma determinada. La obligación puede ser una obligación legal o una **obligación implícita**. Una obligación legal es exigible legalmente como consecuencia de la ejecución de un contrato vinculante o de una norma legal. Una obligación implícita es aquélla que se deriva de las actuaciones de la entidad, cuando:

(a)   debido a un patrón establecido de comportamiento en el pasado, a políticas de la entidad que son de dominio público o a una declaración actual suficientemente específica, la entidad haya puesto de manifiesto ante terceros que está dispuesta a aceptar cierto tipo de responsabilidades; y

(b)   como consecuencia de lo anterior, la entidad haya creado una expectativa válida, ante aquellos terceros con los que debe cumplir sus compromisos o responsabilidades.

2.21   La cancelación de una obligación presente implica habitualmente el pago de efectivo, la transferencia de otros activos, la prestación de servicios, la sustitución de esa obligación por otra o la conversión de la obligación en patrimonio. Una obligación puede cancelarse también por otros medios, tales como la renuncia o la pérdida de los derechos por parte del acreedor.

Patrimonio

2.22   El Patrimonio es el residuo de los activos reconocidos menos los pasivos reconocidos. Se puede subclasificar en el estado de situación financiera. Por ejemplo, en una sociedad por acciones, las subclasificaciones pueden incluir fondos aportados por los accionistas, las ganancias acumuladas y partidas **de otro resultado integral** reconocidas como componentes separados del patrimonio. Esta Norma no establece cómo, cuándo o si los importes pueden transferirse entre componentes de patrimonio.

Rendimiento

2.23   El rendimiento es la relación entre los ingresos y los gastos de una entidad durante el **periodo sobre el que se informa**. Esta Norma permite a las entidades presentar el rendimiento en un único estado financiero (un **estado del resultado integral**) o en dos estados financieros (un **estado de resultados** y un estado del resultado integral). El **resultado integral total** y el **resultado** se usan a menudo como medidas de rendimiento, o como la base de otras medidas, tales como el retorno de la inversión o las ganancias por acción. Los ingresos y los gastos se definen como sigue:

(a) ingresos son los incrementos en los beneficios económicos, producidos a lo largo del periodo sobre el que se informa, en forma de entradas o incrementos de valor de los activos, o bien como decrementos de los pasivos, que dan como resultado aumentos del patrimonio, distintos de las relacionados con las aportaciones de los **propietarios**; y

(b) gastos son los decrementos en los beneficios económicos, producidos a lo largo del periodo sobre el que se informa, en forma de salidas o disminuciones del valor de los activos, o bien por la generación o aumento de los pasivos, que dan como resultado decrementos en el patrimonio, y distintos de los relacionados con las distribuciones realizadas a los propietarios.

2.24 El reconocimiento de los ingresos y los gastos se deriva directamente del reconocimiento y la medición de activos y pasivos. Las condiciones para el reconocimiento de ingresos y gastos son objeto de discusión en los párrafos 2.27 a 2.32.

Ingresos

2.25 La definición de ingresos incluye tanto a los **ingresos de actividades ordinarias** como a las **ganancias**.

(a) Los ingresos de actividades ordinarias surgen en el curso de las actividades ordinarias de una entidad y adoptan una gran variedad de nombres, tales como ventas, comisiones, intereses, dividendos, regalías y alquileres.

(b) Ganancias son otras partidas que satisfacen la definición de ingresos pero que no son ingresos de actividades ordinarias. Cuando las ganancias se reconocen en el estado del resultado integral, es usual presentarlas por separado, puesto que el conocimiento de las mismas es útil para la toma de decisiones económicas.

Gastos

2.26 La definición de gastos incluye tanto las pérdidas como los gastos que surgen en las actividades ordinarias de la entidad:

(a) los gastos que surgen de la actividad ordinaria incluyen, por ejemplo, el costo de las ventas, los salarios y la **depreciación**. Usualmente, toman la forma de una salida o disminución del valor de los activos, tales como efectivo y equivalentes al efectivo, **inventarios** o propiedades, planta y equipo.

(b) las **pérdidas** son otras partidas que cumplen la definición de gastos y que pueden surgir en el curso de las actividades ordinarias de la entidad. Si las pérdidas se reconocen en el estado del resultado integral, habitualmente se presentan por separado, puesto que el conocimiento de las mismas es útil para la toma de decisiones económicas.

Reconocimiento de activos, pasivos, ingresos y gastos

2.27   Reconocimiento es el proceso de incorporación en los estados financieros de una partida que cumple la definición de un activo, pasivo, ingreso o gasto y que satisface los siguientes criterios:

      (a)   es **probable** que cualquier beneficio económico futuro asociado con la partida llegue a, o salga de la entidad; y

      (b)   que la partida tenga un costo o valor que pueda ser medido con fiabilidad.

2.28   La falta de reconocimiento de una partida que satisface esos criterios no se rectifica mediante la revelación de las políticas contables seguidas, ni tampoco a través de **notas** u otro material explicativo.

La probabilidad de obtener beneficios económicos futuros

2.29   El concepto de probabilidad se utiliza, en el primer criterio de reconocimiento, con referencia al grado de incertidumbre con que los beneficios económicos futuros asociados al mismo llegarán a, o saldrán, de la entidad. La evaluación del grado de incertidumbre correspondiente al flujo de los beneficios futuros se realiza sobre la base de la evidencia relacionada con las condiciones al final del periodo sobre el que se informa que esté disponible cuando se preparan los estados financieros. Esas evaluaciones se realizan individualmente para partidas individualmente significativas, y para un grupo para una gran población de elementos individualmente insignificantes.

Fiabilidad de la medición

2.30   El segundo criterio para el reconocimiento de una partida es que posea un costo o un valor que pueda medirse de forma fiable. En muchos casos, el costo o valor de una partida es conocido. En otros casos debe estimarse. La utilización de estimaciones razonables es una parte esencial de la elaboración de los estados financieros, y no menoscaba su fiabilidad. Cuando no puede hacerse una estimación razonable, la partida no se reconoce en los estados financieros.

2.31   Una partida que no cumple los criterios para su reconocimiento puede cumplir las condiciones para su reconocimiento en una fecha posterior como resultado de circunstancias o de sucesos posteriores.

2.32   Una partida que no cumple los criterios para su reconocimiento puede sin embargo ser revelada a través de notas, material informativo o cuadros complementarios. Esto es apropiado cuando el conocimiento de tal partida se considere relevante por los usuarios de los estados financieros para la evaluación de la situación financiera, el rendimiento y los cambios en la situación financiera de una entidad.

Medición de activos, pasivos, ingresos y gastos

2.33   Medición es el proceso de determinación de los importes monetarios en los que una entidad mide los activos, pasivos, ingresos y gastos en sus estados financieros. La medición involucra la selección de una base de medición. Esta Norma NIIF especifica las bases de medición que una entidad utilizará para muchos tipos de activos, pasivos, ingresos y gastos.

2.34   Dos bases de medición habituales son el costo histórico y el **valor razonable**:

(a)   para los activos, el costo histórico es el importe de efectivo o equivalentes al efectivo pagado, o el valor razonable de la contraprestación entregada para adquirir el activo en el momento de su adquisición. Para los pasivos, el costo histórico es el importe de lo recibido en efectivo o equivalentes al efectivo o el valor razonable de los activos no monetarios recibidos a cambio de la obligación en el momento en que se incurre en ella, o en algunas circunstancias (por ejemplo, **impuestos a las ganancias**), los importes de efectivo o equivalentes al efectivo que se espera pagar para liquidar el pasivo en el curso normal de los negocios. El costo histórico amortizado es el costo histórico de un activo o pasivo más o menos la parte de su costo histórico reconocido anteriormente como gasto o ingreso.

(b)   Valor razonable es el importe por el cual puede ser intercambiado un activo, o cancelado un pasivo, entre un comprador y un vendedor interesado y debidamente informado, que realizan una transacción en condiciones de independencia mutua. En situaciones en las que se permite o requiere mediciones del valor razonable, se aplicarán las guías de los párrafos 11.27 a 11.32.

Principios generales de reconocimiento y medición

2.35   Los requerimientos para el reconocimiento y medición de activos, pasivos, ingresos y gastos en esta Norma están basados en los principios generales que se derivan de las **NIIF completas**. En ausencia de un requerimiento en esta Norma que sea aplicable específicamente a una transacción o a otro suceso o condición, el párrafo 10.4 proporciona una guía para emitir un juicio y el párrafo 10.5 establece una jerarquía a seguir por una entidad al decidir sobre la política contable apropiada en esas circunstancias. El segundo nivel de esa jerarquía requiere que una entidad busque las definiciones, criterios de reconocimiento y conceptos de medición para los activos, pasivos, ingresos y gastos, así como los principios generales establecidos en esta sección.

Base contable de acumulación (o devengo)

2.36   Una entidad elaborará sus estados financieros, excepto en lo relacionado con la información sobre flujos de efectivo, utilizando la **base contable de acumulación (o devengo)**. De acuerdo con la base contable de acumulación (o devengo), las partidas se reconocerán como activos, pasivos, patrimonio, ingresos o gastos cuando satisfagan las definiciones y los criterios de reconocimiento para esas partidas.

Reconocimiento en los estados financieros

Activos

2.37   Una entidad reconocerá un activo en el estado de situación financiera cuando sea probable que del mismo se obtengan beneficios económicos futuros para la entidad y, además, el activo tenga un costo o valor que pueda ser medido con fiabilidad. Un activo no se reconocerá en el estado de situación financiera cuando no se considere probable que, del desembolso correspondiente, se vayan a obtener beneficios económicos en el futuro más allá del periodo actual sobre el que se informa. En lugar de ello, esta transacción dará lugar al reconocimiento de un gasto en el estado del resultado integral (o en el estado de resultados, si se presenta).

2.38   Una entidad no reconocerá un **activo contingente** como un activo. Sin embargo, cuando el flujo de beneficios económicos futuros sea prácticamente cierto, el activo correspondiente no es un activo contingente y, por tanto, es apropiado proceder a reconocerlo.

Pasivos

2.39   Una entidad reconocerá un pasivo en el estado de situación financiera cuando:

(a)   la entidad tiene una obligación al final del periodo sobre el que se informa como resultado de un suceso pasado;

(b)   es probable que se requerirá a la entidad en la liquidación, la transferencia de recursos que incorporen beneficios económicos; y

(c)   el importe de la liquidación puede medirse de forma fiable.

2.40   Un **pasivo contingente** es una obligación posible pero incierta o una obligación presente que no está reconocida porque no cumple una o las dos condiciones de los apartados (b) y (c) del párrafo 2.39. Una entidad no reconocerá un pasivo contingente como pasivo, excepto en el caso de los pasivos contingentes de una adquirida en una **combinación de negocios** (véase la Sección 19 *Combinaciones de Negocios y Plusvalía*).

Ingresos

2.41   El reconocimiento de los ingresos procede directamente del reconocimiento y la medición de activos y pasivos. Una entidad reconocerá un ingreso en el estado del resultado integral (o en el estado de resultados, si se presenta) cuando haya surgido un incremento en los beneficios económicos futuros, relacionado con un incremento en un activo o un decremento en un pasivo, que pueda medirse con fiabilidad.

Gastos

2.42   El reconocimiento de los gastos procede directamente del reconocimiento y la medición de activos y pasivos. Una entidad reconocerá gastos en el estado del resultado integral (o en el estado de resultados, si se presenta) cuando haya surgido un decremento en los beneficios económicos futuros, relacionado con un decremento en un activo o un incremento en un pasivo que pueda medirse con fiabilidad.

Resultado integral total y resultado

2.43 El resultado integral total es la diferencia aritmética entre ingresos y gastos. No es un elemento separado de los estados financieros, y no necesita un principio de reconocimiento separado.

2.44 El resultado es la diferencia aritmética entre ingresos y gastos distintos de las partidas de ingresos y gastos que esta Norma clasifica como partidas de otro resultado integral. No es un elemento separado de los estados financieros, y no necesita un principio de reconocimiento separado.

2.45 Esta Norma no permite el reconocimiento de partidas en el estado de situación financiera que no cumplan la definición de activos o de pasivos independientemente de si proceden de la aplicación de la noción comúnmente referida como "proceso de correlación" para medir el resultado.

Medición en el reconocimiento inicial

2.46 En el reconocimiento inicial, una entidad medirá los activos y pasivos al costo histórico, a menos que esta Norma requiera la medición inicial sobre otra base, tal como el valor razonable.

Medición posterior

Activos financieros y pasivos financieros

2.47 Una entidad medirá los **activos financieros** básicos y los **pasivos financieros** básicos, según se definen en la Sección 11 *Instrumentos Financieros Básicos*, al costo amortizado menos el **deterioro del valor** excepto para las inversiones en acciones preferentes no convertibles y acciones ordinarias o acciones preferentes sin opción de venta que **cotizan en bolsa** o cuyo valor razonable se puede medir con fiabilidad de otro modo sin esfuerzo o costo desproporcionado, que se miden al valor razonable con cambios en el valor razonable reconocidos en el resultado.

2.48 Una entidad generalmente medirá todos los demás activos financieros y pasivos financieros al valor razonable, con cambios en el valor razonable reconocidos en resultados, a menos que esta Norma requiera o permita la medición conforme a otra base tal como el costo o el costo amortizado.

Activos no financieros

2.49 La mayoría de los activos no financieros que una entidad reconoció inicialmente al costo histórico son medidas posteriormente sobre otras bases de medición. Por ejemplo:

(a) una entidad medirá las propiedades, planta y equipo al importe menor entre el costo menos cualquier depreciación y deterioro de valor acumulados y el **importe recuperable** (modelo del costo) o el menor del importe revaluado y el importe recuperable (modelo de revaluación);

(b) una entidad medirá los inventarios al importe que sea menor entre el costo y el precio de venta menos los costos de terminación y venta: y

(c) una entidad reconocerá una pérdida por deterioro del valor relativa a activos no financieros que están en uso o mantenidos para la venta.

La medición de activos a esos importes menores pretende asegurar que un activo no se mida a un importe mayor que el que la entidad espera recuperar por la venta o por el uso de ese activo.

2.50 Esta Norma permite o requiere una medición al valor razonable para los siguientes tipos de activos no financieros:

(a) Inversiones en **asociadas** y **negocios conjuntos** que una entidad mide al valor razonable (véanse los párrafos 14.10 y 15.15 respectivamente).

(b) **Propiedades de inversión** que una entidad mide al valor razonable (véase el párrafo 16.7).

(c) Activos agrícolas (**activos biológicos** y **productos agrícolas** en el punto de su cosecha o recolección) que una entidad mide al valor razonable menos los costos estimados de venta (véase el párrafo 34.2); y

(d) propiedades, planta y equipo que mide una entidad de acuerdo con el modelo de revaluación (véase el párrafo 17.15B).

Pasivos distintos de los pasivos financieros

2.51 La mayoría de los pasivos distintos de los pasivos financieros se medirán por la mejor estimación del importe que se requeriría para liquidar la obligación en la **fecha sobre la que se informa**.

Compensación

2.52 Una entidad no compensará activos y pasivos o ingresos y gastos a menos que así lo requiera o permita esta Norma:

(a) la medición de activos por el importe neto de correcciones valorativas no constituye un caso de compensación. Por ejemplo, correcciones de valor por obsolescencia en inventarios y correcciones por cuentas por cobrar incobrables.

(b) si las actividades de operación normales de una entidad no incluyen la compra y venta de activos no corrientes—incluyendo inversiones y activos de operación—, la entidad presentará ganancias y pérdidas por la disposición de tales activos, deduciendo del importe recibido por la disposición el **importe en libros** del activo y los gastos de venta correspondientes.

Sección 3
Presentación de Estados Financieros
Alcance de esta sección

3.1   Esta sección explica la **presentación razonable** de los **estados financieros**, los requerimientos para el cumplimiento de la *NIIF para las PYMES* y qué es un conjunto completo de estados financieros.

Presentación razonable

3.2   Los estados financieros presentarán razonablemente, la **situación financiera**, el **rendimiento** financiero y los **flujos de efectivo** de una entidad. La presentación razonable requiere la representación fiel de los efectos de las transacciones, otros sucesos y condiciones, de acuerdo con las definiciones y criterios de **reconocimiento** de **activos**, **pasivos**, **ingresos** y **gastos** establecidos en la Sección 2 *Conceptos y Principios Generales*:

(a)   Se supone que la aplicación de la *NIIF para las PYMES*, con información adicional a revelar cuando sea necesario, dará lugar a estados financieros que logren una presentación razonable de la situación financiera, el rendimiento financiero y los flujos de efectivo de las PYMES.

(b)   Como se explica en el párrafo 1.5, la aplicación de esta Norma por parte de una entidad con **obligación pública** de rendir cuentas no da como resultado una presentación razonable de acuerdo con esta Norma.

La información adicional a revelar a la que se ha hecho referencia en (a) es necesaria cuando el cumplimiento con requerimientos específicos de esta Norma es insuficiente para permitir entender a los usuarios el efecto de transacciones concretas, otros sucesos y condiciones sobre la situación financiera y rendimiento financiero de la entidad.

Cumplimiento con la *NIIF para las PYMES*

3.3   Una entidad cuyos estados financieros cumplan la *NIIF para las PYMES* efectuará en las **notas** una declaración, explícita y sin reservas de dicho cumplimiento. Los estados financieros no deberán señalar que cumplen la *NIIF para las PYMES* a menos que cumplan con todos los requerimientos de esta Norma.

3.4   En las circunstancias extremadamente excepcionales de que la gerencia concluya que el cumplimiento de esta Norma, podría inducir a tal error que entrara en conflicto con el **objetivo de los estados financieros** de las PYMES establecido en la Sección 2, la entidad no lo aplicará, según se establece en el párrafo 3.5, a menos que el marco regulador aplicable prohíba esta falta de aplicación.

3.5   Cuando una entidad no aplique un requerimiento de esta Norma de acuerdo con el párrafo 3.4, revelará:

(a) Que la gerencia ha llegado a la conclusión de que los estados financieros presentan razonablemente la situación financiera, rendimiento financiero y flujos de efectivo;

(b) Que se ha cumplido con la *NIIF para las PYMES*, excepto que ha dejado de aplicar un requerimiento concreto para lograr una presentación razonable; y

(c) La naturaleza de la falta de aplicación, incluyendo el tratamiento que la *NIIF para las PYMES* requeriría, la razón por la que ese tratamiento sería en las circunstancias tan engañoso como para entrar en conflicto con el objetivo de los estados financieros establecido en la Sección 2, y el tratamiento adoptado.

3.6 Cuando una entidad haya dejado de aplicar, en algún periodo anterior, un requerimiento de esta Norma, y eso afecte a los importes reconocidos en los estados financieros del periodo actual, revelará la información establecida en el párrafo 3.5(c).

3.7 En las circunstancias extremadamente excepcionales en que la gerencia concluya que cumplir con un requerimiento de esta Norma sería tan engañoso como para entrar en conflicto con el objetivo de los estados financieros de las PYMES establecido en la Sección 2, pero el marco regulatorio prohibiera dejar de aplicar el requerimiento, la entidad reducirá, en la mayor medida posible, los aspectos de cumplimiento que perciba como causantes del engaño, revelando lo siguiente:

(a) La naturaleza del requerimiento en esta Norma, y la razón por la cual la gerencia ha llegado a la conclusión de que su cumplimiento sería tan engañoso en las circunstancias que entra en conflicto con el objetivo de los estados financieros establecido en la Sección 2; y

(b) Para cada periodo presentado, los ajustes a cada partida de los estados financieros que la gerencia ha concluido que serían necesarios para lograr una presentación razonable.

Hipótesis de negocio en marcha

3.8 Al preparar los estados financieros, la gerencia de una entidad que use esta Norma evaluará la capacidad que tiene la entidad para continuar **en funcionamiento**. Una entidad es un negocio en marcha salvo que la gerencia tenga la intención de liquidarla o de hacer que cesen sus operaciones, o cuando no exista otra alternativa más realista que hacer esto. Al evaluar si la hipótesis de negocio en marcha resulta apropiada, la gerencia tendrá en cuenta toda la información disponible sobre el futuro, que deberá cubrir al menos los doce meses siguientes a partir de la **fecha sobre la que se informa**, sin limitarse a dicho periodo.

3.9 Cuando la gerencia, al realizar esta evaluación, sea consciente de la existencia de incertidumbres **significativas** relativas a sucesos o condiciones que puedan aportar dudas importantes sobre la capacidad de la entidad de continuar como negocio en marca, revelará estas incertidumbres. Cuando una entidad no prepare los estados financieros bajo la hipótesis de negocio en marcha, revelará este hecho, junto con las hipótesis sobre las que han sido elaborados, así como las razones por las que la entidad no se considera como un negocio en marcha.

Frecuencia de la información

3.10 Una entidad presentará un juego completo de estados financieros (incluyendo información comparativa—véase el párrafo 3.14) al menos anualmente. Cuando se cambie el final del **periodo contable sobre el que se informa** de una entidad y los estados financieros anuales se presenten para un periodo superior o inferior al año, la entidad revelará:

(a) ese hecho;

(b) la razón para utilizar un periodo de duración inferior o superior; y

(c) el hecho de que los importes comparativos presentados en los estados financieros (incluyendo las notas relacionadas) no son totalmente comparables.

Uniformidad en la presentación

3.11 Una entidad mantendrá la presentación y clasificación de las partidas en los estados financieros de un periodo a otro, a menos que:

(a) tras un cambio importante en la naturaleza de las actividades de la entidad o una revisión de sus estados financieros, se ponga de manifiesto que sería más apropiada otra presentación o clasificación, tomando en consideración los criterios para la selección y aplicación de las **políticas contables** contenidos en la Sección 10 *Políticas, Estimaciones y Errores Contables*; o

(b) esta Norma requiera un cambio en la presentación.

3.12 Cuando se modifique la presentación o la clasificación de partidas de los estados financieros, una entidad reclasificará los importes comparativos, a menos que resultase **impracticable** hacerlo. Cuando los importes comparativos se reclasifiquen, una entidad revelará:

(a) la naturaleza de la reclasificación;

(b) el importe de cada partida o grupo de partidas que se han reclasificado; y

(c) el motivo de la reclasificación.

3.13 Cuando la reclasificación de los importes comparativos sea impracticable, una entidad revelará por qué no ha sido practicable la reclasificación.

Información comparativa

3.14 A menos que esta Norma permita o requiera otra cosa, una entidad revelará información comparativa respecto del periodo comparativo anterior para todos los importes incluidos en los estados financieros del periodo corriente. Una entidad incluirá información comparativa para la información descriptiva y narrativa, cuando esto sea relevante para la comprensión de los estados financieros del periodo corriente.

Materialidad (importancia relativa) y agrupación de datos

3.15   Una entidad presentará por separado cada clase significativa de partidas similares. Una entidad presentará por separado las partidas de naturaleza o función distinta, a menos que no tengan importancia relativa.

3.16   Las omisiones o inexactitudes de partidas son significativas si pueden, individualmente o en su conjunto, influir en las decisiones económicas tomadas por los usuarios sobre la base de los estados financieros. La materialidad (o importancia relativa) depende de la magnitud y la naturaleza de la omisión o inexactitud, juzgada en función de las circunstancias particulares en que se hayan producido. La magnitud o la naturaleza de la partida, o una combinación de ambas, podría ser el factor determinante.

Conjunto completo de estados financieros

3.17   Un conjunto completo de estados financieros de una entidad incluye todo lo siguiente:

(a)   un **estado de situación financiera** a la fecha sobre la que se informa;

(b)   una u otra de las siguientes informaciones:

(i)   Un solo **estado del resultado integral** para el periodo sobre el que se informa que muestre todas las partidas de ingresos y gastos reconocidas durante el periodo incluyendo aquellas partidas reconocidas al determinar el **resultado** (que es un subtotal en el estado del resultado integral) y las partidas de **otro resultado integral**.

(ii)   Un **estado de resultados** separado y un estado del resultado integral separado. Si una entidad elige presentar un estado de resultados y un estado del resultado integral, el estado del resultado integral comenzará con el resultado y, a continuación, mostrará las partidas de otro resultado integral.

(c)   Un **estado de cambios en el patrimonio** del periodo sobre el que se informa;

(d)   Un **estado de flujos de efectivo** del periodo sobre el que se informa; y

(e)   Notas, que incluyan un resumen de las políticas contables significativas y otra información explicativa.

3.18   Si los únicos cambios en el patrimonio durante los periodos para los que se presentan los estados financieros surgen de ganancias o pérdidas, pago de dividendos, correcciones de **errores** de periodos anteriores, y cambios de políticas contables, la entidad puede presentar un único **estado de resultados y ganancias acumuladas** en lugar del estado del resultado integral y del estado de cambios en el patrimonio (véase el párrafo 6.4).

3.19 Si una entidad no tiene partidas de otro resultado integral en ninguno de los periodos para los que se presentan estados financieros, puede presentar solo un estado de resultados o un estado del resultado integral en el que la última línea se denomine "resultado".

3.20 Puesto que el párrafo 3.14 requiere importes comparativos con respecto al periodo anterior para todos los importes presentados en los estados financieros, un conjunto completo de estados financieros significa que la entidad presentará, como mínimo, dos de cada uno de los estados financieros requeridos y de las notas relacionadas.

3.21 En un conjunto completo de estados financieros una entidad presentará cada estado financiero con el mismo nivel de importancia.

3.22 Una entidad puede utilizar títulos para los estados financieros distintos de los usados en esta Norma en la medida en que no conduzcan a error.

Identificación de los estados financieros

3.23 Una entidad identificará claramente cada uno de los estados financieros y de las notas y los distinguirá de otra información que esté contenida en el mismo documento. Además, una entidad presentará la siguiente información de forma destacada, y la repetirá cuando sea necesario para la comprensión de la información presentada:

(a) el nombre de la entidad que informa y cualquier cambio en su denominación desde el final del periodo precedente sobre el que se informa;

(b) si los estados financieros pertenecen a la entidad individual o a un **grupo** de entidades;

(c) la fecha del cierre del periodo sobre el que se informa y el periodo cubierto por los estados financieros;

(d) la **moneda de presentación**, tal como se define en la Sección 30 *Conversión de Moneda Extranjera*; y

(e) el grado de redondeo, si lo hay, practicado al presentar los importes en los estados financieros.

3.24 Una entidad revelará en las notas lo siguiente:

(a) el domicilio y forma legal de la entidad, el país en que se ha constituido y la dirección de su sede social (o el domicilio principal donde desarrolle sus actividades, si fuese diferente de la sede social); y

(b) una descripción de la naturaleza de las operaciones de la entidad y de sus principales actividades.

Presentación de información no requerida por esta Norma

3.25 Esta Norma no trata la presentación de la información por segmentos, las ganancias por acción o la información financiera intermedia de una pequeña o mediana entidad. Una entidad que decida revelar esta información describirá los criterios para su preparación y presentación.

Sección 4
Estado de Situación Financiera
Alcance de esta sección

4.1 Esta sección establece la información a presentar en un **estado de situación financiera** y cómo presentarla. El estado de situación financiera (que a veces denominado el balance) presenta los **activos, pasivos** y **patrimonio** de una entidad en una fecha específica—al final del **periodo sobre el que se informa**.

Información a presentar en el estado de situación financiera

4.2 Como mínimo, el estado de situación financiera incluirá partidas que presenten los siguientes importes:

(a) **efectivo** y **equivalentes al efectivo**;

(b) deudores comerciales y otras cuentas por cobrar;

(c) **activos financieros** [excluyendo los importes mostrados en (a), (b), (j) y (k)];

(d) **inventarios**;

(e) **propiedades, planta y equipo**;

(ea) **propiedades de inversión** registradas al costo menos la **depreciación** y el **deterioro del valor acumulados**;

(f) propiedades de inversión registradas al **valor razonable** con **cambios en resultados**;

(g) **activos intangibles**;

(h) **activos biológicos** registrados al costo menos la depreciación acumulada y el deterioro del valor;

(i) activos biológicos registrados al valor razonable con cambios en resultados;

(j) inversiones en **asociadas**;

(k) inversiones en **entidades controladas de forma conjunta**;

(l) acreedores comerciales y otras cuentas por pagar;

(m) **pasivos financieros** [excluyendo los importes mostrados en (l) y (p)];

(n) pasivos y activos por **impuestos corrientes**;

(o) **pasivos por impuestos diferidos** y **activos por impuestos diferidos** (éstos siempre se clasificarán como no corrientes);

(p) **provisiones**;

(q) **participaciones no controladoras**, presentadas dentro del patrimonio de forma separada al patrimonio atribuible a los **propietarios** de la **controladora**; y

(r) patrimonio atribuible a los propietarios de la controladora.

4.3   Cuando sea relevante para comprender la **situación financiera** de la entidad, ésta presentará en el estado de situación financiera partidas adicionales, encabezamientos y subtotales.

Distinción entre partidas corrientes y no corrientes

4.4   Una entidad presentará sus activos corrientes y no corrientes, y sus pasivos corrientes y no corrientes, como categorías separadas en su estado de situación financiera, de acuerdo con los párrafos 4.5 a 4.8, excepto cuando una presentación basada en el grado de liquidez proporcione una información fiable que sea más relevante. Cuando se aplique tal excepción, todos los activos y pasivos se presentarán de acuerdo con su liquidez aproximada (ascendente o descendente).

Activos corrientes

4.5   Una entidad clasificará un activo como corriente cuando:

        (a)   espera realizarlo o tiene la intención de venderlo o consumirlo en su ciclo normal de operación;

        (b)   mantiene el activo principalmente con fines de negociación;

        (c)   espera realizar el activo dentro de los doce meses siguientes desde la **fecha sobre la que se informa**; o

        (d)   el activo sea efectivo o un equivalente al efectivo, salvo que su utilización esté restringida y no pueda ser intercambiado o utilizado para cancelar un pasivo por un periodo mínimo de doce meses siguientes a la fecha de presentación.

4.6   Una entidad clasificará todos los demás activos como no corrientes. Cuando el ciclo normal de operación no sea claramente identificable, se supondrá que su duración es de doce meses.

Pasivos corrientes

4.7   Una entidad clasificará un pasivo como corriente cuando:

        (a)   espera liquidarlo en el transcurso del ciclo normal de operación de la entidad;

        (b)   mantiene el pasivo principalmente con fines de negociación;

        (c)   el pasivo debe liquidarse dentro de los doce meses siguientes a la fecha sobre la que se informa; o

        (d)   la entidad no tiene un derecho incondicional para aplazar la cancelación del pasivo durante, al menos, los doce meses siguientes a la fecha sobre la que se informa.

4.8   Una entidad clasificará todos los demás pasivos como no corrientes.

Ordenación y formato de las partidas del estado de situación financiera

4.9 Esta Norma no prescribe ni el orden ni el formato en que tienen que presentarse las partidas. El párrafo 4.2 simplemente proporciona una lista de partidas que son suficientemente diferentes en su naturaleza o función como para justificar su presentación por separado en el estado de situación financiera. Además:

(a) se incluirán otras partidas cuando el tamaño, naturaleza o función de una partida o grupo de partidas similares sea tal que la presentación por separado sea relevante para comprender la situación financiera de la entidad; y

(b) las denominaciones utilizadas y la ordenación de las partidas o agrupaciones de partidas similares podrán modificarse de acuerdo con la naturaleza de la entidad y de sus transacciones, para suministrar información que sea relevante para la comprensión de la situación financiera de la entidad.

4.10 La decisión de presentar partidas adicionales por separado se basará en una evaluación de todo lo siguiente:

(a) los importes, la naturaleza y liquidez de los activos;

(b) la función de los activos dentro de la entidad;

(c) los importes, la naturaleza y el plazo de los pasivos.

Información a presentar en el estado de situación financiera o en las notas

4.11 Una entidad revelará, ya sea en el estado de situación financiera o en las **notas**, las siguientes subclasificaciones de las partidas presentadas:

(a) propiedades, planta y equipo en clasificaciones adecuadas a la entidad;

(b) deudores comerciales y otras cuentas por cobrar mostrando por separado los importes debidos por partes relacionadas, importes debidos por otras partes, y cuentas por cobrar que surgen de **ingresos** acumulados o devengados todavía no facturados;

(c) inventarios, que muestren por separado importes de inventarios:

(i) poseídos para ser vendidos en el curso normal del negocio;

(ii) en proceso de producción con vistas a esa venta; y

(iii) en forma de materiales o suministros, para ser consumidos en el proceso de producción, o en la prestación de servicios.

(d) cuentas por pagar comerciales y otras cuentas por pagar, mostrando de forma separada los importes por pagar a los proveedores comerciales, por pagar a partes relacionadas, ingresos diferidos y acumulados o devengados;

(e) provisiones por **beneficios a los empleados** y otras provisiones; y

(f) clases de patrimonio, tales como capital desembolsado, primas de emisión, ganancias acumuladas y partidas de ingreso y **gasto** que, como requiere esta Norma, se reconocen en **otro resultado integral** y se presentan por separado en el patrimonio.

4.12 Una entidad con capital en acciones revelará, ya sea en el estado de situación financiera o en las notas, lo siguiente:

(a) para cada clase de capital en acciones:

(i) El número de acciones autorizadas.

(ii) El número de acciones emitidas y pagadas totalmente, así como las emitidas pero aún no pagadas en su totalidad.

(iii) el valor nominal de las acciones, o el hecho de que no tengan valor nominal.

(iv) una conciliación entre el número de acciones en circulación al principio y al final del periodo; No es necesario presentar esta conciliación para periodos anteriores.

(v) Los derechos, privilegios y restricciones correspondientes a cada clase de acciones, incluyendo los que se refieran a las restricciones que afecten a la distribución de dividendos y al reembolso del capital.

(vi) Las acciones de la entidad mantenidas por ella o por sus **subsidiarias** o asociadas.

(vii) Las acciones cuya emisión está reservada como consecuencia de la existencia de opciones o contratos para la venta de acciones, describiendo las condiciones e importes.

(b) una descripción de cada reserva incluida en el patrimonio.

4.13 Una entidad sin capital en acciones, tal como las que responden a una fórmula societaria o fiduciaria, revelará información equivalente a la requerida en el párrafo 4.12(a), mostrando los cambios producidos durante el periodo en cada una de las categorías que componen el patrimonio y los derechos, privilegios y restricciones asociados a cada una.

4.14 Si, en la fecha de presentación, una entidad tiene un acuerdo vinculante de venta para una disposición importante de activos, o de un grupo de activos y pasivos, la entidad revelará la siguiente información:

(a) una descripción de los activos o el grupo de activos y pasivos;

(b) una descripción de los hechos y circunstancias de la venta o plan; y

(c) el **importe en libros** de los activos o, si la disposición involucra a un grupo de activos y pasivos, los importes en libros de esos activos y pasivos.

Sección 5
Estado del Resultado integral y Estado de Resultados
Alcance de esta sección

5.1   Esta sección requiere que una entidad presente su **resultado integral total** para un periodo—es decir, su **rendimiento** financiero para el periodo—en uno o dos **estados financieros**. Establece la información que tiene que presentarse en esos estados y cómo presentarla.

Presentación del resultado integral total

5.2   Una entidad presentará su resultado integral total para un periodo:

(a)   en un único **estado del resultado integral**, en cuyo caso el estado del resultado integral presentará todas las partidas de **ingreso** y **gasto** reconocidas en el periodo; o

(b)   en dos estados—un **estado de resultados** y un estado del resultado integral—, en cuyo caso el estado de resultados presentará todas las partidas de ingreso y gasto reconocidas en el periodo excepto las que estén reconocidas en el resultado integral total fuera del **resultado**, tal y como permite o requiere esta NIIF.

5.3   Un cambio del enfoque de un único estado al enfoque de dos estados o viceversa es un cambio de política contable al que se aplica la Sección 10 *Políticas, Estimaciones y Errores Contables*.

Enfoque del estado único

5.4   Según el enfoque de un único estado, el estado del resultado integral incluirá todas las partidas de ingreso y gasto reconocidas en un periodo a menos que esta Norma requiera otro tratamiento. Esta Norma proporciona un tratamiento diferente para las siguientes circunstancias:

(a)   los efectos de correcciones de **errores** y cambios en las **políticas contables** se presentan como ajustes retroactivos de periodos anteriores y no como parte del resultado en el periodo en el que surgen (véase Sección 10); y

(b)   se reconocen cuatro tipos de **otro resultado integral** como parte del resultado integral total, fuera del resultado, cuando se producen:

(i)   algunas **ganancias** y **pérdidas** que surjan de la conversión de los **estados financieros** de un negocio en el extranjero (véase la Sección 30 *Conversión de Moneda Extranjera*);

(ii)   algunas ganancias y pérdidas actuariales (véase la Sección 28 *Beneficios a los Empleados*);

(iii)   algunos cambios en los **valores razonables** de los **instrumentos de cobertura** (véase la Sección 12 *Otros Temas relacionados con los Instrumentos Financieros*); y

(iv) cambios en el superávit de revaluación para las **propiedades, planta y equipo medidos** de acuerdo con el modelo de revaluación (véase la Sección 17 *Propiedades, Planta y Equipo*).

5.5 Como mínimo, una entidad incluirá, en el estado del resultado integral, partidas que presenten los siguientes importes del periodo:

(a) los **ingresos de actividades ordinarias**.

(b) Los costos financieros.

(c) la participación en el resultado de las inversiones en **asociadas** (véase la Sección 14 *Inversiones en Asociadas*) y **entidades controladas de forma conjunta** (véase la Sección 15 *Inversiones en Negocios Conjuntos*) contabilizadas utilizando el método de la participación.

(d) el **gasto por impuestos** excluyendo los impuestos asignados a los apartados (e), (g) y (h) (véase el párrafo 29.35).

(e) Un único importe que comprenda el total de:

(i) el resultado después de impuestos de las **operaciones discontinuadas**, y

(ii) la ganancia o pérdida después de impuestos atribuible al **deterioro de valor**, o reversión de éste, de los **activos** en las operaciones discontinuadas (véase la Sección 27, *Deterioro del Valor de los Activos*) en el momento de clasificarse como una operación discontinuada, y posteriormente, y en la disposición de los activos netos que constituyan la operación discontinuada.

(f) El resultado (si una entidad no tiene partidas de otro resultado integral, no es necesario presentar esta línea).

(g) cada partida de otro resultado integral [véase el párrafo 5.4(b)] clasificada por naturaleza [excluyendo los importes a los que se hace referencia en el apartado (h)]. Estas partidas se agruparán en las que, de acuerdo con esta Norma:

(i) no se reclasifiquen posteriormente en el resultado del periodo—es decir, las del párrafo 5.4(b)(i), (ii) y (iv); y

(ii) se reclasifiquen posteriormente en el resultado del periodo, cuando se cumplan las condiciones específicas—es decir, las del párrafo 5.4(b)(iii).

(h) La participación en el otro resultado integral de asociadas y entidades controladas de forma conjunta contabilizadas por el método de la participación.

(i) El resultado integral total (si una entidad no tiene partidas de otro resultado integral, puede usar otro término para esta línea tal como resultado).

5.6 Una entidad revelará por separado las siguientes partidas en el estado del resultado integral como distribuciones para el periodo:

(a) el resultado del periodo atribuible a

      (i)   **participación no controladora**; y

      (ii)   los **propietarios** de la **controladora**.

(b)   el resultado integral total del periodo atribuible a

      (i)   participación no controladora

      (ii)   los propietarios de la controladora.

Enfoque de dos estados

5.7   Según el enfoque de dos estados, el estado de resultados presentará, como mínimo, las partidas que presenten los importes descritos en los apartados (a) a (f) del párrafo 5.5 del periodo, con el resultado en la última línea. El estado del resultado integral comenzará con el resultado como primera línea y presentará, como mínimo, las partidas que presenten los importes descritos en los apartados (g) a (i) del párrafo 5.5 y el párrafo 5.6 del periodo.

Requerimientos aplicables a ambos enfoques

5.8   Según esta Norma, los efectos de correcciones de errores y cambios en las políticas contables se presentarán como ajustes retroactivos de periodos anteriores y no como parte del resultado en el periodo en el que surgen (véase la Sección 10).

5.9   Una entidad presentará partidas adicionales, encabezamientos y subtotales en el estado del resultado integral (y en el estado de resultados, si se presenta), cuando esta presentación sea relevante para comprender el rendimiento financiero de la entidad.

5.10   Una entidad no presentará ni describirá ninguna partida de ingreso o gasto como "partidas extraordinarias" en el estado del resultado integral (o en el estado de resultados, si se presenta) o en las **notas**.

Desglose de gastos

5.11   Una entidad presentará un desglose de gastos, utilizando una clasificación basada en la naturaleza o en la función de los gastos dentro de la entidad, lo que proporcione una información que sea fiable y más relevante.

Desglose por naturaleza de los gastos

(a)   Según este método de clasificación los gastos se agrupan en el estado del resultado integral de acuerdo con su naturaleza (por ejemplo, **depreciación**, compras de materiales, costos de transporte, **beneficios a los empleados** y costos de publicidad) y no los redistribuirá entre las diferentes funciones dentro de la entidad.

Desglose por función de los gastos

(b)   Según este método de clasificación, los gastos se agruparán de acuerdo con su función como parte del costo de las ventas o, por ejemplo, de los costos de actividades de distribución o administración. Como mínimo una entidad revelará, según este método, su costo de ventas de forma separada de otros gastos.

Sección 6
Estado de Cambios en el Patrimonio y Estado de Resultados y Ganancias acumuladas
Alcance de esta sección

6.1   Esta sección establece los requerimientos para presentar los cambios en el **patrimonio** de una entidad para un periodo, en un **estado de cambios en el patrimonio** o, si se cumplen las condiciones especificadas y una entidad así lo decide, en un **estado de resultados y ganancias acumuladas**.

Estado de cambios en el patrimonio

Objetivo

6.2   El estado de cambios en el patrimonio presenta el **resultado** de la entidad para el **periodo sobre el que se informa, el otro resultado integral** para el periodo, los efectos de los cambios en **políticas contables** y las correcciones de **errores** reconocidas en el periodo, y los importes de las inversiones hechas, y los dividendos y otras distribuciones a los **propietarios**, en su calidad de tales, durante el periodo.

Información a presentar en el estado de cambios en el patrimonio

6.3   El estado de cambios en el patrimonio incluye la información siguiente:

(a)   el **resultado integral total** del periodo, mostrando de forma separada los importes totales atribuibles a los **propietarios** de la controladora y a las **participaciones no controladoras**;

(b)   para cada componente de patrimonio, los efectos de la **aplicación retroactiva** o la reexpresión retroactiva reconocidos según la Sección 10 *Políticas, Estimaciones y Errores Contables*; y

(c)   para cada componente del patrimonio, una conciliación entre los **importes en libros**, al inicio y al final del periodo, revelando por separado los cambios resultantes de:

(i)   el resultado del periodo;

(ii)   otro resultado integral; y

(iii) Los importes de las inversiones hechas por los propietarios y de los dividendos y otras distribuciones hechas a éstos en su capacidad de propietarios, mostrando por separado las **emisiones de acciones**, las transacciones de acciones propias en cartera, los dividendos y otras distribuciones a los propietarios, y los cambios en las participaciones en la propiedad en **subsidiarias** que no den lugar a una pérdida de **control**.

Estado de resultados y ganancias acumuladas

Objetivo

6.4   El estado de resultados y ganancias acumuladas presenta los resultados y los cambios en las ganancias acumuladas de una entidad para un periodo sobre el que se informa. El párrafo 3.18 permite a una entidad presentar un estado de resultados y ganancias acumuladas en lugar de un **estado del resultado integral** y un estado de cambios en el patrimonio si los únicos cambios en su patrimonio durante los periodos en los que se presentan **estados financieros** surgen del resultado, pago de dividendos, correcciones de errores de los periodos anteriores y cambios de políticas contables.

Información a presentar en el estado de resultados y ganancias acumuladas

6.5   Una entidad presentará en el estado de resultados y ganancias acumuladas, además de la información exigida en la Sección 5 *Estado del Resultado Integral y Estado de Resultados, las siguientes partidas*:

(a)   ganancias acumuladas al comienzo del periodo sobre el que se informa;

(b)   dividendos declarados durante el periodo, pagados o por pagar;

(c)   reexpresión de ganancias acumuladas por correcciones de errores de periodos anteriores;

(d)   reexpresiones de ganancias acumuladas por cambios en políticas contables; y

(e)   ganancias acumuladas al final del periodo sobre el que se informa.

Sección 7
Estado de Flujos de Efectivo
Alcance de esta sección

7.1   Esta sección establece la información a incluir en un **estado de flujos de efectivo** y cómo presentarla. El estado de flujos de efectivo proporciona información sobre los cambios en el **efectivo** y **equivalentes al efectivo** de una entidad durante el **periodo sobre el que se informa**, mostrando por separado los cambios según procedan de **actividades de operación, actividades de inversión** y **actividades de financiación**.

Equivalentes al efectivo

7.2   Equivalentes al efectivo son inversiones con alta liquidez a corto plazo que son fácilmente convertibles en importes conocidos de efectivo y que están sujetas a un riesgo insignificante de cambios en su valor. Se mantienen para cumplir los compromisos de efectivo a corto plazo en lugar de para inversión u otros propósitos. Por consiguiente, una inversión será un equivalente al efectivo cuando tenga un vencimiento próximo, por ejemplo de tres meses o menos desde la fecha de adquisición. Los sobregiros bancarios se consideran normalmente actividades de financiación similares a los préstamos. Sin embargo, si son reembolsables a petición de la otra parte y forman una parte integral de la gestión de efectivo de una entidad, los sobregiros bancarios son componentes del efectivo y equivalentes al efectivo.

Información a presentar en el estado de flujos de efectivo

7.3   Una entidad presentará un estado de flujos de efectivo que muestre los **flujos de efectivo** habidos durante el periodo sobre el que se informa, clasificados por actividades de operación, actividades de inversión y actividades de financiación.

Actividades de operación

7.4   Las actividades de operación son las actividades que constituyen la principal fuente de ingresos de actividades ordinarias de la entidad. Por consiguiente, los flujos de efectivo de actividades de operación generalmente proceden de las transacciones y otros sucesos y condiciones que entran en la determinación del **resultado**. Ejemplos de flujos de efectivo por actividades de operación son los siguientes:

(a)   cobros procedentes de las ventas de bienes y prestación de servicios;

(b)   cobros procedentes de regalías, cuotas, comisiones y otros ingresos de **actividades ordinarias**;

(c)   pagos a proveedores por el suministro de bienes y servicios;

(d)   pagos a y por cuenta de los empleados;

(e)   pagos o devoluciones del impuesto a las ganancias, a menos que puedan ser específicamente identificados dentro de las actividades de inversión y financiación; y

(f)   cobros y pagos procedentes de inversiones, préstamos y otros contratos mantenidos con propósito de intermediación o para negociar que sean similares a los **inventarios** adquiridos específicamente para revender.

Algunas transacciones, tales como la venta de una partida de propiedades, planta y equipo por una entidad manufacturera, pueden dar lugar a una **ganancia** o pérdida que se incluye en el resultado. Sin embargo, los flujos de efectivo relacionados con estas transacciones son flujos de efectivos procedentes de actividades de inversión.

Actividades de inversión

7.5   Actividades de inversión son las de adquisición y disposición de **activos** a largo plazo, y otras inversiones no incluidas en equivalentes al efectivo. Ejemplos de flujos de efectivo por actividades de inversión son los siguientes:

(a)   pagos por la adquisición de **propiedades, planta y equipo** (incluyendo trabajos realizados por la entidad para sus propiedades, planta y equipo), **activos intangibles** y otros activos a largo plazo;

(b)   cobros por ventas de propiedades, planta y equipo, activos intangibles y otros activos a largo plazo;

(c)   pagos por la adquisición de instrumentos de **patrimonio** o de deuda emitidos por otras entidades y participaciones en **negocios conjuntos** (distintos de los pagos por esos instrumentos clasificados como equivalentes al efectivo, o mantenidos para intermediación o negociar);

(d)   cobros por la venta de instrumentos de patrimonio o de deuda emitidos por otras entidades y participaciones en negocios conjuntos (distintos de los cobros por esos instrumentos clasificados como equivalentes de efectivo o mantenidos para intermediación o negociar);

(e)   anticipos de efectivo y préstamos a terceros;

(f)   cobros procedentes del reembolso de anticipos y préstamos a terceros;

(g)   pagos procedentes de contratos de futuros, a término, de opción y de permuta financiera, excepto cuando los contratos se mantengan por intermediación o para negociar, o cuando los pagos se clasifiquen como actividades de financiación; y

(h)   cobros procedentes de contratos de futuros, a término, de opción y de permuta financiera, excepto cuando los contratos se mantengan por intermediación o para negociar, o cuando los cobros se clasifiquen como actividades de financiación.

Cuando un contrato se contabiliza como una cobertura (véase la Sección 12 *Otros Temas relacionados con los Instrumentos Financieros*), una entidad clasificará los flujos de efectivo del contrato de la misma forma que los flujos de efectivo de la partida que está siendo cubierta.

Actividades de financiación

7.6 Actividades de financiación son las actividades que dan lugar a cambios en el tamaño y composición de los capitales aportados y de los préstamos tomados de una entidad. Ejemplos de flujos de efectivo por actividades de financiación son los siguientes:

(a) cobros procedentes de la emisión de acciones u otros instrumentos de capital;

(b) pagos a los **propietarios** por adquirir o rescatar las acciones de la entidad;

(c) cobros procedentes de la emisión de obligaciones, préstamos, pagarés, bonos, hipotecas y otros préstamos a corto o largo plazo;

(d) reembolsos en efectivo de fondos tomados en préstamo; y

(e) pagos realizados por un arrendatario para reducir la **deuda** pendiente relacionada con un **arrendamiento financiero**.

Información sobre flujos de efectivo procedentes de actividades de operación

7.7 Una entidad presentará los flujos de efectivo procedentes de actividades de operaciones utilizando:

(a) el método indirecto, según el cual la ganancia o pérdida se ajusta por los efectos de las transacciones no monetarias, por todo tipo de partidas de pago diferido o acumulaciones (o devengo) de cobros o pagos en efectivo pasados o futuros y de las partidas de **ingreso** o **gasto** asociadas con flujos de efectivo de inversión o financiación; o

(b) el método directo, según el cual se revelan las principales categorías de cobros y pagos en términos brutos.

Método indirecto

7.8 En el método indirecto, el flujo neto por actividades de operación se determina corrigiendo la ganancia o la pérdida por los efectos de:

(a) los cambios habidos durante el periodo en los inventarios y en las partidas por cobrar y por pagar derivadas de las actividades de operación;

(b) las partidas sin reflejo en el efectivo, tales como **depreciación**, **provisiones**, **impuestos diferidos**, ingresos acumulados (o devengados) (gastos) no recibidos (pagados) todavía en efectivo, pérdidas y ganancias de cambio no realizadas, participación en ganancias no distribuidas de **asociadas**, y **participaciones no controladoras**; y

(c) cualesquiera otras partidas cuyos efectos monetarios se relacionen con inversión o financiación.

Método directo

7.9 En el método directo, el flujo de efectivo neto de las actividades de operación se presenta revelando información sobre las principales categorías de cobros y pagos en términos brutos. Esta información se puede obtener:

(a) de los registros contables de la entidad; o

(b) ajustando las ventas, el costo de las ventas y otras partidas en el **estado del resultado integral** (o el **estado de resultados**, si se presenta) por:

(i) los cambios habidos durante el periodo en los inventarios y en las partidas por cobrar y por pagar derivadas de las actividades de operación;

(ii) otras partidas sin reflejo en el efectivo; y

(iii) otras partidas cuyos efectos en el efectivo se consideran flujos de efectivo de inversión o financiación.

Información sobre flujos de efectivo de las actividades de inversión y financiación

7.10 Una entidad presentará por separado las principales categorías de cobros y pagos brutos procedentes de actividades de inversión y financiación. Los flujos de efectivo agregados procedentes de adquisiciones y ventas y disposición de **subsidiarias** o de otras unidades de negocio deberán presentarse por separado, y clasificarse como actividades de inversión.

Flujos de efectivo en moneda extranjera

7.11 Una entidad registrará los flujos de efectivo procedentes de transacciones en una moneda extranjera en la **moneda funcional** de la entidad, aplicando al importe en moneda extranjera la tasa de cambio entre ambas monedas en la fecha en que se produjo el flujo de efectivo. El párrafo 30.19 explica cuándo puede usarse una tasa de cambio que se aproxima a la tasa actual.

7.12 La entidad convertirá los flujos de efectivo de una subsidiaria extranjera utilizando la tasa de cambio entre la moneda funcional de la entidad y la moneda extranjera, en la fecha en que se produjo el flujo de efectivo.

7.13 Las ganancias o pérdidas no realizadas, procedentes de cambios en las tasas de cambio de la moneda extranjera no son flujos de efectivo. Sin embargo, para conciliar el efectivo y los equivalentes al efectivo al principio y al final del periodo, debe presentarse en el estado de flujos de efectivo el efecto de la variación en las tasas de cambio sobre el efectivo y los equivalentes al efectivo mantenidos o debidos en moneda extranjera. Por tanto, la entidad volverá a medir el efectivo y los equivalentes al efectivo mantenidos durante el periodo sobre el que se informa (tales como los importes mantenidos en moneda extranjera y las cuentas bancarias en moneda extranjera) a las tasas de cambio del final del periodo. La entidad presentará por separado la ganancia o pérdida no realizada resultante de los flujos de efectivo procedentes de las actividades de operación, de inversión y financiación.

Intereses y dividendos

7.14 Una entidad presentará por separado los flujos de efectivo procedentes de intereses y dividendos recibidos y pagados. La entidad clasificará los flujos de efectivo de forma coherente, periodo a periodo, como de actividades de operación, de inversión o de financiación.

7.15 Una entidad puede clasificar los intereses pagados y los intereses y dividendos recibidos como actividades de operación porque se incluyen en resultados. De forma alternativa, la entidad puede clasificar los intereses pagados y los intereses y dividendos recibidos como actividades de financiación y de inversión respectivamente, porque son costos de obtención de recursos financieros o rendimientos de inversión.

7.16 Una entidad puede clasificar los dividendos pagados como flujos de efectivo de financiación, porque son costos de obtención de recursos financieros. Alternativamente, la entidad puede clasificar los dividendos pagados como componentes de los flujos de efectivo procedentes de las actividades de operación porque se pagan con flujos de efectivo de operaciones.

Impuesto a las ganancias

7.17 Una entidad presentará por separado los flujos de efectivo procedentes del impuesto a las ganancias, y los clasificará como flujos de efectivo procedentes de actividades de operación, a menos que puedan ser específicamente identificados con actividades de inversión y de financiación. Cuando los flujos de efectivo por impuestos se distribuyan entre más de un tipo de actividad, la entidad revelará el importe total de impuestos pagados.

Transacciones no monetarias

7.18 Una entidad excluirá del estado de flujos de efectivo las transacciones de inversión y financiación que no requieran el uso de efectivo o equivalentes al efectivo. Una entidad revelará estas transacciones en cualquier parte de los **estados financieros**, de manera que suministren toda la información relevante acerca de esas actividades de inversión y financiación.

7.19 Muchas actividades de inversión y financiación no tienen un impacto directo en los flujos de efectivo corrientes aún cuando afectan a la estructura de los activos y de capital de una entidad. La exclusión de transacciones no monetarias del estado de flujos de efectivo es coherente con el objetivo de un estado de flujos de efectivo, puesto que estas partidas no involucran flujos de efectivo en el periodo corriente. Ejemplos de transacciones no monetarias de este tipo son:

(a) la adquisición de activos, ya sea asumiendo directamente los pasivos por su financiación, o mediante operaciones de arrendamiento financiero;

(b) la adquisición de una entidad mediante una ampliación de capital; y

(c) la conversión de deuda en patrimonio.

Componentes de la partida efectivo y equivalentes al efectivo

7.20   Una entidad presentará los componentes del efectivo y equivalentes al efectivo, así como una conciliación de los importes presentados en el estado de flujos de efectivo con las partidas equivalentes presentadas en el **estado de situación financiera**. Sin embargo, no se requiere que una entidad presente esta conciliación si el importe del efectivo y equivalentes al efectivo presentado en el estado de flujos de efectivo es idéntico al importe que se describe de forma similar en el estado de situación financiera.

Otra información a revelar

7.21   Una entidad revelará, junto con un comentario de la gerencia, el importe de los saldos de efectivo y equivalentes al efectivo significativos mantenidos por la entidad que no están disponibles para ser utilizados por ésta. El efectivo y los equivalentes al efectivo mantenidos por una entidad pueden no estar disponibles para el uso por ésta, debido a, entre otras razones, controles de cambio de moneda extranjera o por restricciones legales.

Sección 8
Notas a los Estados Financieros
Alcance de esta sección

8.1 Esta sección establece los principios subyacentes a la información a presentar en las **notas** a los **estados financieros** y cómo presentarla. Las notas contienen información adicional a la presentada en el **estado de situación financiera**, **estado del resultado integral** (si se presenta), **estado de resultados** (si se presenta), **estado de resultados y ganancias acumuladas** combinado (si se presenta), **estado de cambios en el patrimonio** (si se presenta) y **estado de flujos de efectivo**. Las notas proporcionan descripciones narrativas o desagregaciones de partidas presentadas en esos estados e información sobre partidas que no cumplen las condiciones para **ser reconocidas** en ellos. Además de los requerimientos de esta sección, casi todas las demás secciones de esta Norma requieren información a revelar que normalmente se presenta en las notas.

Estructura de las notas

8.2 Las notas:

(a) presentarán información sobre las bases para la preparación de los estados financieros, y sobre las **políticas contables** específicas utilizadas, de acuerdo con los párrafos 8.5 a 8.7;

(b) revelarán la información requerida por esta Norma que no se presente en otro lugar de los estados financieros; y

(c) proporcionarán información adicional que no se presenta en ninguno de los estados financieros, pero que es relevante para la comprensión de cualquiera de ellos.

8.3 Una entidad presentará las notas, en la medida en que sea practicable, de una forma sistemática. Una entidad hará referencia para cada partida de los estados financieros a cualquier información en las notas con la que esté relacionada.

8.4 Una entidad presentará normalmente las notas en el siguiente orden:

(a) una declaración de que los estados financieros se ha elaborado cumpliendo con la *NIIF para las PYMES* (véase el párrafo 3.3);

(b) un resumen de las políticas contables significativas aplicadas (véase el párrafo 8.5);

(c) información de apoyo para las partidas presentadas en los estados financieros en el mismo orden en que se presente cada estado y cada partida; y

(d) cualquier otra información a revelar.

Información a revelar sobre políticas contables

8.5   Una entidad revelará lo siguiente, en el resumen de políticas contables significativas:

(a)   la base (o bases) **de medición** utilizada para la elaboración de los estados financieros; y

(b)   las otras políticas contables utilizadas que sean relevantes para la comprensión de los estados financieros.

Información sobre juicios

8.6   Una entidad revelará, en el resumen de las políticas contables significativas o en otras notas, los juicios, diferentes de aquéllos que involucran estimaciones (véase el párrafo 8.7), que la gerencia haya realizado al aplicar las políticas contables de la entidad y que tengan el efecto más significativo sobre los importes reconocidos en los estados financieros.

Información sobre las fuentes clave de incertidumbre en la estimación

8.7   Una entidad revelará en las notas información sobre los supuestos clave acerca del futuro y otras causas clave de incertidumbre en la estimación en la **fecha de presentación**, que tengan un riesgo significativo de ocasionar ajustes **significativos** en el **importe en libros** de los **activos** y **pasivos** dentro del ejercicio contable siguiente. Con respecto a esos activos y pasivos, las notas incluirán detalles de:

(a)   su naturaleza; y

(b)   su importe en libros al final del **periodo sobre el que se informa**.

Sección 9
Estados Financieros Consolidados y Separados

Alcance de esta sección

9.1 Esta sección define las circunstancias en las que una entidad que aplica esta Norma presenta **estados financieros consolidados** y los procedimientos para la preparación de esos estados, de acuerdo con esta Norma. También incluye una guía sobre **estados financieros separados** y **estados financieros combinados**, si se preparan de acuerdo con esta Norma. Si una **controladora** por sí misma no tiene **obligación pública de rendir cuentas**, puede presentar sus estados financieros separados de acuerdo con esta Norma, incluso si presenta sus estados financieros consolidados de acuerdo con las **NIIF completas** u otro conjunto de principios de contabilidad generalmente aceptados (PCGA).

Requerimientos para presentar estados financieros consolidados

9.2 Excepto por lo permitido o requerido en los párrafos 9.3 y 9.3C, una entidad controladora presentará estados financieros consolidados en los que consolide sus inversiones en **subsidiarias**. Los estados financieros consolidados incluirán todas las subsidiarias de la controladora.

9.3 Una controladora no necesita presentar estados financieros consolidados si se cumplen las dos condiciones siguientes:

(a) la controladora es ella misma una subsidiaria; y

(b) su controladora última (o cualquier controladora intermedia) elabora **estados financieros con propósito de información general** consolidados que cumplen las NIIF completas o con esta Norma.

9.3A Sujeto al párrafo 9.3B, una subsidiaria no se consolidará si se adquiere y mantiene con la intención de venderla o disponer de ella dentro de un año desde su fecha de adquisición (es decir, la fecha sobre la que la adquirente obtiene el **control** de la adquirida). Esta subsidiaria se contabilizará de acuerdo con los requerimientos de la Sección 11 *Instrumentos Financieros Básicos* como las inversiones a que se refiere el párrafo 11.8(d), en lugar de acuerdo con esta sección. La controladora proporcionará también la información a revelar del párrafo 9.23A.

9.3B Si no se dispone de una subsidiaria, que anteriormente fue excluida de la consolidación de acuerdo con el párrafo 9.3A, dentro de un año desde su fecha de adquisición (es decir, la entidad controladora todavía tiene el control sobre esa subsidiaria):

(a) La controladora consolidará la subsidiaria desde la fecha de adquisición a menos que cumpla la condición del párrafo 9.3B(b). Por consiguiente, si la fecha de adquisición fuera en un periodo anterior, se reexpresarán los periodos anteriores correspondientes.

(b) Si el retraso es causado por sucesos o circunstancias fuera del control de la controladora y existe evidencia suficiente en la **fecha de presentación** de que la controladora mantiene su compromiso con el plan de vender o disponer de la subsidiaria, la controladora continuará contabilizando la subsidiaria de acuerdo con el párrafo 9.3A.

9.3C   Si una controladora no tiene subsidiarias distintas de aquellas que no se requiere consolidar de acuerdo con los párrafos 9.3A y 9.3B, no presentará estados financieros consolidados. Sin embargo, la controladora proporcionará la información a revelar del párrafo 9.23A.

9.4   Una subsidiaria es una entidad controlada por la controladora. Control es el poder para dirigir las políticas financieras y de operación de una entidad, con el fin de obtener beneficios de sus actividades. Si una entidad ha creado una entidad de cometido específico (ECE) para cumplir con un objetivo concreto y perfectamente definido, la entidad consolidará la ECE cuando la esencia de la relación indique que la ECE está controlada por esa entidad (véanse los párrafos 9.10 a 9.12).

9.5   Se presume que existe control cuando la controladora posea, directa o indirectamente a través de subsidiarias, más de la mitad del poder de voto de una entidad. Esta presunción se puede obviar en circunstancias excepcionales, si se puede demostrar claramente que esta posesión no constituye control. También existe control cuando la controladora posee la mitad o menos del poder de voto de una entidad, pero tiene:

(a)   poder sobre más de la mitad de los derechos de voto, en virtud de un acuerdo con otros inversores;

(b)   poder para dirigir las políticas financieras y de operación de la entidad, según una disposición legal o estatutaria o un acuerdo;

(c)   poder para nombrar o revocar a la mayoría de los miembros del consejo de administración u órgano de gobierno equivalente, y la entidad esté controlada por éste; o

(d)   poder para emitir la mayoría de los votos en las reuniones del consejo de administración u órgano de gobierno equivalente y la entidad esté controlada por éste.

9.6   El control también se puede obtener si se tienen opciones o instrumentos convertibles que son ejercitables en ese momento o si se tiene un agente con la capacidad para dirigir las actividades para beneficio de la entidad controladora.

9.7   Una subsidiaria no se excluirá de la consolidación por el mero hecho de que el inversor sea una entidad de capital riesgo u otra entidad análoga.

9.8   No se excluirá de la consolidación a una subsidiaria porque sus actividades de negocio sean diferentes a las que llevan a cabo las otras entidades del grupo. Se proporcionará información relevante mediante la consolidación de estas subsidiarias, y la revelación de información adicional, en los estados financieros consolidados, sobre las diferentes actividades de negocio llevadas a cabo por las subsidiarias.

9.9   Una subsidiaria no se excluye de la consolidación porque opere en una jurisdicción que imponga restricciones a la transferencia de **efectivo** u otros **activos** fuera de la jurisdicción.

Entidades de Cometido Específico

9.10   Una entidad puede haber sido creada para alcanzar un objetivo concreto (por ejemplo, para llevar a cabo un **arrendamiento**, **actividades de investigación** y **desarrollo** o la titulización de **activos financieros**). Estas Entidades de Cometido Específico (ECE) pueden tener la forma jurídica de sociedades por acciones, fideicomisos o asociaciones con fines empresariales, o bien ser una figura sin forma jurídica de sociedad. A menudo, las ECE se crean con acuerdos legales que imponen requerimientos estrictos sobre las operaciones de la entidad.

9.11   Una entidad preparará estados financieros consolidados que incluyan la entidad y cualquier ECE que esté controlada por esa entidad. Además de las circunstancias descritas en el párrafo 9.5, las siguientes circunstancias podrían indicar que una entidad controla una ECE (esta lista no es exhaustiva):

(a)   las actividades de la ECE están siendo dirigidas en nombre de la entidad y de acuerdo con sus necesidades específicas de negocio;

(b)   la entidad tiene los poderes de decisión últimos sobre las actividades de la ECE incluso si se han delegado las decisiones cotidianas;

(c)   la entidad tiene los derechos para obtener la mayoría de los beneficios de la ECE y, por tanto, puede estar expuesta a los riesgos que conllevan las actividades de ésta; o

(d)   la entidad retiene la mayoría de los riesgos de la propiedad o residuales relativos a la ECE o a sus activos.

9.12   Los párrafos 9.10 y 9.11 no se aplicarán a los **planes de beneficios post-empleo** ni a otros planes de **beneficios a los empleados** a largo plazo en los que se aplique la Sección 28 *Beneficios a los Empleados*.

Procedimientos de consolidación

9.13   Los estados financieros consolidados presentan la información financiera de un **grupo** como si se tratara de una sola entidad económica. Al preparar los estados financieros consolidados, una entidad:

(a)   combinará los **estados financieros** de la controladora y sus subsidiarias línea por línea, agregando las partidas que representen activos, **pasivos**, **patrimonio**, **ingresos** y **gastos de contenido similar**.

(b)   eliminará el **importe en libros** de la inversión de la controladora en cada subsidiaria junto con la porción del patrimonio perteneciente a la controladora en cada una de las subsidiarias.

(c)   medirá y presentará las **participaciones no controladoras** en los **resultados** de las subsidiarias consolidadas para el **periodo sobre el que se informa** por separado de las participaciones de los **propietarios** de la controladora.

(d) medirá y presentará las participaciones no controladoras en los activos netos de las subsidiarias consolidadas por separado de la participación en el patrimonio de los accionistas de la controladora. Las participaciones no controladoras en los activos netos están compuestas por:

(i) el importe de la participación no controladora en la fecha de la combinación inicial, calculado de acuerdo con la Sección 19 *Combinaciones de Negocios y Plusvalía*; y

(ii) la porción de la participación no controladora en los cambios en el patrimonio desde la fecha de la combinación.

9.14 Las proporciones del resultado y de los cambios en el patrimonio distribuidos a los propietarios de la controladora y a las participaciones no controladoras se determinarán sobre la base de las participaciones existentes en la propiedad y no reflejarán el posible ejercicio o conversión de las opciones o instrumentos convertibles.

Transacciones y saldos intragrupo

9.15 Las transacciones y los saldos intragrupo, incluyendo ingresos, gastos y dividendos, se eliminarán en su totalidad. Las ganancias y pérdidas procedentes de transacciones intragrupo que estén reconocidas en activos, tales como **inventarios** y **propiedades, planta y equipo**, se eliminarán en su totalidad. Las pérdidas intragrupo pueden indicar un **deterioro en el valor**, que requiera su **reconocimiento** en los estados financieros consolidados (véase la Sección 27 *Deterioro del valor de los Activos*). La Sección 29 *Impuesto a las Ganancias* se aplicará a **las diferencias temporarias** que surjan de la eliminación de las ganancias y pérdidas procedentes de transacciones intragrupo.

Fecha de presentación uniforme

9.16 Los estados financieros de la controladora y de sus subsidiarias, utilizados para la elaboración de los estados financieros consolidados, deberán estar referidos a la misma fecha de presentación, a menos que sea **impracticable**. Si fuera impracticable preparar los estados financieros de una subsidiaria en la misma fecha de presentación de la controladora, ésta consolidará la información financiera de la subsidiaria utilizando los estados financieros más recientes de ésta ajustados por los efectos de transacciones significativas o sucesos que tengan lugar entre la fecha de esos estados financieros y la fecha de los estados financieros consolidados.

Políticas contables uniformes

9.17 Los estados financieros consolidados se prepararán utilizando **políticas contables** uniformes para transacciones similares y para otros sucesos y condiciones que se hayan producido en circunstancias parecidas. Si un miembro del grupo utiliza políticas contables diferentes de las adoptadas en los estados financieros consolidados, para transacciones y otros sucesos similares que se hayan producido en circunstancias parecidas, se realizarán los ajustes adecuados en sus estados financieros al elaborar los estados financieros consolidados.

Adquisición y disposición de subsidiarias

9.18 Los ingresos y los gastos de una subsidiaria se incluirán en los estados financieros consolidados desde la fecha de su adquisición hasta la fecha en la que la controladora deje de controlar a la subsidiaria. Cuando una controladora cese de controlar una subsidiaria, la diferencia entre los recursos obtenidos por la disposición de la subsidiaria y su importe en libros en la fecha en que se pierde el control se reconocerá en el resultado del periodo del **estado del resultado integral** consolidado (o en el **estado de resultados**, si se presenta) como una **ganancia** o una pérdida por la disposición de la subsidiaria. El importe acumulado de las diferencias de cambio que se relacionan con una subsidiaria extranjera reconocidas en **otro resultado integral** de acuerdo con la Sección 30 *Conversión de Moneda Extranjera* no se reclasificará a resultados en el momento de la disposición de la subsidiaria.

9.19 Si una entidad deja de ser una subsidiaria pero el inversor (su anterior controladora) continúa manteniendo una inversión en la anterior subsidiaria, esa inversión deberá contabilizarse como un activo financiero de acuerdo con la Sección 11 o la Sección 12 *Otros Temas relacionados con los Instrumentos Financieros* desde la fecha en que la entidad deja de ser una subsidiaria, siempre que no se convierta en una **asociada** (en cuyo caso se aplica la Sección 14 *Inversiones en Asociadas*) o en una **entidad controlada de forma conjunta** (en cuyo caso se aplica la Sección 15 *Inversiones en Negocios Conjuntos*). El importe en libros de la inversión en la fecha en que la entidad deje de ser una subsidiaria deberá considerarse como el costo en la **medición** inicial del activo financiero.

Participaciones no controladoras en subsidiarias

9.20 Una entidad presentará las participaciones no controladoras en el **estado de situación financiera** consolidado dentro del patrimonio, por separado del patrimonio de los propietarios de la controladora, como se requiere en el párrafo 4.2(q).

9.21 Una entidad revelará las participaciones no controladoras en los resultados del grupo por separado del estado del resultado integral, como se requiere en el párrafo 5.6 (o en el estado de resultados, si se presenta, como se requiere en el párrafo 5.7).

9.22 El resultado y cada componente de otro resultado integral se atribuirán a los propietarios de la controladora y a las participaciones no controladoras. El **resultado integral total** deberá atribuirse a los propietarios de la controladora y a las participaciones no controladoras aún si esto diera lugar a un saldo deudor de estas últimas.

Información a revelar en los estados financieros consolidados

9.23 En los estados financieros consolidados deberá revelarse la siguiente información:

(a) el hecho de que los estados son estados financieros consolidados;

(b)   la base para concluir que existe control cuando la controladora no posee, directa o indirectamente a través de subsidiarias, más de la mitad del poder de voto;

(c)   cualquier diferencia en la fecha sobre la que se informa de los estados financieros de la controladora y sus subsidiarias utilizados para la elaboración de los estados financieros consolidados; y

(d)   la naturaleza y el alcance de cualquier restricción significativa, (por ejemplo, como las procedentes de acuerdos de fondos tomados en préstamo o requerimientos de los reguladores) sobre la capacidad de las subsidiarias para transferir fondos a la controladora en forma de dividendos en efectivo o de reembolsos de préstamos.

9.23A   Además, de los requerimientos de información a revelar de la Sección 11, una entidad controladora revelará el importe en libros de las inversiones en subsidiarias que no se consolidan (véanse los párrafos 9.3A a 9.3C) en la fecha de presentación, en total, en el estado de situación financiera o en las **notas**.

Estados financieros separados

Presentación de los estados financieros separados

9.24   Esta Norma no requiere la presentación de estados financieros separados para la entidad controladora o para las subsidiarias individuales.

9.25   Los estados financieros separados son un segundo conjunto de estados financieros presentados por la entidad, además de cualquiera de los siguientes:

(a)   estados financieros consolidados preparados por una controladora;

(b)   estados financieros preparados por una controladora exenta de presentar estados financieros consolidados por el párrafo 9.3C; o

(c)   estados financieros preparados por una entidad que no es una controladora, pero es un inversor en una asociada o que tiene una **participación** en un **negocio conjunto**.

Elección de política contable

9.26   Cuando una controladora, un inversor en una asociada, o un participante con una participación en una entidad controlada de forma conjunta prepare estados financieros separados y los describe como de conformidad con la *NIIF para las PYMES*, esos estados cumplirán con todos los requerimientos de esta Norma, excepto por lo siguiente. La entidad adoptará una política de contabilizar sus inversiones en subsidiarias, asociadas y **entidades controladas de forma conjunta** en sus estados financieros separados:

(a)   al costo menos el deterioro del valor;

(b)   al **valor razonable** con los cambios en el valor razonable reconocidos en resultados; o

(c)   usando el método de la participación siguiendo los procedimientos del párrafo 14.8.

La entidad aplicará la misma política contable a todas las inversiones de una categoría (subsidiarias, asociadas o entidades controladas de forma conjunta), pero puede elegir políticas diferentes para las distintas categorías.

Información a revelar en los estados financieros separados

9.27   Cuando una controladora, un inversor en una asociada o un participante con una participación en una entidad controlada de forma conjunta elabore estados financieros separados, revelarán:

(a)   que los estados son estados financieros separados; y

(b)   una descripción de los métodos utilizados para contabilizar las inversiones en subsidiarias, entidades controladas de forma conjunta y asociadas,

e identificará los estados financieros consolidados u otros estados financieros principales con los que se relacionan.

Estados financieros combinados

9.28   Los estados financieros combinados son un único conjunto de estados financieros de dos o más entidades bajo control común [como se describe en el párrafo 19.2(a)]. Esta Norma no requiere que se preparen estados financieros combinados.

9.29   Si el inversor prepara estados financieros combinados y los describe como conformes con la *NIIF para las PYMES*, esos estados cumplirán con todos los requerimientos de esta Norma. Las transacciones y saldos interempresas deberán eliminarse; los resultados procedentes de transacciones interempresas que estén reconocidos en activos tales como inventarios y propiedades, planta y equipo deberán eliminarse; los estados financieros de las entidades incluidas en los estados financieros combinados deberán prepararse en la misma fecha sobre la que se informa a menos que sea impracticable hacerlo; y deberán seguirse políticas contables uniformes para transacciones y otros sucesos similares en circunstancias parecidas.

Información a revelar en los estados financieros combinados

9.30   Los estados financieros combinados revelarán la siguiente información:

(a)   el hecho de que los estados financieros son estados financieros combinados;

(b)   la razón por la que se preparan estados financieros combinados;

(c)   la base para determinar qué entidades se incluyen en los estados financieros combinados;

(d)   la base para la preparación de los estados financieros combinados; y

(e)   la información a revelar sobre **partes relacionadas** requerida en la Sección 33 *Información a Revelar sobre Partes Relacionadas*.

Sección 10
Políticas, Estimaciones y Errores Contables
Alcance de esta sección

10.1　Esta sección proporciona una guía para la selección y aplicación de las **políticas contables** que se usan en la preparación de **estados financieros**. También abarca los **cambios en las estimaciones contables** y correcciones de **errores** en estados financieros de periodos anteriores.

Selección y aplicación de políticas contables

10.2　Son políticas contables los principios, bases, convenciones, reglas y procedimientos específicos adoptados por una entidad al preparar y presentar estados financieros.

10.3　Si esta Norma trata específicamente una transacción u otro suceso o condición, una entidad aplicará esta Norma. Sin embargo, la entidad no necesitará seguir un requerimiento de esta Norma, si el efecto de hacerlo no fuera **material**.

10.4　Si esta Norma no trata específicamente una transacción, u otro suceso o condición, la gerencia de una entidad utilizará su juicio para desarrollar y aplicar una política contable que dé lugar a información que sea:

(a)　**relevante** para las necesidades de toma de decisiones económicas de los usuarios; y

(b)　**fiable**, en el sentido de que los estados financieros:

(i)　representen fielmente la **situación financiera**, el **rendimiento** financiero y los **flujos de efectivo** de la entidad;

(ii)　reflejen la esencia económica de las transacciones, otros sucesos y condiciones, y no simplemente su forma legal;

(iii)　sean neutrales, es decir, libres de sesgos;

(iv)　sean prudentes; y

(v)　estén completos en todos sus extremos significativos.

10.5　Al realizar los juicios descritos en el párrafo 10.4, la gerencia se referirá y considerará la aplicabilidad de las siguientes fuentes en orden descendente:

(a)　requerimientos y guías establecidos en esta Norma que traten cuestiones similares y relacionadas; y

(b)　definiciones, criterios de **reconocimiento** y conceptos de **medición** para **activos**, **pasivos**, **ingresos** y **gastos**, y los principios generales en la Sección 2 *Conceptos y Principios Generales*.

10.6　Al realizar los juicios descritos en el párrafo 10.4, la gerencia puede también considerar los requerimientos y guías en las **NIIF completas** que traten cuestiones similares y relacionadas.

Uniformidad de las políticas contables

10.7   Una entidad seleccionará y aplicará sus políticas contables de manera uniforme para transacciones, otros sucesos y condiciones que sean similares, a menos que esta Norma requiera o permita específicamente establecer categorías de partidas para las cuales podría ser apropiado aplicar diferentes políticas. Si esta Norma requiere o permite establecer esas categorías, se seleccionará una política contable adecuada, y se aplicará de manera uniforme a cada categoría.

Cambios en las políticas contables

10.8   Una entidad cambiará una política contable solo si el cambio:

(a)   es requerido por cambios a esta Norma; o

(b)   dé lugar a que los estados financieros suministren información fiable y más relevante sobre los efectos de las transacciones, otros sucesos o condiciones sobre la situación financiera, el rendimiento financiero o los flujos de efectivo de la entidad.

10.9   Las siguientes situaciones no constituyen cambios en las políticas contables:

(a)   la aplicación de una política contable para transacciones, otros sucesos o condiciones que difieren sustancialmente de los ocurridos con anterioridad;

(b)   la aplicación de una nueva política contable para transacciones, otros sucesos o condiciones que no ocurrieron anteriormente, o que no eran significativos; o

(c)   un cambio en el modelo de costo cuando ya no está disponible una medida fiable del **valor razonable** (o viceversa) para un activo que esta Norma requeriría o permitiría en otro caso medir al valor razonable.

10.10   Si esta Norma permite una elección de tratamiento contable (incluyendo la base de medición) para una transacción específica u otro suceso o condición y una entidad cambia su elección anterior, eso es un cambio de política contable.

10.10A   La aplicación por primera vez de una política que consista en la revaluación de activos, de acuerdo con la Sección17 *Propiedades, Planta y Equipo* es un cambio de política contable que ha de ser tratado como una revaluación, de acuerdo con la Sección 17. Por consiguiente, un cambio del modelo del costo al modelo de revaluación para una clase de **propiedades, planta y equipo** se contabilizará de forma prospectiva, en lugar de hacerlo de acuerdo con los párrafos 10.11 y 10.12.

Aplicación de los cambios en políticas contables

10.11   Una entidad contabilizará los cambios de política contable como sigue:

(a)   una entidad contabilizará un cambio de política contable procedente de un cambio en los requerimientos de esta Norma de acuerdo con las disposiciones transitorias, si las hubiere, especificadas en esa modificación;

(b)   cuando una entidad haya elegido seguir la NIC 39 *Instrumentos Financieros: Reconocimiento y Medición* en lugar de seguir la Sección 11 *Instrumentos Financieros Básicos* y la Sección 12 *Otros Temas relacionados con los Instrumentos Financieros* como permite el párrafo 11.2, y cambian los requerimientos de la NIC 39, la entidad contabilizará ese cambio de política contable de acuerdo con las disposiciones transitorias, si las hubiere, especificadas en la NIC 39 revisada; y

(c)   una entidad contabilizará cualquier otro cambio de política contable de **forma retroactiva** (véase el párrafo 10.12).

Aplicación retroactiva

10.12   Cuando se aplique un cambio de política contable de forma retroactiva de acuerdo con el párrafo 10.11, la entidad aplicará la nueva política contable a la información comparativa de los periodos anteriores desde la primera fecha que sea practicable, como si la nueva política contable se hubiese aplicado siempre. Cuando sea **impracticable** determinar los efectos en cada periodo específico de un cambio en una política contable sobre la información comparativa para uno o más periodos anteriores para los que se presente información, la entidad aplicará la nueva política contable a los **importes en libros** de los activos y pasivos al principio del primer periodo para el que sea practicable la **aplicación retroactiva**, el cual podría ser el periodo actual, y efectuará el correspondiente ajuste a los saldos iniciales de cada componente del **patrimonio** que se vea afectado para ese periodo.

Información a revelar sobre un cambio de política contable

10.13   Cuando una modificación a esta Norma tenga un efecto en el periodo corriente o en cualquier periodo anterior, o pueda tener un efecto en futuros periodos, una entidad revelará:

(a)   la naturaleza del cambio en la política contable;

(b)   el importe del ajuste para cada partida afectada de los estados financieros para el periodo corriente y para cada periodo anterior del que se presente información, en la medida en que sea practicable;

(c)   el importe del ajuste relativo a periodos anteriores a los presentados, en la medida en que sea practicable; y

(d)   una explicación en el caso de que la determinación de los importes a revelar de los apartados (b) o (c) no sea practicable.

No es necesario repetir esta información a revelar en estados financieros de periodos posteriores.

10.14   Cuando un cambio voluntario en una política contable tenga un efecto en el periodo corriente o en cualquier periodo anterior, una entidad revelará:

(a)   la naturaleza del cambio en la política contable;

(b)   las razones por las que la aplicación de la nueva política contable suministra información más fiable y relevante;

(c) en la medida en que sea practicable, el importe del ajuste para cada partida de los estados financieros afectada, mostrado por separado:

    (i) para el periodo corriente;

    (ii) para cada periodo anterior presentado; y

    (iii) para periodos anteriores a los presentados, de forma agregada.

(d) una explicación en el caso de que sea impracticable la determinación de los importes a revelar en el apartado (c).

No es necesario repetir esta información a revelar en estados financieros de periodos posteriores.

Cambios en las estimaciones contables

10.15 Un cambio en una estimación contable es un ajuste al importe en libros de un activo o de un pasivo, o al importe del consumo periódico de un activo, que procede de la evaluación de la situación actual de los activos y pasivos, así como de los beneficios futuros esperados y de las obligaciones asociadas con éstos. Los cambios en las estimaciones contables son el resultado de nueva información o nuevos acontecimientos y, en consecuencia, no son correcciones de errores. Cuando sea difícil distinguir entre un cambio de política contable y un cambio en una estimación contable, el cambio se tratará como si fuera un cambio en una estimación contable.

10.16 Una entidad reconocerá el efecto de un cambio en una estimación contable, distinto de aquellos cambios a los que se aplique el párrafo 10.17, de **forma prospectiva**, incluyéndolo en el **resultado** del:

(a) el periodo del cambio, si éste afecta a un solo periodo; o

(b) el periodo del cambio y periodos futuros, si el cambio afectase a todos ellos.

10.17 En la medida en que un cambio en una estimación contable dé lugar a cambios en activos y pasivos, o se refiera a una partida de patrimonio, la entidad lo reconocerá ajustando el importe en libros de la correspondiente partida de activo, pasivo o patrimonio, en el periodo en que tiene lugar el cambio.

Información a revelar sobre un cambio en una estimación

10.18 Una entidad revelará la naturaleza de cualquier cambio en una estimación contable y el efecto del cambio sobre los activos, pasivos, ingresos y gastos para el periodo corriente. Si es practicable para la entidad estimar el efecto del cambio sobre uno o más periodos futuros, la entidad revelará estas estimaciones.

Correcciones de errores de periodos anteriores

10.19 Son errores de periodos anteriores las omisiones e inexactitudes en los estados financieros de una entidad correspondientes a uno o más periodos anteriores, que surgen de no emplear, o de un error al utilizar, información fiable que:

(a)   estaba disponible cuando los estados financieros para esos periodos fueron autorizados a emitirse; y

(b)   podría esperarse razonablemente que se hubiera conseguido y tenido en cuenta en la elaboración y presentación de aquellos estados financieros.

10.20   Dentro de estos errores se incluyen los efectos de errores aritméticos, errores en la aplicación de políticas contables, la inadvertencia o mala interpretación de hechos, así como los fraudes.

10.21   En la medida en que sea practicable, una entidad corregirá de forma retroactiva los errores significativos de periodos anteriores, en los primeros estados financieros formulados después de su descubrimiento:

(a)   reexpresando la información comparativa para el periodo o periodos anteriores en los que se originó el error; o

(b)   si el error ocurrió con anterioridad al periodo más antiguo para el que se presenta información, reexpresando los saldos iniciales de activos, pasivos y patrimonio para dicho periodo.

10.22   Cuando sea impracticable la determinación de los efectos de un error en la información comparativa de uno o más periodos anteriores presentados, la entidad reexpresará los saldos iniciales de los activos, pasivos y patrimonio del primer periodo para el cual la reexpresión retroactiva sea practicable (que podría ser el periodo corriente).

Información a revelar sobre errores de periodos anteriores

10.23   Una entidad revelará la siguiente información sobre errores en periodos anteriores:

(a)   la naturaleza del error del periodo anterior;

(b)   para cada periodo anterior presentado, en la medida en que sea practicable, el importe de la corrección para cada partida afectada de los estados financieros;

(c)   en la medida en que sea practicable, el importe de la corrección al principio del primer periodo anterior sobre el que se presente información; y

(d)   una explicación si no es practicable determinar los importes a revelar en los apartados (b) o (c).

No es necesario repetir esta información a revelar en estados financieros de periodos posteriores.

Sección 11
Instrumentos Financieros Básicos
Alcance de las Secciones 11 y 12

11.1   La Sección 11 y la Sección 12 *Otros Temas relacionados con los Instrumentos Financieros* conjuntamente tratan del reconocimiento, baja en cuentas, medición e información a revelar de los **instrumentos financieros** (**activos financieros** y **pasivos financieros**). La Sección 11 se aplica a los instrumentos financieros básicos y es aplicable a todas las entidades. La Sección 12 se aplica a otros instrumentos financieros y transacciones más complejos. Si una entidad solo realiza transacciones de instrumentos financieros básicos, la Sección 12 no le será de aplicación. Sin embargo, incluso las entidades que solo tienen instrumentos financieros básicos considerarán el alcance de la Sección 12 para asegurarse de que están exentas.

Elección de política contable

11.2   Una entidad elegirá aplicar:

(a)   los requerimientos de las Secciones 11 y 12 en su totalidad; o

(b)   los requerimientos de **reconocimiento** y **medición** de la NIC 39 *Instrumentos Financieros: Reconocimiento y Medición*[1] y los requerimientos de la información a revelar de las Secciones 11 y 12.

para contabilizar todos sus instrumentos financieros. La elección de (a) o (b) por parte de una entidad constituye una elección de política contable. Los párrafos 10.8 a 10.14 contienen requerimientos para determinar cuándo un cambio en una política contable es apropiado, cómo debe contabilizarse este cambio y qué información debe revelarse sobre éste.

Introducción a la Sección 11

11.3   Un instrumento financiero es un contrato que da lugar a un activo financiero de una entidad y a un pasivo financiero o a un instrumento de **patrimonio** de otra.

11.4   La Sección 11 requiere un modelo de costo amortizado para todos los instrumentos financieros básicos excepto para las inversiones en acciones preferentes no convertibles y en acciones ordinarias o preferentes sin opción de venta que **cotizan en bolsa** o cuyo **valor razonable** se pueda medir en otro caso con fiabilidad sin esfuerzo o costo desproporcionado.

---

1   Hasta que la NIC 39 se sustituya por la NIIF 9 *Instrumentos Financieros*, una entidad aplicará la versión de la NIC 39 que esté vigente en la fecha de presentación de la entidad, tomando como referencia la publicación de las NIIF completas tituladas *Normas Internacionales de Información Financiera Consolidadas sin aplicación anticipada* (Libro Azul). Cuando se sustituya la NIC 39 por la NIIF 9, una entidad aplicará la versión de la NIC 39 que se aplique inmediatamente antes de que la NIIF 9 sustituya la NIC 39. Una copia de esa versión se conservará como referencia en la página web de las PYMES del sitio web del IASB (http://go.ifrs.org/IFRSforSMEs).

11.5   Los instrumentos financieros básicos que quedan dentro del alcance de la Sección 11 son los que cumplen las condiciones del párrafo 11.8. Son ejemplos de instrumentos financieros que normalmente cumplen dichas condiciones:

(a)   **efectivo**;

(b)   depósitos a la vista y depósitos a plazo fijo cuando la entidad es la depositante, por ejemplo, cuentas bancarias.

(c)   obligaciones negociables y facturas comerciales mantenidas;

(d)   cuentas, pagarés y préstamos por cobrar y por pagar;

(e)   bonos e instrumentos de deuda similares;

(f)   inversiones en acciones preferentes no convertibles y en acciones preferentes y ordinarias sin opción de venta; y

(g)   compromisos de recibir un préstamo si el compromiso no se puede liquidar por el importe neto en efectivo.

11.6   Son ejemplos de instrumentos financieros que no satisfacen normalmente las condiciones del párrafo 11.8 y, por lo tanto, quedan dentro del alcance de la Sección 12:

(a)   títulos respaldados por activos, tales como obligaciones hipotecarias garantizadas, acuerdos de recompra y paquetes titulizados de cuentas por cobrar;

(b)   opciones, derechos, certificados para la compra de acciones (warrants), contratos de futuros, contratos a término y permutas financieras de tasas de interés que pueden liquidarse en efectivo o mediante el intercambio de otro instrumento financiero;

(c)   instrumentos financieros que cumplen las condiciones y se designan como **instrumentos de cobertura** de acuerdo con los requerimientos de la Sección 12;

(d)   compromisos de conceder un préstamo a otra entidad; y

(e)   compromisos de recibir un préstamo si el compromiso se puede liquidar por el importe neto en efectivo.

Alcance de la Sección 11

11.7   La Sección 11 se aplicará a todos los instrumentos financieros que cumplen las condiciones del párrafo 11.8 excepto por:

(a)   Inversiones en **subsidiarias, asociadas** y **negocios conjuntos** que se contabilicen de acuerdo con la Sección 9 *Estados Financieros Consolidados y Separados*, la Sección 14 *Inversiones en Asociadas* o la Sección 15 *Inversiones en Negocios Conjuntos*.

(b)   Instrumentos financieros que cumplan la definición de patrimonio propio de la entidad, incluyendo el componente de patrimonio de **instrumentos financieros compuestos** emitidos por la entidad (véase la Sección 22 *Pasivos y Patrimonio*).

(c) **Arrendamientos**, a los que se aplica la Sección 20 *Arrendamientos* o el párrafo 12.3(f). Sin embargo, los requerimientos para la **baja en cuentas** de los párrafos 11.33 a 11.38 se aplicarán a la baja en cuentas de cuentas por cobrar de arrendamiento reconocidos por un arrendador y cuentas por pagar por arrendamiento reconocidas por un arrendatario y los requerimientos de deterioro de valor de los párrafos 11.21 a 11.26 se aplicarán a las cuentas por cobrar de arrendamientos reconocidas por un arrendatario.

(d) Los derechos y obligaciones de los empleadores derivados de planes de **beneficios a los empleados**, a los que se aplique la Sección 28 *Beneficios a los Empleados*.

(e) Instrumentos financieros, contratos y obligaciones bajo **transacciones con pagos basados en acciones** a los que se aplica la Sección 26 *Pagos basados en Acciones*.

(f) Los **activos** que se reembolsan contabilizados de acuerdo con la Sección 21 *Provisiones y Contingencias* (véase el párrafo 21.9).

Instrumentos financieros básicos

11.8 Una entidad contabilizará los siguientes instrumentos financieros como instrumentos financieros básicos de acuerdo con lo establecido en la Sección 11:

(a) efectivo;

(b) un instrumento de deuda (como una cuenta, pagaré o préstamo por cobrar o pagar) que cumpla las condiciones del párrafo 11.9;

(c) Un compromiso de recibir un préstamo que:

    (i) no pueda liquidarse por el importe neto en efectivo; y

    (ii) cuando se ejecute el compromiso, se espera que cumpla las condiciones del párrafo 11.9.

(d) Una inversión en acciones preferentes no convertibles y acciones preferentes u ordinarias sin opción de venta.

11.9 Un instrumento de deuda que satisfaga todas las condiciones de (a) a (d) deberá contabilizarse de acuerdo con la Sección 11:

(a) los rendimientos para el tenedor (el prestamista/acreedor) evaluados en la moneda en la que se denomina el instrumento de deuda son:

    (i) un importe fijo;

    (ii) una tasa fija de rendimiento sobre la vida del instrumento;

    (iii) un rendimiento variable que a lo largo de la vida del instrumento, se iguala a la aplicación de una referencia única cotizada o una tasa de interés observable (tal como el LIBOR); o

    (iv) alguna combinación de estas tasas fijas y variables, siempre que tanto la tasa fija como la variable sean positivas (por ejemplo, una permuta financiera de tasa de interés con una tasa fija positiva y una tasa variable negativa no cumpliría esta criterio).

Para rendimientos de tasas de interés fijo y variable, el interés se calcula multiplicando la tasa para el periodo aplicable por el principal pendiente durante el periodo.

(b)   no hay cláusulas contractuales que, por sus condiciones, pudieran dar lugar a que el tenedor (el prestamista/acreedor) pierda el importe principal y cualquier interés atribuible al periodo corriente o a periodos anteriores. El hecho de que un instrumento de deuda esté subordinado a otros instrumentos de deuda no es un ejemplo de esta cláusula contractual.

(c)   las cláusulas contractuales que permitan o requieran que el emisor (el deudor prestatario) pague anticipadamente un instrumento de deuda o permitan o requieran que el tenedor (el prestamista/acreedor) lo devuelva al emisor (es decir, exigir el reembolso) antes de la fecha de vencimiento no están supeditadas a sucesos futuros distintos de los de proteger:

(i)   al tenedor contra un cambio en el riesgo crediticio del emisor o del instrumento (por ejemplo incumplimientos, rebajas crediticias o infracciones de cláusulas del préstamo), o de un cambio en el **control** del emisor; o

(ii)   al tenedor o emisor contra cambios legales o fiscales relevantes.

(d)   no existe un rendimiento condicional o una cláusula de reembolso excepto para el rendimiento de tasa variable descrito en (a) y para la cláusula de pago anticipado descrita en (c).

11.9A   Ejemplos de instrumentos de deuda que normalmente satisfacen las condiciones establecidas en el párrafo 11.9(a)(iv) incluyen:

(a)   un préstamos bancario que tiene una tasa de interés fija para un periodo inicial que después revierte a una tasa de interés variable observable o cotizada con posterioridad a ese periodo; y

(b)   un préstamo bancario con interés pagadero a una tasa de interés variable observable o cotizada más una tasa fija a lo largo de la vida del préstamo, por ejemplo la LIBOR más 200 puntos básicos.

11.9B   Un ejemplo de un instrumentos de deuda que satisfaría normalmente las condiciones establecidas en el párrafo 11.9(c) sería un préstamo bancario que permite que el prestatario liquide el acuerdo anticipadamente, aun cuando se pueda requerir que el prestatario pague una penalización para compensar al banco por sus costos de cancelación por el prestatario del acuerdo de forma anticipada.

11.10   Son ejemplos de instrumentos financieros que normalmente satisfacen las condiciones establecidas en el párrafo 11.9:

(a)   cuentas de origen comercial y pagarés por cobrar y pagar y préstamos de bancos o terceros.

(b)   cuentas por pagar en una moneda extranjera. Sin embargo, cualquier cambio en la cuenta por pagar debido a un cambio en la tasa de cambio se reconoce en **resultados** como requiere el párrafo 30.10.

(c) préstamos a, o de, subsidiarias o asociadas que se deben pagar cuando son reclamados.

(d) un instrumento de deuda que podría convertirse inmediatamente en una cuenta por cobrar si el emisor incumpliese el pago de un interés o del principal (esta condición no viola las condiciones del párrafo 11.9).

11.11 Son ejemplos de instrumentos financieros que no satisfacen las condiciones del párrafo 11.9 (y, por lo tanto, quedan dentro del alcance de la Sección 12):

(a) una inversión en instrumentos de patrimonio de otra entidad distintos de acciones preferentes no convertibles y acciones preferentes u ordinarias sin opción de venta [véase el párrafo 11.8(d)];

(b) una permuta financiera de tasas de interés que da lugar a un flujo de efectivo positivo o negativo o un compromiso a plazo para comprar materias primas cotizadas o instrumentos financieros que se pueden liquidar en efectivo o que, a su liquidación, pueden tener un flujo de efectivo positivo o negativo, porque estas permutas financieras y contratos a término no cumplen la condición del párrafo 11.9(a);

(c) opciones y contratos de futuros, porque los rendimientos a los tenedores no son fijos y no se cumple la condición del párrafo 11.9(a); y

(d) inversiones en deuda convertible, porque el rendimiento para los tenedores puede variar con el precio de las acciones del emisor y no solo con las tasas de interés de mercado.

Reconocimiento inicial de activos financieros y pasivos financieros

11.12 Una entidad solo reconocerá un activo financiero o un pasivo financiero cuando se convierta en una parte de las condiciones contractuales del instrumento.

Medición inicial

11.13 Al reconocer inicialmente un activo financiero o un pasivo financiero, una entidad lo medirá al precio de la transacción (incluyendo los **costos de transacción** excepto en la medición inicial de los activos y pasivos financieros que se miden posteriormente al valor razonable con cambios en resultados) excepto si el acuerdo constituye, efectivamente, una transacción de financiación para la entidad (para un pasivo financiero) o la contraparte (para un activo financiero) del acuerdo. Un acuerdo constituye una transacción de financiación si el pago se aplaza más allá de los términos comerciales normales, por ejemplo, proporcionando crédito sin interés a un comprador por la venta de bienes, o se financia a una tasa de interés que no es una tasa de mercado, por ejemplo, un préstamo sin interés o a una tasa de interés por debajo del mercado realizado a un empleado. Si el acuerdo constituye una transacción de financiación, la entidad medirá el activo financiero o pasivo financiero al **valor presente** de los pagos futuros descontados a una tasa de interés de mercado para un instrumento de deuda similar determinado en el reconocimiento inicial.

Ejemplos—activos financieros

1 Para un préstamo a largo plazo concedido a otra entidad, se reconoce una cuenta por cobrar al valor presente del importe por cobrar en efectivo (incluyendo los pagos por intereses y el reembolso del principal) de esa entidad.

2 Para bienes vendidos a un cliente a crédito a corto plazo, se reconoce una cuenta por cobrar al importe sin descontar de la cuenta por cobrar en efectivo de esa entidad, que suele ser el precio de la factura.

3 Para una partida vendida a un cliente con un crédito a dos años sin intereses, se reconoce una cuenta por cobrar al precio de venta en efectivo actual para esa partida. Si no se conoce el precio de venta en efectivo actual, se puede estimar como el valor presente de la cuenta por cobrar en efectivo descontado utilizando la tasa (o tasas) de interés de mercado prevaleciente para una cuenta por cobrar similar.

4 Para una compra en efectivo de las acciones ordinarias de otra entidad, la inversión se reconoce al importe de efectivo pagado para adquirir las acciones.

Ejemplo—pasivos financieros

1 Para un préstamo recibido de un banco, inicialmente se reconoce una cuenta por pagar al valor presente del importe por pagar en efectivo al banco (por ejemplo, incluyendo los pagos por intereses y el reembolso del principal).

2 Para bienes comprados a un proveedor a crédito a corto plazo, se reconoce una cuenta por pagar al importe sin descontar debido al proveedor, que normalmente es el precio de la factura.

Medición posterior

11.14 Al final de cada **periodo sobre el que se informa**, una entidad medirá los instrumentos financieros de la siguiente forma, sin deducir los costos de transacción en que pudiera incurrir en la venta u otro tipo de disposición:

(a) Los instrumentos de deuda que cumplan las condiciones del párrafo 11.8 (b) se medirán al **costo amortizado** utilizando el **método del interés efectivo**. Los párrafos 11.15 a 11.20 proporcionan una guía para determinar el costo amortizado utilizando el método del interés efectivo. Los instrumentos de deuda que se clasifican como activos corrientes o **pasivos** corrientes se medirán al importe no descontado del efectivo u otra contraprestación que se espera pagar o recibir (por ejemplo, el neto del deterioro de valor—véanse los párrafos 11.21 a 11.26) a menos que el acuerdo constituya, en efecto, una transacción de financiación (véase el párrafo 11.13).

(b) Los compromisos para recibir un préstamo que cumplan las condiciones del párrafo 11.8(c) se medirán al costo (que en ocasiones es cero) menos el deterioro del valor.

(c) Las inversiones en acciones preferentes no convertibles y acciones ordinarias o preferentes sin opción de venta se medirán de la siguiente forma (los párrafos 11.27 a 11.32 proporcionan una guía sobre el valor razonable):

(i) si las acciones cotizan en bolsa o su valor razonable se puede medir de otra forma con fiabilidad sin esfuerzo o costo desproporcionado, la inversión se medirá al valor razonable con cambios en el valor razonable reconocidos en el resultado del periodo; y

(ii) todas las demás inversiones se medirán al costo menos el deterioro del valor.

Para los activos financieros de (a), (b) y (c)(ii), debe evaluarse el deterioro del valor o la incobrabilidad. Los párrafos 11.21 a 11.26 proporcionan una guía.

Costo amortizado y método del interés efectivo

11.15 El **costo amortizado de un activo financiero o un pasivo financiero** en cada **fecha de presentación** es el neto de los siguientes importes:

(a) el importe al que se mide en el reconocimiento inicial el activo financiero o el pasivo financiero;

(b) menos los reembolsos del principal;

(c) más o menos la **amortización** acumulada, utilizando el método del interés efectivo, de cualquier diferencia existente entre el importe en el reconocimiento inicial y el importe al vencimiento;

(d) menos, en el caso de un activo financiero, cualquier reducción (reconocida directamente o mediante el uso de una cuenta correctora) por deterioro del valor o incobrabilidad.

Los activos financieros y los pasivos financieros que no tengan establecida una tasa de interés, que no estén relacionados con un acuerdo que constituye una transacción de financiación y que se clasifiquen como activos corrientes o pasivos corrientes se medirán inicialmente a un importe no descontado de acuerdo con el párrafo 11.13. Por consiguiente, el apartado (c) no se aplica a estos.

11.16 El método del interés efectivo es un método de cálculo del costo amortizado de un activo o un pasivo financiero (o de un grupo de activos financieros o pasivos financieros) y de distribución del **ingreso** por intereses o **gasto** por intereses a lo largo del periodo correspondiente. La **tasa de interés efectiva** es la tasa de descuento que iguala exactamente los flujos de efectivo futuros por pagos o cobros estimados a lo largo de la vida esperada del instrumento financiero o, cuando sea adecuado, en un periodo más corto, con el **importe en libros** del activo financiero o pasivo financiero. La tasa de interés efectiva se determina sobre la base del importe en libros del activo financiero o pasivo financiero en el momento del reconocimiento inicial. Según el método del interés efectivo:

(a)   el costo amortizado de una activo financiero (pasivo) es el valor presente de los flujos de efectivo por cobrar futuros (pagos) descontados a la tasa de interés efectiva; y

(b)   el gasto (ingreso) por intereses en un periodo es igual al importe en libros del pasivo (activo) financiero al principio de un periodo multiplicado por la tasa de interés efectiva para el periodo.

11.17   Al calcular la tasa de interés efectiva, una entidad estimará los flujos de efectivo teniendo en cuenta todas las condiciones contractuales del instrumento financiero (por ejemplo, pagos anticipados, opciones de compra y similares) y pérdidas crediticias conocidas en las que se haya incurrido, pero no tendrá en cuenta las posibles pérdidas crediticias futuras en las que no se haya incurrido todavía.

11.18   Al calcular la tasa de interés efectiva, una entidad amortizará cualquier comisión relacionada, cargas financieras pagadas o recibidas (por ejemplo, "puntos"), costos de transacción y otras primas o descuentos a lo largo de la vida esperada del instrumento, excepto en los casos que siguen. La entidad utilizará un periodo más corto si ese es el periodo al que se refieren las comisiones, cargas financieras pagadas o recibidas, costos de transacción, primas o descuentos. Este será el caso cuando la variable con la que se relacionan las comisiones, las cargas financieras pagadas o recibidas, los costos de transacción, las primas o los descuentos, se ajuste a las tasas del mercado antes del vencimiento esperado del instrumento. En este caso, el periodo de amortización adecuado es el periodo hasta la siguiente fecha de revisión de precio.

11.19   Para activos y pasivos financieros a tasa de interés variable, la reestimación periódica de los flujos de efectivo para reflejar cambios en las tasas de interés de mercado altera la tasa de interés efectiva. Si se reconoce inicialmente un activo o un pasivo financiero a tasa de interés variable por un importe igual al principal por cobrar o por pagar al vencimiento, la reestimación de los pagos por intereses futuros no tiene, normalmente, efecto significativo en el importe en libros del activo o pasivo.

11.20   Si una entidad revisa sus estimaciones de pagos o cobros, ajustará el importe en libros del activo financiero o pasivo financiero (o grupos de instrumentos financieros) para reflejar los flujos de efectivo reales y estimados ya revisados. La entidad volverá a calcular el importe en libros computando el valor presente de los flujos de efectivo futuros estimados, utilizando la tasa de interés efectiva original del instrumento financiero. La entidad reconocerá el ajuste como ingreso o gasto en el resultado del periodo en la fecha de la revisión.

Ejemplo de determinación del costo amortizado para un préstamo a cinco años utilizando el método del interés efectivo

El 1 de enero de 20X0, una entidad adquiere un bono por 900 unidades monetarias (u.m.) incurriendo en un costo de transacción de 50 u.m.[a] Se recibe un interés de 40 u.m anualmente, al final del periodo, a lo largo de los próximos cinco años (del 31 de diciembre de 20X0 al 31 de diciembre de 20X4). A 31 de diciembre de 20X4, el bono tiene un rescate obligatorio de 1.100 u.m.

Año	Importe en libros al comienzo del periodo	Ingresos por intereses al 6,9584%*	Entrada de efectivo	Importe en libros al final del periodo
	u.m.	u.m.	u.m.	u.m.
20X0	950,00	66,11	(40,00)	976,11
20X1	976,11	67,92	(40,00)	1.004,03
20X2	1.004,03	69,86	(40,00)	1.033,89
20X3	1.033,89	71,94	(40,00)	1.065,83
20X4	1.065,83	74,17	(40,00)	1.100,00
			(1.100,00)	–

* La tasa de interés efectiva de 6,9584 % es la tasa que descuenta los flujos de efectivo esperados del bono al importe en libros inicial:

$$40 \div (1{,}069584)^1 + 40 \div (1{,}069584)^2 + 40 \div (1{,}069584)^3 + 40 \div (1{,}069584)^4 + 1.140 \div (1{,}069584)^5 = 950$$

(a) En esta publicación, las partidas monetarias se denominan en "unidades monetarias" (u.m.).

Deterioro del valor de los instrumentos financieros medidos al costo o al costo amortizado

Reconocimiento

11.21 Al final de cada periodo sobre el que se informa, una entidad evaluará si existe evidencia objetiva de deterioro del valor de los activos financieros que se midan al costo o al costo amortizado. Cuando exista evidencia objetiva de deterioro del valor, la entidad reconocerá inmediatamente una pérdida por deterioro del valor en resultados.

11.22 La evidencia objetiva de que un activo financiero o un grupo de activos está deteriorado incluye información observable que requiera la atención del tenedor del activo respecto a los siguientes sucesos que causan la pérdida:

(a)   dificultades financieras significativas del emisor o del obligado;

(b)   infracciones del contrato, tales como incumplimientos o moras en el pago de los intereses o del principal;

(c)   el acreedor, por razones económicas o legales relacionadas con dificultades financieras del deudor, otorga a éste concesiones que no le habría otorgado en otras circunstancias;

(d)   pase a ser **probable** que el deudor entre en quiebra o en otra forma de reorganización financiera; o

(e)   Los datos observables que indican que ha habido una disminución medible en los flujos futuros estimados de efectivo de un grupo de activos financieros desde su reconocimiento inicial, aunque la disminución no pueda todavía identificarse con activos financieros individuales incluidos en el grupo, tales como condiciones económicas adversas nacionales o locales o cambios adversos en las condiciones del sector industrial.

11.23   Otros factores que también pueden ser evidencia de deterioro del valor incluyen los cambios significativos con un efecto adverso que hayan tenido lugar en el entorno tecnológico, de mercado, económico o legal en el que opera el emisor.

11.24   Una entidad evaluará el deterioro del valor de los siguientes activos financieros de forma individual:

(a)   todos los instrumentos de patrimonio con independencia de su significatividad; y

(b)   otros activos financieros que son significativos individualmente.

Una entidad evaluará el deterioro del valor de otros activos financieros individualmente o agrupados sobre la base de características similares de riesgo crediticio.

Medición

11.25   Una entidad medirá una pérdida por deterioro del valor de los siguientes activos financieros medidos al costo o costo amortizado de la siguiente forma:

(a)   Para un activo financiero medido al costo amortizado de acuerdo con el párrafo 11.14(a), la pérdida por deterioro es la diferencia entre el importe en libros del activo y el valor presente de los flujos de efectivo futuros estimados, descontados utilizando la tasa de interés efectivo original del activo. Si este activo financiero tiene una tasa de interés variable, la tasa de descuento para medir cualquier pérdida por deterioro de valor será la tasa de interés efectiva actual, determinada según el contrato.

(b)   Para un activo financiero medido al costo menos el deterioro del valor de acuerdo con los apartados (b) y (c)(ii) del párrafo 11.14, la pérdida por deterioro es la diferencia entre el importe en libros del activo y la mejor estimación (que necesariamente tendrá que ser una aproximación) del importe (que podría ser cero) que la entidad recibiría por el activo si se vendiese en la fecha sobre la que se informa.

Reversión

11.26   Si, en periodos posteriores, el importe de una pérdida por deterioro del valor disminuyese y esta disminución puede relacionarse objetivamente con un hecho ocurrido con posterioridad al reconocimiento del deterioro (tal como una mejora en la calificación crediticia del deudor), la entidad revertirá la pérdida por deterioro reconocida con anterioridad, ya sea directamente o mediante el ajuste de una cuenta correctora. La reversión no dará lugar a un importe en libros del activo financiero (neto de cualquier cuenta correctora) que exceda al importe en libros que habría tenido si anteriormente no se hubiese reconocido la pérdida por deterioro del valor. La entidad reconocerá el importe de la reversión en los resultados inmediatamente.

Valor razonable

11.27 Una entidad utilizará la jerarquía siguiente para estimar el valor razonable de un activo:

(a) La mejor evidencia del valor razonable es un precio cotizado para un activo idéntico (o un activo similar) en un **mercado activo**. Éste suele ser el precio comprador actual.

(b) Cuando no están disponibles precios cotizados, el precio en un acuerdo de venta vinculante o en una transacción reciente para un activo idéntico (o activo similar) en condiciones de independencia mutua entre partes interesadas y debidamente informadas proporciona evidencia del valor razonable. Sin embargo, este precio puede no ser una buena estimación del valor razonable si ha habido cambios significativos en las circunstancias económicas o un periodo de tiempo significativo entre la fecha del acuerdo de venta vinculante, o la transacción, y la fecha de medición. Si la entidad puede demostrar que el último precio de transacción no es un buen estimador del valor razonable (por ejemplo, porque refleja el importe que una entidad recibiría o pagaría en una transacción forzada, liquidación involuntaria o una venta urgente), después ese precio se ajusta.

(c) Si el mercado para el activo no está activo y cualquier acuerdo de venta vinculante o las transacciones recientes de un activo idéntico (o un activo similar) por sí solas no constituyen una buena estimación del valor razonable, una entidad estimará el valor razonable utilizando una otra técnica de valoración. El objetivo de utilizar una técnica de valoración es estimar el precio de transacción que se habría alcanzado en la fecha de medición en un intercambio entre partes que actúen en condiciones de independencia mutua, motivado por contraprestaciones normales del negocio.

Otras secciones de esta Norma hacen referencia a la guía sobre el valor razonable de los párrafos 11.27 a 11.32, incluyendo la Sección 9, Sección 12, Sección 14, Sección 15, Sección 16 *Propiedades de Inversión*, Sección 17 *Propiedades, Planta y Equipo* y la Sección 28.

Técnica de valoración

11.28 Las técnicas de valoración incluyen el uso de transacciones de mercado recientes para un activo idéntico entre partes interesadas y debidamente informadas que actúen en condiciones de independencia mutua, si estuvieran disponibles, referencias al valor razonable de otro activo sustancialmente igual al activo que se está midiendo, el flujos de efectivo descontados y modelos de fijación de precios de opciones. Si existiese una técnica de valoración comúnmente utilizada por los participantes del mercado para fijar el precio del activo, y se hubiera demostrado que esa técnica proporciona estimaciones fiables de los precios observados en transacciones reales de mercado, la entidad utilizará esa técnica.

11.29 El objetivo de utilizar una técnica de valoración es establecer cuál habría sido en la fecha de medición, el precio de una transacción realizada en condiciones de independencia mutua y motivada por las consideraciones normales del negocio. El valor razonable se estima sobre la base de los resultados de una técnica de valoración que utilice en la mayor medida posible datos de mercado y minimice en todo lo posible la utilización de datos determinados por la entidad. Se puede esperar que una técnica de valoración llegue a una estimación fiable del valor razonable si

(a) refleja de forma razonable el precio que se podría esperar que el mercado fijara para el activo; y

(b) las variables utilizadas por la técnica de valoración representan de forma razonable las expectativas del mercado y miden los factores de rentabilidad-riesgo inherentes al activo.

Mercado no activo

11.30 El valor razonable de las inversiones en activos que no tengan un precio de mercado cotizado en un mercado activo se puede medir con fiabilidad si

(a) la variabilidad en el rango de estimaciones del valor razonable no es significativa para ese activo; o

(b) las probabilidades de diversas estimaciones dentro de ese rango pueden ser evaluadas razonablemente y utilizadas en la estimación del valor razonable.

11.31 Existen muchas situaciones en las que es posible que la variabilidad en el rango de estimaciones razonables del valor razonable de activos que no tienen un precio de mercado cotizado no sea significativa. Normalmente es posible estimar el valor razonable de un activo que una entidad ha adquirido de un tercero. Sin embargo, si el rango de estimaciones razonables del valor razonable es significativo y las probabilidades de las diversas estimaciones no pueden ser evaluadas razonablemente, se excluirá a una entidad de medir el activo al valor razonable.

11.32 Si la medida fiable del valor razonable ya no está disponible para un activo medido al valor razonable (o no está disponible sin un esfuerzo o costo desproporcionado cuando se proporciona esta exención (véanse los párrafos 11.14(c) y 12.8(b)), su importe en libros en la última fecha en que se midió el activo con fiabilidad pasará a ser su nuevo costo. La entidad medirá el activo a este importe de costo menos deterioro de valor hasta que se encuentre disponible una medida fiable del valor razonable (o pase a estar disponible sin un esfuerzo o costo desproporcionado cuando se proporciona esta exención).

Baja en cuentas de un activo financiero

11.33 Una entidad dará de baja en cuentas un activo financiero solo cuando:

(a)   expiren o se liquiden los derechos contractuales sobre los flujos de efectivo del activo financiero;

(b)   la entidad transfiera sustancialmente a terceros todos los riesgos y ventajas inherentes a la propiedad del activo financiero; o

(c)   la entidad, a pesar de haber conservado algunos riesgos y ventajas inherentes a la propiedad significativos, ha transferido el control del activo a otra parte, y éste tiene la capacidad práctica de vender el activo en su integridad a una tercera parte no relacionada y es capaz de ejercer esa capacidad unilateralmente y sin necesidad de imponer restricciones adicionales sobre la transferencia—en este caso, la entidad:

       (i)   dará de baja en cuentas el activo; y

       (ii)   reconocerá por separado cualesquiera derechos y obligaciones conservados o creados en la transferencia.

El importe en libros del activo transferido deberá distribuirse entre los derechos u obligaciones conservados y transferidos sobre la base de sus valores razonables relativos en la fecha de la transferencia. Los derechos y obligaciones de nueva creación deberán medirse al valor razonable en esa fecha. Cualquier diferencia entre la contraprestación recibida y el importe reconocido y dado de baja en cuentas de acuerdo con este párrafo deberá ser reconocido en resultados en el periodo de la transferencia.

11.34   Si una transferencia no da lugar a una baja en cuentas porque la entidad ha conservado riesgos y ventajas significativos inherentes a la propiedad del activo transferido, la entidad continuará reconociendo el activo transferido en su integridad, y reconocerá un pasivo financiero por la contraprestación recibida. El activo y pasivo no deberá compensarse. En periodos posteriores, la entidad reconocerá cualquier ingreso por el activo transferido y cualquier gasto incurrido por el pasivo financiero.

11.35   Si un transferidor otorgase garantías distintas del efectivo (tales como instrumentos de deuda o de patrimonio) al receptor de la transferencia, la contabilización de la garantía por ambas partes dependerá de si la segunda tiene el derecho a vender o volver a pignorar la garantía y de si la primera ha incurrido en incumplimiento. Ambos contabilizarán la garantía de la siguiente forma:

(a)   si el receptor de la transferencia tiene, por contrato o costumbre, el derecho de vender o volver a pignorar la garantía, el transferidor reclasificará ese activo en su **estado de situación financiera** (por ejemplo, como un activo prestado, un instrumento de patrimonio pignorado o una cuenta por cobrar recomprada) de forma separadamente de otros activos;

(b)   si el receptor de la transferencia vendiese la garantía pignorada, reconocerá los ingresos procedentes de la venta y un pasivo medido a su valor razonable por su obligación de devolver la garantía;

(c) si el transferidor incumpliese de acuerdo con los términos del contrato y dejase de estar capacitado para rescatar la garantía, dará de baja en cuentas la garantía y el receptor de la transferencia reconocerá la garantía como su activo medido inicialmente al valor razonable, o, si ya la hubiese vendido, dará de baja su obligación de devolver la garantía; y

(d) excepto por lo dispuesto en el apartado (c), el transferidor continuará registrando la garantía como su activo y el receptor de la transferencia no reconocerá la garantía como un activo.

Ejemplo—transferencia que cumple las condiciones para la baja en cuentas

Una entidad vende un grupo de sus cuentas por cobrar a un banco por un importe inferior a su importe nominal. La entidad continúa gestionando los cobros procedentes de los deudores en nombre del banco, incluyendo el envío mensual de estados, y el banco paga a la entidad una comisión a tasa de mercado por la administración de las cuentas por cobrar. La entidad está obligada a remitir puntualmente al banco todos los importes cobrados, pero no tiene una obligación con el banco si los deudores se retrasan en el pago o no pagan. En este caso, la entidad ha transferido al banco sustancialmente todos los riesgos y ventajas inherentes a la propiedad de las cuentas por cobrar. Por consiguiente, elimina las cuentas por cobrar de su estado de situación financiera (es decir, las da de baja en cuentas) y no muestra ningún pasivo por los importes recibidos del banco. La entidad reconoce una pérdida calculada como la diferencia entre el importe en libros de las cuentas por cobrar en el momento de la venta y el importe recibido del banco. La entidad reconoce un pasivo en la medida en que ha cobrado los fondos de los deudores pero no los ha remitido todavía al banco.

Ejemplo—transferencia que no cumple las condiciones para la baja en cuentas

Los hechos son los mismos que los del ejemplo anterior, excepto porque la entidad ha acordado volver a comprarle al banco las cuentas por cobrar del deudor cuyo principal o intereses hayan vencido hace más de 120 días. En este caso, la entidad ha conservado el riesgo de que los deudores se retrasen en el pago o no paguen—un riesgo significativo con respecto a las cuentas por cobrar. Por consiguiente, la entidad no trata las cuentas por cobrar como si se hubiesen vendido al banco y no las da de baja en cuentas. En su lugar, trata los importes obtenidos del banco como un préstamo garantizado por las cuentas por cobrar. La entidad continúa reconociendo las cuentas por cobrar como un activo hasta que se hayan cobrado o dado de baja por incobrables.

Baja en cuentas de un pasivo financiero

11.36 Una entidad solo dará de baja en cuentas un pasivo financiero (o una parte de un pasivo financiero) cuando se haya extinguido—esto es, cuando la obligación especificada en el contrato haya sido pagada, cancelada o haya expirado.

11.37 Si un prestamista y un prestatario intercambian instrumentos financieros con condiciones sustancialmente diferentes, las entidades contabilizarán la transacción como una cancelación del pasivo financiero original y el reconocimiento de uno nuevo. Similarmente, una entidad contabilizará una modificación sustancial de las condiciones de un pasivo financiero existente o de una parte de él (sea atribuible o no a las dificultades financieras del deudor) como una cancelación del pasivo financiero original y el reconocimiento de uno nuevo.

11.38 La entidad reconocerá en los resultados cualquier diferencia entre el importe en libros del pasivo financiero (o de una parte de un pasivo financiero) cancelado o transferido a un tercero y la contraprestación pagada, incluyendo cualquier activo transferido que sea diferente del efectivo o del pasivo asumido.

Información a Revelar

11.39 La siguiente información a revelar hace referencia a la información a revelar para pasivos financieros medidos al valor razonable con cambios en resultados. Las entidades que solo tienen instrumentos financieros básicos (y, por lo tanto, no aplican la Sección 12) no tendrán ningún pasivo financiero medido al valor razonable con cambios en resultados y, por lo tanto, no necesitarán revelar esta información.

Información a revelar sobre las políticas contables de instrumentos financieros

11.40 De acuerdo con el párrafo 8.5, una entidad revelará, en el resumen de las **políticas contables** significativas, la base (o bases) de medición utilizadas para instrumentos financieros y otras políticas contables utilizadas para instrumentos financieros que sean relevantes para la comprensión de los **estados financieros**.

Estado de situación financiera – categorías de activos financieros y pasivos financieros

11.41 Una entidad revelará los importes en libros de cada una de las siguientes categorías de activos financieros y pasivos financieros en la fecha de presentación, en total, en el estado de situación financiera o en las notas:

(a) activos financieros medidos al valor razonable con cambios en resultados (párrafo 11.14(c)(i) y párrafos 12.8 y 12.9);

(b) activos financieros que son instrumentos de deuda medidos al costo amortizado [párrafo 11.14(a)];

(c) activos financieros que son instrumentos de patrimonio medidos al costo menos deterioro del valor (párrafo 11.14(c)(ii) y párrafos 12.8 y 12.9);

(d)   pasivos financieros medidos al valor razonable con cambios en resultados (párrafos 12.8 y 12.9);

(e)   pasivos financieros medidos al costo amortizado [párrafo 11.14(a)]; y

(f)   compromisos de préstamo medidos al costo menos deterioro del valor [párrafo 11.14(b)].

11.42   Una entidad revelará información que permita a los usuarios de sus estados financieros evaluar la significatividad de los instrumentos financieros en su **situación financiera** y en su **rendimiento**. Por ejemplo, para las deudas a largo plazo, esta información normalmente incluiría los plazos y condiciones del instrumento de deuda (tal como la tasa de interés, vencimiento, plazos de reembolso y restricciones que el instrumento de deuda impone a la entidad).

11.43   Para todos activos financieros y pasivos financieros medidos al valor razonable, la entidad informará sobre la base utilizada para determinar el valor razonable, esto es, el precio de mercado cotizado en un mercado activo u otra técnica de valoración. Cuando se utilice una técnica de valoración, la entidad revelará los supuestos aplicados para determinar los valores razonables de cada clase de activos financieros o pasivos financieros. Por ejemplo, si fuera aplicable, una entidad revelará información sobre las hipótesis relacionadas con las tasas de pagos anticipados, las tasas de pérdidas estimadas en los créditos y las tasas de interés o de descuento.

11.44   Si una medida fiable del valor razonable deja de estar disponible, o no está disponible sin esfuerzo o costo desproporcionado cuando se proporciona esta exención para los instrumentos financieros que se requeriría en otro caso que se midiese a valor razonable con cambios en resultados de acuerdo con esta Norma, la entidad revelará ese hecho, el importe en libros de los instrumentos financieros, y, si se ha usado la exención por esfuerzo o costo desproporcionado, las razones por las que una medición fiable del valor razonable involucraría un esfuerzo o costo desproporcionado.

Baja en cuentas

11.45   Si una entidad ha transferido activos financieros a una tercera parte en una transacción que no cumple las condiciones para la baja en cuentas (véanse los párrafos 11.33 a 11.35), la entidad revelará para cada clase de estos activos financieros:

(a)   la naturaleza de los activos;

(b)   la naturaleza de los riesgos y ventajas inherentes a la propiedad a los que la entidad continúe expuesta; y

(c)   el importe en libros de los activos o de cualesquiera pasivos asociados que la entidad continúe reconociendo.

Garantía

11.46   Cuando una entidad haya pignorado activos financieros como garantía por pasivos o **pasivos contingentes**, revelará lo siguiente:

(a)   el importe en libros de los activos financieros pignorados como garantía; y

(b)   Los plazos y condiciones relacionados con su pignoración.

Incumplimientos y otras infracciones de préstamos por pagar

11.47   Para los **préstamos por pagar** reconocidos en la fecha de presentación, en los que se haya producido una infracción de los plazos o un incumplimiento de pagos del principal, intereses, fondos de amortización o cláusulas de reembolso que no se hayan corregido en la fecha de presentación, la entidad revelará lo siguiente:

(a)   detalles de esa infracción o incumplimiento;

(b)   el importe en libros de los préstamos por pagar relacionados en la fecha de presentación; y

(c)   si la infracción o incumplimiento ha sido corregido o si se han renegociado las condiciones de los préstamos por pagar antes de la fecha de autorización para emisión de los estados financieros.

Partidas de ingresos, gastos, ganancias o pérdidas

11.48   Una entidad revelará las siguientes partidas de ingresos, gastos, **ganancias** o pérdidas:

(a)   ingresos, gastos, ganancias o pérdidas, incluidos los cambios al valor razonable reconocidos en:

(i)   activos financieros medidos al valor razonable con cambios en resultados;

(ii)   pasivos financieros medidos al valor razonable con cambios en resultados;

(iii)   activos financieros medidos al costo amortizado; y

(iv)   Pasivos financieros medidos al costo amortizado.

(b)   ingresos por intereses totales y los gastos por intereses totales (calculados utilizando el método del interés efectivo) por activos financieros y pasivos financieros que no se miden al valor razonable con cambios en resultados; y

(c)   el importe de las pérdidas por deterioro de valor para cada clase de activo financiero.

Sección 12
Otros Temas relacionados con los Instrumentos Financieros
Alcance de las Secciones 11 y 12

12.1   La Sección 11 *Instrumentos Financieros Básicos* y Sección 12 conjuntamente tratan del reconocimiento, baja en cuentas, medición e información a revelar de los **instrumentos financieros** (**activos financieros** y **pasivos financieros**). La Sección 11 se aplica a los instrumentos financieros básicos y es aplicable a todas las entidades. La Sección 12 se aplica a otros instrumentos financieros y transacciones más complejos. Si una entidad solo realiza transacciones de instrumentos financieros básicos, la Sección 12 no le será de aplicación. Sin embargo, incluso las entidades que solo tienen instrumentos financieros básicos considerarán el alcance de la Sección 12 para asegurarse de que están exentas.

Elección de política contable

12.2   Una entidad elegirá aplicar:

(a)   los requerimientos de las Secciones 11 y 12 en su totalidad; o

(b)   los requerimientos sobre **reconocimiento** y **medición** de la NIC 39 *Instrumentos Financieros: Reconocimiento y Medición* y los requerimientos de información a revelar de las Secciones 11 y 12

para contabilizar todos sus instrumentos financieros. La elección de (a) o (b) por parte de una entidad constituye una elección de política contable. Los párrafos 10.8 a 10.14 contienen requerimientos para determinar cuándo un cambio en una política contable es apropiado, cómo debe contabilizarse y qué información debe revelarse sobre el cambio en la política contable.

Alcance de la Sección 12

12.3   La Sección 12 se aplica a todos los instrumentos financieros excepto:

(a)   los tratados en la Sección 11.

(b)   Inversiones en **subsidiarias**, **asociadas** y **negocios conjuntos** que se contabilicen de acuerdo con la Sección 9 *Estados Financieros Consolidados y Separados*, la Sección 14 *Inversiones en Asociadas* o la Sección 15 *Inversiones en Negocios Conjuntos*.

(c)   Los derechos y obligaciones de los empleadores procedentes de planes de **beneficios a los empleados** (véase la Sección 28 *Beneficios a los Empleados*).

(d)   Los derechos procedentes **contratos de seguro** a menos que el contrato de seguro pudiera dar lugar a una pérdida a cualquiera de las partes como consecuencia de condiciones contractuales que no tienen relación con:

(i)   cambios en el riesgo asegurado;

(ii)   cambios en las tasas de cambio en moneda extranjera; o

       (iii)   un incumplimiento por parte de una de las contrapartes.

(e)   instrumentos financieros que cumplan la definición de patrimonio propio de la entidad, incluyendo el **componente de patrimonio de instrumentos financieros compuestos** emitidos por la entidad (véase la Sección 22 *Pasivos y Patrimonio*).

(f)   **arrendamientos** dentro del alcance de la Sección 20 *Arrendamientos*. Por consiguiente, la Sección 12 se aplicará a los arrendamientos que puedan ocasionar una pérdida para el arrendador o el arrendatario como consecuencia de términos contractuales que no se relacionan con:

       (i)   cambios en el precio de los **activos** arrendados;

       (ii)   cambios en las tasas de cambio en moneda extranjera;

       (iii)   cambios en los pagos por arrendamiento basados en tasas de interés de mercado variables; o

       (iv)   un incumplimiento por parte de una de las contrapartes.

(g)   los contratos por contraprestaciones contingentes en una **combinación de negocios** (véase la Sección 19 *Combinaciones de Negocios y Plusvalía*). Esta exención se aplicará solo a la adquirente.

(h)   instrumentos financieros, contratos y obligaciones bajo **transacciones con pagos basados en acciones** a los que se aplica la Sección 26 *Pagos basados en Acciones*.

(i)   los activos que se reembolsan contabilizados de acuerdo con la Sección 21 *Provisiones y Contingencias* (véase el párrafo 21.9).

12.4   La mayoría de los contratos para la compra o venta de una partida no financiera, tales como materias primas cotizadas, **inventarios** o **propiedades, planta y equipo** se excluyen de esta sección porque no son instrumentos financieros. Sin embargo, esta sección se aplica a todos los contratos que imponen riesgos al comprador o vendedor que no son típicos de los contratos de compra o venta de partidas no financieras. Por ejemplo, esta sección se aplica a todos los contratos que puedan dar lugar a una pérdida para el comprador o el vendedor como consecuencia de las condiciones del contrato que no están relacionadas con cambios en el precio de partidas no financieras, cambios en tasas de cambio en moneda extranjera, o un incumplimiento por parte de una de las contrapartes.

12.5   Además de a los contratos descritos en el párrafo 12.4, esta sección se aplica a los contratos de compra o venta de partidas no financieras si el contrato puede liquidarse por el importe neto en **efectivo** u otro instrumento financiero, o mediante el intercambio de instrumentos financieros, como si los contratos fueran instrumentos financieros, con la siguiente excepción: los contratos que se realizaron y que se continúan manteniendo con el objetivo de recibir o de entregar un elemento no financiero de acuerdo con los requerimientos de uso, venta o compra esperados de la entidad no son instrumentos financieros a efectos de esta sección.

Reconocimiento inicial de activos financieros y pasivos financieros

12.6   Una entidad solo reconocerá un activo financiero o un pasivo financiero cuando se convierta en una parte de las condiciones contractuales del instrumento.

Medición inicial

12.7   Cuando se reconoce inicialmente un activo financiero o pasivo financiero, una entidad lo medirá por su **valor razonable**, que es normalmente el precio de transacción.

Medición posterior

12.8   Al final de cada **periodo sobre el que se informa**, una entidad medirá todos los instrumentos financieros que queden dentro del alcance de la Sección 12 al valor razonable y reconocerá los cambios en el valor razonable en el **resultado**, excepto en el caso de:

(a)   que algunos cambios en el valor razonable de los **instrumentos de cobertura** en una relación de cobertura designada deban reconocerse inicialmente en **otro resultado integral** según el párrafo 12.23; y

(b)   instrumentos de **patrimonio** sin **cotización pública** y cuyo valor razonable no pueda medirse de otra forma con fiabilidad sin esfuerzo o costo desproporcionado, así como los contratos vinculados con tales instrumentos que, en el caso de ejercerse, darán lugar a la entrega de tales instrumentos, los cuales deberán medirse al costo menos deterioros de valor.

12.9   Si la medida fiable del valor razonable ya no está disponible sin esfuerzo o costo desproporcionado para un instrumento de patrimonio, o contrato vinculado a este instrumento que si se ejerciera daría lugar a la entrega de esos instrumentos sin cotización pública pero medidos al valor razonable con cambios en resultados, su valor razonable en la última fecha en la que se midió el instrumento con fiabilidad sin esfuerzo o costo desproporcionado se tratará como el costo del instrumento. La entidad medirá el instrumento a este importe de costo menos deterioro de valor hasta que sea capaz de determinar una medida fiable del valor razonable sin esfuerzo o costo desproporcionado.

Valor razonable

12.10   Una entidad aplicará la guía sobre el valor razonable de los párrafos 11.27 a 11.32 a las mediciones de valor razonable de acuerdo con esta sección así como a las mediciones de valor razonable de acuerdo con la Sección 11.

12.11   El valor razonable de un pasivo financiero a pagar cuando es reclamado no puede ser menor que el importe a pagar a su cancelación, descontado desde la primera fecha en que pueda requerirse el pago.

12.12   Una entidad no incluirá los **costos de transacción** en la medición inicial de los activos y pasivos financieros que se medirán posteriormente al valor razonable con cambios en resultados. Si se difiere el pago por un activo o se financia a una tasa de interés que no es de mercado, la entidad medirá inicialmente el activo al **valor presente** de los pagos futuros descontados a una tasa de interés de mercado.

Deterioro del valor de los instrumentos financieros medidos al costo o al costo amortizado

12.13   Una entidad aplicará la guía sobre deterioro del valor de los párrafos 11.21 a 11.26 a los instrumentos financieros medidos al costo menos el deterioro del valor de acuerdo con esta sección.

Baja en cuentas de un activo financiero o un pasivo financiero

12.14   Una entidad aplicará los requerimientos para la **baja en cuentas** de los párrafos 11.33 a 11.38 a los activos financieros y los pasivos financieros a los que se aplica esta sección.

Contabilidad de coberturas

12.15   Si se cumplen los criterios especificados, una entidad puede designar una relación de cobertura entre un instrumento de cobertura y una **partida cubierta** de forma que se cumplan las condiciones para la contabilidad de coberturas. La contabilidad de coberturas permite que se reconozcan en resultados al mismo tiempo la **ganancia** o pérdida en el instrumento de cobertura y en la partida cubierta.

12.16   Para cumplir las condiciones para la contabilidad de coberturas, una entidad cumplirá todas las condiciones siguientes:

(a)   La entidad designará y documentará las relaciones de cobertura de forma que el riesgo que se cubre, la partida cubierta y el instrumento de cobertura estén claramente identificados y el riesgo en la partida cubierta es el riesgo que se cubre con el instrumento de cobertura.

(b)   El riesgo cubierto es uno de los riesgos especificados en el párrafo 12.17.

(c)   El instrumento de cobertura es como se especifica en el párrafo 12.18.

(d)   La entidad espera que el instrumento de cobertura sea altamente efectivo en compensar el riesgo cubierto designado. La **eficacia de una cobertura** es el grado en el que los cambios en el valor razonable o en los flujos de efectivo de la partida cubierta que son directamente atribuibles al riesgo cubierto se compensen con los cambios en el valor razonable o en los flujos de efectivo del instrumento de cobertura.

12.17   Esta Norma permite la contabilidad de coberturas solo para los siguientes riesgos:

(a)   riesgo de tasa de interés de un instrumento de deuda medido a su costo amortizado;

(b) riesgo de tasa de cambio en moneda extranjera o de tasa de interés en un **compromiso firme** o en una **transacción prevista altamente probable**;

(c) riesgo de precio de una materia prima cotizada que la entidad mantiene o en un compromiso firme o una transacción prevista altamente probable de comprar o vender una materia prima cotizada; y

(d) riesgo de tasa de cambio de la moneda extranjera en una inversión neta en un **negocio en el extranjero**.

El riesgo de tasa de cambio de la moneda extranjera de un instrumento de deuda medido al costo amortizado no se ha incluido en la lista porque la contabilidad de coberturas no tendría ningún efecto significativo sobre los **estados financieros**. Las cuentas, pagarés y préstamos por cobrar y por pagar básicos se miden habitualmente al costo amortizado [véase el párrafo 11.5(d)]. Esto incluiría las cuentas por pagar denominadas en una moneda extranjera. El párrafo 30.10 requiere que cualquier cambio en el **importe en libros** de la cuenta por pagar debido a un cambio en la tasa de cambio se reconozca en resultados. Por consiguiente, tanto el cambio en el valor razonable del instrumento de cobertura (la permuta financiera de divisas) como el cambio en el importe en libros de la cuenta por pagar relativa al cambio en la tasa de cambio se reconocerían en resultados y deberían compensarse entre sí excepto en lo que respecta a la diferencia entre la tasa de contado (a la que se mide el **pasivo**) y la tasa a plazo (a la que se mide la permuta).

12.18 Esta Norma solo permite la contabilidad de coberturas si el instrumento de cobertura cumple todos los plazos y condiciones siguientes:

(a) es una permuta de tasa de interés, una permuta financiera de diferencias de cambio, contrato de intercambio a término de moneda extranjera o un contrato a término de cambio de materia prima cotizada que se espera que sea altamente efectivo para compensar un riesgo identificado en el párrafo 12.17 que se designa como riesgo cubierto;

(b) involucra una parte externa a la entidad que informa (es decir, externa al **grupo**, segmento o entidad individual que informa);

(c) su **importe nocional** es igual al importe designado del principal o al importe nocional de la partida cubierta;

(d) tiene una fecha de vencimiento especificada no posterior a:

(i) el vencimiento del instrumento financiero cubierto;

(ii) la liquidación esperada del compromiso de compra o venta de la materia prima cotizada; o

(iii) la ocurrencia de la muy altamente probable transacción de moneda extranjera prevista o de la transacción con una materia prima cotizada que se cubre.

(e) No tiene pago anticipado, terminación anticipada o características ampliadas.

Cobertura del riesgo de tasas de interés fijas de un instrumento financiero reconocido o riesgo de precio de materias primas cotizadas de una materia prima cotizada en poder de la entidad

12.19 Si se cumplen las condiciones del párrafo 12.16 y el riesgo cubierto es la exposición a una tasa de interés fija de un instrumento de deuda medido al costo amortizado o el riesgo de precio de la materia prima cotizada que se posee, la entidad:

(a) reconocerá el instrumento de cobertura como un activo o pasivo y el cambio en el valor razonable del instrumento de cobertura en resultados; y

(b) reconocerá el cambio en el valor razonable de la partida cubierta relacionada con el riesgo cubierto en resultados y como un ajuste al importe en libros de la partida cubierta.

12.20 Si el riesgo cubierto es el riesgo de la tasa de interés fijo de un instrumento de deuda medido al costo amortizado, la entidad reconocerá la liquidación neta en efectivo periódica sobre la permuta de tasa de interés que es el instrumento de cobertura en resultados en el periodo en que se acumula (o devenga) la liquidación neta.

12.21 La entidad interrumpirá la contabilidad de coberturas especificada en el párrafo 12.19 si:

(a) el instrumento de cobertura expirase, fuese vendido o resuelto;

(b) la cobertura dejase de cumplir las condiciones especificadas en el párrafo 12.16 para la contabilidad de coberturas; o

(c) la entidad revocase la designación.

12.22 Si la contabilidad de coberturas se interrumpe y la partida cubierta es un activo o un pasivo registrado al costo amortizado que no ha sido dado de baja en cuentas, cualesquiera ganancias o pérdidas reconocidas como ajustes en el importe en libros de la partida cubierta se amortizará en el resultado utilizando el **método del interés efectivo** a lo largo de la vida restante de la partida cubierta.

Cobertura del riesgo de tasas de interés variable de un instrumento financiero reconocido, del riesgo de tasa de cambio de moneda extranjera o del riesgo de precio de materia prima cotizada en un compromiso firme o en una transacción prevista altamente probable, o de una inversión neta en un negocio en el extranjero

12.23 Si las condiciones del párrafo 12.16 se cumplen y el riesgo cubierto es:

(a) el riesgo de tasa de interés variable de un instrumento de deuda medido a costo amortizado;

(b) el riesgo de moneda extranjera en un compromiso firme o en una transacción prevista altamente probable;

(c) el riesgo de precio de materias primas cotizadas en un compromiso firme o en una transacción prevista altamente probable; o

(d) el riesgo de tasa de cambio de moneda extranjera en una inversión neta en un negocio en el extranjero.

la entidad deberá reconocer en otro resultado integral la parte del cambio en el valor razonable del instrumento de cobertura que fue eficaz en la compensación del cambio en el valor razonable o flujos de efectivo esperado de la partida cubierta. La entidad reconocerá en el resultado del periodo en cada periodo cualquier exceso (en términos absolutos) del cambio acumulado en el valor razonable del instrumento de cobertura sobre el cambio acumulado en el valor razonable de los flujos de efectivo esperados de la partida cubierta desde el comienzo de la cobertura (denominado algunas veces ineficacia de cobertura). La ganancia o pérdida en la cobertura reconocida en otro resultado integral deberá reclasificarse en resultados cuando la partida cubierta sea reconocida en el resultado del periodo, sujeta a los requerimientos del párrafo 12.25. Sin embargo, el importe acumulado de cualquier diferencia de cambio que esté relacionada con una cobertura de una inversión neta en un negocio en el extranjero reconocida en otro resultado integral no se reclasificará en el resultado del periodo en el momento de la disposición o disposición parcial del negocio en el extranjero.

12.24   Si el riesgo cubierto es el riesgo de la tasa de interés variable de un instrumento de deuda medido al costo amortizado, la entidad reconocerá posteriormente en resultados la liquidación neta en efectivo periódica de la permuta de tasa de interés que es el instrumento de cobertura en el periodo en que se acumula (o devenga) la liquidación neta.

12.25   Una entidad deberá interrumpir de forma prospectiva la contabilidad de coberturas especificada en el párrafo 12.23 si:

(a)   el instrumento de cobertura expirase, fuese vendido o resuelto;

(b)   la cobertura dejase de cumplir los requisitos establecidos en el párrafo 12.16 para la contabilidad de coberturas;

(c)   en una cobertura de una transacción prevista, ésta dejase de ser altamente probable; o

(d)   la entidad revocase la designación.

Si ya no se espera que ocurra la transacción prevista o si el instrumento de deuda cubierto medido al costo amortizado se da de baja en cuentas, cualquier ganancia o pérdida en el instrumento de cobertura que haya sido reconocida directamente en el otro resultado integral se reclasificará al resultado del periodo.

Información a revelar

12.26   Una entidad que aplique esta sección revelará toda la información requerida en la Sección 11 e incorporará a esa información los instrumentos financieros que queden dentro del alcance de esta sección, así como los que queden dentro del alcance de la Sección 11. Además, si la entidad utiliza contabilidad de coberturas, revelará la información adicional de los párrafos 12.27 a 12.29.

12.27 Una entidad revelará la siguiente información de forma separada para coberturas de cada uno de los cuatro tipos de riesgo descritos en el párrafo 12.17:

(a) una descripción de la cobertura;

(b) una descripción de los instrumentos financieros designados como instrumentos de cobertura y de sus valores razonables en la **fecha sobre la que se informa**; y

(c) La naturaleza de los riesgos cubiertos, incluyendo una descripción de la partida cubierta.

12.28 Si una entidad utiliza la contabilidad de coberturas para una cobertura de riesgo de tasa de interés fijo o de precio de una materia prima cotizada que posea (párrafos 12.19 a 12.22), revelará lo siguiente:

(a) el importe del cambio en el valor razonable del instrumento de cobertura reconocido en el resultado del periodo; y

(b) el importe del cambio en el valor razonable de la partida cubierta reconocido en el resultado del periodo.

12.29 Si una entidad utiliza la contabilidad de coberturas para una cobertura de riesgo de tasa de interés variable, riesgo de tasa de cambio, riesgo de precio de materia prima cotizada en un compromiso en firme o transacción prevista altamente probable, o inversión neta en un negocio en el extranjero (párrafos 12.23 a 12.25), revelará lo siguiente:

(a) los periodos en los que se espera que se produzcan los flujos de efectivo, cuándo se espera que afecten al resultado;

(b) una descripción de las transacciones previstas para las que se haya utilizado anteriormente la contabilidad de coberturas, pero cuya ocurrencia ya no se espere;

(c) el importe del cambio en el valor razonable del instrumento de cobertura que se reconoció en otro resultado integral durante el periodo (párrafo 12.23);

(d) el importe reclasificado al resultado del periodo (párrafos 12.23 a 12.25); y

(e) el importe de cualquier exceso del cambio acumulado en el valor razonable del instrumento de cobertura sobre el cambio acumulado en el valor razonable de los flujos de efectivo esperados que se reconoció en el resultado del periodo (párrafo 12.23).

Sección 13
Inventarios

Alcance de esta sección

13.1 Esta sección establece los principios para el reconocimiento y medición de los **inventarios**. Los inventarios son **activos**:

(a) poseídos para ser vendidos en el curso normal del negocio;

(b) en proceso de producción con vistas a esa venta; o

(c) en forma de materiales o suministros, para ser consumidos en el proceso de producción, o en la prestación de servicios.

13.2 Esta sección se aplica a todos los inventarios, excepto a:

(a) las obras en progreso, que surgen de **contratos de construcción**, incluyendo los contratos de servicios directamente relacionados (véase la Sección 23 *Ingresos de Actividades Ordinarias*);

(b) los **instrumentos financieros** (véase la Sección 11 *Instrumentos Financieros Básicos* y la Sección 12 *Otros Temas relacionados con los Instrumentos Financieros*); y

(c) los **activos biológicos** relacionados con la **actividad agrícola** y **productos agrícolas** en el punto de cosecha o recolección (véase la Sección 34 *Actividades Especializadas*).

13.3 Esta sección no se aplica a la **medición** de los inventarios mantenidos por:

(a) productores de productos agrícolas y forestales, de productos agrícolas tras la cosecha o recolección y de minerales y productos minerales, en la medida en que se midan por su **valor razonable menos el costo de venta** con cambios en **resultados**; o

(b) intermediarios que comercian con materias primas cotizadas, que midan sus inventarios al valor razonable menos costos de venta, con cambios en resultados.

Medición de los inventarios

13.4 Una entidad medirá los inventarios al importe menor entre el costo y el precio de venta estimado menos los costos de terminación y venta.

Costo de los inventarios

13.5 Una entidad incluirá en el costo de los inventarios todos los costos de compra, costos de transformación y otros costos incurridos para darles su condición y ubicación actuales.

Costos de adquisición

13.6 El costo de adquisición de los inventarios comprenderá el precio de compra, los aranceles de importación y otros impuestos (que no sean recuperables posteriormente de las autoridades fiscales) y transporte, manejo y otros costos directamente atribuibles a la adquisición de mercaderías, materiales y servicios. Los descuentos comerciales, las rebajas y otras partidas similares se deducirán para determinar el costo de adquisición.

13.7 Una entidad puede adquirir inventarios con pago aplazado. En algunos casos, el acuerdo contiene de hecho un elemento de financiación implícito, por ejemplo, una diferencia entre el precio de compra para condiciones normales de crédito y el importe de pago aplazado. En estos casos, la diferencia se reconocerá como **gasto** por intereses a lo largo del periodo de financiación y no se añadirá al costo de los inventarios.

Costos de transformación

13.8 Los costos de transformación de los inventarios comprenderán aquellos costos directamente relacionados con las unidades de producción, tales como la mano de obra directa. También comprenderán una distribución sistemática, de los costos indirectos de producción, variables o fijos, en los que se haya incurrido para transformar las materias primas en productos terminados. Son costos indirectos fijos de producción los que permanecen relativamente constantes, con independencia del volumen de producción, tales como la **depreciación** y mantenimiento de los edificios y equipos de la fábrica, así como el costo de gestión y administración de ésta. Son costos indirectos variables de producción los que varían directamente, o casi directamente, con el volumen de producción obtenida, tales como los materiales y la mano de obra indirecta.

Distribución de los costos indirectos de producción

13.9 Una entidad distribuirá los costos indirectos fijos de producción entre los costos de transformación sobre la base de la capacidad normal de los medios de producción. Capacidad normal es la producción que se espera conseguir en circunstancias normales, considerando el promedio de varios periodos o temporadas, y teniendo en cuenta la pérdida de capacidad que resulta de las operaciones previstas de mantenimiento. Puede usarse el nivel real de producción siempre que se aproxime a la capacidad normal. La cantidad de costo indirecto fijo distribuido a cada unidad de producción no se incrementará como consecuencia de un nivel bajo de producción, ni por la existencia de capacidad ociosa. Los costos indirectos no distribuidos se reconocerán como gastos del periodo en que han sido incurridos. En periodos de producción anormalmente alta, el importe de costo indirecto distribuido a cada unidad de producción se disminuirá, de manera que no se valoren los inventarios por encima del costo. Los costos indirectos variables se distribuirán, a cada unidad de producción, sobre la base del nivel real de uso de los medios de producción.

Producción conjunta y subproductos

13.10 El proceso de producción puede dar lugar a la fabricación simultánea de más de un producto. Este es el caso, por ejemplo, de la producción conjunta o de la producción de productos principales junto a subproductos. Cuando los costos de las materias primas o los costos de transformación de cada producto no sean identificables por separado, una entidad los distribuirá entre los productos utilizando bases congruentes y racionales. La distribución puede basarse, por ejemplo, en el valor de ventas relativo de cada producto ya sea como producción en proceso, en el momento en que los productos pasan a poder identificarse por separado, o cuando se termine el proceso de producción. La mayoría de los subproductos, por su propia naturaleza, no poseen un valor significativo. Cuando este sea el caso, la entidad los medirá al precio de venta, menos el costo de terminación y venta, deduciendo este importe del costo del producto principal. Como resultado, el **importe en libros** del producto principal no resultará **significativamente** diferente de su costo.

Otros costos incluidos en los inventarios

13.11 Una entidad incluirá otros costos en el costo de los inventarios solo en la medida en que se haya incurrido en ellos para darles su condición y ubicación actuales.

13.12 El párrafo 12.19(b) prevé que, en algunas circunstancias, el cambio en el **valor razonable** del **instrumento de cobertura** en una cobertura de riesgo de interés fijo o de riesgo de precio de materia prima cotizada mantenida ajuste el importe en libros de ésta.

Costos excluidos de los inventarios

13.13 Son ejemplos de costos excluidos del costo de los inventarios, reconocidos como gastos del periodo en el que se incurren, los siguientes:

(a) los importes anormales de desperdicio de materiales, mano de obra u otros costos de producción;

(b) costos de almacenamiento, a menos que sean necesarios durante el proceso productivo, antes de un proceso de elaboración ulterior;

(c) los costos indirectos de administración que no contribuyan a dar a los inventarios su condición y ubicación actuales; y

(d) los costos de venta.

Costo de los inventarios para un prestador de servicios

13.14 En el caso de que los prestadores de servicios tengan inventarios, los medirán por los costos que suponga su producción. Estos costos se componen fundamentalmente de mano de obra y otros costos del personal directamente involucrado en la prestación del servicio, incluyendo personal de supervisión y otros costos indirectos atribuibles. La mano de obra y los demás costos relacionados con las ventas, y con el personal de administración general, no se incluirán en el costo de los inventarios, sino que se contabilizarán como gastos del periodo en el que se hayan incurrido. Los costos de los inventarios de un prestador de servicios no incluirán márgenes de ganancia ni costos indirectos no atribuibles que, a menudo, se tienen en cuenta en los precios facturados por el prestador de servicios.

Costo de los productos agrícolas recolectados de activos biológicos

13.15   La Sección 34 requiere que los inventarios que comprenden productos agrícolas, que una entidad haya cosechado o recolectado de sus activos biológicos, deben medirse, en el momento de su **reconocimiento** inicial, por su valor razonable menos los costos estimados de venta en el punto de su cosecha o recolección. Éste pasará a ser el costo de los inventarios en esa fecha, para la aplicación de esta sección.

Técnicas de medición del costo, tales como el costo estándar, el método de los minoristas y el precio de compra más reciente

13.16   Una entidad puede utilizar técnicas tales como el método del costo estándar, el método de los minoristas o el precio de compra más reciente para medir el costo de los inventarios, si los resultados se aproximan al costo. Los costos estándares tendrán en cuenta los niveles normales de materias primas, suministros, mano de obra, eficiencia y utilización de la capacidad. Éstos se revisarán de forma regular y, si es necesario, se cambiarán en función de las condiciones actuales. El método de los minoristas mide el costo reduciendo el precio de venta del inventario por un porcentaje apropiado de margen bruto.

Fórmulas de cálculo del costo

13.17   Una entidad medirá el costo de los inventarios de partidas que no son habitualmente intercambiables y de los bienes y servicios producidos y segregados para proyectos específicos, utilizando identificación específica de sus costos individuales.

13.18   Una entidad medirá el costo de los inventarios, distintos de los tratados en el párrafo 13.17, utilizando los métodos de primera entrada primera salida (FIFO) o costo promedio ponderado. Una entidad utilizará la misma fórmula de costo para todos los inventarios que tengan una naturaleza y uso similares. Para los inventarios con una naturaleza o uso diferente, puede estar justificada la utilización de fórmulas de costo también diferentes. El método última entrada primera salida (LIFO) no está permitido en esta Norma.

Deterioro del valor de los inventarios

13.19   Los párrafos 27.2 a 27.4 requieren que una entidad evalúe al final de cada **periodo sobre el que se informa** si los inventarios están deteriorados, es decir, si el importe en libros no es totalmente recuperable (por ejemplo, por daños, obsolescencia o precios de venta decrecientes). Si una partida (o grupos de partidas) de inventario está deteriorada esos párrafos requieren que la entidad mida el inventario a su precio de venta menos los costos de terminación y venta y que reconozca una **pérdida por deterioro de valor**. Los mencionados párrafos requieren también, en algunas circunstancias, la reversión del deterioro anterior.

Reconocimiento como un gasto

13.20   Cuando los inventarios se vendan, la entidad reconocerá el importe en libros de éstos como un gasto en el periodo en el que se reconozcan los correspondientes **ingresos de actividades ordinarias**.

13.21   Algunos inventarios pueden ser incorporados a otras cuentas de activo, por ejemplo los inventarios que se emplean como un componente de las propiedades, planta y equipo de propia construcción.   Los inventarios distribuidos a otro activo de esta forma se contabilizan posteriormente de acuerdo con la sección de esta Norma aplicable a ese tipo de activo.

Información a revelar

13.22   Una entidad revelará la siguiente información:

(a)   las **políticas contables** adoptadas para la medición de los inventarios, incluyendo la fórmula del costo utilizado;

(b)   el importe total en libros de los inventarios, y los importes parciales según la clasificación apropiada para la entidad;

(c)   el importe de los inventarios reconocido como gasto durante el periodo;

(d)   las pérdidas por deterioro del valor reconocidas o revertidas en el resultado de acuerdo con la Sección 27 *Deterioro del Valor de los Activos*; y

(e)   el importe total en libros de los inventarios pignorados en garantía de **pasivos**.

Sección 14
Inversiones en Asociadas
Alcance de esta sección

14.1   Esta sección se aplicará a la contabilización de las **asociadas** en **estados financieros consolidados** y en los **estados financieros** de un inversor que no es una **controladora** pero tiene una inversión en una o más asociadas. El párrafo 9.26 establece los requerimientos para la contabilización de asociadas en **estados financieros separados**.

Definición de asociadas

14.2   Una asociada es una entidad, incluyendo una entidad sin forma jurídica definida tal como una fórmula asociativa con fines empresariales, sobre la que el inversor posee influencia significativa, y que no es una **subsidiaria** ni una participación en un **negocio conjunto**.

14.3   Influencia significativa es el poder de participar en las decisiones de política financiera y de operación de la asociada, sin llegar a tener **control** o el **control conjunto** sobre tales políticas;

(a)   si un inversor mantiene, directa o indirectamente (por ejemplo, a través de subsidiarias), el 20 por ciento o más del poder de voto en la asociada, se supone que tiene influencia significativa, a menos que pueda demostrarse claramente que tal influencia no existe;

(b)   a la inversa, si un inversor mantiene, directa o indirectamente (por ejemplo, a través de subsidiarias), menos del 20 por ciento del poder de voto en la asociada, se supone que no tiene influencia significativa, a menos que pueda demostrarse claramente que tal influencia existe; y

(c)   la existencia de otro inversor que posea una participación mayoritaria o sustancial no impide que un inversor tenga influencia significativa.

Medición—elección de política contable

14.4   Un inversor contabilizará todas sus inversiones en asociadas utilizando una de las siguientes opciones:

(a)   el modelo de costo del párrafo 14.5;

(b)   el método de la participación del párrafo 14.8; o

(c)   el modelo del **valor razonable** del párrafo 14.9.

Modelo del costo

14.5   Un inversor medirá sus inversiones en asociadas, distintas de aquellas para las que hay un precio de cotización publicado (véase el párrafo 14.7) al costo menos las **pérdidas por deterioro del valor** acumuladas reconocidas de acuerdo con la Sección 27 *Deterioro del Valor de los Activos*.

14.6   El inversor reconocerá los dividendos y otras distribuciones recibidas procedentes de la inversión como **ingresos**, sin tener en cuenta si las distribuciones proceden de las ganancias acumuladas de la asociada, surgidas antes o después de la fecha de adquisición.

14.7   Un inversor medirá sus inversiones en asociadas para las que hay un precio de cotización publicado mediante el modelo del valor razonable (véase el párrafo 14.9).

Método de la participación

14.8   Según el método de la participación, una inversión en patrimonio se reconocerá inicialmente al precio de la transacción (incluyendo los **costos de transacción**) y se ajustará posteriormente para reflejar la participación del inversor tanto en el **resultado** como en **otro resultado integral** de la asociada:

(a)   *distribuciones y otros ajustes al importe en libros.* Las distribuciones recibidas de la asociada reducirán el **importe en libros** de la inversión. Podrían también requerirse ajustes al importe en libros como consecuencia de cambios en el patrimonio de la asociada que surjan de partidas de otro resultado integral.

(b)   *derechos de voto potenciales.* Aunque se tienen en cuenta los derechos de voto potenciales al decidir si se existe influencia significativa, un inversor medirá su participación en el resultado del periodo y otro resultado integral de la asociada y su participación en los cambios del patrimonio de la asociada en función de las participaciones en la propiedad actuales. Esas mediciones no reflejarán el posible ejercicio o facultad de conversión de los derechos de voto potenciales.

(c)   *plusvalía implícita y ajustes del valor razonable.* En el momento de la adquisición de la inversión en una asociada, un inversor contabilizará cualquier diferencia (tanto si es positiva como si fuera negativa) entre el costo de adquisición y la participación del inversor en los valores razonables de los **activos** identificables netos de las asociada, de acuerdo con los párrafos 19.22 a 19.24. Un inversor ajustará su participación en las pérdidas o ganancias de la asociada después de la adquisición, para contabilizar la **depreciación** o **amortización** adicional de los activos depreciables o amortizables (incluyendo la **plusvalía**) de la asociada, calculadas sobre la base del exceso de sus valores razonables con respecto a sus importes en libros en el momento de adquirir la inversión.

(d)   *deterioro de valor.* Si hay una indicación de que se ha deteriorado el valor de una inversión en una asociada, un inversor comprobará el importe en libros completo de la inversión por deterioro de valor de acuerdo con la Sección 27 como un activo individual. No se comprobará por separado el deterioro del valor de cualquier plusvalía que se haya incluido como parte del importe en libros de la inversión en la asociada, sino que formará parte de la comprobación de deterioro del valor de la inversión en su conjunto.

(e) *transacciones del inversor con asociadas.* El inversor eliminará las ganancias y pérdidas no realizadas procedentes de las transacciones ascendentes (de la asociada al inversor) y descendentes (del inversor a la asociada) en función de la participación del inversor en la asociada. Las pérdidas no realizadas en estas transacciones pueden proporcionar evidencia de un deterioro del valor del activo transferido.

(f) *fecha de los estados financieros de la asociada.* Al aplicar el método de la participación, el inversor utilizará los estados financieros de la asociada en la misma fecha que los estados financieros del inversor a menos que resulte **impracticable**. Si fuera impracticable, el inversor utilizará los estados financieros más recientes disponibles de la asociada, con ajustes realizados por los efectos de las transacciones o sucesos significativos ocurridos entre los finales del periodo contable sobre el que se informa.

(g) *políticas contables de la asociada.* Si la asociada aplica **políticas contables** que difieren de las del inversor, el inversor ajustará los estados financieros de la asociada para reflejar las políticas contables del inversor a fin de aplicar el método de la participación, a menos que resulte impracticable.

(h) *pérdidas por encima de la inversión.* Si una participación de un inversor en las pérdidas de la asociada iguala o excede al importe en libros de su inversión en ésta, dejará de reconocer su participación en las pérdidas adicionales. Una vez que la participación del inversor se reduzca a cero, éste reconocerá las pérdidas adicionales mediante una **provisión** (véase la Sección 21 *Provisiones y Contingencias*) solo en la medida en que el inversor haya incurrido en obligaciones legales o **implícitas** o haya efectuado pagos en nombre de la asociada. Si la asociada presentara ganancias con posterioridad, el inversor volverá a reconocer su participación en esas ganancias solo después de que su participación en las mismas iguale a su participación en las pérdidas no reconocidas.

(i) *discontinuación del método de la participación.* Un inversor dejará de aplicar el método de la participación a partir de la fecha en que cese de tener una influencia significativa:

    (i) si la asociada pasa a ser una subsidiaria o un negocio conjunto, el inversor volverá medir la participación en el patrimonio que mantenía anteriormente al valor razonable y reconocerá las pérdidas o **ganancias** resultantes, si las hubiere, en el resultado.

    (ii) si un inversor pierde influencia significativa sobre una asociada como resultado de una disposición completa o parcial de su inversión, dará de baja en cuentas a la asociada y reconocerá en los resultados la diferencia entre, por una parte, la suma de los importes recibidos más el valor razonable de cualquier participación conservada y, por otra, el importe en libros de la inversión en la asociada en la fecha en la que se pierde la influencia significativa. A partir de entonces, el inversor contabilizará la participación conservada mediante lo dispuesto en la Sección 11 *Instrumentos Financieros Básicos* y la Sección 12 *Otros Temas relacionados con los Instrumentos Financieros*, según corresponda.

(iii) Si un inversor pierde influencia significativa por motivos distintos de una disposición parcial de su inversión, considerará el importe en libros de la inversión en esa fecha como una nueva base de costo y contabilizará las inversiones utilizando las Secciones 11 y 12, según corresponda.

Modelo del valor razonable

14.9 Cuando se reconoce una inversión en una asociada inicialmente, un inversor la medirá al precio de la transacción. El precio de transacción excluye los costos de transacción.

14.10 En cada **fecha sobre la que se informa**, un inversor medirá sus inversiones en asociadas al valor razonable, con cambios en el valor razonable reconocidos en los resultados, utilizando la guía de medición del valor razonable contenida en los párrafos 11.27 a 11.32. Un inversor que use el modelo del valor razonable, utilizará el modelo de costo para las inversiones en asociadas en las que no pueda medirse el valor razonable con fiabilidad, sin un costo o esfuerzo desproporcionado.

Presentación de los estados financieros

14.11 Un inversor clasificará las inversiones en asociadas como activos no corrientes.

Información a revelar

14.12 Una entidad revelará la siguiente información:

(a) su **política contable** para inversiones en asociadas;

(b) el importe en libros de las inversiones en asociadas [véase el párrafo 4.2(j)]; y

(c) el valor razonable de las inversiones en asociadas, contabilizadas utilizando el método de la participación, para las que existan precios de cotización públicos.

14.13 Para las inversiones en asociadas contabilizadas por el método del costo, un inversor revelará el importe de los dividendos y otras distribuciones reconocidas como ingresos.

14.14 Para inversiones en asociadas contabilizadas por el método de la participación, un inversor revelará por separado su participación en los resultados de estas asociadas y su participación en las **operaciones discontinuadas** de estas asociadas.

14.15 Para las inversiones en asociadas contabilizadas por el modelo del valor razonable, un inversor revelará la información requerida por los párrafos 11.41 a 11.44. Si un inversor aplica la exención por esfuerzo o costo desproporcionado del párrafo 14.10 a cualquier asociada, revelará ese hecho, las razones por las que la medición del valor razonable involucraría un esfuerzo o costo desproporcionado y el importe en libros de las inversiones en asociadas contabilizadas según el modelo del costo.

Sección 15
Inversiones en Negocios Conjuntos
Alcance de esta sección

15.1 Esta sección se aplica a la contabilización de **negocios conjuntos** en los **estados financieros consolidados** y en los **estados financieros** de un inversor que, no siendo una **controladora**, tiene **participación** en uno o más negocios conjuntos. El párrafo 9.26 establece los requerimientos para la contabilización de las participaciones en un negocio conjunto en **estados financieros separados**.

Definición de negocio conjunto

15.2 **Control conjunto** es el acuerdo contractual para compartir el **control** sobre una actividad económica, y se da únicamente cuando las decisiones estratégicas, tanto financieras como operativas, de dicha actividad requieren el consentimiento unánime de las partes que están compartiendo el control (los participantes).

15.3 Un negocio conjunto es un acuerdo contractual mediante el cual dos o más partes emprenden una actividad económica que se somete a control conjunto. Los negocios conjuntos pueden tomar la forma de operaciones controladas de forma conjunta, **activos** controlados de forma conjunta, o **entidades controladas de forma conjunta**.

Operaciones controladas de forma conjunta

15.4 La operación de algunos negocios conjuntos implica el uso de los activos y otros recursos de los participantes, en lugar de la constitución de una sociedad por acciones, asociación con fines empresariales u otra entidad, o una estructura financiera independiente de los participantes. Cada participante utilizará sus **propiedades, planta y equipo** y llevará sus propios **inventarios**. También incurrirá en sus propios **gastos** y **pasivos**, obteniendo su propia financiación, que representará sus propias obligaciones. Las actividades del negocio conjunto podrán llevarse a cabo por los empleados del participante, al tiempo que realizan actividades similares para éste. Normalmente, el acuerdo del negocio conjunto establecerá la forma en que los participantes compartirán los **ingresos** ordinarios provenientes de la venta del producto conjunto y cualquier gasto incurrido en común.

15.5 Con respecto a sus participaciones en operaciones controladas de forma conjunta, el participante reconocerá en sus estados financieros:

(a) los activos que controla y los pasivos en los que incurre; y

(b) los gastos en que incurre y su participación en los **ingresos** obtenidos de la venta de bienes o prestación de servicios por el negocio conjunto.

Activos controlados de forma conjunta

15.6   Algunos negocios conjuntos implican el control conjunto, y a menudo también la propiedad conjunta, de los participantes sobre uno o más activos aportados o adquiridos para cumplir con los propósitos de dicho negocio conjunto.

15.7   Con respecto a su participación en activos controlados de forma conjunta, un participante reconocerá en sus estados financieros:

(a)   su participación en los activos controlados de forma conjunta, clasificados de acuerdo con su naturaleza;

(b)   cualquier pasivo en que haya incurrido;

(c)   su parte de los pasivos en los que haya incurrido conjuntamente con los otros participantes, en relación con el negocio conjunto;

(d)   cualquier ingreso por la venta o uso de su parte de la producción del negocio conjunto, junto con su parte de cualquier gasto en que haya incurrido el negocio conjunto; y

(e)   cualquier gasto en que haya incurrido en relación con su participación en el negocio conjunto.

Entidades controladas de forma conjunta

15.8   Una entidad controlada de forma conjunta es un negocio conjunto que implica la creación de una sociedad por acciones, una asociación con fines empresariales u otro tipo de entidad, en la que cada participante adquiere una participación. La entidad opera de la misma manera que otras entidades, excepto por la existencia de un acuerdo contractual entre los participantes que establece el control conjunto sobre la actividad económica de dicha entidad.

Medición – elección de política contable

15.9   Un participante contabilizará todas sus participaciones en entidades controladas de forma conjunta utilizando una de las siguientes opciones:

(a)   el modelo de costo del párrafo 15.10;

(b)   el método de la participación del párrafo 15.13; o

(c)   el modelo del **valor razonable** del párrafo 15.14.

Modelo del costo

15.10   Un inversor medirá sus inversiones en entidades controladas de forma conjunta, distintas de aquellas para las que haya un precio de cotización publicado (véase el párrafo 15.12) al costo menos las **pérdidas por deterioro del valor acumuladas**, reconocidas de acuerdo con la Sección 27 *Deterioro del Valor de los Activos*.

15.11   El participante en un negocio conjunto reconocerá las distribuciones recibidas procedentes de la inversión como ingresos, sin tener en cuenta si dichas distribuciones proceden de las ganancias acumuladas por la entidad controlada de forma conjunta surgidas antes o después de la fecha de adquisición.

15.12 Un inversor medirá sus inversiones en entidades controladas de forma conjunta para las que haya un precio de cotización publicado utilizando el modelo del valor razonable (véase el párrafo 15.14).

Método de la participación

15.13 Un inversor medirá sus inversiones en entidades controladas de forma conjunta por el método de la participación utilizando los procedimientos del párrafo 14.8 (sustituyendo en los párrafos que hacen referencia a "influencia significativa" por "control conjunto").

Modelo del valor razonable

15.14 Cuando se reconoce inicialmente una inversión en una entidad controlada de forma conjunta, un participante en un negocio conjunto la medirá al precio de la transacción. El precio de transacción excluye los **costos de transacción**.

15.15 En cada **fecha sobre la que se informa**, un participante en un negocio conjunto medirá sus inversiones en entidades controladas de forma conjunta al valor razonable, con los cambios en el valor razonable reconocidos en los **resultados**, utilizando la **guía** de medición del valor razonable contenida en los párrafos 11.27 a 11.32. Un participante en un negocio conjunto que use el modelo del valor razonable utilizará el modelo de costo para las inversiones en una entidad controlada de forma conjunta para las que no pueda medirse el valor razonable de forma fiable sin un costo o esfuerzo desproporcionado.

Transacciones entre un participante y un negocio conjunto

15.16 Cuando un participante aporte o venda activos al negocio conjunto, el **reconocimiento** de cualquier porción de las **ganancias** o pérdidas procedentes de la transacción, reflejará la esencia económica de ésta. Mientras los activos se conserven por el negocio conjunto, y siempre que el participante haya transferido los riesgos y las recompensas significativas de la propiedad, el participante reconocerá únicamente la porción de la ganancia o pérdida que sea atribuible a las participaciones de los otros participantes. El participante reconocerá el importe total de cualquier pérdida, cuando la contribución efectuada o la venta proporcionen evidencia de una pérdida por deterioro del valor.

15.17 Cuando un participante compre activos procedentes de un negocio conjunto, éste no reconocerá su porción en los beneficios del negocio conjunto procedente de la transacción hasta que los activos sean revendidos a un tercero independiente. Un participante reconocerá su parte en las pérdidas procedentes de estas transacciones de forma similar a los beneficios, excepto que esas pérdidas se reconocerán inmediatamente cuando representen una pérdida por deterioro del valor.

Si el inversor no tiene control conjunto

15.18 Un participante en un negocio conjunto que no tenga control conjunto contabilizará la inversión de acuerdo con la Sección 11 *Instrumentos Financieros*

Básicos, la Sección 12 *Otros Temas relacionados con los Instrumentos Financieros* o, si posee influencia significativa en el negocio conjunto, de acuerdo con la Sección 14 *Inversiones en Asociadas*.

Información a revelar

15.19 Una entidad revelará la siguiente información:

(a) la **política contable** que utiliza para reconocer sus participaciones en entidades controladas de forma conjunta;

(b) el **importe en libros** de las inversiones en entidades controladas de forma conjunta [véase el párrafo 4.2(k)];

(c) el valor razonable de las inversiones en entidades controladas de forma conjunta, contabilizadas utilizando el método de la participación, para las que existan precios de cotización públicos; y

(d) El importe agregado de sus compromisos relacionados con negocios conjuntos, incluyendo su participación en los compromisos de inversión de capital en los que se haya incurrido de forma conjunta con otros participantes, así como su participación en los compromisos de inversión de capital asumidos por los propios negocios conjuntos.

15.20 Para las entidades controladas de forma conjunta contabilizadas de acuerdo con el método de la participación, el participante en un negocio conjunto también revelará la información que requiere el párrafo 14.14 para las inversiones por el método de la participación.

15.21 Para las inversiones en entidades controladas de forma conjunta contabilizadas de acuerdo con el modelo del valor razonable, el participante en un negocio conjunto revelará la información requerida por los párrafos 11.41 a 11.44. Si un participante en un negocio conjunto aplica la exención del esfuerzo o costo desproporcionado del párrafo 15.15 a cualquiera de las entidades controladas de forma conjunta, revelará ese hecho, las razones por las que la medición del valor razonable involucraría un esfuerzo o costo desproporcionado y el importe en libros de las inversiones en entidades controladas de forma conjunta contabilizadas según el modelo del costo.

Sección 16
Propiedades de Inversión
Alcance de esta sección

16.1   Esta sección se aplicará a la contabilidad de inversiones en terrenos o edificios que cumplen la definición de **propiedades de inversión** del párrafo 16.2, así como a ciertas participaciones en propiedades mantenidas por un arrendatario, dentro de un acuerdo de **arrendamiento operativo** (véase el párrafo 16.3), que se tratan como si fueran propiedades de inversión. Solo las propiedades de inversión cuyo **valor razonable** se puede medir con fiabilidad sin costo o esfuerzo desproporcionado, y en un contexto de negocio en marcha, se contabilizarán de acuerdo con esta sección por su valor razonable con cambios en **resultados**. Todas las demás propiedades de inversión se contabilizarán utilizando el modelo del costo de la Sección 17 *Propiedades, Planta y Equipo*, y quedarán dentro del alcance de la Sección 17, a menos que pase a estar disponible una medida fiable del valor razonable y se espere que dicho valor razonable será medible con fiabilidad en un contexto de negocio en marcha.

Definición y reconocimiento inicial de las propiedades de inversión

16.2   Las propiedades de inversión son propiedades (terrenos o edificios, o partes de un edificio, o ambos) que se mantienen por el dueño o el arrendatario bajo un **arrendamiento financiero** para obtener rentas, plusvalías o ambas, y no para:

(a)   su uso en la producción o suministro de bienes o servicios, o para fines administrativos; o

(b)   su venta en el curso ordinario de las operaciones.

16.3   Una participación en una propiedad, que se mantenga por un arrendatario dentro de un acuerdo de arrendamiento operativo, se podrá clasificar y contabilizar como propiedad de inversión utilizando esta sección si, y solo si, la propiedad cumpliese, de otra forma, la definición de propiedades de inversión, y el arrendatario pudiera medir el valor razonable participación en la propiedad sin costo o esfuerzo desproporcionado, en un contexto de negocio en marcha. Esta clasificación alternativa estará disponible para cada una de las propiedades por separado.

16.4   En las propiedades de uso mixto se separará entre propiedades de inversión y **propiedades, planta y equipo**. Sin embargo, si el valor razonable del componente de propiedades de inversión no se puede medir con fiabilidad sin costo o esfuerzo desproporcionado, se contabilizará la propiedad en su totalidad como propiedades, planta y equipo, de acuerdo con la Sección 17.

Medición en el reconocimiento inicial

16.5   Una entidad medirá las propiedades de inversión por su costo en el **reconocimiento** inicial. El costo de una propiedad de inversión comprada comprende su precio de compra y cualquier gasto directamente atribuible, tal como honorarios legales y de intermediación, impuestos por la transferencia de propiedad y otros **costos de transacción**. Si el pago se aplaza más allá de los términos normales de crédito, el costo es el **valor presente** de todos los pagos futuros. Una entidad determinará el costo de las propiedades de inversión construidas por ella misma de acuerdo con los párrafos 17.10 a 17.14.

16.6   El costo inicial de la participación en una propiedad mantenida en régimen de **arrendamiento** y clasificada como propiedades de inversión será el establecido para los arrendamientos financieros en el párrafo 20.9, incluso si el arrendamiento se clasificaría en otro caso como un arrendamiento operativo en caso de que estuviese dentro del alcance de la Sección 20 *Arrendamientos*. En otras palabras, el **activo** se reconoce por el importe menor entre el valor razonable de la propiedad y el valor presente de los **pagos mínimos por arrendamiento**. Un importe equivalente se reconoce como **pasivo** de acuerdo con el párrafo 20.9.

Medición posterior al reconocimiento

16.7   Las propiedades de inversión cuyo valor razonable se puede medir de manera fiable sin costo o esfuerzo desproporcionado, se medirán al valor razonable en cada **fecha sobre la que se informa**, reconociendo en resultados los cambios en el valor razonable. Si una participación en una propiedad mantenida bajo arrendamiento se clasifica como propiedades de inversión, la partida contabilizada por su valor razonable será esa participación y no la propiedad subyacente. Los párrafos 11.27 a 11.32 proporcionan una guía para determinar el valor razonable. Una entidad contabilizará todas las demás propiedades de inversión, utilizando el modelo de costo de la Sección 17.

Transferencias

16.8   Cuando ya no esté disponible una medición fiable del valor razonable sin un costo o esfuerzo desproporcionado, para un elemento de propiedades de inversión que se mide utilizando el modelo del valor razonable, la entidad contabilizará a partir de ese momento la partida de acuerdo con la Sección 17 hasta que vuelva a estar disponible una medición fiable del valor razonable. Según la Sección 17, el **importe** en libros de la propiedad de inversión en dicha fecha se convierte en su costo. El párrafo 16.10(c)(iii) requiere revelar información sobre este cambio. Se trata de un cambio de circunstancias y no de un cambio de política contable.

16.9   Aparte de los requerimientos establecidos por el párrafo 16.8, una entidad transferirá una propiedad a propiedades de inversión, o a la inversa, solo cuando la propiedad cumpla en el primer caso, o deje de cumplir en el segundo, la definición de propiedades de inversión.

Información a revelar

16.10   Una entidad revelará la siguiente información para todas las propiedades de inversión contabilizadas por el valor razonable con cambios en resultados (párrafo 16.7):

(a)   Los métodos e hipótesis significativos empleados en la determinación del valor razonable de las propiedades de inversión.

(b)   La medida en que el valor razonable de las propiedades de inversión (como han sido medidas o reveladas en los estados financieros) está basado en una tasación hecha por un tasador independiente, de reconocida cualificación profesional y con suficiente experiencia reciente en la zona y categoría de la propiedad de inversión objeto de valoración. Si no hubiera tenido lugar dicha forma de valoración, se revelará este hecho.

(c)   La existencia e importe de las restricciones a la realización de las propiedades de inversión, al cobro de los **ingresos** derivados de las mismas o de los recursos obtenidos por su disposición.

(d)   Las obligaciones contractuales para adquisición, construcción o desarrollo de propiedades de inversión, o por concepto de reparaciones, mantenimiento o mejoras de las mismas.

(e)   Una conciliación entre el importe en libros de las propiedades de inversión al inicio y al final del periodo, que muestre por separado lo siguiente:

   (i)   adiciones, revelando por separado las procedentes de adquisiciones a través de **combinaciones de negocios**;

   (ii)   **ganancias** o pérdidas netas procedentes de los ajustes al valor razonable.

   (iii)   transferencias a, y desde propiedades de inversión, registradas al costo menos la **depreciación** y el **deterioro de valor acumulados** (véase el párrafo 16.8);

   (iv)   transferencias de propiedades a **inventarios**, o de inventarios a propiedades, y hacia o desde propiedades ocupadas por el dueño; y

   (v)   otros cambios.

No es necesario presentar esta conciliación para periodos anteriores.

16.11   De acuerdo con la Sección 20, el dueño de propiedades de inversión proporcionará información a revelar del arrendador sobre arrendamientos en los que haya participado. Una entidad que mantenga propiedades de inversión en arrendamiento financiero u operativo, proporcionará la información a revelar del arrendatario para los arrendamientos financieros y la información a revelar del arrendador para los arrendamientos operativos en los que haya participado.

Sección 17
Propiedades, Planta y Equipo

Alcance de esta sección

17.1 Esta sección se aplicará a la contabilidad de las **propiedades, planta y equipo**, así como de las **propiedades de inversión** cuyo **valor razonable** no se pueda medir con fiabilidad sin costo o esfuerzo desproporcionado sobre la base de la gestión continuada. La Sección 16 *Propiedades de Inversión* se aplicará a propiedades de inversión cuyo valor razonable se puede medir con fiabilidad sin costo o esfuerzo desproporcionado.

17.2 Las propiedades, planta y equipo son **activos** tangibles que:

(a) se mantienen para su uso en la producción o suministro de bienes o servicios, para arrendarlos a terceros o con propósitos administrativos; y

(b) se esperan usar durante más de un periodo.

17.3 Las propiedades, planta y equipo no incluyen:

(a) los **activos biológicos** relacionados con la **actividad agrícola** (véase la Sección 34 *Actividades Especializadas*); o

(b) los derechos mineros y reservas minerales tales como petróleo, gas natural y recursos no renovables similares.

Reconocimiento

17.4 Una entidad aplicará los criterios de **reconocimiento** del párrafo 2.27 para determinar si reconocer o no una partida de propiedades, planta o equipo. Por consiguiente, la entidad reconocerá el costo de un elemento de propiedades, planta y equipo como un activo si, y solo si:

(a) es **probable** que la entidad obtenga los beneficios económicos futuros asociados con el elemento, y

(b) el costo del elemento puede medirse con fiabilidad.

17.5 Partidas tales como las piezas de repuesto, equipo de reserva y el equipo auxiliar se reconocerán de acuerdo con esta sección cuando cumplan con la definición de propiedades, planta y equipo. En otro caso, estos elementos se clasificarán como **inventarios**.

17.6 Ciertos componentes de algunos elementos de propiedades, planta y equipo pueden requerir su reemplazo a intervalos regulares (por ejemplo, el techo de un edificio). Una entidad añadirá el costo de reemplazar componentes de tales elementos al **importe en libros** de un elemento de propiedades, planta y equipo cuando se incurra en ese costo, si se espera que el componente reemplazado vaya a proporcionar beneficios futuros adicionales a la entidad. El importe en libros de estos componentes sustituidos se **dará de baja** en cuentas de acuerdo con los párrafos 17.27 a 17.30, independientemente de si los elementos sustituidos han sido depreciados por separado o no. Si no fuera practicable para la entidad determinar el importe en libros del elemento sustituido, podrá utilizar el costo de la sustitución como indicativo de cuál era el costo del elemento sustituido en el momento en el que fue adquirido o construido. El párrafo 17.16 establece que si los principales componentes de un elemento de propiedades, planta y equipo tienen patrones significativamente diferentes de consumo de beneficios económicos, una entidad distribuirá el costo inicial del activo entre sus componentes principales y **depreciará** estos componentes por separado a lo largo de su **vida útil**.

17.7 Una condición para que algunos elementos de propiedades, planta y equipo continúen operando, (por ejemplo, un autobús) puede ser la realización periódica de inspecciones generales en busca de defectos, independientemente de que algunas partes del elemento sean sustituidas o no. Cuando se realice una inspección general, su costo se reconocerá en el importe en libros del elemento de propiedades, planta y equipo como una sustitución, si se satisfacen las condiciones para su reconocimiento. Se dará de baja cualquier importe en libros que se conserve del costo de una inspección previa importante (distinto de los componentes físicos). Esto se hará con independencia de que el costo de la inspección previa importante fuera identificado en la transacción en la cual se adquirió o se construyó el elemento. Si fuera necesario, puede utilizarse el costo estimado de una inspección similar futura como indicador de cuál fue el costo del componente de inspección existente cuando la partida fue adquirida o construida.

17.8 Los terrenos y los edificios son activos separables, y una entidad los contabilizará por separado, incluso si hubieran sido adquiridos de forma conjunta.

Medición en el momento del reconocimiento

17.9 Una entidad medirá un elemento de propiedades, planta y equipo por su costo en el momento del reconocimiento inicial.

Componentes del costo

17.10 El costo de los elementos de propiedades, planta y equipo comprende todo lo siguiente:

(a) El precio de adquisición, que incluye los honorarios legales y de intermediación, los aranceles de importación y los impuestos no recuperables, después de deducir los descuentos comerciales y las rebajas.

(b) todos los costos directamente atribuibles a la ubicación del activo en el lugar y en las condiciones necesarias para que pueda operar de la forma prevista por la gerencia. Estos costos pueden incluir los costos de preparación del emplazamiento, los costos de entrega y manipulación inicial, los de instalación y montaje y los de comprobación de que el activo funciona adecuadamente.

(c) La estimación inicial de los costos de desmantelamiento o retiro del elemento, así como la rehabilitación del lugar sobre el que se asienta, la obligación en que incurre una entidad cuando adquiere el elemento o como consecuencia de haber utilizado dicho elemento durante un determinado periodo, con propósitos distintos al de producción de inventarios durante tal periodo.

17.11 Los siguientes costos no son costos de un elemento de propiedades, planta y equipo una entidad los reconocerá como **gastos** cuando se incurra en ellos:

(a) costos de apertura de una nueva instalación productiva;

(b) costos de introducción de un nuevo producto o servicio (incluyendo los costos de publicidad y actividades promocionales);

(c) costos de apertura del negocio en una nueva localización o los de redirigirlo a un nuevo tipo de clientela (incluyendo los costos de formación del personal);

(d) costos de administración y otros costos indirectos generales; y

(e) **costos por préstamos** (véase la Sección 25 *Costos por Préstamos*).

17.12 Los **ingresos** y gastos asociados con las operaciones accesorias durante la construcción o desarrollo de un elemento de propiedades, planta y equipo se reconocerán en **resultados** si esas operaciones no son necesarias para ubicar el activo en su lugar y condiciones de funcionamiento previstos.

Medición del costo

17.13 El costo de un elemento de propiedades, planta y equipo será el precio equivalente en efectivo en la fecha de reconocimiento. Si el pago se aplaza más allá de los términos normales de crédito, el costo es el **valor presente** de todos los pagos futuros.

Permutas de activos

17.14 Un elemento de propiedades, planta y equipo puede haber sido adquirido a cambio de uno o varios activos no monetarios, o de una combinación de activos monetarios y no monetarios. Una entidad medirá el costo del activo adquirido por su valor razonable, a menos que (a) la transacción de intercambio no tenga carácter comercial, o (b) ni el valor razonable del activo recibido ni el del activo entregado puedan medirse con fiabilidad. En tales casos, el costo del activo se medirá por el valor en libros del activo entregado.

Medición posterior al reconocimiento inicial

17.15 La entidad elegirá como política contable el modelo del costo del párrafo 17.15A o el modelo de revaluación del párrafo 17.15B, y aplicará esa política a todos los elementos que compongan una misma clase de propiedades, planta y equipo. Una entidad aplicará el modelo del costo a propiedades de inversión cuyo valor razonable no puede medirse con fiabilidad sin esfuerzo o costo desproporcionado. Una entidad reconocerá los costos del mantenimiento diario de un elemento de propiedad, planta y equipo en los resultados del periodo en el que incurra en dichos costos.

Modelo del costo

17.15A Una entidad medirá un elemento de propiedades, planta y equipo tras su reconocimiento inicial al costo menos la **depreciación** acumulada y cualesquiera **pérdidas por deterioro del valor** acumuladas.

Modelo de revaluación

17.15B Una entidad medirá un elemento de propiedades, planta y equipo cuyo valor razonable pueda medirse con fiabilidad por su valor revaluado, que es su valor razonable, en el momento de la revaluación, menos la depreciación acumulada y el importe acumulado de las pérdidas por deterioro de valor posteriores. Las revaluaciones se harán con suficiente regularidad, para asegurar que el importe en libros, en todo momento, no difiera **significativamente** del que podría determinarse utilizando el valor razonable al final del **periodo sobre el que se informa**. Los párrafos 11.27 a 11.32 proporcionan una guía para determinar el valor razonable. Si se revalúa un elemento de propiedades, planta y equipo, se revaluarán también todos los elementos que pertenezcan a la misma clase de activos.

17.15C Si se incrementa el importe en libros de un activo como consecuencia de una revaluación, este aumento se reconocerá directamente en **otro resultado integral** y se acumulará en el **patrimonio**, bajo el encabezamiento de superávit de revaluación. Sin embargo, el incremento se reconocerá en el resultado del periodo en la medida en que sea una reversión de un decremento por revaluación del mismo activo reconocido anteriormente en el resultado del periodo.

17.15D Cuando se reduzca el importe en libros de un activo como consecuencia de una revaluación, tal disminución se reconocerá en el resultado del periodo. Sin embargo, la disminución se reconocerá en otro resultado integral en la medida en que existiera saldo acreedor en el superávit de revaluación en relación con ese activo. La disminución reconocida en otro resultado integral reduce el importe acumulado en el patrimonio contra la cuenta de superávit de revaluación.

Depreciación

17.16 Si los principales componentes de un elemento de propiedades, planta y equipo tienen patrones significativamente diferentes de consumo de beneficios económicos, una entidad distribuirá el costo inicial del activo entre sus componentes principales y depreciará cada uno de estos componentes por separado a lo largo de su vida útil. Otros activos se depreciarán a lo largo de sus vidas útiles como activos individuales. Con algunas excepciones, tales como minas, canteras y vertederos, los terrenos tienen una vida ilimitada y por tanto no se deprecian.

17.17 El cargo por depreciación para cada periodo se reconocerá en el resultado, a menos que otra sección de esta Norma requiera que el costo se reconozca como parte del costo de un activo. Por ejemplo, la depreciación de una propiedad, planta y equipo de manufactura se incluirá en los costos de los inventarios (véase la Sección 13 *Inventarios*).

Importe depreciable y periodo de depreciación

17.18   Una entidad distribuirá el **importe depreciable** de un activo de forma sistemática a lo largo de su vida útil.

17.19   Factores tales como un cambio en el uso del activo, un desgaste significativo inesperado, avances tecnológicos y cambios en los precios de mercado podrían indicar que ha cambiado el **valor residual** o la vida útil de un activo desde la **fecha sobre la que se informa** anual más reciente. Si estos indicadores están presentes, una entidad revisará sus estimaciones anteriores y, si las expectativas actuales son diferentes, modificará el valor residual, el método de depreciación o la vida útil. La entidad contabilizará el cambio en el valor residual, el método de depreciación o la vida útil como un cambio de **estimación contable**, de acuerdo con los párrafos 10.15 a 10.18.

17.20   La depreciación de un activo comenzará cuando esté disponible para su uso, esto es, cuando se encuentre en la ubicación y en las condiciones necesarias para operar de la forma prevista por la gerencia. La depreciación de un activo cesa cuando se da de baja en cuentas. La depreciación no cesará cuando el activo esté sin utilizar o se haya retirado del uso activo, a menos que se encuentre depreciado por completo. Sin embargo, si se utilizan métodos de depreciación en función del uso, el cargo por depreciación podría ser nulo cuando no tenga lugar ninguna actividad de producción.

17.21   Para determinar la vida útil de un activo, una entidad deberá considerar todos los factores siguientes:

(a)   la utilización prevista del activo. El uso se evalúa por referencia a la capacidad o al producto físico que se espere del mismo.

(b)   El desgaste físico esperado, que dependerá de factores operativos tales como el número de turnos de trabajo en los que se utilizará el activo, el programa de reparaciones y mantenimiento, y el grado de cuidado y conservación mientras el activo no está siendo utilizado.

(c)   La obsolescencia técnica o comercial procedente de los cambios o mejoras en la producción, o de los cambios en la demanda del mercado de los productos o servicios que se obtienen con el activo.

(d)   los límites legales o restricciones similares sobre el uso del activo, tales como las fechas de caducidad de los contratos de **arrendamiento** relacionados.

Método de depreciación

17.22   Una entidad seleccionará un método de depreciación que refleje el patrón con arreglo al cual espera consumir los beneficios económicos futuros del activo. Los métodos posibles de depreciación incluyen el método lineal, el método de depreciación decreciente y los métodos basados en el uso, como por ejemplo el método de las unidades de producción.

17.23   Si existe alguna indicación de que se ha producido un cambio significativo, desde la última fecha sobre la que se informa, en el patrón con arreglo al cual una entidad espera consumir los beneficios económicos futuros de un activo anual, dicha entidad revisará su método de depreciación presente y, si las expectativas actuales son diferentes, cambiará dicho método de depreciación para reflejar el nuevo patrón. La entidad contabilizará este cambio como un cambio de estimación contable, de acuerdo con los párrafos 10.15 a 10.18.

Deterioro del valor

Medición y reconocimiento del deterioro del valor

17.24   En cada fecha sobre la que se informa, una entidad aplicará la Sección 27 *Deterioro del Valor de los Activos* para determinar si un elemento o grupo de elementos de propiedades, planta y equipo ha visto deteriorado su valor y, en tal caso, cómo reconocer y medir la pérdida por deterioro de valor. En dicha sección se explica cuándo y cómo ha de proceder una entidad para revisar el importe en libros de sus activos, cómo ha de determinar el **importe recuperable** de un activo y cuándo ha de reconocer o revertir una pérdida por deterioro en su valor.

Compensación por deterioro del valor

17.25   Una entidad incluirá en resultados las compensaciones procedentes de terceros, por elementos de propiedades, planta y equipo que hubieran experimentado un deterioro del valor, se hubieran perdido o abandonado, solo cuando tales compensaciones sean exigibles.

Propiedades, planta y equipo mantenidos para la venta

17.26   El párrafo 27.9(f) establece que un plan para la disposición de un activo antes de la fecha esperada anteriormente es un indicador de deterioro del valor que desencadena el cálculo del importe recuperable del activo a afectos de determinar si ha visto deteriorado su valor.

Baja en cuentas

17.27   Una entidad dará de baja en cuentas un elemento de propiedades, planta y equipo:

(a)   en la disposición; o

(b)   cuando no se espere obtener beneficios económicos futuros por su uso o disposición.

17.28   Una entidad reconocerá la **ganancia** o pérdida por la **baja en cuentas** de un elemento de propiedades, planta y equipo en el resultado del periodo en que el elemento sea dado de baja en cuentas (a menos que la Sección 20 *Arrendamientos* requiera otra cosa en caso de venta con arrendamiento posterior). La entidad no clasificará estas ganancias como **ingresos de actividades ordinarias**.

17.29   Para determinar la fecha de la disposición de un elemento, una entidad aplicará los criterios de la Sección 23 *Ingresos de Actividades Ordinarias*, para el reconocimiento de ingresos de actividades ordinarias por ventas de bienes. La Sección 20 se aplicará a la disposición por venta con arrendamiento posterior.

17.30   Una entidad determinará la ganancia o pérdida procedente de la baja en cuentas de un elemento de propiedades, planta y equipo, como la diferencia entre el producto neto de la disposición, si lo hubiera, y el importe en libros del elemento.

Información a revelar

17.31   Una entidad revelará la siguiente información para cada clase de propiedades, planta y equipo determinada de acuerdo con el párrafo 4.11(a) y de forma separada las propiedades de inversión registradas al costo menos la depreciación y deterioro de valor acumulados:

(a)   las bases de **medición** utilizadas para determinar el importe en libros bruto;

(b)   los métodos de depreciación utilizados;

(c)   las vidas útiles o las tasas de depreciación utilizadas;

(d)   el importe bruto en libros y la depreciación acumulada (agregada con pérdidas por deterioro del valor acumuladas), al principio y final del periodo sobre el que se informa; y

(e)   Una conciliación entre los importes en libros al principio y al final del periodo sobre el que se informa, que muestre por separado:

(i)   las adiciones;

(ii)   las disposiciones;

(iii)   las adquisiciones mediante **combinaciones de negocios**;

(iv)   los incrementos o disminuciones, resultantes de las revaluaciones, de acuerdo con los párrafos 17.15B a 17.15D, así como las pérdidas por deterioro del valor reconocidas, o revertidas en otro resultado integral, en función de lo establecido en la Sección 27;

(v)   transferencias a y desde propiedades de inversión registradas a valor razonable con cambios en resultados (véase el párrafo 16.8);

(vi)   las pérdidas por deterioro del valor reconocidas o revertidas en el resultado de acuerdo con la Sección 27;

(vii)   depreciación; y

(viii)   otros cambios.

No es necesario presentar esta conciliación para periodos anteriores.

17.32   La entidad revelará también:

(a)   la existencia e importes en libros de las propiedades, planta y equipo a que la entidad tiene alguna restricción o que está pignorada como garantía de **deudas**;

(b)   el importe de los compromisos contractuales para la adquisición de propiedades, planta y equipo; y

(c)   si una entidad tiene propiedades de inversión cuyo valor razonable no puede medirse con fiabilidad sin esfuerzo o costo desproporcionado revelará ese hecho y las razones por las que la medición del valor razonable involucraría un esfuerzo o costo desproporcionado para los elementos de propiedades de inversión.

17.33   Cuando los elementos de propiedades, planta y equipo se contabilicen por sus importes revaluados, se revelará la siguiente información:

(a)   la fecha efectiva de la revaluación;

(b)   si se han utilizado los servicios de un tasador independiente;

(c)   los métodos y suposiciones significativas aplicadas al estimar los valores razonables de las partidas;

(d)   para cada clase de propiedades, planta y equipo que se haya revaluado, el importe en libros al que se habría reconocido si se hubieran contabilizado según el modelo del costo; y

(e)   el superávit de revaluación, indicando los movimientos del periodo, así como cualquier restricción sobre la distribución de su saldo a los accionistas.

Sección 18
Activos Intangibles Distintos de la Plusvalía

Alcance de esta sección

18.1 Esta sección se aplicará a la contabilización de todos los **activos intangibles** distintos de la **plusvalía** (véase la Sección 19 *Combinaciones de Negocios y Plusvalía*) y activos intangibles mantenidos por una entidad para su venta en el curso ordinario de sus actividades (véase la Sección 13 *Inventarios* y la Sección 23 *Ingresos de Actividades Ordinarias*).

18.2 Un activo intangible es un **activo** identificable, de carácter no monetario y sin apariencia física. Un activo es identificable cuando:

(a) es separable, es decir, es susceptible de ser separado o dividido de la entidad y vendido, transferido, explotado, arrendado o intercambiado, bien individualmente junto con un contrato, un activo o un **pasivo** relacionado; o

(b) surge de un contrato o de otros derechos legales, independientemente de si esos derechos son transferibles o separables de la entidad o de otros derechos y obligaciones.

18.3 Esta sección no se aplicará a:

(a) los **activos financieros**; o

(b) los derechos mineros y reservas minerales tales como petróleo, gas natural y recursos no renovables similares.

Reconocimiento

Principio general para el reconocimiento de activos intangibles

18.4 Una entidad aplicará los criterios de **reconocimiento** del párrafo 2.27 para determinar si reconocer o no un activo intangible. Por consiguiente, la entidad reconocerá un activo intangible como activo si, y solo si:

(a) es **probable** que los beneficios económicos futuros esperados que se han atribuido al activo fluyan a la entidad;

(b) el costo o el valor del activo puede ser medido con fiabilidad; y

(c) el activo no es resultado del desembolso incurrido internamente en un elemento intangible.

18.5 Una entidad evaluará la probabilidad de obtener beneficios económicos futuros esperados utilizando hipótesis razonables y fundadas, que representen la mejor estimación de la gerencia de las condiciones económicas que existirán durante la **vida útil** del activo.

18.6 Una entidad utilizará su juicio para evaluar el grado de certidumbre asociado al flujo de beneficios económicos futuros que sea atribuible a la utilización del activo, sobre la base de la evidencia disponible en el momento del reconocimiento inicial, otorgando un peso mayor a la evidencia procedente de fuentes externas.

18.7 En el caso de los activos intangibles adquiridos de forma independiente, el criterio de reconocimiento basado en la probabilidad del párrafo 18.4(a) se considerará siempre satisfecho

Adquisición como parte de una combinación de negocios

18.8 Un activo intangible adquirido en una **combinación de negocios** se reconocerá a menos que su **valor razonable** no pueda medirse con fiabilidad sin esfuerzo o costo desproporcionado en la fecha de adquisición.

Medición inicial

18.9 Una entidad medirá inicialmente un activo intangible al costo.

Adquisición separada

18.10 El costo de un activo intangible adquirido de forma separada comprende:

(a) el precio de adquisición, incluyendo los aranceles de importación y los impuestos no recuperables, después de deducir los descuentos comerciales y las rebajas; y

(b) cualquier costo directamente atribuible a la preparación del activo para su uso previsto.

Adquisición como parte de una combinación de negocios

18.11 Si un activo intangible se adquiere en una combinación de negocios, el costo de ese activo intangible es su valor razonable en la fecha de adquisición.

Adquisición mediante una subvención del gobierno

18.12 Si un activo intangible se adquirió mediante una **subvención del gobierno**, el costo de ese activo intangible es su valor razonable en la fecha en la que se recibe o es exigible la subvención de acuerdo con la Sección 24 *Subvenciones del Gobierno*.

Permutas de activos

18.13 Un activo intangible puede haber sido adquirido a cambio de uno o varios activos no monetarios, o de una combinación de activos monetarios y no monetarios. Una entidad medirá el costo de este activo intangible por su valor razonable, a menos que (a) la transacción de intercambio no tenga carácter comercial, o (b) no puedan medirse con fiabilidad el valor razonable ni del activo recibido ni del activo entregado. En tales casos, el costo del activo se medirá por el **valor en libros** del activo entregado.

Otros activos intangibles generados internamente

18.14 Una entidad reconocerá el desembolso incurrido internamente en una partida intangible como un **gasto**, incluyendo todos los desembolsos para actividades de

investigación y **desarrollo**, cuando incurra en él, a menos que forme parte del costo de otro activo que cumpla los criterios de reconocimiento de esta Norma.

18.15   Como ejemplos de la aplicación del párrafo anterior, una entidad reconocerá los desembolsos en las siguientes partidas como un gasto, y no como un activo intangible:

(a)   generación interna de marcas, logotipos, sellos o denominaciones editoriales, listas de clientes u otras partidas que en esencia sean similares;

(b)   actividades de establecimiento (por ejemplo, gastos de establecimiento), que incluyen costos de inicio de actividades, tales como costos legales y administrativos incurridos en la creación de una entidad con personalidad jurídica, desembolsos necesarios para abrir una nueva instalación o negocio (es decir, costos de preapertura) y desembolsos de lanzamiento de nuevos productos o procesos (es decir, costos previos a la operación);

(c)   actividades formativas;

(d)   publicidad y otras actividades promocionales;

(e)   reubicación o reorganización de una parte o la totalidad de una entidad; y

(f)   plusvalía generada internamente.

18.16   El párrafo 18.15 no impide reconocer los anticipos como activos, cuando el pago por los bienes o servicios se haya realizado con anterioridad a la entrega de los bienes o prestación de los servicios.

Los gastos de periodos anteriores no deben reconocerse como un activo

18.17   Los desembolsos sobre un activo intangible reconocidos inicialmente como gastos no se reconocerán en una fecha posterior como parte del costo de un activo.

Medición posterior al reconocimiento

18.18   Una entidad medirá los activos intangibles al costo menos cualquier **amortización** acumulada y cualquier pérdida por **deterioro de valor** acumulada. Los requerimientos para la amortización se establecen en esta sección. Los requerimientos para el reconocimiento del deterioro del valor se establecen en la Sección 27 *Deterioro del Valor de los Activos*.

Vida útil

18.19   A efectos de esta Norma, se considera que todos los activos intangibles tienen una vida útil finita. La vida útil de un activo intangible que surja de un derecho contractual o legal de otro tipo no excederá el periodo de esos derechos pero puede ser inferior, dependiendo del periodo a lo largo del cual la entidad espera utilizar el activo. Si el derecho contractual o legal de otro tipo se hubiera fijado por un plazo limitado que puede ser renovado, la vida útil del activo intangible solo incluirá el periodo o periodos de renovación cuando exista evidencia que respalde la renovación por parte de la entidad sin un costo significativo.

18.20 Si la vida útil de un activo intangible no puede establecerse con fiabilidad se determinará sobre la base de la mejor estimación de la gerencia y no excederá de diez años.

Periodo y método de amortización

18.21 Una entidad distribuirá el **importe depreciable** de un activo intangible de forma sistemática a lo largo de su vida útil. El cargo por amortización de cada periodo se reconocerá como un gasto, a menos que otra sección de esta Norma requiera que el costo se reconozca como parte del costo de un activo, tal como **inventarios** o **propiedades, planta y equipo**.

18.22 La amortización comenzará cuando el activo intangible esté disponible para su utilización, es decir, cuando se encuentre en la ubicación y condiciones necesarias para que se pueda usar de la forma prevista por la gerencia. La amortización cesa cuando el activo se da de baja en cuentas. La entidad elegirá un método de amortización que refleje el patrón esperado de consumo de los beneficios económicos futuros derivados del activo. Si la entidad no puede determinar ese patrón de forma fiable, utilizará el método lineal de amortización.

Valor residual

18.23 Una entidad supondrá que el **valor residual** de un activo intangible es cero a menos que:

(a) exista un compromiso, por parte de un tercero, para comprar el activo al final de su vida útil; o que

(b) exista un **mercado activo** para el activo y:

(i) pueda determinarse el valor residual con referencia a ese mercado; y

(ii) sea probable que este mercado existirá al final de la vida útil del activo.

Revisión del periodo y del método de amortización

18.24 Factores tales como un cambio en cómo se usa un activo intangible, avances tecnológicos y cambios en los precios de mercado podrían indicar que ha cambiado el valor residual o la vida útil de un activo intangible desde la **fecha sobre la que se informa** correspondiente al periodo anual más reciente. Si estos indicadores están presentes, una entidad revisará sus estimaciones anteriores y, si las expectativas actuales son diferentes, modificará el valor residual, el método de amortización o la vida útil. La entidad contabilizará el cambio en el valor residual, el método de amortización o la vida útil como un **cambio en una estimación contable** de acuerdo con los párrafos 10.15 a 10.18.

Recuperación del importe en libros – pérdidas por deterioro del valor

18.25   Para determinar si se ha deteriorado el valor de un activo intangible, una entidad aplicará la Sección 27. En dicha sección se explica cuándo y cómo ha de proceder una entidad para revisar el importe en libros de sus activos, cómo ha de determinar el **importe recuperable** de un activo y cuándo ha de reconocer o revertir una pérdida por deterioro en su valor.

Retiros y disposiciones de activos intangibles

18.26   Una entidad dará de baja un activo intangible y reconocerá una **ganancia** o pérdida en el **resultado del periodo**:

(a)   en la disposición; o

(b)   cuando no se espere obtener beneficios económicos futuros por su uso o disposición.

Información a revelar

18.27   Una entidad revelará, para cada clase de activos intangibles, lo siguiente:

(a)   las vidas útiles o las tasas de amortización utilizadas;

(b)   los métodos de amortización utilizados;

(c)   el importe en libros bruto y cualquier amortización acumulada (junto con el importe acumulado de las pérdidas por deterioro del valor), tanto al principio como al final de cada **periodo sobre el que se informa**;

(d)   la partida o partidas, en el **estado de resultado integral** (y en el **estado de resultados**, si se presenta) en las que está incluida cualquier amortización de los activos intangibles; y

(e)   Una conciliación entre los importes en libros al principio y al final del periodo sobre el que se informa, que muestre por separado:

(i)   las adiciones;

(ii)   las disposiciones;

(iii)   las adquisiciones mediante combinaciones de negocios;

(iv)   la amortización;

(v)   las pérdidas por deterioro del valor; y

(vi)   otros cambios.

No es necesario presentar esta conciliación para periodos anteriores.

18.28   Una entidad revelará también:

(a)   una descripción, el importe en libros y el periodo de amortización restante de cualquier activo intangible individual que sea **significativo** para los **estados financieros** de la entidad;

(b) Para los activos intangibles adquiridos mediante una subvención del gobierno, y que hayan sido reconocidos inicialmente al valor razonable (véase el párrafo 18.12):

   (i) el valor razonable por el que se han reconocido inicialmente estos activos; y

   (ii) sus importes en libros.

(c) la existencia e importes en libros de los activos intangibles a cuya titularidad la entidad tiene alguna restricción o que está pignorada como garantía de deudas; y

(d) El importe de los compromisos contractuales para la adquisición de activos intangibles.

18.29 Una entidad revelará el importe agregado de los desembolsos en investigación y desarrollo reconocido como un gasto durante el periodo (es decir, el importe de los desembolsos incurridos internamente en investigación y desarrollo que no se ha capitalizado como parte del costo de otro activo que cumple los criterios de reconocimiento de esta Norma).

Sección 19
Combinaciones de Negocios y Plusvalía
Alcance de esta sección

19.1   Esta sección se aplicará a la contabilización de las **combinaciones de negocios**. Proporciona una guía para la identificación de la adquirente, la medición del costo de la combinación de negocios y la distribución de ese costo entre los **activos** adquiridos y los **pasivos**, y las **provisiones** para los **pasivos contingentes** asumidos. También trata la contabilidad de la **plusvalía** tanto en el momento de una combinación de negocios como posteriormente.

19.2   Esta sección especifica la contabilidad de todas las combinaciones de negocios excepto:

(a)   Las combinaciones de entidades o **negocios** bajo **control** común. El control común significa que todas las entidades o negocios que se combinan están controlados, en última instancia, por una misma parte o partes, tanto antes como después de la combinación de negocios, y que ese control no es transitorio.

(b)   La formación de un **negocio conjunto.**

(c)   La adquisición de un grupo de activos que no constituye un negocio.

Definición de combinaciones de negocios

19.3   Una combinación de negocios es la unión de entidades o negocios separados en una única entidad que informa. El resultado de casi todas las combinaciones de negocios es que una entidad, la adquirente, obtiene el control de uno o más negocios distintos, la adquirida. La fecha de adquisición es aquélla en la que la adquirente obtiene el control sobre la adquirida.

19.4   Una combinación de negocios puede estructurarse de diferentes formas por motivos legales, fiscales o de otro tipo. Puede involucrar la compra por una entidad de la participación en el **patrimonio** de otra entidad, la compra de todos sus activos netos, la asunción de sus pasivos o la compra de algunos de los activos netos de otra entidad que formen conjuntamente uno o más negocios.

19.5   Una combinación de negocios puede efectuarse mediante la emisión de instrumentos de patrimonio, la transferencia de **efectivo**, **equivalentes al efectivo** u otros activos, o bien una combinación de los anteriores. La transacción puede tener lugar entre los accionistas de las entidades que se combinan o entre una entidad y los accionistas de la otra. Puede involucrar el establecimiento de una nueva entidad para controlar las entidades que se combinan o los activos netos transferidos, o bien la reestructuración de una o más de las entidades que se combinan.

Contabilización

19.6   Todas las combinaciones de negocios deberán contabilizarse aplicando el método de la adquisición.

19.7   La aplicación del método de la adquisición involucra los siguientes pasos:

(a)   identificación de una adquirente;

(b)   medición del costo de la combinación de negocios; y

(c)   distribución, en la fecha de adquisición, del costo de la combinación de negocios entre los activos adquiridos y los pasivos, y las provisiones para los pasivos contingentes asumidos.

Identificación de la adquirente

19.8   En todas las combinaciones de negocios deberá identificarse una adquirente. La adquirente es la entidad que se combina que obtiene el control de las demás entidades o negocios objeto de la combinación.

19.9   Control es el poder para dirigir las políticas financieras y de operación de una entidad, con el fin de obtener beneficios de sus actividades. El control de una entidad sobre otra se describe en la Sección 9 *Estados Financieros Consolidados y Separados*.

19.10   Aunque algunas veces puede ser difícil identificar a la adquirente, generalmente existen indicaciones que revelan que existe una. Por ejemplo:

(a)   si el **valor razonable** de una de las entidades que se combinan es significativamente mayor que el de la otra entidad que se combina, es probable que la adquirente sea la de mayor valor razonable.

(b)   si la combinación de negocios se efectúa a través de un intercambio de instrumentos ordinarios de patrimonio con derecho a voto, por efectivo u otros activos, es probable que la adquirente sea la entidad que entregue el efectivo o los otros activos; y

(c)   Si la combinación de negocios da lugar a que la gerencia de una de las entidades que se combinan es capaz de controlar la selección del equipo de dirección de la entidad combinada resultante, es probable que la entidad cuya gerencia es capaz de ejercer este control sea la adquirente.

Costo de una combinación de negocios

19.11   El adquirente deberá medir el costo de la combinación de negocios como la suma de:

(a)   los valores razonables, en la fecha de adquisición, de los activos entregados, los pasivos incurridos o asumidos y los instrumentos de patrimonio emitidos por la adquirente a cambio del control de la entidad adquirida; más

(b)   cualquier costo directamente atribuible a la combinación de negocios.

Ajustes al costo de una combinación de negocios por contingencias debidas a eventos futuros

19.12   Cuando un acuerdo de combinación de negocios incorpore algún ajuste al costo de la combinación que depende de sucesos futuros, la adquirente incluirá el importe estimado de ese ajuste en el costo de la combinación en la fecha de adquisición, si dicho ajuste es **probable** y puede ser medido de forma fiable.

19.13　Sin embargo, si el ajuste potencial no se reconoce en la fecha de la adquisición, pero posteriormente se convierte en probable y puede ser medido de manera fiable, la contraprestación adicional deberá tratarse como un ajuste al costo de la combinación.

Distribución del costo de una combinación de negocios entre los activos adquiridos y los pasivos y pasivos contingentes asumidos

19.14　La adquirente distribuirá, en la fecha de adquisición, el costo de una combinación de negocios a través del reconocimiento de los activos y pasivos, y una provisión para los pasivos contingentes identificables de la adquirida que satisfagan los criterios de **reconocimiento** del párrafo 19.15 por sus valores razonables en esa fecha, excepto por lo siguiente:

(a)　un **activo o pasivo por impuestos diferidos** que surja de los activos adquiridos y pasivos asumidos en una combinación de negocios se reconocerá y medirá de acuerdo con la Sección 29 *Impuesto a las Ganancias*; y

(b)　un pasivo (o activo, si procede) relacionado con acuerdos de **beneficios a los empleados** de la adquirida se reconocerá y medirá de acuerdo con la Sección 28 *Beneficios a los Empleados*.

Cualquier diferencia entre el costo de la combinación de negocios y la participación de la entidad adquirente en el valor razonable neto de los activos, pasivos y pasivos contingentes identificables así reconocidos, deberá contabilizarse de acuerdo con lo establecido en los párrafos 19.22 a 19.24 (como plusvalía o como la denominada "plusvalía negativa"). Cualquier **participación no controladora** en la adquirida se medirá como la parte proporcional de la participación no controladora de los importes reconocidos de los activos netos identificables de la adquirida.

19.15　La entidad adquirente deberá reconocer por separado los activos, pasivos y pasivos contingentes identificables de la adquirida, en la fecha de la adquisición, solo si cumplen las siguientes condiciones en dicha fecha:

(a)　en el caso de un activo distinto a un **activo intangible**, que sea probable que los beneficios económicos asociados futuros lleguen a la adquirente, y que se pueda medir fiablemente su valor razonable.

(b)　en el caso de un pasivo distinto a un pasivo contingente, que sea probable que se requiera la salida de recursos para liquidar la obligación y que su valor razonable se pueda medir de forma fiable;

(c)　en el caso de un activo intangible, que sus valores razonables puedan ser medidos de forma fiable sin un esfuerzo o costo desproporcionado; y

(d)　en el caso de un pasivo contingente, que su valor razonable pueda ser medido de forma fiable.

19.16　El **estado del resultado integral** de la adquirente incorporará los resultados de la adquirida después de la fecha de adquisición, mediante la inclusión de los **ingresos** y **gastos** de la adquirida, basados en el costo de la combinación de negocios para la adquirente. Por ejemplo, el gasto por **depreciación** incluido después de la fecha de adquisición en el estado del resultado integral de la adquirente que esté relacionado con los activos depreciables de la adquirida deberá basarse en los valores razonables de esos activos depreciables en la fecha de adquisición, es decir, su costo para la adquirente.

19.17   La aplicación del método de la adquisición comenzará a partir de la fecha de adquisición, que es la fecha en que la adquirente obtiene el control sobre la adquirida. Puesto que el control es el poder para dirigir las políticas financieras y de operación de una entidad o negocio para obtener beneficios de sus actividades, no es necesario que la transacción quede cerrada o finalizada legalmente para que la entidad adquirente obtenga el control. Para determinar el momento en que la adquirente ha obtenido el control, deberán considerarse todos los hechos y circunstancias pertinentes que rodeen la combinación de negocios.

19.18   De acuerdo con el párrafo 19.14, la adquirente solo reconocerá por separado los activos, pasivos y pasivos contingentes identificables de la adquirida que existieran en la fecha de adquisición y que satisfagan los criterios de reconocimiento del párrafo 19.15. Por consiguiente:

(a)   como parte de la distribución del costo de la combinación, la adquirente solo deberá reconocer los pasivos para terminar o reducir las actividades de la adquirida cuando ésta tenga, en la fecha de la adquisición, un pasivo ya existente por la reestructuración, reconocido de acuerdo con la Sección 21 *Provisiones y Contingencias*; y

(b)   la adquirente, al distribuir el costo de la combinación, no reconocerá pasivos por pérdidas futuras ni por otros costos en los que espere incurrir como consecuencia de la combinación de negocios.

19.19   Si la contabilización inicial de una combinación de negocios está incompleta al final del **periodo sobre el que se informa** en el que la combinación ocurre, la adquirente reconocerá en sus **estados financieros** los importes provisionales de las partidas cuya contabilización está incompleta. En el plazo de doce meses a partir de la fecha de adquisición, la adquirente ajustará retroactivamente los importes provisionales reconocidos como activos y pasivos en la fecha de adquisición para reflejar la nueva información obtenida (es decir, los contabilizará como si se hubiesen producido en la fecha de adquisición). Con posterioridad a los doce meses a partir de la fecha de adquisición, se reconocerán ajustes a la contabilización inicial de una combinación de negocios únicamente para corregir un **error** de acuerdo con la Sección 10 *Políticas, Estimaciones y Errores Contables*.

Pasivos contingentes

19.20   El párrafo 19.15 especifica que la adquirente solo reconocerá una provisión para un pasivo contingente de la adquirida por separado si su valor razonable puede medirse con fiabilidad. Si su valor razonable no puede medirse de forma fiable:

(a)   se producirá un efecto en el importe reconocido como plusvalía o contabilizado de acuerdo con el párrafo 19.24; y

(b)   la adquirente revelará información sobre ese pasivo contingente como requiere la Sección 21.

19.21   Después de su reconocimiento inicial, la adquirente medirá los pasivos contingentes que están reconocidos por separado de acuerdo con el párrafo 19.15, al mayor entre:

(a)   el importe que habría reconocido de acuerdo con la Sección 21; y

(b)   el importe reconocido inicialmente menos los importes reconocidos anteriormente como **ingresos de actividades ordinarias** de acuerdo con la Sección 23 *Ingresos de Actividades Ordinarias*.

Plusvalía

19.22   La adquirente, en la fecha de adquisición:

(a)   reconocerá como un activo la plusvalía adquirida en una combinación de negocios; y

(b)   medirá inicialmente esa plusvalía a su costo, siendo éste el exceso del costo de la combinación de negocios sobre la participación de la adquirente en el valor razonable neto de los activos, pasivos y pasivos contingentes identificables reconocidos de acuerdo con el párrafo 19.14.

19.23   Después del reconocimiento inicial, la entidad adquirente deberá medir la plusvalía adquirida en una combinación de negocios por el costo menos la **amortización** acumulada y las pérdidas por **deterioro del valor** acumuladas:

(a)   una entidad seguirá los principios establecidos en los párrafos 18.19 a 18.24 para la amortización de la plusvalía. Si la **vida útil** de la plusvalía no puede establecerse con fiabilidad se determinará sobre la base de la mejor estimación de la gerencia y no excederá de diez años.

(b)   una entidad seguirá la Sección 27 *Deterioro del Valor de los Activos* para el reconocimiento y medición del deterioro del valor de la plusvalía.

Exceso sobre el costo de la participación de la adquirente en el valor razonable neto de los activos, pasivos y pasivos contingentes identificables de la adquirida

19.24   Si la participación de la adquirente en el valor razonable neto de los activos, pasivos y provisiones para los pasivos contingentes identificables, reconocidos de acuerdo con el párrafo 19.14, excediese al costo de la combinación de negocios (diferencia a veces denominada 'plusvalía negativa'), la adquirente:

(a)   volverá a evaluar la identificación y la **medición** de los activos, pasivos y las provisiones para los pasivos contingentes de la adquirida, así como la medición del costo de la combinación; y

(b)   reconocerá inmediatamente en el **resultado** del periodo cualquier exceso que continúe existiendo después de la nueva evaluación.

Información a revelar

Para combinaciones de negocios durante el periodo sobre el que se informa

19.25 Para cada combinación de negocios durante el periodo, la adquirente revelará la siguiente información:

(a) los nombres y descripciones de las entidades o negocios combinados;

(b) la fecha de adquisición;

(c) el porcentaje de instrumentos de patrimonio con derecho a voto adquiridos;

(d) el costo de la combinación, y una descripción de los componentes de éste (tales como efectivo, instrumentos de patrimonio e instrumentos de deuda);

(e) los importes reconocidos, en la fecha de adquisición, para cada clase de activos, pasivos y pasivos contingentes de la adquirida, incluyendo la plusvalía;

(f) el importe de cualquier exceso reconocido en el resultado del periodo de acuerdo con el párrafo 19.24, y la partida del estado del resultado integral (y el **estado de resultados**, si se presenta) en la que esté reconocido dicho exceso; y

(g) una descripción cualitativa de los factores que constituyen la plusvalía reconocida, tales como sinergias esperadas de las operaciones combinadas de la adquirida y la adquirente, activos intangibles u otras partidas no reconocidas de acuerdo con el párrafo 19.15.

Para todas las combinaciones de negocios

19.26 La adquirente revelará información sobre las vidas útiles utilizadas para la plusvalía y una conciliación del **importe en libros** de la plusvalía al principio y al final del periodo, mostrando por separado:

(a) los cambios que surgen de las nuevas combinaciones de negocios;

(b) las pérdidas por deterioro del valor;

(c) las disposiciones de negocios adquiridos previamente; y

(d) otros cambios.

No es necesario presentar esta conciliación para periodos anteriores.

Sección 20
Arrendamientos

Alcance de esta sección

20.1   Esta sección trata la contabilización de todos los **arrendamientos**, distintos de:

(a)   los arrendamientos para la exploración o uso de minerales, petróleo, gas natural y recursos no renovables similares (véase la Sección 34 *Actividades Especializadas*);

(b)   los acuerdos de licencia para conceptos como películas, grabaciones en vídeo, obras de teatro, manuscritos, patentes y derechos de autor (véase la Sección 18 *Activos Intangibles distintos a la Plusvalía*);

(c)   la **medición** de los inmuebles mantenidos por arrendatarios que se contabilicen como **propiedades de inversión** y la medición de las propiedades de inversión suministradas por arrendadores bajo **arrendamientos operativos** (véase la Sección 16 *Propiedades de Inversión*);

(d)   la medición de **activos biológicos** mantenidos por arrendatarios bajo **arrendamientos financieros** y activos biológicos suministrados por arrendadores bajo arrendamientos operativos (véase la Sección 34);

(e)   los arrendamientos que pueden dar lugar a una pérdida para el arrendador o el arrendatario como consecuencia de cláusulas contractuales que no estén relacionadas con cambios en el precio del **activo** arrendado, cambios en las tasas de cambio de la moneda extranjera, cambios en los pagos por arrendamiento basados en tasas de interés de mercado variable o con incumplimientos por una de las contrapartes [véase el párrafo 12.3(f)]; y

(f)   Los arrendamientos operativos que son onerosos.

20.2   Esta sección se aplicará a los acuerdos que transfieren el derecho de uso de activos, incluso en el caso de que el arrendador quede obligado a suministrar servicios de cierta importancia en relación con la operación o el mantenimiento de estos activos. Esta sección no se aplicará a los acuerdos que tienen la naturaleza de contratos de servicios, que no transfieren el derecho a utilizar activos desde una contraparte a la otra.

20.3   Algunos acuerdos, tales como algunos de subcontratación, los contratos de telecomunicaciones que proporcionan derechos sobre capacidad y los contratos de tipo "tomar o pagar", no toman la forma legal de un arrendamiento, pero transmiten derechos de utilización de activos a cambio de pago. Estos acuerdos son en esencia arrendamientos de activos y deben contabilizarse según lo establecido en esta sección.

Clasificación de los arrendamientos

20.4   Un arrendamiento se clasificará como financiero cuando transfiera sustancialmente todos los riesgos y ventajas inherentes a la propiedad. Un arrendamiento se clasificará como operativo si no transfiere sustancialmente todos los riesgos y ventajas inherentes a la propiedad.

20.5   Si un arrendamiento es un arrendamiento financiero u operativo depende de la esencia de la transacción y no de la forma del contrato. Ejemplos de situaciones que, individualmente o en combinación, normalmente llevarían a clasificar un arrendamiento como financiero son:

(a)   el arrendamiento transfiere la propiedad del activo al arrendatario a la finalización de su plazo;

(b)   el arrendatario tiene la opción de comprar el activo a un precio que se espera sea lo suficientemente inferior al **valor razonable**, en el momento en que la opción sea ejercitable, para que al inicio del arrendamiento se prevea con razonable certeza que tal opción se ejercitará;

(c)   el plazo del arrendamiento es por la mayor parte de la vida económica del activo, incluso si no se transfiere la propiedad;

(d)   al inicio del arrendamiento, el **valor presente** de los **pagos mínimos por el arrendamiento** es, al menos, sustancialmente igual a la totalidad del valor razonable del activo arrendado; y

(e)   los activos arrendados son de una naturaleza tan especializada que solo el arrendatario puede usarlos sin realizar en ellos modificaciones importantes.

20.6   Otros indicadores de situaciones que podrían llevar, por sí solas o en combinación con otras, a la clasificación de un arrendamiento como financiero, son las siguientes:

(a)   si el arrendatario puede cancelar el contrato de arrendamiento, y las pérdidas sufridas por el arrendador asociadas con la cancelación fueran asumidas por el arrendatario;

(b)   las **ganancias** o pérdidas procedentes de fluctuaciones en el **valor residual** del activo arrendado repercuten en el arrendatario (por ejemplo, en la forma de un descuento en el arrendamiento que iguale al producido de la venta del activo al final del contrato); y

(c)   El arrendatario tiene la capacidad de prorrogar el arrendamiento durante un período secundario, a una renta que es sustancialmente inferior a la de mercado.

20.7   Los ejemplos e indicadores contenidos en los párrafos 20.5 y 20.6 no son siempre concluyentes. Si resulta claro, por otras características, que el arrendamiento no transfiere sustancialmente todos los riesgos y ventajas inherentes a la propiedad, se clasificará como operativo. Por ejemplo, este podría ser el caso si, al término del arrendamiento, se transfiere la propiedad del activo al arrendatario por un pago variable que sea igual a su valor razonable en ese momento, o si existen cuotas contingentes como consecuencia de los cuales el arrendatario no tiene sustancialmente todos los riesgos y ventajas inherentes a la propiedad.

20.8   La clasificación de un arrendamiento se hace al inicio del mismo y no se cambia durante su plazo salvo que el arrendatario y el arrendador acuerden cambiar las cláusulas del arrendamiento (distintas de la simple renovación del acuerdo), en cuyo caso la clasificación del arrendamiento deberá ser evaluada nuevamente.

Estados financieros de los arrendatarios – arrendamientos financieros

Reconocimiento inicial

20.9   Al comienzo del plazo del arrendamiento financiero, un arrendatario reconocerá sus derechos de uso y obligaciones bajo el arrendamiento financiero como activos y **pasivos** en su **estado de situación financiera** por el importe igual al valor razonable del bien arrendado, o al valor presente de los pagos mínimos por el arrendamiento, si éste fuera menor, determinados al inicio del arrendamiento.   Cualquier costo directo inicial del arrendatario (costos incrementales que se atribuyen directamente a la negociación y acuerdo del arrendamiento) se añadirá al importe reconocido como activo.

20.10   El valor presente de los pagos mínimos por el arrendamiento debe calcularse utilizando la **tasa de interés implícita en el arrendamiento**. Si no se puede determinar, se usará la **tasa de interés incremental de los préstamos del arrendatario**.

Medición posterior

20.11   Un arrendatario repartirá los pagos mínimos del arrendamiento entre las cargas financieras y la reducción de la deuda pendiente utilizando el **método del interés efectivo** (véanse los párrafos 11.15 a 11.20). El arrendatario distribuirá la carga financiera a cada periodo a lo largo del plazo del arrendamiento, de manera que se obtenga una tasa de interés constante, en cada periodo, sobre el saldo de la deuda pendiente de amortizar. Un arrendatario cargará las cuotas contingentes como **gastos** en los periodos en los que se incurran.

20.12   Un arrendatario depreciará un activo arrendado bajo un arrendamiento financiero de acuerdo con la sección correspondiente de esta Norma para ese tipo de activo, es decir, la Sección 17 *Propiedades, Planta y Equipo*, la Sección 18 o la Sección 19 *Combinaciones de Negocios y Plusvalía*. Si no existiese certeza razonable de que el arrendatario obtendrá la propiedad al término del plazo del arrendamiento, el activo se depreciará totalmente a lo largo de su **vida útil** o en el plazo del arrendamiento, según cuál sea menor. Un arrendatario también evaluará en cada **fecha sobre la que se informa** si se ha deteriorado el valor de un activo arrendado mediante un arrendamiento financiero (véase la Sección 27 *Deterioro del Valor de los Activos*).

Información a revelar

20.13   Un arrendatario revelará la siguiente información sobre los arrendamientos financieros:

(a)   Para cada **clase de activos**, el **importe neto en libros** al final del **periodo sobre el que se informa**;

(b)   el total de pagos mínimos futuros del arrendamiento al final del periodo sobre el que se informa, para cada uno de los siguientes periodos:

> (i) hasta un año;
>
> (ii) entre uno y cinco años; y
>
> (iii) más de cinco años.
>
> (c) una descripción general de los acuerdos de arrendamiento significativos incluyendo, por ejemplo, información sobre cuotas contingentes, opciones de renovación o adquisición y cláusulas de revisión, subarrendamientos y restricciones impuestas por los acuerdos de arrendamiento.

20.14 Además, los requerimientos de información a revelar sobre activos de acuerdo con las Secciones 17, 18, 27 y 34 aplican a los arrendatarios de activos arrendados bajo arrendamientos financieros.

Estados financieros de los arrendatarios – arrendamientos operativos

Reconocimiento y medición

20.15 Un arrendatario reconocerá los pagos de arrendamientos bajo arrendamientos operativos (excluyendo los costos por servicios tales como seguros o mantenimiento) como un gasto a lo largo de la duración del arrendamiento de forma lineal a menos que:

(a) otra base sistemática sea más representativa del patrón de tiempo de los beneficios del usuario, incluso si los pagos no se realizan sobre esa base; o

(b) los pagos al arrendador se estructuran en de forma que se incrementen en línea con la inflación general esperada (basada en índices o estadísticas publicadas) para compensar los incrementos del costo por inflación esperados del arrendador.

Si los pagos al arrendador varían debido a factores distintos de la inflación general, la condición (b) no se cumplirá.

Ejemplo de aplicación del párrafo 20.15(b):

X opera en una jurisdicción en la que la previsión de consenso de los bancos locales es que el índice de nivel de general precios, que publica el gobierno, se incrementará en una media del 10 por ciento anual durante los próximos cinco años. X arrienda a Y espacio para oficinas bajo arrendamiento operativo para cinco años. Los pagos del arrendamiento se estructuran para reflejar la inflación general anual esperada del 10 por ciento a lo largo del plazo de cinco años del arrendamiento de la siguiente forma

Año 1	100.000 u.m.
Año 2	110.000 u.m.
Año 3	121.000 u.m.
Año 4	133.000 u.m.
Año 5	146.000 u.m.

continúa...

...*continuación*

> X reconoce un gasto por arrendamiento anual igual a los importes debidos al arrendador. Si los pagos crecientes no se estructuran con claridad para compensar al arrendador por los incrementos del costo por inflación esperados basados en los índices o estadísticas publicadas, X reconoce el gasto por arrendamiento anual de forma lineal: 122.000 u.m. cada año (suma de los importes por pagar según el arrendamiento divididos en cinco años).

Información a revelar

20.16   Un arrendatario revelará la siguiente información para los arrendamientos operativos:

   (a)   el total de pagos futuros mínimos del arrendamiento, bajo contratos de arrendamiento operativo no cancelables para cada uno de los siguientes periodos:

   (i)   hasta un año;

   (ii)   entre uno y cinco años; y

   (iii)   más de cinco años.

   (b)   los pagos por arrendamiento reconocidos como un gasto; y

   (c)   una descripción general de los acuerdos de arrendamiento significativos incluyendo, por ejemplo, información sobre cuotas contingentes, opciones de renovación o adquisición y cláusulas de revisión, subarrendamientos y restricciones impuestas por los acuerdos de arrendamiento.

Estados financieros de los arrendadores—arrendamientos financieros

Reconocimiento inicial y medición

20.17   Un arrendador reconocerá en su estado de situación financiera los activos que mantengan en arrendamiento financiero y los presentarán como una partida por cobrar, por un importe igual al de la **inversión neta en el arrendamiento**. La inversión neta en el arrendamiento es la **inversión bruta en el arrendamiento** del arrendador descontada a la tasa de interés implícita en el arrendamiento. La inversión bruta en el arrendamiento es la suma de:

   (a)   los pagos mínimos a recibir por el arrendador bajo un arrendamiento financiero; y

   (b)   cualquier valor residual no garantizado que corresponda al arrendador.

20.18   Para arrendamientos financieros distintos de los que involucran a un fabricante o distribuidor que también es arrendador, los costos directos iniciales (costos que son incrementales y directamente imputables a la negociación y contratación de un arrendamiento) se incluirán en la medición inicial de los derechos de cobro por el arrendamiento financiero, y reducirán el importe de **ingresos** reconocidos a lo largo del plazo de arrendamiento.

Medición posterior

20.19   El **reconocimiento** de los ingresos financieros se basará en un patrón que refleje una tasa de rendimiento periódica constante sobre la inversión financiera neta del arrendador en el arrendamiento financiero. Los pagos del arrendamiento relativos al periodo, excluidos los costos por servicios, se aplicarán contra la inversión bruta en el arrendamiento, para reducir tanto el principal como los ingresos financieros no ganados. Si hubiera una indicación de que ha cambiado significativamente el valor residual no garantizado estimado utilizado al calcular la inversión bruta del arrendador en el arrendamiento, se revisará la distribución del ingreso a lo largo del plazo del arrendamiento, y cualquier reducción respecto a los importes acumulados (devengados) se reconocerá inmediatamente en **resultados**.

Fabricantes o distribuidores que son también arrendadores

20.20   Los fabricantes o distribuidores ofrecen a menudo a sus clientes la opción de comprar o alquilar un activo. Un arrendamiento financiero de un activo cuando el fabricante o distribuidor es también arrendador dará lugar a dos tipos de resultados:

(a)   la ganancia o pérdida equivalente al resultado de la venta directa del activo arrendado, a precios normales de venta, reflejando cualesquiera descuentos aplicables por volumen o comerciales; y

(b)   la ganancia financiera a lo largo del plazo del arrendamiento.

20.21   El **ingreso de actividades ordinarias** por ventas reconocido al comienzo del plazo del arrendamiento financiero, por un fabricante o distribuidor que sea también arrendador, es el valor razonable del activo o, si fuera menor, el valor presente de los pagos mínimos por el arrendamiento acumulados por el arrendador, calculados a una tasa de interés de mercado. El costo de ventas reconocido al comienzo del plazo del arrendamiento es el costo, o el importe en libros si fuera diferente, del activo arrendado menos el valor presente del valor residual no garantizado. La diferencia entre el ingreso de actividades ordinarias y el costo de la venta es la ganancia en la venta, que se reconocerá de acuerdo con las políticas seguidas por la entidad para las operaciones directas de venta.

20.22   Si se han aplicado tasas de interés artificialmente bajas, el resultado por la venta se restringirá al que se hubiera obtenido de haber aplicado tasas de interés de mercado. Los costos incurridos por el fabricante o el distribuidor que sea también arrendador, y estén relacionados con la negociación o la contratación del arrendamiento, se reconocerán como un gasto cuando se reconozca el resultado en la venta.

Información a revelar

20.23   Un arrendador revelará la siguiente información para los arrendamientos financieros:

(a)   una conciliación entre la inversión bruta en el arrendamiento al final del periodo sobre el que se informa y el valor presente de los pagos mínimos por cobrar en esa misma fecha. Además, el arrendador revelará, al final del periodo sobre el que se informa, la inversión bruta en el arrendamiento y el valor presente de los pagos mínimos por cobrar en esa misma fecha, para cada uno de los siguientes plazos:

(i)   hasta un año;

(ii)   entre uno y cinco años; y

(iii)   más de cinco años.

(b)   los ingresos financieros no ganados

(c)   el importe de los valores residuales no garantizados acumulables a favor del arrendador.

(d)   la estimación de incobrables relativa a los pagos mínimos por el arrendamiento pendientes de cobro.

(e)   Las cuotas contingentes reconocidas como ingresos en el periodo.

(f)   Una descripción general de los acuerdos de arrendamiento significativos del arrendador incluyendo, por ejemplo, información sobre cuotas contingentes, opciones de renovación o adquisición y cláusulas de escalación, subarrendamientos y restricciones impuestas por los acuerdos de arrendamiento.

Estados financieros de los arrendadores—arrendamientos operativos

Reconocimiento y medición

20.24   Un arrendador presentará en su **estado de situación financiera** los activos sujetos a arrendamiento operativos de acuerdo con la naturaleza del activo.

20.25   Un arrendador reconocerá los ingresos por arrendamientos operativos (excluyendo los importes por servicios tales como seguros o mantenimiento) en los resultados sobre una base lineal a lo largo del plazo del arrendamiento, a menos que:

(a)   otra base sistemática sea representativa del patrón de tiempo de beneficios del arrendatario procedentes del activo arrendado, incluso si el cobro de los pagos no se realiza sobre esa base; o

(b)   los pagos al arrendador se estructuran en de forma que se incrementen en línea con la inflación general esperada (basada en índices o estadísticas publicadas) para compensar los incrementos del costo por inflación esperados del arrendador.

Si los pagos al arrendador varían de acuerdo con factores distintos de la inflación, la condición (b) no se cumplirá.

20.26   Un arrendador reconocerá como un gasto los costos, incluyendo la **depreciación**, incurridos en la obtención de ingresos por arrendamiento. La política de depreciación de los activos depreciables arrendados será coherente con la política normal de depreciación del arrendador para activos similares.

20.27   Un arrendador añadirá al importe en libros del activo arrendado cualesquiera costos directos iniciales incurridos en la negociación y contratación de un arrendamiento operativo y reconocerá estos costos como un gasto a lo largo del plazo de arrendamiento, sobre la misma base que los ingresos del arrendamiento.

20.28   Para determinar si el activo arrendado ha visto deteriorado su valor, el arrendador aplicará la Sección 27.

20.29   Un fabricante o distribuidor que sea también arrendador, no reconocerá ningún resultado por la venta en el momento de realizar un arrendamiento operativo, puesto que no es equivalente a una venta.

Información a revelar

20.30   Un arrendador revelará la siguiente información para los arrendamientos operativos:

(a)   Los pagos futuros mínimos del arrendamiento en arrendamientos operativos no cancelables, para cada uno de los siguientes periodos:

(i)   hasta un año;

(ii)   entre uno y cinco años; y

(iii)   más de cinco años.

(b)   las cuotas contingentes totales reconocidas como ingreso; y

(c)   Una descripción general de los acuerdos de arrendamiento significativos del arrendador, incluyendo, por ejemplo, información sobre cuotas contingentes, opciones de renovación o adquisición y cláusulas de revisión, y restricciones impuestas por los acuerdos de arrendamiento.

20.31   Además, se aplicarán los requerimientos sobre información a revelar sobre activos de acuerdo con las Secciones 17, 18, 27 y 34 a los arrendadores por los activos suministrados en arrendamiento operativo.

Transacciones de venta con arrendamiento posterior

20.32   Una venta con arrendamiento posterior es una transacción que involucra la venta de un activo y su posterior arrendamiento al vendedor. Los pagos por arrendamiento y el precio de venta son usualmente interdependientes, puesto que se negocian en conjunto. El tratamiento contable de una venta con arrendamiento posterior depende del tipo de arrendamiento.

Venta con arrendamiento posterior que da lugar a un arrendamiento financiero

20.33   Si una venta con arrendamiento posterior da lugar a un arrendamiento financiero, el arrendatario vendedor no reconocerá inmediatamente como ingreso cualquier exceso del producto de la venta sobre el importe en libros. En su lugar, el arrendatario vendedor diferirá este exceso y lo amortizará a lo largo del plazo del arrendamiento.

Venta con arrendamiento posterior que da lugar a un arrendamiento operativo

20.34 Si una venta con arrendamiento posterior da lugar a un arrendamiento operativo y está claro que la transacción se ha establecido a su valor razonable, el arrendatario vendedor reconocerá cualquier resultado inmediatamente. Si el precio de venta es inferior al valor razonable, el arrendatario vendedor reconocerá cualquier resultado inmediatamente a menos que la pérdida se compense por pagos futuros de arrendamiento a precios inferiores de los de mercado. En ese caso el arrendatario vendedor diferirá y amortizará estas pérdidas en proporción a los pagos por arrendamiento a lo largo del periodo en el que se espera utilizar el activo. Si el precio de venta es superior al valor razonable, el arrendatario vendedor diferirá el exceso y lo amortizará a lo largo del periodo durante el cual se espere utilizar el activo.

Información a revelar

20.35 Los requerimientos de información a revelar para arrendatarios y arrendadores se aplicarán igualmente a las ventas con arrendamiento posterior. La descripción requerida sobre los acuerdos sobre arrendamientos significativos incluye la descripción de las disposiciones únicas o no habituales de los acuerdos o términos de las transacciones de venta con arrendamiento posterior.

Sección 21
Provisiones y Contingencias
Alcance de esta sección

21.1 Esta sección se aplicará a todas las **provisiones** (es decir, **pasivos** de cuantía o vencimiento inciertos), **pasivos contingentes** y **activos contingentes**, excepto a las provisiones tratadas en otras secciones de esta Norma. Éstas incluyen las provisiones relacionadas con:

(a) **arrendamientos** (Sección 20 *Arrendamientos*). No obstante, esta sección trata los **arrendamientos operativos** que pasan a ser onerosos.

(b) **contratos de construcción** (Sección 23 *Ingresos de Actividades Ordinarias*). No obstante, esta sección trata los contratos de construcción que pasan a ser onerosos.

(c) obligaciones por **beneficios a los empleados** (Sección 28 *Beneficios a los Empleados*).

(d) **impuesto a las ganancias** (Sección 29 *Impuesto a las Ganancias*).

21.2 Los requerimientos de esta sección no se aplicarán a los contratos pendientes de ejecución, a menos que sean **contratos de onerosos**. Los contratos pendientes de ejecución son aquéllos en los que las partes no han cumplido ninguna de las obligaciones a las que se comprometieron, o bien que ambas partes han ejecutado parcialmente, y en igual medida, sus obligaciones.

21.3 La palabra "provisión" se utiliza, en ocasiones, en el contexto de partidas tales como **depreciación**, deterioro del valor de **activos** y cuentas por cobrar incobrables. Ellas son ajustes en el **importe en libros de** activos en lugar de un **reconocimiento** de pasivos y por ello no se tratan en esta Sección.

Reconocimiento inicial

21.4 Una entidad solo reconocerá una provisión cuando:

(a) la entidad tenga una obligación en la **fecha sobre la que se informa** como resultado de un suceso pasado;

(b) sea **probable** (es decir, exista mayor posibilidad de que ocurra que de lo contrario) que la entidad tenga que desprenderse de recursos que comporten beneficios económicos, para liquidar la obligación; y

(c) el importe de la obligación pueda ser estimado de forma fiable.

21.5 La entidad reconocerá la provisión como un pasivo en el **estado de situación financiera** y reconocerá el importe de la provisión como un **gasto**, a menos que otra sección de esta Norma requiera que el costo se reconozca como parte del costo de un activo, tales como **inventarios** o **propiedades, planta y equipo**.

21.6 La condición del párrafo 21.4(a) (obligación en la fecha sobre la que se informa que surge de un suceso pasado) implica que la entidad no tiene otra alternativa más realista que liquidar la obligación. Esto puede ocurrir cuando la entidad tiene una obligación legal que puede ser exigida por ley, o cuando la entidad tiene una **obligación implícita** porque el suceso pasado (que puede ser una acción de la entidad) ha creado una expectativa válida ante terceros de que cumplirá con sus compromisos o responsabilidades. Las obligaciones que surgirán como consecuencia de las acciones futuras de la entidad (es decir, de la gestión futura) no satisfacen la condición del párrafo 21.4(a), con independencia de lo probable que sea su ocurrencia y aunque surjan de un contrato. Por ejemplo, por causas de tipo comercial o requerimientos legales, una entidad puede pretender o necesitar realizar desembolsos para operar de una manera determinada en el futuro (un ejemplo es la colocación de filtros de humos en un determinado tipo de fábrica). Puesto que la entidad puede evitar el desembolso futuro mediante actuaciones futuras, por ejemplo cambiando su método de llevar a cabo la fabricación o vendiendo la fábrica, no existe una obligación presente de realizar esos desembolsos y, por tanto, no reconocerá provisión alguna para los mismos.

Medición inicial

21.7   Una entidad medirá una provisión como la mejor estimación del importe requerido para cancelar la obligación, en la fecha de presentación. La mejor estimación es el importe que una entidad pagaría racionalmente para liquidar la obligación al final del **periodo sobre el que se informa**, o para transferirla a un tercero en esa fecha.

(a)   Cuando la provisión involucra a un conjunto importante de partidas, la estimación del importe reflejará una ponderación de todos los posibles resultados por sus probabilidades asociadas. En el caso de que el rango de resultados posibles sea un continuo, y cada punto del mismo tenga la misma probabilidad que otro, se utilizará el valor medio del intervalo.

(b)   Cuando la provisión surja de una única obligación, la mejor estimación del importe requerido para cancelar la obligación puede ser el resultado individual que sea más probable. No obstante, también en este caso la entidad considerará otros resultados posibles. Cuando otros resultados posibles sean mucho más caros o mucho más baratos que el resultado más probable, la mejor estimación será un importe mayor o menor, respectivamente, que el resultado más probable.

Cuando el efecto del valor en el tiempo del dinero resulte **significativo,** el importe de la provisión será el **valor presente** de los importes que se espera sean requeridos para liquidar la obligación. La tasa (tasas) de descuento será una tasa (tasas) antes de impuestos que refleje (reflejen) las evaluaciones actuales del mercado correspondientes al valor del dinero en el tiempo. Los riesgos específicos del pasivo deben reflejarse en la tasa de descuento utilizada o en la estimación de los importes requeridos para liquidar la obligación, pero no en ambos.

21.8   Una entidad excluirá, de la **medición** de una provisión, las **ganancias** procedentes por disposiciones esperadas de activos.

21.9   Cuando una parte o la totalidad del importe requerido para cancelar una provisión pueda ser reembolsado por un tercero (por ejemplo, a través de una reclamación a un seguro), la entidad reconocerá el reembolso como un activo separado solo cuando sea prácticamente seguro que la entidad recibirá dicho reembolso al cancelar la obligación. El importe reconocido para el activo no debe exceder al importe de la provisión. El reembolso por cobrar se presentará en el estado de situación financiera como un activo y no se compensará con la provisión. En el **estado del resultado integral**, la entidad puede compensar cualquier reembolso de terceros contra el gasto relacionado con la provisión.

Medición posterior

21.10   Una entidad cargará contra una provisión únicamente los desembolsos para los que fue originalmente reconocida.

21.11   Una entidad revisará y ajustará las provisiones en cada fecha de presentación, para reflejar la mejor estimación actual del importe que sería requerido para cancelar la obligación en esa fecha. Cualquier ajuste a los importes previamente reconocidos se reconocerá en **resultados**, a menos que la provisión se hubiera reconocido originalmente como parte del costo de un activo (véase el párrafo 21.5). Cuando una provisión se mida por el valor presente del importe que se espera que sea requerido para cancelar la obligación, la reversión del descuento se reconocerá como un costo financiero en los resultados del periodo en que surja.

Pasivos contingentes

21.12   Un pasivo contingente es una obligación posible pero incierta o una obligación presente que no está reconocida porque no cumple una o las dos condiciones de los apartados (b) y (c) del párrafo 21.4. Una entidad no reconocerá un pasivo contingente como un pasivo, excepto en el caso de las provisiones para pasivos contingentes de una adquirida en una **combinación de negocios** (véanse los párrafos 19.20 y 19.21). El párrafo 21.15 requiere revelar un pasivo contingente a menos que la posibilidad de tener una salida de recursos sea remota. Cuando una entidad sea responsable de forma conjunta y solidaria, de una obligación, la parte de la deuda que se espera que cubran las otras partes se tratará como un pasivo contingente.

Activos contingentes

21.13   Una entidad no reconocerá un activo contingente como un activo. El párrafo 21.16 requiere que se revele información sobre un activo contingente, cuando sea probable la entrada de beneficios económicos a la entidad. Sin embargo, cuando el flujo de beneficios económicos futuros sea prácticamente cierto, el activo correspondiente no es un activo contingente y, por tanto, es apropiado proceder a reconocerlo.

Información a revelar

Información a revelar sobre provisiones

21.14   Para cada tipo de provisión, una entidad revelará lo siguiente:

    (a)   una conciliación que muestre:

(i)   el importe en libros al principio y al final del periodo;

(ii)   las adiciones realizadas durante el periodo, incluyendo los ajustes procedentes de los cambios en la medición del importe descontado;

(iii)   los importes cargados contra la provisión durante el periodo; y

(iv)   los importes no utilizados revertidos en el periodo.

(b)   una breve descripción de la naturaleza de la obligación y del importe y calendario esperados de cualquier pago resultante;

(c)   una indicación acerca de las incertidumbres relativas al importe o al calendario de las salidas de recursos; y

(d)   el importe de cualquier reembolso esperado, indicando el importe de los activos que hayan sido reconocidos por esos reembolsos esperados.

No se requiere información comparativa para los periodos anteriores.

Información a revelar sobre pasivos contingentes

21.15   A menos que la posibilidad de una eventual salida de recursos para liquidarlo sea remota, una entidad revelará para cada clase de pasivo contingente, en la fecha de presentación, una breve descripción de la naturaleza del mismo y, cuando fuese practicable:

(a)   una estimación de sus efectos financieros, medidos de acuerdo con los párrafos 21.7 a 21.11;

(b)   una indicación de las incertidumbres relacionadas con el importe o el calendario de las salidas de recursos; y

(c)   la posibilidad de cualquier reembolso.

Si es **impracticable** revelar una o más de estas informaciones, este hecho deberá señalarse.

Información a revelar sobre activos contingentes

21.16   Si es probable una entrada de beneficios económicos (con mayor probabilidad de que ocurra que de lo contrario) pero no prácticamente cierta, una entidad revelará una descripción de la naturaleza de los activos contingentes al final del periodo sobre el que se informa y, a menos que involucrase costos o esfuerzos desproporcionados, una estimación de su efecto financiero, medido utilizando los principios establecidos en los párrafos 21.7 a 21.11. Si esta estimación involucrara esfuerzo o costo desproporcionado, la entidad revelará ese hecho y las razones por las que la estimación del efecto financiero involucraría dicho esfuerzo o costo desproporcionado.

Información a revelar perjudicial

21.17   En casos extremadamente excepcionales, puede esperarse que la revelación de información, total o parcial, requerida por los párrafos 21.14 a 21.16 pueda esperarse que perjudique seriamente la posición de la entidad, en disputas con terceros sobre las situaciones que contemplan las provisiones, los pasivos contingentes o los activos contingentes. En estos casos, una entidad no necesita revelar la información, pero revelará la naturaleza genérica de la disputa, junto con el hecho de que la información no se ha revelado y las razones por las que han llevado a tomar tal decisión.

Apéndice a la Sección 21
Guía para el reconocimiento y la medición de provisiones

Este Apéndice acompaña a la Sección 21 pero no es parte de ella. Proporciona una guía para la aplicación de los requerimientos de la Sección 21 al reconocer y medir provisiones.

Todas las entidades en los ejemplos de este Apéndice tienen el 31 de diciembre como fecha sobre la que se informa. En todos los casos se supone que puede hacerse una estimación fiable de todas las salidas de recursos esperadas. En algunos ejemplos, las circunstancias que se describen pudieran haber producido pérdidas por deterioro del valor de los activos, este aspecto no se trata en los ejemplos. Cuando el efecto del valor temporal del dinero es significativo, las referencias a la "mejor estimación" son al importe del valor presente.

Ejemplo 1 Pérdidas de operación futuras

21A.1 Una entidad determina que es probable que un segmento de sus operaciones incurrirá en pérdidas de operación futuras durante varios años.

Obligación presente como consecuencia de un suceso pasado que obliga—no hay ningún suceso pasado que obligue a la entidad a pagar recursos.

Conclusión—la entidad no reconoce ninguna provisión por pérdidas de operación futuras. Las pérdidas futuras esperadas no cumplen la definición de pasivo. La expectativa de pérdidas de operación futuras puede ser indicativa de que uno o más activos están deteriorados—véase la Sección 27 *Deterioro del Valor de los Activos.*

Ejemplo 2 Contratos de carácter oneroso

21A.2 Un contrato de carácter oneroso es aquél en el que los costos inevitables de cumplir con las obligaciones establecidas en el contrato son mayores que los beneficios económicos que se esperan recibir del mismo. Los costos inevitables del contrato reflejarán el costo neto menor por resolver el mismo, lo que es el importe menor entre el costo de cumplir sus cláusulas y la cuantía de las compensaciones o multas procedentes de su incumplimiento. Por ejemplo, una entidad puede estar requerida contractualmente, en virtud de un arrendamiento operativo, a efectuar pagos para arrendar un activo que ya no utiliza.

Obligación presente como consecuencia de un suceso pasado que obliga—la entidad está contractualmente requerida a pagar recursos por los cuales no recibirá beneficios comparables a cambio.

Conclusión—si una entidad tiene un contrato de carácter oneroso, la entidad reconocerá y medirá la obligación actual resultante del contrato como una provisión.

Ejemplo 3 Reestructuraciones

21A.3 Una reestructuración es un programa planificado y controlado por la gerencia y que cambia significativamente el alcance de un negocio emprendido por una entidad o en la manera en que ese negocio se gestiona.

Obligación presente como consecuencia de un suceso pasado que obliga—una obligación implícita de una reestructuración surge solo cuando una entidad:

(a) Tiene un plan formal y detallado para reestructurar identificando, al menos:

    (i) el negocio, o la parte de éste, implicada;

    (ii) las principales ubicaciones afectadas;

    (iii) la ubicación, la función y el número aproximado de empleados que serán indemnizados por terminación de sus servicios;

    (iv) los desembolsos que se llevarán a cabo; y

    (v) cuándo será implementado el plan; y

(b) Ha producido una expectativa válida entre los afectados, de que la reestructuración se llevará a cabo, por haber comenzado a implementar el plan o por haber anunciado sus principales características a los afectados.

Conclusión—una entidad reconocerá una provisión por costos de reestructuración únicamente cuando tenga una obligación legal o implícita, en la fecha sobre la que se informa, de realizar la reestructuración.

Ejemplo 4 Garantías

21A.4 Un fabricante ofrece garantías a los compradores de su producto en el momento de realizar sus adquisiciones. En virtud de las condiciones del contrato de venta, el fabricante se compromete a subsanar, por medio de la reparación o de la sustitución de los productos, los defectos de fabricación que se pongan de manifiesto en el transcurso de tres años a partir de la fecha de la venta. Sobre la base de la experiencia, es probable (es decir, con mayor probabilidad de que ocurra que de lo contrario) que se presenten algunas reclamaciones en el periodo de garantía.

Obligación presente como consecuencia de un suceso pasado que obliga—el suceso que obliga es la venta del producto con garantía, la cual da lugar a una obligación legal.

Una salida de recursos que incorporan beneficios económicos en su liquidación—resulta probable para el conjunto de las garantías.

Conclusión—la entidad reconocerá una provisión por el importe de la mejor estimación de los costos de reparar los productos en garantía vendidos antes de la fecha sobre la que se informa.

Ilustración de los cálculos:

En 20X0, se venden productos por importe de 1.000.000 u.m. La experiencia indica que el 90% de los productos vendidos no requieren reparaciones en garantía; el 6% de los productos requieren reparaciones menores que cuestan el 30% del precio de venta; y el 4% de los productos vendidos requieren reparaciones importantes o sustitución que cuestan el 70% del precio de venta. Por consiguiente, los costos estimados de las garantías son los siguientes:

1.000.000 u.m. × 90% × 0		= 0 u.m.
1.000.000 u.m. × 6% × 30%		= 18.000 u.m.
1.000.000 u.m. × 4% × 70%		= 28.000 u.m.
Total		= 46.000 u.m.

Los desembolsos por reparaciones y sustituciones de productos en garantía vendidos en 20X0 se espera que produzcan lo siguiente al final de cada periodo: el 60% en 20X1, el 30% en 20X2, y el 10% en 20X3. Puesto que los flujos de efectivo estimados ya reflejan la probabilidad de las salidas de efectivo, y si se supone que no hay otros riesgos o incertidumbre que deban reflejarse, para determinar el valor presente de esos flujos de efectivo la entidad utilizará una tasa de descuento "libre de riesgo" basada en bonos del estado con el mismo plazo que las salidas de efectivo esperadas (6% para bonos a un año y 7% para bonos a dos y tres años). El cálculo del valor presente, a finales de 20X0, de las salidas de efectivo estimadas con relación a las garantías por los productos vendidos en 20X0 es el siguiente:

Año		Pagos en efectivo esperados (u.m.)	Tasa de descuento	Factor de descuento	Valor presente (u.m.)
1	60% × 46.000 u.m.	27.600	6%	0,9434 (al 6% durante 1 año)	26.038
2	30% × 46.000 u.m.	13.800	7%	0,8734 (al 7% durante 2 años)	12.053
3	10% × 46.000 u.m.	4.600	7%	0,8163 (al 7% durante 3 años)	3.755
Total					41.846

La entidad reconocerá una obligación por garantías de 41.846 u.m. al final de 20X0 por los productos vendidos en 20X0.

Ejemplo 5 Política de reembolso

21A.5   Una tienda de venta al detalle tiene la política de reembolsar las ventas a los clientes que no estén satisfechos con ellas, incluso en los casos en los que no exista la obligación legal de hacerlo. Esta política de reembolso es ampliamente conocida.

Obligación presente como consecuencia de un suceso pasado que obliga—el suceso que obliga es la venta del producto, que da lugar a la obligación implícita, puesto que el comportamiento de la tienda ha creado una expectativa válida en sus clientes de que reembolsará las compras.

Una salida de recursos que incorporan beneficios económicos en su liquidación—probable, puesto que una proporción de los productos se devuelven para su reembolso.

Conclusión—la entidad reconocerá una provisión por importe de la mejor estimación del importe requerido para liquidar los reembolsos.

Ejemplo 6 Cierre de una división—que no se llevará a cabo antes del final del periodo sobre el que se informa

21A.6   El 12 de diciembre de 20X0, el órgano de administración de una entidad decidió cerrar una división. La decisión no se comunicó a ninguno de los afectados antes del final del periodo sobre el que se informa (31 de diciembre de 20X0) ni tampoco se tomó ninguna otra medida para llevar a cabo la decisión tomada.

Obligación presente como consecuencia de un suceso pasado que obliga—no ha habido ningún suceso que obligue y, por tanto, no existe obligación alguna.

Conclusión—la entidad no reconocerá una provisión.

Ejemplo 7 Cierre de una división—comunicación e implementación antes del final del periodo sobre el que se informa

21A.7   El 12 de diciembre de 20X0, el órgano de administración de una entidad tomó la decisión de cerrar una división que fabricaba un determinado producto. El 20 de diciembre de ese 20X0 se acordó por parte del órgano de administración un plan detallado para cerrar, se mandaron cartas a los clientes avisándoles de que buscaran una fuente alternativa de suministro, a la vez que se mandaron los correspondientes avisos de despido al personal que prestaba sus servicios en la división.

Obligación presente como consecuencia de un suceso pasado que obliga—el suceso que obliga es la comunicación de la decisión a los clientes y empleados, lo cual ha dado lugar a una obligación implícita desde esa fecha, puesto que ha creado una expectativa válida respecto al cierre de la división.

Una salida de recursos que incorporan beneficios económicos en su liquidación—probable.

Conclusión—la entidad reconocerá una provisión el 31 de diciembre de 20X0 por el importe de la mejor estimación de los costos incurridos para cerrar la división en la fecha sobre la que se informa.

Ejemplo 8 Actualización de capacitación del personal como consecuencia de cambios en el sistema del impuesto a las ganancias

21A.8   El gobierno ha introducido cambios en el sistema del impuesto a las ganancias. Como consecuencia de esos cambios, una entidad del sector de servicios financieros necesitará los conocimientos de una gran parte de sus empleados de las áreas comercial y administrativa, para asegurarse de que se seguirán observando las regulaciones fiscales. Al final del periodo sobre el que se informa, no se han llevado a cabo acciones de capacitación.

Obligación presente como consecuencia de un suceso pasado que obliga—el cambio de la ley fiscal no impone una obligación sobre una entidad de realizar alguna actualización de capacitación. No se ha producido ningún suceso que obligue a reconocer la provisión (las propia capacitación).

Conclusión—la entidad no reconocerá una provisión.

Ejemplo 9 Un caso judicial

21A.9 Un cliente ha demandado a la Entidad X, solicitando una indemnización por daños sufridos, según dice el cliente, por utilizar un producto vendido por la Entidad X. Ésta no acepta su responsabilidad argumentando que el cliente no siguió las instrucciones de utilización de dicho producto. Hasta la fecha de autorización de los estados financieros del ejercicio cerrado el 31 de diciembre de 20X1 para su emisión, los abogados de la entidad eran de la opinión de que la entidad probablemente no sería declarada culpable. Sin embargo, cuando la entidad estaba elaborando sus estados financieros correspondientes al periodo contable cerrado el 31 de diciembre del año 20X2, los abogados opinaban que, tras los últimos desarrollos del proceso judicial, era probable que la entidad fuera declarada culpable:

(a)   al 31 de diciembre de 20X1

Obligación presente como consecuencia de un suceso pasado que obliga—según la evidencia disponible en la fecha de aprobación de los estados financieros, no existe obligación alguna a consecuencia de sucesos pasados.

Conclusión—no se reconocerá una provisión. La cuestión se revelará como un pasivo contingente, a menos que la probabilidad de salida de recursos se considere remota.

(b)   al 31 de diciembre de 20X2

Obligación presente como consecuencia de un suceso pasado que obliga—según la evidencia disponible, existe una obligación presente. El suceso que obliga es la venta del producto al cliente.

Una salida de recursos que incorporan beneficios económicos en su liquidación—probable.

Conclusión—se reconocerá una provisión por la mejor estimación del importe para cancelar la obligación a 31 de diciembre de 20X2 y el gasto se reconocerá en resultados. No es una corrección de un error de 20X1 porque, según la evidencia disponible en la fecha de aprobación de los estados financieros de 20X1, no se debería haber reconocido ninguna provisión en esa fecha.

Sección 22
Pasivos y Patrimonio
Alcance de esta sección

22.1 Esta Sección establece los principios para clasificar los **instrumentos financieros** como **pasivos** o como **patrimonio**, y trata la contabilización de los instrumentos de patrimonio emitidos para individuos u otras partes que actúan en capacidad de inversores en instrumentos de patrimonio (es decir, en calidad de **propietarios**). La Sección 26 *Pagos Basados en Acciones* trata la contabilización de una transacción en la que la entidad recibe bienes o servicios de empleados y de otros vendedores que actúan en calidad de vendedores de bienes y servicios (incluyendo los servicios a los empleados) como contraprestación por los instrumentos de patrimonio (incluyendo acciones u opciones sobre acciones).

22.2 Esta Sección se aplicará cuando se clasifiquen todos los tipos de instrumentos financieros, excepto a:

(a) las participaciones en **subsidiarias, asociadas** y **negocios conjuntos** que se contabilicen de acuerdo con la Sección 9 *Estados Financieros Consolidados y Separados*, la Sección 14 *Inversiones en Asociadas* o la Sección 15 *Inversiones en Negocios Conjuntos*.

(b) los derechos y obligaciones de los empleadores derivados de planes de **beneficios a los empleados**, a los que se aplique la Sección 28 *Beneficios a los Empleados*.

(c) los contratos por contraprestaciones contingentes en una **combinación de negocios** (véase la Sección 19 *Combinaciones de Negocios y Plusvalía*). Esta exención se aplicará solo a la adquirente.

(d) Los instrumentos financieros, contratos y obligaciones derivados de **transacciones con pagos basados en acciones** a los que se aplica la Sección 26, excepto por lo dispuesto en los párrafos 22.3 a 22.6, que serán de aplicación a las **acciones propias en cartera** adquiridas, vendidas, emitidas o liquidadas que tengan relación con planes de opciones sobre acciones para los empleados, planes de compra de acciones para los empleados y todos los demás acuerdos con **pagos basados en acciones**.

Clasificación de un instrumento financiero como pasivo o patrimonio

22.3 Patrimonio es la participación residual en los **activos** de una entidad, una vez deducidos todos sus pasivos. Un pasivo es una obligación presente de la entidad, surgida a raíz de sucesos pasados, al vencimiento de la cual, y para cancelarla, la entidad espera desprenderse de recursos que incorporan beneficios económicos. El Patrimonio incluye inversiones hechas por los propietarios de una entidad, más incrementos en esas inversiones ganados a través de operaciones rentables y retenidos para el uso en las operaciones de la entidad, menos reducciones de las inversiones de los propietarios como resultado de operaciones no rentables y de distribuciones a los propietarios.

22.3A   Una entidad clasificará un instrumento financiero como un **pasivo financiero** o como patrimonio de acuerdo con la esencia del acuerdo contractual, no simplemente por su forma legal, y de acuerdo con las definiciones de un pasivo financiero y de un instrumento de patrimonio. A menos que una entidad tenga un derecho incondicional de evitar la entrega de **efectivo** u otro **activo financiero** para liquidar una obligación contractual, la obligación cumple la definición de un pasivo financiero, y se clasificará como tal, excepto en el caso de los instrumentos clasificados como instrumentos de patrimonio de acuerdo con el párrafo 22.4.

22.4   Algunos instrumentos financieros que cumplen la definición de pasivo se clasifican como patrimonio porque representan el interés residual de los activos netos de la entidad:

(a)   Un instrumento con opción de venta es un instrumento financiero que proporciona al tenedor el derecho de volver a vender el instrumento al emisor a cambio de efectivo o de otro activo financiero o que el emisor vuelve a rescatar o recomprar automáticamente en el momento en que tenga lugar un suceso futuro incierto o la muerte o retiro del tenedor de dicho instrumento. Un instrumento con opción de venta se clasificará como un instrumento de patrimonio si tiene todas las características siguientes:

(i)   Otorga al tenedor el derecho a una participación proporcional en los activos netos de la entidad en caso de liquidación de ésta. Los activos netos de la entidad son los que se mantienen después de deducir todos los demás derechos sobre sus activos.

(ii)   El instrumento se encuentra en la clase de instrumentos que está subordinada a todas las demás clases de instrumentos.

(iii)   Todos los instrumentos financieros de la clase de instrumentos que está subordinada a todas las demás clases de instrumentos tienen características idénticas.

(iv)   Además de la obligación contractual para el emisor de recomprar o rescatar el instrumento a cambio de efectivo o de otro activo financiero, el instrumento no incluye ninguna obligación contractual de entregar a otra entidad efectivo u otro activo financiero, ni de intercambiar activos financieros o pasivos financieros con otra entidad en condiciones que sean potencialmente desfavorables para la entidad, y no constituye un contrato que sea o pueda ser liquidado utilizando instrumentos de patrimonio propio de la entidad.

(v)   Los flujos de efectivo totales esperados atribuibles al instrumento a lo largo de su vida se basan sustancialmente en los **resultados**, en el cambio en los activos netos reconocidos o en el cambio en el **valor razonable** de los activos netos reconocidos y no reconocidos de la entidad a lo largo de la vida del instrumento (excluyendo cualesquiera efectos del instrumento).

(b) Los instrumentos, o componentes de instrumentos, que están subordinados a todas las demás clases de instrumentos se clasifican como patrimonio si imponen a la entidad una obligación de entregar a terceros una participación proporcional de los activos netos de la entidad solo en el momento de la liquidación.

22.5 Los siguientes son ejemplos de instrumentos que se clasifican como pasivos en lugar de como patrimonio:

(a) Un instrumento se clasifica como pasivo si la distribución de activos netos en el momento de la liquidación está sujeta a un importe máximo (techo). Por ejemplo, en la liquidación, si los tenedores del instrumento reciben una participación proporcional de los activos netos, pero este importe está limitado a un techo y los activos netos en exceso se distribuyen a una institución benéfica o al gobierno, el instrumento no se clasifica como patrimonio.

(b) Un instrumento con opción de venta se clasifica como patrimonio si, al ejercer la opción de venta, el tenedor recibe una participación proporcional de los activos netos de la entidad que se mide de acuerdo con esta Norma. Sin embargo, si el tenedor tiene derecho a un importe medido sobre alguna otra base (tal como PCGA locales), el instrumento se clasifica como pasivo.

(c) Un instrumento se clasificará como un pasivo si obliga a la entidad a realizar pagos al tenedor antes de la liquidación, tales como un dividendo obligatorio.

(d) Un instrumento con opción de venta clasificado como patrimonio en los **estados financieros** de la subsidiaria se clasificará como un pasivo en los estados financieros consolidados de la controladora.

(e) Una acción preferente que estipula un rescate obligatorio por el emisor por un importe fijo o determinable en una fecha futura fija o determinable, o que da al tenedor el derecho de requerir al emisor el rescate de instrumento en o después de una fecha en particular por un importe fijo o determinable es un pasivo financiero.

22.6 Las aportaciones de socios de entidades cooperativas e instrumentos similares son patrimonio si:

(a) la entidad tiene un derecho incondicional para rechazar el rescate de las aportaciones de los socios; o

(b) el rescate está incondicionalmente prohibido por la ley local, por el reglamento o por los estatutos de la entidad.

Emisión inicial de acciones u otros instrumentos de patrimonio

22.7 Una entidad reconocerá la emisión de acciones o de otros instrumentos de patrimonio como patrimonio cuando emita esos instrumentos y otra parte esté obligada a proporcionar efectivo u otros recursos a la entidad a cambio de éstos:

(a)   si los instrumentos de patrimonio se emiten antes de que la entidad reciba el efectivo u otros recursos, la entidad presentará el importe por cobrar como una compensación al patrimonio en su **estado de situación financiera**, no como un activo;

(b)   si la entidad recibe el efectivo u otros recursos antes de que se emitan los instrumentos de patrimonio, y no se puede requerir a la entidad el reembolso del efectivo o de los otros recursos recibidos, la entidad reconocerá el correspondiente incremento en el patrimonio en la medida de la contraprestación recibida: y

(c)   en la medida en que los instrumentos de patrimonio hayan sido suscritos pero no emitidos, y la entidad no haya todavía recibido el efectivo o los otros recursos, no reconocerá un incremento en el patrimonio.

22.8   Una entidad medirá instrumentos de patrimonio, distintos a los emitidos como parte de una combinación de negocios o los contabilizados de acuerdo con los párrafos 22.15A y 22.15B, al valor razonable del efectivo u otros recursos recibidos o por recibir, neto de **costos de transacción**. Si se aplaza el pago y el valor en el tiempo del dinero es **significativo**, la **medición** inicial se hará sobre la base del **valor presente**.

22.9   Una entidad contabilizará los costos de transacción de una transacción de patrimonio como una deducción del patrimonio. El **impuesto a las ganancias** relacionado con los costos de transacción se contabilizará de acuerdo con la Sección 29 *Impuesto a las Ganancias*.

22.10   Las leyes que sean aplicables determinarán cómo se presenta en el estado de situación financiera el incremento en el patrimonio que surge de la emisión de acciones u otros instrumentos de patrimonio. Por ejemplo, puede requerirse que el valor a la par (u otro valor nominal) de las acciones y el importe pagado en exceso del valor a la par se presenten de forma separada.

Venta de opciones, derechos y certificados de opciones para compra de acciones (warrants)

22.11   Una entidad aplicará los principios de los párrafos 22.7 a 22.10 a las emisiones de patrimonio por medio de ventas de opciones, derechos, certificados de opciones para compra de acciones (warrants) e instrumentos de patrimonio similares.

Capitalización de ganancias o emisiones gratuitas y división de acciones

22.12   Una capitalización de ganancias o una emisión gratuita (conocida algunas veces como dividendo en forma de acciones) consiste en la entrega de nuevas acciones a los accionistas en proporción a sus acciones antiguas. Por ejemplo, una entidad puede dar a sus accionistas un dividendo de una acción por cada cinco acciones antiguas que tengan. Una división de acciones (conocido algunas veces como una división de acciones) es la división de las acciones existentes en múltiples acciones. Por ejemplo, en una división de acciones, cada accionista puede recibir una acción adicional por cada acción poseída. En algunos casos, las acciones previamente en circulación se cancelan y son reemplazadas por nuevas acciones. La capitalización de ganancias y emisiones gratuitas, así como las divisiones de acciones no cambian el patrimonio total. Una entidad reclasificará los importes dentro del patrimonio como lo requiera la legislación aplicable.

Deuda convertible o instrumentos financieros compuestos similares

22.13 En la emisión de deuda convertible o de **instrumentos financieros compuestos** similares que contengan un componente de pasivo y un componente de patrimonio, una entidad distribuirá el producto entre el componente de pasivo y el componente de patrimonio. Para realizar la distribución, la entidad determinará primero el importe del componente de pasivo como el valor razonable de un pasivo similar que no tenga un componente de conversión o un componente de patrimonio asociado similar. La entidad distribuirá el importe residual como el componente de patrimonio. Los costos de la transacción se distribuirán entre el componente de deuda y el componente de patrimonio sobre la base de sus valores razonables relativos.

22.14 La entidad no revisará la distribución en un periodo posterior.

22.15 En periodos posteriores a la emisión de los instrumentos, la entidad contabilizará el componente de pasivo de la forma siguiente:

(a) De acuerdo con la Sección 11 *Instrumentos Financieros Básicos* si el componente de pasivo cumple las condiciones del párrafo 11.9. En estos casos la entidad reconocerá sistemáticamente cualquier diferencia entre el componente de pasivo y el importe principal por pagar al vencimiento como un **gasto** por intereses adicional utilizando el **método de la tasa de interés efectiva** (véanse los párrafos 11.15 a 11.20).

(b) De acuerdo con la Sección 12 *Otros Temas relacionados con los Instrumentos Financieros* si el componente de pasivo cumple las condiciones del párrafo 11.9.

Cancelación de pasivos financieros con instrumentos de patrimonio

22.15A Una entidad puede renegociar las condiciones de un pasivo financiero con un acreedor suyo con el resultado de que cancela el pasivo total o parcialmente mediante la emisión de instrumentos de patrimonio para el acreedor. La emisión de instrumentos de patrimonio constituye la contraprestación pagada de acuerdo con el párrafo 11.38. Una entidad medirá los instrumentos de patrimonio emitidos a su valor razonable. Sin embargo, si el valor razonable de los instrumentos de patrimonio emitidos no puede medirse con fiabilidad sin esfuerzo o costo desproporcionado, dichos instrumentos de patrimonio deberán medirse al valor razonable del pasivo financiero cancelado. Una entidad dará de baja en cuentas el pasivo financiero, o parte de éste, de acuerdo con los párrafos 11.36 a 11.38.

22.15B   Si parte de la contraprestación pagada está relacionada con una modificación de las condiciones de la parte del pasivo que permanece, la entidad distribuirá la contraprestación pagada entre la parte del pasivo cancelado y la parte del pasivo que queda pendiente. Esta distribución debe realizarse sobre una base razonable. Si el pasivo que permanece ha sido sustancialmente modificado, la entidad contabilizará la modificación como la cancelación del pasivo original y el **reconocimiento** de un pasivo nuevo conforme requiere el párrafo 11.37.

22.15C   Una entidad no aplicará los párrafos 22.15A y 22.15B a transacciones en situaciones en las que:

(a)   el acreedor sea también un accionista directo o indirecto y esté actuando en su condición directa o indirecta de tal;

(b)   el acreedor y la entidad están controlados por la misma parte o partes antes y después de la transacción y la esencia de la transacción incluye una distribución de patrimonio por parte de la entidad, o una contribución de patrimonio a ésta; o

(c)   la cancelación del pasivo financiero mediante la emisión de instrumentos de patrimonio es acorde con las condiciones iniciales del pasivo financiero (véanse los párrafos 22.13 a 22.15).

Acciones propias en cartera

22.16   Las acciones propias en cartera son instrumentos del patrimonio de una entidad que han sido emitidos y posteriormente readquiridos por ésta. Una entidad deducirá del patrimonio el valor razonable de la contraprestación entregada por las acciones propias en cartera. La entidad no reconocerá una **ganancia** o pérdida en resultados por la compra, venta, emisión o cancelación de acciones propias en cartera.

Distribuciones a los propietarios

22.17   Una entidad reducirá del patrimonio el importe de las distribuciones a los propietarios (tenedores de sus instrumentos de patrimonio). El impuesto a las ganancias relacionado con la distribución a los propietarios se contabilizará de acuerdo con la Sección 29.

22.18   En ocasiones, una entidad distribuye activos distintos al efectivo a los propietarios ("distribuciones distintas al efectivo"). Cuando una entidad declare este tipo de distribución y tenga obligación de distribuir activos distintos al efectivo a los propietarios, reconocerá un pasivo. Medirá el pasivo al valor razonable de los activos a distribuir a menos que cumpla las condiciones del párrafo 22.18A. Al final de cada **periodo sobre el que se informa**, así como en la fecha de liquidación, la entidad revisará y ajustará el **importe en libros** del dividendo a pagar para reflejar los cambios en el valor razonable de los activos a distribuir, reconociendo cualquier variación en el patrimonio como ajuste al importe de la distribución. Cuando una entidad liquide el dividendo por pagar, reconocerá en el resultado del periodo la diferencia, si la hubiera, entre el importe en libros de los activos distribuidos y el importe en libros del dividendo por pagar.

22.18A   Si el valor razonable de los activos distribuidos no puede medirse con fiabilidad sin esfuerzo o costo desproporcionado, el pasivo se medirá al importe en libros de los activos a distribuir. Si con anterioridad a la determinación el valor razonable de los activos a distribuir puede medirse con fiabilidad sin esfuerzo o costo desproporcionado, el pasivo se medirá nuevamente a valor razonable con el ajuste correspondiente realizado al importe de la distribución contabilizada de acuerdo con el párrafo 22.18.

22.18B   Los párrafos 22.18 y 22.18A no se aplicarán a las distribuciones de activos distintos al efectivo que estén controlados finalmente por la misma parte o partes antes y después de la distribución. Esta exclusión se aplicará a los estados financieros separados, individuales y **consolidados** de la entidad que realice la distribución.

Participaciones no controladoras y transacciones en acciones de una subsidiaria consolidada

22.19   En los estados financieros consolidados, se incluirá en el patrimonio una **participación no controladora** en los activos netos de una subsidiaria. Una entidad tratará los cambios en la **participación** controladora de una controladora en una subsidiaria que no den lugar a una pérdida de **control** como transacciones con los propietarios en su capacidad de tales. Por consiguiente, se ajustará el importe en libros de las participaciones no controladoras para reflejar el cambio en la participación de la controladora en los activos netos de la subsidiaria. Cualquier diferencia entre el importe por el que se ajusten las participaciones no controladoras y el valor razonable de la contraprestación pagada o recibida, si existiese, se reconocerá directamente en el patrimonio y se atribuirá a los propietarios de la controladora. Una entidad no reconocerá ganancia ni pérdida por estos cambios. Asimismo, una entidad no reconocerá ningún cambio en el importe en libros de los activos (incluyendo la **plusvalía**) o de los pasivos como resultado de estas transacciones.

Información a revelar

22.20   Si el valor razonable de los activos a distribuir, como se describe en los párrafos 22.18 y 22.18A no puede medirse con fiabilidad sin esfuerzo o costo desproporcionado, la entidad revelará ese hecho y las razones por las que una medición del valor razonable fiable involucraría un esfuerzo o costo desproporcionado.

Apéndice a la Sección 22
Ejemplo de la contabilización de deuda convertible por parte del emisor

El Apéndice acompaña a la Sección 22 pero no es parte de ella. Proporciona una guía para la aplicación de los requerimientos de los párrafos 22.13 a 22.15.

El 1 de enero de 20X5, una entidad emite 500 bonos convertibles. Los bonos son emitidos a la par con un valor nominal de 100 u.m. por título y son por cinco años, sin costos de transacción. El importe total de la emisión es de 50.000 u.m. El interés es pagadero anualmente al final del periodo, a una tasa de interés anual del 4 por ciento. Cada bono es convertible, a discreción del emisor, en 25 acciones ordinarias en cualquier momento hasta el vencimiento. En el momento de la emisión de los bonos, la tasa de interés de mercado para una deuda similar sin posibilidad de conversión es del 6 por ciento.

Cuando se emite el instrumento, primero se debe valorar el componente de pasivo, y la diferencia entre el importe total de la emisión (que es el valor razonable del instrumento en su totalidad) y el valor razonable del componente de pasivo se asigna al componente de patrimonio. El valor razonable del componente de pasivo se calcula mediante la determinación de su valor presente usando la tasa de descuento del 6 por ciento. Estos cálculos y los asientos en el libro diario son como se muestra:

	u.m.
Importe de la emisión del bono (A)	50.000
Valor presente del principal al final de cinco años (véanse los cálculos)	37.363
Valor presente del interés pagadero anualmente al final del periodo de cinco años	8.425
Valor presente del pasivo, que es el valor razonable del componente de pasivo (B)	45.788
Valor residual, que es el valor razonable del componente de patrimonio(A) – (B)	4.212

El emisor de los bonos realiza el siguiente asiento en el libro diario por la emisión efectuada el 1 de enero de 20X5:

Dr Efectivo	50.000 u.m.	
Pasivo financiero – Bono convertible		45.788 u.m.
Cr Patrimonio		4.212 u.m.

El importe de 4.212 u.m. representa un descuento sobre la emisión de los bonos, de modo que el asiento también podría mostrarse como "bruto":

Dr Efectivo	50.000 u.m.
Dr Descuento del bono	4.212 u.m.

continúa...

...*continuación*

Cr Pasivo financiero – Bono convertible	50.000 u.m.
Cr Patrimonio	4.212 u.m.

Después de la emisión, el emisor amortizará el descuento del bono de acuerdo con la siguiente tabla:

	(a) Pago por intereses (u.m.)	(b) Total de gastos por intereses (u.m.) = 6% × (e)	(c) Amortización de descuento del bono (u.m.) = (b) – (a)	(d) Descuento del bono (u.m.) = (d) – (c)	(e) Pasivo neto (u.m.) = 50.000 – (d)
1/1/20X5				4.212	45.788
31/12/20X5	2.000	2.747	747	3.465	46.535
31/12/20X6	2.000	2.792	792	2.673	47.327
31/12/20X7	2.000	2.840	840	1.833	48.167
31/12/20X8	2.000	2,890	890	943	49.057
31/12/20X9	2.000	2.943	943	0	50.000
Totales	10.000	14.212	4.212		

Al final de 20X5, el emisor realizaría el siguiente asiento en el libro diario:

Dr Gastos por intereses	2.747 u.m.
Cr Descuento del bono	747 u.m.
Cr Efectivo	2.000 u.m.

Cálculos

Valor presente del principal de 50.000 u.m. al 6 por ciento

50.000 u.m./(1,06)^5 = 37.363 u.m.

Valor presente de la anualidad por intereses de 2.000 u.m. (= 50.000 u.m. × 4 por ciento) a pagar al final de cada cinco años

Los pagos anuales por intereses de 2.000 u.m. constituyen una anualidad—una corriente de flujo de efectivo con un número limitado (n) de pagos periódicos (C), por cobrar en las fechas de la "1" a la "n". Para calcular el valor presente de esta anualidad, los pagos futuros se descuentan mediante la tasa de interés periódica (i) usando la siguiente fórmula:

$$PV = \frac{C}{i} \times [1 - \frac{1}{(1+i)^n}]$$

Por lo tanto, el valor presente de los pagos por intereses de 2.000 u.m. es

(2.000/0,06) × [1 − [(1/1,06)^5] = 8.425 u.m.

Este es equivale a la suma de los valores presentes de los cinco pagos de 2.000 u.m. individuales, como sigue:

	u.m.
Valor presente del pago por intereses a 31 de diciembre de 20X5 = 2.000/1,06	1.887
Valor presente del pago por intereses a 31 de diciembre de 20X6 = 2.000/1,06^2	1.780
Valor presente del pago por intereses a 31 de diciembre de 20X7 = 2.000/1,06^3	1.679
Valor presente del pago por intereses a 31 de diciembre de 20X8 = 2.000/1,06^4	1.584
Valor presente del pago por intereses a 31 de diciembre de 20X9 = 2.000/1,06^5	1.495
Total	8.425

Otra forma todavía de calcular esto es utilizar una tabla de valor presente de una anualidad ordinaria al final del periodo, cinco periodos, tasa de interés del 6 por ciento por periodo. (En Internet se pueden encontrar fácilmente estas tablas.) El factor del valor presente es 4,2124. La multiplicación de este factor por el pago anual de 2.000 u.m. determina el valor presente de 8.425 u.m.

Sección 23
Ingresos de actividades ordinarias
Alcance de esta sección

23.1   Esta Sección se aplicará al contabilizar **ingresos de actividades ordinarias** procedentes de las siguientes transacciones y sucesos:

    (a)   la venta de bienes (si los produce o no la entidad para su venta o los adquiere para su reventa);

    (b)   la prestación de servicios;

    (c)   **los contratos de construcción** en los que la entidad es el contratista; y

    (d)   el uso, por parte de terceros, de **activos** de la entidad que produzcan intereses, regalías o dividendos.

23.2   Los ingresos de actividades ordinarias u otros **ingresos** que surgen de algunas transacciones y sucesos se tratan en otras secciones de esta Norma:

    (a)   acuerdos de **arrendamiento** (véase la Sección 20 *Arrendamientos*);

    (b)   dividendos y otros ingresos que surgen de inversiones contabilizadas por el método de la participación (véase la Sección 14 *Inversiones en Asociadas* y la Sección 15 *Inversiones en Negocios Conjuntos*);

    (c)   cambios en el **valor razonable** de **activos financieros** y **pasivos financieros**, o su disposición (véase la Sección 11 *Instrumentos Financieros Básicos* y la Sección 12 *Otros Temas relacionados con los Instrumentos Financieros*);

    (d)   cambios en el valor razonable de **propiedades de inversión** (véase la Sección 16 *Propiedades de Inversión*);

    (e)   **reconocimiento** inicial y cambios en el valor razonable de los **activos biológicos** relacionados con la **actividad agrícola** (véase la Sección 34 *Actividades Especializadas*); y

    (f)   reconocimiento inicial de **productos agrícolas** (véase la Sección 34).

Medición de los ingresos de actividades ordinarias

23.3   Una entidad medirá los ingresos de actividades ordinarias al valor razonable de la contraprestación recibida o por recibir. El valor razonable de la contraprestación, recibida o por recibir, tiene en cuenta el importe de cualesquiera descuentos comerciales, descuentos por pronto pago y rebajas por volumen de ventas que sean practicados por la entidad.

23.4   Una entidad incluirá en los ingresos de actividades ordinarias solamente las entradas brutas de beneficios económicos recibidos y por recibir por parte de la entidad, actuando por cuenta propia. Una entidad excluirá de los ingresos de actividades ordinarias todos los importes recibidos por cuenta de terceras partes tales como impuestos sobre las ventas, impuestos sobre productos o servicios o impuestos sobre el valor añadido. En una relación de agencia, una entidad (el agente) incluirá en los ingresos de actividades ordinarias solo el importe de su comisión. Los importes recibidos por cuenta del principal no son ingresos de actividades ordinarias de la entidad.

Pago diferido

23.5 Cuando se difieren las entradas de **efectivo o equivalentes al efectivo** y el acuerdo constituye efectivamente una transacción financiera, el valor razonable de la contraprestación es el **valor presente** de todos los cobros futuros determinados utilizando una **tasa de interés imputada**. Una transacción financiera surge cuando, por ejemplo, una entidad concede un crédito sin intereses al comprador o acepta un efecto comercial, cargando al comprador una tasa de interés menor que la del mercado, como contraprestación por la venta de bienes. La tasa de interés imputada a la operación será, de entre las dos siguientes, la que mejor se pueda determinar:

(a) la tasa vigente para un instrumento similar de un emisor con una calificación crediticia similar; o

(b) la tasa de interés que iguala el nominal del instrumento utilizado, debidamente descontado, al precio al contado de los bienes o servicios vendidos.

Una entidad reconocerá la diferencia entre el valor presente de todos los cobros futuros y el importe nominal de la contraprestación como ingreso de actividades ordinarias por intereses, de acuerdo con los párrafos 23.28 y 23.29 y con la Sección 11.

Intercambios de bienes o servicios

23.6 Una entidad no reconocerá ingresos de actividades ordinarias:

(a) cuando se intercambien bienes o servicios por bienes o servicios de naturaleza y valor similar; o

(b) cuando se intercambien bienes o servicios por bienes o servicios de naturaleza diferente, pero la transacción carezca de carácter comercial.

23.7 Una entidad reconocerá ingresos de actividades ordinarias cuando los bienes se vendan o los servicios se intercambien por bienes o servicios de naturaleza diferente en una transacción de carácter comercial. En ese caso, la entidad medirá la transacción:

(a) al valor razonable de los bienes o servicios recibidos, ajustado por el importe de cualquier efectivo o equivalentes al efectivo transferidos;

(b) si el importe según (a), no se puede medir con fiabilidad, entonces por el valor razonable de los bienes o servicios entregados, ajustado por el importe de cualquier efectivo o equivalentes al efectivo transferidos; o

(c) si no se puede medir con fiabilidad el valor razonable ni de los activos recibidos ni de los activos entregados, entonces por el **importe en libros** de los activos entregados, ajustado por el importe de cualquier efectivo equivalentes al efectivo transferidos.

Identificación de la transacción de ingresos de actividades ordinarias

23.8   Normalmente, una entidad aplicará los criterios de reconocimiento de ingresos de actividades ordinarias de esta sección por separado a cada transacción. Sin embargo, una entidad aplicará los criterios de reconocimiento a los componentes identificables por separado de una única transacción cuando sea necesario para reflejar la esencia de ésta. Por ejemplo, una entidad aplicará los criterios de reconocimiento a los componentes identificables de forma separada de una única transacción cuando el precio de venta de un producto incluya un importe identificable por servicios posteriores. Por el contrario, una entidad aplicará los criterios de reconocimiento a dos o más transacciones, conjuntamente, cuando estén ligadas de forma que el efecto comercial logrado no pueda ser entendido sin referencia al conjunto completo de transacciones. Por ejemplo, una entidad aplicará los criterios de reconocimiento a dos o más transacciones de forma conjunta cuando venda bienes y, al mismo tiempo, tome un acuerdo separado para recomprar esos bienes en una fecha posterior, con lo que se niega el efecto sustantivo de la transacción.

23.9   A veces, como parte de una transacción de venta, una entidad concede a su cliente un premio por fidelización que éste puede canjear en el futuro en forma de bienes o servicios gratuitos o descuentos sobre éstos. En este caso, de acuerdo con el párrafo 23.8, la entidad contabilizará los créditos-premio como un componente identificable de forma separada de la transacción de ventas inicial. La entidad distribuirá el valor razonable de la contraprestación recibida o por recibir por la venta inicial entre los créditos-premio y otros componentes de la venta. La contraprestación distribuida entre los créditos-premio se medirá tomando como referencia su valor razonable, es decir, según el importe por el que los créditos-premio podrían venderse por separado.

Venta de bienes

23.10   Una entidad reconocerá ingresos de actividades ordinarias procedentes de la venta de bienes cuando se satisfagan todas y cada una de las siguientes condiciones:

(a)   la entidad ha transferido al comprador los riesgos y ventajas, de tipo significativo, derivados de la propiedad de los bienes;

(b)   la entidad no conserva para sí ninguna implicación en la gestión corriente de los bienes vendidos, en el grado usualmente asociado con la propiedad, ni retiene el control efectivo sobre los mismos;

(c)   el importe de los ingresos de actividades ordinarias pueda medirse con fiabilidad;

(d)   sea **probable** que la entidad obtenga los beneficios económicos asociados con la transacción; y

(e)   los costos incurridos, o por incurrir, en relación con la transacción pueden ser medidos con fiabilidad.

23.11   El proceso de evaluación de cuándo una entidad ha transferido al comprador los riesgos y ventajas significativos que implica la propiedad, requiere un examen de las circunstancias de la transacción. En la mayoría de los casos, la transferencia de los riesgos y ventajas de la propiedad coincidirá con la transferencia de la titularidad legal o el traspaso de la posesión al comprador. Este es el caso en la mayor parte de las ventas al por menor. En otros casos, la transferencia de los riesgos y las ventajas inherentes a la propiedad tendrá lugar en un momento diferente del de la transferencia de la titularidad legal o del traspaso de la posesión de los bienes.

23.12   Una entidad no reconocerá ingresos de actividades ordinarias si conserva riesgos y recompensas significativos inherentes a la propiedad. Ejemplos de situaciones en las que la entidad puede conservar riesgos y ventajas inherentes a la propiedad, son:

(a)   cuando la entidad conserva una obligación por funcionamiento insatisfactorio, que no cubierta por las condiciones normales de garantía;

(b)   cuando el cobro de ingresos de actividades ordinarias procedentes de una determinada venta está condicionado a la venta por parte del comprador de los bienes;

(c)   cuando los bienes se venden sujetos a instalación y ésta es una parte sustancial del contrato que no se ha completado todavía; y

(d)   Cuando el comprador tiene el derecho de rescindir la compra por una razón especificada en el contrato de venta, o a discreción exclusiva del comprador sin ningún motivo, y la entidad tiene incertidumbre acerca de la probabilidad de devolución.

23.13   Si una entidad conserva solo una parte insignificante de la propiedad, la transacción es una venta y la entidad reconocerá los ingresos de actividades ordinarias. Por ejemplo, un vendedor reconocerá los ingresos de actividades ordinarias cuando conserve la titularidad legal de los bienes con el único propósito de asegurar el cobro de la deuda. De forma similar, una entidad reconocerá los ingresos de actividades ordinarias cuando ofrezca una devolución si los bienes están defectuosos o si el cliente no está satisfecho por otros motivos, y la entidad pueda estimar con fiabilidad las devoluciones. En estos casos, la entidad reconocerá una **provisión** por devoluciones de acuerdo con la Sección 21 *Provisiones y Contingencias*.

Prestación de servicios

23.14   Cuando el resultado de una transacción que involucre la prestación de servicios pueda ser estimado con fiabilidad, una entidad reconocerá los ingresos de actividades ordinarias asociados con la transacción, por referencia al grado de terminación de la transacción al final del **periodo sobre el que se informa** (a veces conocido como el método del porcentaje de terminación). El resultado de una transacción puede ser estimado con fiabilidad cuando se cumplen todas y cada una de las siguientes condiciones:

(a)   el importe de los ingresos de actividades ordinarias pueda medirse con fiabilidad;

(b)   sea probable que la entidad reciba los beneficios económicos asociados con la transacción;

(c)   el grado de realización de la transacción, al final del periodo sobre el que se informa, pueda ser medido con fiabilidad; y

(d)   los costos incurridos en la transacción, y los costos para completarla, puedan medirse con fiabilidad.

Los párrafos 23.21 a 23.27 proporcionan una guía para la aplicación del método del porcentaje de terminación.

23.15   Cuando los servicios se presten a través de un número indeterminado de actos a lo largo de un periodo especificado, una entidad reconocerá los ingresos de actividades ordinarias de forma lineal a lo largo del periodo especificado, a menos que haya evidencia de que otro método representa mejor el grado de terminación. Cuando un acto específico sea mucho más significativo que el resto, la entidad pospondrá el reconocimiento de los ingresos de actividades ordinarias hasta que el mismo se ejecute.

23.16   Cuando el resultado de la transacción que involucre la prestación de servicios no pueda estimarse de forma fiable, una entidad reconocerá los ingresos de actividades ordinarias solo en la medida de los **gastos** reconocidos que se consideren recuperables.

Contratos de construcción

23.17   Cuando el resultado de un contrato de construcción pueda estimarse con fiabilidad, una entidad reconocerá los ingresos de actividades ordinarias del contrato y los costos del contrato asociados con el contrato de construcción como ingresos de actividades ordinarias y gastos, respectivamente, por referencia al grado de terminación de la actividad del contrato al final del periodo sobre el que se informa (a veces conocido como el método del porcentaje de terminación). La estimación fiable del resultado requiere estimaciones fiables del grado de terminación, costos futuros y cobrabilidad de certificaciones. Los párrafos 23.21 a 23.27 proporcionan una guía para la aplicación del método del porcentaje de terminación.

23.18   Generalmente, los requerimientos de esta sección se aplicarán por separado a cada contrato de construcción. Sin embargo, en ciertas circunstancias, es necesario aplicar esta sección a los componentes identificables por separado de un único contrato, o a un grupo de contratos para reflejar mejor la esencia económica de éstos.

23.19   Si un contrato cubre varios activos, la construcción de cada activo deberá tratarse como un contrato de construcción separado cuando:

(a)   se han presentado propuestas económicas separadas para cada activo;

(b)   cada activo ha estado sujeto a negociación separada, y el constructor y el cliente tienen la posibilidad de aceptar o rechazar la parte del contrato relacionada con cada activo; y

(c)   pueden identificarse los ingresos de actividades ordinarias y los costos de cada activo.

23.20   Un grupo de contratos, con uno o más clientes, deberá tratarse como un único contrato de construcción cuando:

(a)   el grupo de contratos se negocia como un único paquete;

(b)   los contratos están tan estrechamente relacionados que son, efectivamente, parte de un único proyecto con un margen de beneficios global; y

(c)   los contratos se ejecutan simultáneamente, o bien, en una secuencia continua.

Método del porcentaje de terminación

23.21   Este método se utiliza para reconocer los ingresos de actividades ordinarias por prestación de servicios (véanse los párrafos 23.14 a 23.16) y por contratos de construcción (véanse los párrafos 23.17 a 23.20). Una entidad examinará y, cuando sea necesario, revisará las estimaciones de ingresos de actividades ordinarias y los costos a medida que avance la transacción del servicio o el contrato de construcción.

23.22   Una entidad determinará el grado de terminación de una transacción o contrato utilizando el método que mida con mayor fiabilidad el trabajo ejecutado. Los métodos posibles incluyen:

(a)   la proporción de los costos incurridos por el trabajo ejecutado hasta la fecha, en relación con los costos totales estimados. Los costos incurridos por el trabajo ejecutado no incluyen los costos relacionados con actividades futuras, tales como materiales o pagos anticipados.

(b)   inspecciones del trabajo ejecutado.

(c)   la terminación de una proporción física de la transacción del servicio o del contrato de trabajo.

Los anticipos y los pagos recibidos del cliente no reflejan, necesariamente, la proporción del trabajo ejecutado.

23.23   Una entidad reconocerá los costos relacionados con la actividad futura de la transacción o el contrato, tales como materiales o pagos anticipados, como un activo si es probable que los costos se recuperen.

23.24   Una entidad reconocerá inmediatamente como gasto cualquier costo cuya recuperación no sea probable.

23.25   Cuando el resultado de un contrato no pueda ser estimado con suficiente fiabilidad:

(a)   una entidad reconocerá los ingresos de actividades ordinarias solo en la medida en que sea probable recuperar los costos del contrato incurridos; y

(b)   la entidad reconocerá los costos del contrato como un gasto en el periodo en que se hayan incurrido.

23.26   Cuando sea probable que los costos totales del contrato vayan a exceder los ingresos de actividades ordinarias totales del contrato, las pérdidas esperadas se reconocerán inmediatamente como un gasto, con la provisión correspondiente por un **contrato oneroso** (véase la Sección 21).

23.27   Si la cobrabilidad de un importe ya reconocido como un ingreso de actividades ordinarias de un contrato deja de ser probable, la entidad reconocerá el importe incobrable como un gasto y no como un ajuste del importe de ingresos de actividades ordinarias del contrato.

Intereses, regalías y dividendos

23.28   Una entidad reconocerá los ingresos de actividades ordinarias procedentes del uso por terceros de activos de la entidad que producen intereses, regalías y dividendos de acuerdo con las bases establecidas en el párrafo 23.29, cuando:

(a)   sea probable que la entidad obtenga los beneficios económicos asociados con la transacción; y

(b)   el importe de los ingresos de actividades ordinarias pueda ser medido de forma fiable.

23.29   Una entidad reconocerá los ingresos de actividades ordinarias de acuerdo con las siguientes bases:

(a)   los intereses se reconocerán utilizando el **método del interés efectivo** como se describe en los párrafos 11.15 a 11.20.

(b)   las regalías se reconocerán utilizando la base de acumulación (o devengo), de acuerdo con la esencia del acuerdo correspondiente; y

(c)   Los dividendos se reconocerán cuando se establezca el derecho a recibirlos por parte del accionista.

Información a revelar

Información general a revelar sobre los ingresos de actividades ordinarias

23.30   Una entidad revelará:

(a)   las **políticas contables** adoptadas para el reconocimiento de los ingresos de actividades ordinarias, incluyendo los métodos utilizados para determinar el porcentaje de terminación de las transacciones involucradas en la prestación de servicios; y

(b)   el importe de cada categoría de ingresos de actividades ordinarias reconocida durante el periodo, que mostrará de forma separada como mínimo los ingresos de actividades ordinarias procedentes de:

(i)   venta de bienes;

(ii)   la prestación de servicios;

(iii)   intereses;

(iv)   regalías;

(v)   dividendos;

(vi)   comisiones;

(vii)   **subvenciones del gobierno**; y

(viii) cualesquiera otros tipos de ingresos de actividades ordinarias significativos.

Información a revelar relacionada con los ingresos de actividades ordinarias procedentes de contratos de construcción

23.31   Una entidad revelará la siguiente información:

(a)   el importe de los ingresos de actividades ordinarias del contrato reconocidos como tales en el periodo;

(b)   los métodos utilizados para determinar la porción de ingreso de actividades ordinarias del contrato reconocido como tal en el periodo; y

(c)   los métodos usados para determinar el grado de realización del contrato en proceso.

23.32   Una entidad presentará:

(a)   los importes brutos por cobrar a los clientes por contratos ejecutados, como un activo; y

(b)   los importes brutos por cobrar a los clientes por contratos ejecutados, como un **pasivo**.

Apéndice a la Sección 23
Ejemplos de reconocimiento de ingresos de actividades ordinarias según los principios de la Sección 23

Este Apéndice acompaña a la Sección 23 pero no es parte de ella. Proporciona una guía para la aplicación de los requerimientos de la Sección 23 al reconocer los ingresos de actividades ordinarias.

23A.1   Los siguientes ejemplos se centran en aspectos particulares de una transacción y no son una discusión global de todos los factores relevantes que pueden influir en el reconocimiento de ingresos de actividades ordinarias. Los ejemplos generalmente asumen que el importe de los ingresos de actividades ordinarias puede ser medido con fiabilidad, que es probable que la entidad obtenga los beneficios económicos y que los costos incurridos o por incurrir pueden ser objeto de medición fiable.

Venta de bienes

23A.2   Las leyes de los diferentes países pueden causar que los criterios de reconocimiento de la Sección 23 se cumplan en diferentes momentos. En particular, las leyes pueden determinar el momento preciso en que la entidad transfiere los riesgos y ventajas de la propiedad. Por tanto, los ejemplos de este Apéndice deben ser entendidos en el contexto de las leyes, relacionadas con la venta de bienes en el país donde tiene lugar la transacción.

Ejemplo 1 Ventas del tipo "facturación sin entrega", en las cuales la entrega se pospone a voluntad del comprador, que sin embargo adquiere la titularidad de los bienes y acepta la facturación

23A.3   El vendedor reconoce los ingresos de actividades ordinarias cuando el comprador adquiere la titularidad, siempre que:

(a)   sea probable que se efectuará la entrega;

(b)   la partida esté disponible, identificada y dispuesta para la entrega al comprador, en el momento de reconocer la venta;

(c)   el comprador reconozca específicamente las condiciones de entrega diferida; y

(d)   se apliquen las condiciones usuales de pago.

No se reconocerá el ingreso de actividades ordinarias cuando exista simplemente la intención de adquirir o manufacturar los bienes a tiempo para la entrega.

Ejemplo 2 Ventas de bienes sujetas a condición: instalación e inspección

23A.4   El vendedor normalmente reconocerá los ingresos de actividades ordinarias cuando el comprador acepte la entrega, y se hayan completado la instalación e inspección. Sin embargo, el ingreso de actividades ordinarias se reconocerá inmediatamente, tras la aceptación del comprador de la entrega, cuando:

(a) el proceso de instalación sea simple, por ejemplo la instalación de un receptor de televisión probado en la fábrica, que solo requiere ser desempaquetado y conectado a la red y a la antena; o

(b) la inspección se ejecute solo con el propósito de determinar los precios finales del contrato, como por ejemplo en los cargamentos de mineral de hierro, azúcar o habas de soja.

Ejemplo 3 Ventas de bienes sujetas a condición: en la aprobación cuando el comprador ha negociado un derecho limitado de devolución

23A.5 Si existe incertidumbre acerca de la posibilidad de devolución, el vendedor reconocerá los ingresos de actividades ordinarias cuando el comprador haya aceptado formalmente el envío o los bienes hayan sido entregados y el plazo para su devolución haya transcurrido.

Ejemplo 4 Ventas de bienes sujetas a condición: ventas en consignación bajo las cuales un receptor (comprador) se compromete a vender los bienes por cuenta del consignador (vendedor)

23A.6 El consignador reconoce el ingreso de actividades ordinarias cuando los bienes son vendidos por el receptor a un tercero.

Ejemplo 5 Ventas de bienes sujetas a condición: ventas cobradas a la entrega

23A.7 El vendedor reconoce el ingreso de actividades ordinarias cuando se hace la entrega, y el vendedor o su agente recibe el efectivo.

Ejemplo 6 Ventas con custodia, en las que los bienes se entregan solo cuando el comprador realiza el pago final de una serie de plazos

23A.8 El vendedor reconoce el ingreso de actividades ordinarias de estas ventas cuando se entregan los bienes. Sin embargo, cuando la experiencia indica que la mayoría de estas ventas llegan a buen fin, los ingresos de actividades ordinarias pueden ser reconocidos cuando se ha recibido un depósito significativo, siempre que los bienes estén disponibles, identificados y dispuestos para su entrega al comprador.

Ejemplo 7 Órdenes cuyos pagos (o pagos parciales) se reciben con anterioridad a la entrega de los bienes, que no están todavía en inventario, por ejemplo, los bienes han de ser aún manufacturados o serán entregados directamente al comprador por un tercero

23A.9 El vendedor reconoce los ingresos de actividades ordinarias cuando los bienes se entregan al comprador.

Ejemplo 8 Contratos de venta y recompra posterior (distintos de las permutas), en los cuales el vendedor simultáneamente acuerda recomprar los mismos bienes en una fecha posterior, o cuando el vendedor tiene una opción de compra para recomprar, o el comprador tiene una opción de venta para requerir la recompra, por el vendedor, de los bienes

23A.10 Para un contrato de venta y recompra de un activo que no sea un activo financiero, el vendedor debe analizar las condiciones del contrato para determinar si, en esencia, se han transferido los riesgos y las ventajas de la propiedad al comprador. Si se han transferido, el vendedor reconoce un ingreso de actividades ordinarias. Cuando el vendedor conserva los riesgos y las ventajas de la propiedad, aunque la titularidad legal haya sido transferida, la transacción es una operación financiera y no dará lugar a ingresos de actividades ordinarias. A los contratos de venta y recompra de un activo financiero se les aplican las disposiciones para la baja en cuentas de la Sección 11.

Ejemplo 9 Ventas a intermediarios, tales como distribuidores, concesionarios u otros para reventa

23A.11 El vendedor generalmente reconoce los ingresos de actividades ordinarias por estas ventas cuando los riesgos y las ventajas inherentes a la propiedad se han transferido. Sin embargo, cuando el comprador está actuando sustancialmente como un agente, la venta se tratará como si fuera una venta en consignación.

Ejemplo 10 Suscripciones a publicaciones y otros artículos similares

23A.12 Cuando las partidas involucradas tengan un valor similar en cada intervalo de tiempo, el vendedor reconocerá los ingresos de actividades ordinarias linealmente sobre el periodo en el que se envíen los artículos. Cuando los valores de los artículos varíen de periodo a periodo, el vendedor reconocerá los ingresos de actividades ordinarias sobre la base del valor de las ventas de los artículos enviados, con relación al total del valor estimado de venta de todos los artículos cubiertos por la suscripción.

Ejemplo 11 Ventas a plazos donde la contraprestación se recibe fraccionada en varios pagos

23A.13 El vendedor reconoce los ingresos de actividades ordinarias atribuibles al precio de venta, excluyendo los intereses, en el momento de la venta. El precio de venta es el valor presente de la contraprestación, determinado por medio del descuento de los plazos a recibir, a la tasa de interés imputada. El vendedor reconocerá el elemento de interés como un ingreso de actividades ordinarias usando el método de interés efectivo.

Ejemplo 12 Acuerdos para la construcción de inmuebles

23A.14 Una entidad que emprenda la construcción de inmuebles, directamente o a través de subcontratistas, y que realice un acuerdo con uno o varios compradores antes de terminar la construcción, contabilizará el acuerdo como una venta de servicios usando el método del porcentaje de terminación solo si:

(a) el comprador puede especificar los principales elementos estructurales del diseño del inmueble antes de que comience la construcción y/o puede especificar los principales cambios estructurales una vez que la construcción está en proceso (si ejerce o no esa capacidad); o

(b) el comprador adquiere y suministra materiales de construcción, y la entidad solo proporciona los servicios de construcción.

23A.15 Si se requiere que la entidad proporcione servicios junto con los materiales de construcción para llevar a cabo su obligación contractual de entregar el inmueble al comprador, el acuerdo se contabilizará como una venta de bienes. En este caso, el comprador no obtendrá el control ni los riesgos y ventajas significativos de la propiedad de la obra en proceso en su estado actual a medida que la construcción progrese. En lugar de ello, la transferencia solo se producirá con la entrega del inmueble terminado al comprador.

Ejemplo 13 Venta con un premio de fidelización de clientes

23A.16 Una entidad vende el producto A por 100 u.m. Los compradores del producto A obtienen un crédito-premio que les permite adquirir el producto B por 10 u.m. El precio de venta normal del producto B es 18 u.m. La entidad estima que el 40 por ciento de los compradores del producto A usarán su premio para adquirir el producto B a 10 u.m. El precio de venta normal del producto A, después de tener en cuenta los descuentos que normalmente se ofrecen, pero que durante esta promoción no están disponibles, es de 95 u.m.

23A.17 El valor razonable del crédito-premio es: 40 por ciento × [18 u.m. – 10 u.m] = 3,20 u.m. La entidad distribuye el ingreso de actividades ordinarias total de 100 u.m. entre el producto A y el crédito-premio tomando como referencia los valores razonables relativos de 95 u.m. y 3,20 u.m., respectivamente. Por consiguiente:

(a) el ingreso de actividades ordinarias del producto A es igual a 100 u.m. × [95 u.m. ÷ (95 u.m. + 3,20 u.m)] = 96,74 u.m.; y

(b) el ingreso de actividades ordinarias del producto B es igual a 100 u.m. × [3,20 u.m. ÷ (95 u.m. + 3,20 u.m.)] = 3,26 u.m.

Prestación de servicios

Ejemplo 14 Honorarios por instalaciones

23A.18 El vendedor reconoce los honorarios por instalaciones como ingresos de actividades ordinarias por referencia al grado de terminación de la instalación, a menos que vayan asociados a la venta de un producto, en cuyo caso se reconocen cuando se venden los bienes.

Ejemplo 15 Honorarios de servicio incluidos en el precio de los productos.

23A.19 Cuando el precio de venta de un producto incluya un importe identificable por servicios posteriores (por ejemplo, asistencia post venta o actualizaciones en la venta de programas informáticos), el vendedor diferirá ese importe y lo reconocerá como ingreso de actividades ordinarias a lo largo del periodo durante el cual se ejecuta el servicio comprometido. El importe diferido es el que permita cubrir los costos esperados de los servicios a prestar según el acuerdo, junto con una porción razonable de beneficio por tales servicios.

Ejemplo 16 Comisiones de publicidad

23A.20 Las comisiones de los medios publicitarios se reconocen a medida que los anuncios comerciales o la publicidad relacionados aparezcan ante el público. Las comisiones de producción se reconocerán por referencia al grado de terminación del proyecto.

Ejemplo 17 Comisiones de agentes de seguros

23A.21 Las comisiones de agentes de seguros, recibidas o por recibir, que no requieran al agente la prestación de servicios adicionales, se reconocen como ingreso de actividades ordinarias por el agente en la fecha del comienzo efectivo o la renovación de las pólizas correspondientes. Sin embargo, cuando sea probable que se requiera que el agente proporcione servicios adicionales durante la vida de la póliza, el agente diferirá la comisión, o parte de la misma, y la reconocerá como ingreso de actividades ordinarias a lo largo del periodo en el que la póliza esté vigente.

Ejemplo 18 Honorarios de admisión

23A.22 El vendedor reconoce los ingresos de actividades ordinarias por actuaciones artísticas, banquetes y otros eventos especiales a medida que dichos actos van teniendo lugar. Cuando se venda una suscripción para varios eventos, el vendedor distribuirá la cuota entre cada evento sobre una base que refleje la medida en que los servicio que se están ejecutando en cada evento.

Ejemplo 19 Honorarios por enseñanza

23A.23 El vendedor reconocerá el ingreso de actividades ordinarias a lo largo de todo el periodo cubierto por la instrucción.

Ejemplo 20 Cuotas por iniciación, ingreso y pertenencia

23A.24 El reconocimiento de los ingresos de actividades ordinarias depende de la naturaleza de los servicios suministrados. Si la cuota solo permite la pertenencia como miembro y todos los demás servicios y productos se pagan por separado, o si existe una suscripción anual separada del resto, la cuota se reconoce como ingreso de actividades ordinarias, siempre que no existan incertidumbres significativas acerca de su cobro. Si la cuota faculta a los miembros para recibir los servicios o publicaciones suministrados durante el periodo de pertenencia, o para comprar bienes o servicios a precios menores de los que se cargan a quienes no son miembros, la cuota se reconoce sobre una base que refleje el calendario, la naturaleza y el valor de los servicios suministrados.

Honorarios y comisiones por franquicia

23A.25 Los honorarios o comisiones por franquicia pueden cubrir el suministro de servicios, ya sea al inicio o posteriormente, equipo y otros activos tangibles, así como conocimiento. Por consiguiente, los honorarios o comisiones por franquicia se reconocerán como ingresos de actividades ordinarias sobre una base que refleje el propósito para el que se cargaron los honorarios. Los siguientes métodos son apropiados para reconocer como ingresos de actividades ordinarias los honorarios por franquicia.

Ejemplo 21 Honorarios y comisiones por franquicia: Suministro de equipo y otros activos tangibles

23A.26   El franquiciador reconocerá el valor razonable de los activos vendidos como ingreso de actividades ordinarias cuando se entreguen los elementos o se traspase su titularidad.

Ejemplo 22 Honorarios y comisiones por franquicia: Suministro de servicios iniciales y posteriores

23A.27   El franquiciador reconocerá los honorarios por el suministro de servicios de forma continuada, si son o no parte de los honorarios iniciales o una cuota separada, como ingresos de actividades ordinarias a medida que se lleva a cabo su prestación del servicio. Cuando la cuota separada no cubra el costo de la prestación de los servicios de forma continuada, junto con un beneficio razonable, una parte del honorario inicial, que sea suficiente para cubrir los costos de los servicios continuados y dar un margen razonable de beneficio por tales servicios se diferirá y reconocerá a medida que se van prestando los servicios.

23A.28   El contrato de franquicia puede prever para el franquiciador suministrar equipo, inventarios u otros activos tangibles, a un precio menor del que se carga a terceros, o a un precio que no proporcione un margen razonable de beneficio sobre esas ventas. En estas circunstancias, parte del honorario inicial, suficiente para cubrir los costos estimados en exceso de ese precio y para proporcionar un margen razonable de beneficio sobre esas ventas, se diferirá y reconocerá a lo largo del periodo en que los bienes se tengan probablemente que vender al franquiciado. El saldo de una cuota inicial se reconocerá como ingreso de actividades ordinarias cuando se hayan ejecutado todos los servicios iniciales y se hayan sustancialmente realizado otras obligaciones que se requieren al franquiciador (tales como asistencia en la elección de emplazamiento, formación del personal, financiación y publicidad).

23A.29   Los servicios iniciales y otras obligaciones derivadas de un contrato de franquicia sobre un área pueden depender del número de establecimientos individuales que se hayan abierto en el área. En este caso, las cuotas atribuibles a los servicios iniciales se reconocerán como ingresos de actividades ordinarias en proporción al número de establecimientos en los que se han terminado sustancialmente los servicios iniciales.

23A.30   Si el pago de la cuota inicial se reparte en plazos a lo largo de un periodo de tiempo, y existe una incertidumbre significativa sobre la total recuperabilidad, tal cuota se reconocerá como ingreso a medida que se van recibiendo los plazos.

Ejemplo 23 Honorarios y comisiones por franquicia: Honorarios periódicos por franquicia

23A.31   Los honorarios cargados por el uso continuo de los derechos del contrato de franquicia, o por otros servicios suministrados durante el periodo del acuerdo, se reconocerán como ingresos de actividades ordinarias a medida que los servicios se van prestando o se usan los derechos.

Ejemplo 24 Honorarios y comisiones por franquicia: Operaciones en comisión

23A.32   Pueden tener lugar transacciones entre el franquiciador y el franquiciado que, en esencia, involucren que el franquiciador actúe como agente para el franquiciado. Por ejemplo, el franquiciador puede encargar suministros y disponer su entrega al franquiciado, sin beneficio. Estas transacciones no darán lugar a ingresos de actividades ordinarias.

Ejemplo 25 Honorarios por el desarrollo de aplicaciones informáticas adaptadas al cliente

23A.33   Los diseñadores de aplicaciones informáticas reconocerán los honorarios por el desarrollo de aplicaciones informáticas adaptadas al cliente como ingresos de actividades ordinarias por referencia al grado de terminación del desarrollo, incluyendo la terminación de servicios de asistencia proporcionados con posterioridad a la entrega de la aplicación.

Intereses, regalías y dividendos

Ejemplo 26 Cuotas por licencias y regalías

23A.34   El propietario de la licencia reconoce las cuotas y regalías pagadas por el uso de activos de una entidad (tales como marcas, patentes, aplicaciones informáticas, patentes musicales, maquetas de registros audiovisuales y películas cinematográficas), de acuerdo con la sustancia del acuerdo respectivo. Por razones prácticas, puede hacérselo linealmente, a lo largo de la vida útil del acuerdo, por ejemplo cuando una entidad a quien se ha dado una licencia tiene el derecho de usar cierta tecnología por un periodo especificado de tiempo.

23A.35   Una asignación de derechos por una comisión fija o una fianza no reembolsable, según un contrato no revocable que permita, al que ha obtenido la licencia, operar tales derechos libremente sin que el propietario de los derechos tenga obligaciones adicionales que ejecutar es en esencia una venta. Un ejemplo es el acuerdo de licencia para el uso de una aplicación informática, cuando el propietario de la misma no tiene obligaciones posteriores a la entrega. Otro ejemplo es la concesión de derechos de exhibición de una película cinematográfica, en mercados donde el propietario no tiene control sobre el distribuidor, y no espera recibir más ingresos de actividades ordinarias de la cuota de taquilla. En estos casos, los ingresos de actividades ordinarias se reconocen como tales en el momento de la venta.

23A.36   En algunos casos, los cobros de cuotas de licencias o regalías están condicionados por la ocurrencia o no de un suceso futuro. En estos casos, el ingreso de actividades ordinarias se reconocerá solo cuando sea probable que se reciban los importes de las cuotas o los derechos, lo que normalmente ocurre cuando el suceso esperado ha tenido ya lugar.

Sección 24
Subvenciones del Gobierno
Alcance de esta sección

24.1   Esta Sección especifica la contabilidad de todas las **subvenciones del gobierno**. Una subvención del gobierno es una ayuda del gobierno en forma de una transferencia de recursos a una entidad en contrapartida del cumplimiento, futuro o pasado, de ciertas condiciones relacionadas con sus actividades de operación.

24.2   Las subvenciones del gobierno excluyen las formas de ayuda gubernamental a las que no cabe razonablemente asignar un valor, así como las transacciones con el gobierno que no pueden distinguirse de las demás operaciones normales de la entidad.

24.3   En esta Sección no se tratan las ayudas gubernamentales que se conceden a la entidad en forma de beneficios que se materializan al calcular la **ganancia fiscal** o pérdida fiscal, o bien, que se determinan o limitan sobre la base de las obligaciones **fiscales**. Ejemplos de estos beneficios son las exenciones fiscales, los créditos fiscales por inversiones, las **depreciaciones** aceleradas y las tasas impositivas reducidas. En la Sección 29 *Impuesto a las Ganancias* se especifica el tratamiento contable del impuesto a las **ganancias**.

Reconocimiento y medición

24.4   Una entidad reconocerá las subvenciones del gobierno como sigue:

(a)   una subvención que no impone condiciones de rendimiento futuras específicas sobre los receptores se reconocerá como ingreso cuando los importes obtenidos por la subvención sean exigibles.

(b)   una subvención que impone condiciones de rendimiento futuras específicas sobre los receptores se reconocerá como ingreso solo cuando se cumplan las condiciones de rendimiento; y

(c)   las subvenciones recibidas antes de que se satisfagan los criterios de **reconocimiento de ingresos de actividades ordinarias** se reconocerán como **pasivo**.

24.5   Una entidad medirá las subvenciones al **valor razonable** del **activo** recibido o por recibir.

Información a revelar

24.6   Una entidad revelará la siguiente información:

(a)   la naturaleza y los importes de las subvenciones del gobierno reconocidas en los **estados financieros**;

(b)   las condiciones incumplidas y otras contingencias relacionadas con las subvenciones del gobierno que no se hayan reconocido en resultados; y

(c)   Una indicación de otras modalidades de ayudas gubernamentales de las que se haya beneficiado directamente la entidad.

24.7   A efectos de la información a revelar requerida en el párrafo 24.6(c), ayuda gubernamental es la acción diseñada por el gobierno con el propósito de suministrar beneficios económicos específicos a una entidad o un conjunto de entidades que cumplen las condiciones bajo criterios especificados. Son ejemplos los servicios de asistencia técnica o comercial gratuitos, la prestación de garantías y los préstamos a tasas de interés bajas o sin interés.

Sección 25
Costos por Préstamos
Alcance de esta sección

25.1   Esta Sección especifica la contabilidad de los **costos por préstamos**. Son costos por préstamos los intereses y otros costos en los que una entidad incurre, que están relacionados con los fondos que ha tomado prestados. Los costos por préstamos incluyen:

(a)   los **gastos** por intereses calculados utilizando el **método del interés efectivo** como se describe en la Sección 11 *Instrumentos Financieros Básicos*;

(b)   las cargas financieras con respecto a los **arrendamientos financieros** reconocidos de acuerdo con la Sección 20 *Arrendamientos*; y

(c)   Las diferencias de cambio procedentes de préstamos en moneda extranjera en la medida en que se consideren ajustes de los costos por intereses.

Reconocimiento

25.2   Una entidad reconocerá todos los costos por préstamos como un gasto en **resultados** en el periodo en el que se incurre en ellos.

Información a revelar

25.3   El párrafo 5.5(b) requiere que se revelen los costos financieros. El párrafo 11.48(b) requiere que se revele el gasto total por intereses (utilizando el **método del interés efectivo**) de los pasivos financieros que no están al **valor razonable** en resultados. Esta sección no requiere ninguna otra información adicional a revelar.

Sección 26
Pagos basados en Acciones

Alcance de esta sección

26.1 Esta sección especifica la contabilidad de todas las **transacciones con pagos basados en acciones**, incluyendo las que se liquidan con instrumentos de patrimonio o en efectivo o aquellas en que los términos del acuerdo permiten a la entidad la opción de liquidar la transacción en **efectivo** (u otros **activos**) o por la emisión de instrumentos de **patrimonio**.

26.1A Una transacción con pagos basados en acciones puede liquidarse por otra entidad del **grupo** (o un accionista de cualquier entidad del grupo) en nombre de la entidad que recibe o adquiere los bienes o servicios. Esta sección también se aplicará a una entidad que:

(a) reciba bienes o servicios cuando otra entidad en el mismo grupo (o un accionista de cualquier entidad del grupo) tenga la obligación de liquidar la transacción con pagos basados en acciones, o

(b) tenga la obligación de liquidar una transacción con pagos basados en acciones cuando otra entidad en el mismo grupo reciba los bienes o servicios

a menos que la transacción sea, claramente, para un propósito distinto del pago por los bienes o servicios suministrados a la entidad que los recibe.

26.1B En ausencia de bienes o servicios específicamente identificables, otras circunstancias pueden indicar que los bienes o servicios se han recibido (o se recibirán), en cuyo caso se aplicará esta sección (véase el párrafo 26.17).

26.2 Las **transacciones con pagos basados en acciones que se liquidan en efectivo** incluyen los derechos sobre la revaluación de acciones. Por ejemplo, una entidad podría conceder a los empleados derechos sobre la revaluación de acciones como parte de su remuneración, por lo cual los empleados adquirirán el derecho a un pago futuro en efectivo (en lugar de un instrumento de patrimonio), basado en el incremento del precio de la acción de la entidad a partir de un nivel especificado, a lo largo de un periodo de tiempo determinado. O una entidad podría conceder a sus empleados un derecho a recibir un pago futuro en efectivo, mediante la concesión de un derecho sobre acciones (incluyendo acciones a emitir al ejercitar las opciones sobre acciones) que sean rescatables, ya sea de manera obligatoria (por ejemplo, al cese del empleo) o a elección del empleado.

Reconocimiento

26.3 Una entidad reconocerá los bienes o servicios recibidos o adquiridos en una transacción con pagos basados en acciones, en el momento de la obtención de los bienes o cuando se reciban servicios. La entidad reconocerá el correspondiente incremento en el patrimonio, si los bienes o servicios se hubiesen recibido en una **transacción con pagos basados en acciones que se**

líquida con instrumentos de patrimonio, o un **pasivo** si los bienes o servicios fueron adquiridos en una transacción con pagos basados en acciones que se liquida en efectivo.

26.4 Cuando los bienes o servicios recibidos o adquiridos en una transacción con pagos basados en acciones no reúnan las condiciones para su **reconocimiento** como activos, la entidad los reconocerá como **gastos**.

Reconocimiento cuando existen condiciones para la consolidación (irrevocabilidad) de la concesión

26.5 Si los pagos basados en acciones concedidos a los empleados se consolidan inmediatamente, no se requerirá que el empleado complete un determinado periodo de servicio antes de que adquiera incondicionalmente el derecho sobre esos pagos basados en acciones. En ausencia de evidencia en contrario, la entidad supondrá que se han recibido los servicios prestados por el empleado como contraprestación de los pagos basados en acciones. En este caso, la entidad reconocerá íntegramente en la **fecha de concesión** los servicios recibidos, con el correspondiente incremento en el patrimonio o pasivos.

26.6 Si los pagos basados en acciones no se consolidan hasta que el empleado complete un periodo de servicio especificado, la entidad supondrá que los servicios se van a prestar por el empleado durante el **periodo para la consolidación (irrevocabilidad) de la concesión**, como contraprestación de los pagos basados en acciones que recibirá en el futuro. La entidad contabilizará esos servicios a medida que sean prestados por el empleado durante el periodo de consolidación (irrevocabilidad) de la concesión, junto con el correspondiente incremento en el patrimonio o en los pasivos.

Medición de transacciones con pagos basados en acciones que se liquiden con instrumentos de patrimonio

Principio de medición

26.7 En las transacciones con pagos basados en acciones que se liquidan con instrumentos de patrimonio, una entidad medirá los bienes o servicios recibidos y el correspondiente incremento en el patrimonio, al **valor razonable** de los bienes o servicios recibidos, a menos que ese valor razonable no pueda ser estimado con fiabilidad. Si la entidad no pudiera estimar con fiabilidad el valor razonable de los bienes o servicios recibidos, medirá su valor, así como el correspondiente incremento de patrimonio, por referencia al valor razonable de los instrumentos de patrimonio concedidos. Para aplicar este requerimiento a transacciones con empleados y terceros que suministren servicios similares, la entidad medirá el valor razonable de los servicios recibidos por referencia al valor razonable de los instrumentos de patrimonio concedidos, ya que habitualmente no será posible estimar de manera fiable el valor razonable de los servicios recibidos.

26.8 Para las transacciones con empleados (incluyendo terceros que proporcionen servicios similares), el valor razonable de los instrumentos de patrimonio se determinará en la fecha de la concesión. Para las transacciones con terceras partes distintas de los empleados, la fecha de **medición** es aquélla en la que la entidad obtiene los bienes o la contraparte presta los servicios.

26.9   Una concesión de instrumentos de patrimonio podría estar condicionada al cumplimiento por parte de los empleados de determinadas **condiciones para la irrevocabilidad (consolidación) de la concesión** relacionadas con el servicio o el rendimiento. Un ejemplo de condiciones para la irrevocabilidad (consolidación) de la concesión relacionada con servicios se da cuando la concesión de acciones o de opciones sobre acciones a un empleado está condicionada a que el empleado siga prestando sus servicios, en la entidad, a lo largo de un determinado periodo de tiempo. Ejemplos de condiciones de irrevocabilidad (consolidación) de la concesión relacionadas con el rendimiento son cuando una concesión de acciones u opciones sobre acciones se condiciona a un periodo especificado de servicio y a que la entidad alcance un crecimiento específico en sus beneficios [una condición para la irrevocabilidad (consolidación) de la concesión no referida al mercado] o un determinado incremento en el precio de las acciones de la entidad [una **condición para la irrevocabilidad (consolidación) de la concesión referida al mercado**]. Las condiciones para la irrevocabilidad (consolidación) de la concesión se contabilizarán de la forma siguiente:

(a)   Todas las condiciones para la consolidación (irrevocabilidad) de la concesión, relacionadas con el servicio de empleados o con una condición de rendimiento no referida al mercado, se tendrán en cuenta al estimar el número de instrumentos de patrimonio que se esperan consolidar. Posteriormente, la entidad revisará esa estimación si las informaciones nuevas indicasen que el número de instrumentos de patrimonio, que se espera que sean irrevocables, difiera de las estimaciones previas. En la fecha de irrevocabilidad (consolidación) de la concesión, la entidad revisará la estimación para que sea igual al número de instrumentos de patrimonio que finalmente queden irrevocables (consolidados). Las condiciones de irrevocabilidad (consolidación) de la concesión relacionada con el servicio de los empleados o con una condición de rendimiento que no es de mercado no se tendrán en cuenta al estimar el valor razonable de las acciones, opciones sobre acciones u otros instrumentos de patrimonio en la fecha de la medición.

(b)   Todas las condiciones para la irrevocabilidad (consolidación) de la concesión y todas las condiciones distintas a las de irrevocabilidad (consolidación) de la concesión referidas al mercado se tendrán en cuenta, al estimar el valor razonable de las acciones, de las opciones sobre acciones u otros instrumentos de patrimonio en la fecha de medición, sin ningún ajuste posterior al valor razonable estimado no importa cuál sea el resultado de las condiciones distintas a las de la irrevocabilidad (consolidación) de la concesión o a las de mercado siempre que se satisfagan el resto de condiciones para la irrevocabilidad (consolidación) de la concesión.

Acciones

26.10   Una entidad medirá el valor razonable de las acciones (y de los bienes o servicios relacionados recibidos) utilizando la siguiente jerarquía de medición basada en tres niveles:

(a)   Si hay disponible un precio de mercado observable para los instrumentos de patrimonio concedidos, usará ese precio.

(b)   Si no hay disponible un precio de mercado observable, medirá el valor razonable de los instrumentos de patrimonio concedidos utilizando datos de mercado observables que sean específicos de la entidad, como:

(i)   una transacción reciente en las acciones de la entidad; o

(ii)   una valoración razonable independiente reciente de la entidad o de sus activos principales.

(c)   Si no hay disponible un precio de mercado observable y resulta **impracticable** obtener una medición fiable del valor razonable según el apartado (b), medirá indirectamente el valor razonable de las acciones utilizando un método de valoración que utilice datos de mercado tanto como sea practicable, para estimar cuál sería el precio de esos instrumentos de patrimonio en la fecha de concesión en una transacción realizada en condiciones de independencia mutua entre partes interesadas y debidamente informadas. Los administradores de la entidad deberían utilizar su juicio para aplicar el método de valoración más adecuado para determinar el valor razonable. Cualquier método de valoración utilizado debe ser coherente con las metodologías de valoración generalmente aceptadas para valorar los instrumentos de patrimonio.

Opciones sobre acciones y derechos sobre la revaluación de acciones que se liquidan con instrumentos de patrimonio

26.11   Una entidad medirá el valor razonable de las opciones sobre acciones y de los derechos sobre la revaluación de acciones que se liquidan con instrumentos de patrimonio (y de los bienes o servicios relacionados recibidos) utilizando la siguiente jerarquía de medición basada en tres niveles:

(a)   Si hay disponible un precio de mercado observable para los instrumentos de patrimonio concedidos, usará ese precio.

(b)   Si no hay disponible un precio de mercado observable, medirá el valor razonable de las opciones sobre acciones y de los derechos sobre la revaluación de acciones concedidos utilizando datos de mercado observables que sean específicos de la entidad, tales como el apartado (a) para una transacción reciente en las opciones sobre acciones.

(c)   Si no hay disponible un precio de mercado observable y obtener una medición fiable del valor razonable según el apartado (b) resulta impracticable, medirá indirectamente el valor razonable de las opciones sobre acciones o de los derechos sobre la revaluación de acciones utilizando un modelo de valoración de opciones. Las variables utilizadas en el modelo (tales como el precio medio ponderado de la acción, el precio de ejercicio, la volatilidad esperada, la vida de la opción, los dividendos esperados y la tasa de interés libre de riesgo) deben usar datos de mercado tanto como sea posible. El párrafo 26.10 proporciona una guía para determinar el valor razonable de las acciones utilizado al establecer el precio medio ponderado de la acción. La entidad debe obtener una estimación de la volatilidad esperada que sea coherente con la metodología de valoración empleada para determinar el valor razonable de las acciones.

Modificaciones en los plazos y condiciones con que se concedieron los instrumentos de patrimonio

26.12 Una entidad puede modificar las condiciones y términos sobre los que se conceden los instrumentos de patrimonio de una forma que resulta beneficiosa para el empleado, por ejemplo, con una reducción del precio de ejercicio de una opción o la reducción del periodo de irrevocabilidad de la concesión modificando o eliminando una condición de rendimiento,. De forma alternativa, una entidad puede modificar los términos y condiciones de forma que no sea beneficioso para el empleado, por ejemplo, incrementando el periodo de irrevocabilidad de la concesión o añadiendo una condición de rendimiento. La entidad tendrá en cuenta las condiciones modificadas para la irrevocabilidad (consolidación) de la concesión en la contabilidad de la transacción con pagos basados en acciones, tal y como se describe a continuación:

(a) Si la modificación aumenta el valor razonable de los instrumentos de patrimonio concedidos (o incrementa el número de instrumentos de patrimonio concedidos), medido inmediatamente antes y después de la modificación, la entidad incluirá el valor razonable incremental concedido en la medición del importe reconocido por los servicios como contraprestación de los instrumentos de patrimonio concedidos. El valor razonable incremental concedido es la diferencia entre el valor razonable del instrumento de patrimonio modificado y el del instrumento de patrimonio original, ambos estimados en la fecha de la modificación. Si la modificación tiene lugar durante el periodo para la consolidación (irrevocabilidad) de la concesión, el valor razonable incremental concedido se incluirá en la medición del importe reconocido por los servicios recibidos, a lo largo del periodo que va desde la fecha de modificación hasta la fecha en la que los instrumentos de patrimonio se consolidan, en adición al importe basado en el valor razonable en la fecha de concesión de los instrumentos de patrimonio originales, que son reconocidos a lo largo del periodo restante original para la consolidación (irrevocabilidad) de la concesión.

(b) Si la modificación reduce el valor razonable total del **acuerdo con pagos basados en acciones**, o no es aparentemente beneficiosa de otra forma para el empleado, la entidad continuará, no obstante, contabilizando los servicios recibidos como contraprestación de los instrumentos de patrimonio concedidos, como si esa modificación no hubiera ocurrido.

Los requerimientos de este párrafo se expresan en el contexto de transacciones con pagos basados en acciones con los empleados. Los requerimientos también se aplicarán a las transacciones con pagos basados en acciones con partes distintas de los empleados si estas transacciones se miden por referencia al valor razonable de los instrumentos de patrimonio concedidos, pero la referencia a la fecha de la concesión que se entiende hecha a la fecha en que la entidad obtiene los bienes o la contraparte presta el servicio.

Cancelaciones y liquidaciones

26.13   Una entidad contabilizará la cancelación o la liquidación de los incentivos con pagos basados en acciones que se liquiden con instrumentos de patrimonio como una aceleración de la consolidación (irrevocabilidad) de la concesión y, por tanto, reconocerá inmediatamente el importe que, en otro caso, habría reconocido por los servicios recibidos a lo largo del periodo de consolidación (irrevocabilidad) de la concesión restante.

Transacciones con pagos basados en acciones liquidadas en efectivo (cash-settled share-based payment transaction)

26.14   Para las transacciones con pagos basados en acciones que se liquiden en efectivo, una entidad medirá los bienes o servicios adquiridos y el pasivo incurrido, al valor razonable del pasivo. Hasta que el pasivo se liquide, la entidad volverá a medir el valor razonable del pasivo en cada **fecha sobre la que se informe**, así como en la fecha de liquidación, con cualquier cambio en el valor razonable reconocido en el **resultado** del periodo.

Transacciones con pagos basados en acciones que dan alternativas de liquidación en efectivo

26.15   Algunas transacciones con pagos basados en acciones dan a la entidad o a la contraparte la opción de liquidar la transacción en efectivo (o con otros activos) o mediante la transferencia de instrumentos de patrimonio. En este caso, la entidad contabilizará la transacción como una transacción con pagos basados en acciones que se liquida en efectivo, a menos que:

(a)   la entidad haya seguido en el pasado la práctica de liquidación mediante la emisión de instrumentos de patrimonio; o

(b)   la opción no tenga carácter comercial porque el importe de la liquidación en efectivo no guarda relación con el valor razonable del instrumento de patrimonio y es probable que dicho importe sea inferior al valor razonable del instrumento.

Si se dan las circunstancias expuestas en los apartados (a) y (b), la entidad contabilizará la transacción como una transacción con pagos basados en acciones que se liquida en efectivo según lo dispuesto en los párrafos 26.7 a 26.13.

Planes del grupo

26.16   Si una controladora entidad concede incentivos con pagos basados en acciones a los empleados de una o más entidades del grupo, y el grupo presenta **estados financieros consolidados** usando la *NIIF para las PYMES* o las **NIIF completas**, se permite a las entidades del grupo, como alternativa al tratamiento establecido en los párrafos 26.3 a 26.15, medir el gasto de pagos basados en acciones sobre la base de una distribución razonable del gasto del grupo.

Bienes o servicios no identificables

26.17   Si la contrapartida identificable recibida parece ser menor que el valor razonable del instrumento de patrimonio concedido o el pasivo incurrido, habitualmente, esta circunstancia indica que han sido (o serán) recibidas otras contraprestaciones (por ejemplo bienes o servicios no identificables). Por ejemplo, algunas jurisdicciones tienen programas que permiten a los **propietarios** (tales como los empleados) adquirir instrumentos de patrimonio sin proporcionar bienes o servicios que se puedan identificar de forma específica (o suministrando bienes o servicios con un valor claramente inferior al valor razonable de los instrumentos de patrimonio concedidos). Esto indica que se ha recibido o se recibirá otra contraprestación adicional (tal como servicios pasados o futuros del empleado). La entidad medirá los bienes o servicios recibidos (o por recibir) no identificables como la diferencia entre el valor razonable del pago basado en acciones y el valor razonable de los bienes o servicios identificables recibidos (o por recibir) medido en la fecha de la concesión. Para las transacciones liquidadas en efectivo, el pasivo se medirá nuevamente al final de cada **periodo sobre el que se informa**, hasta que sea cancelado de acuerdo con el párrafo 26.14.

Información a revelar

26.18   Una entidad revelará la siguiente información sobre la naturaleza y el alcance de los acuerdos con pagos basados en acciones que hayan existido durante el periodo:

(a)   Una descripción de cada tipo de acuerdo con pagos basados en acciones que haya existido a lo largo del periodo, incluyendo los plazos y condiciones generales de cada acuerdo, tales como requerimientos para la consolidación (irrevocabilidad) de la concesión, el plazo máximo de las opciones concedidas y el método de liquidación (por ejemplo, en efectivo o patrimonio). Una entidad con tipos de acuerdos con pago basados en acciones esencialmente similares puede agregar esta información.

(b)   El número y la media ponderada de los precios de ejercicio de las opciones sobre acciones, para cada uno de los siguientes grupos de opciones:

(i)   existentes al comienzo del periodo;

(ii)   concedidas durante el periodo;

(iii)   anuladas durante el periodo;

(iv)   ejercitadas durante el periodo;

(v)   expiradas durante el periodo;

(vi)   existentes al final del periodo; y

(vii)   ejercitables al final del periodo.

26.19   Para los acuerdos con pagos basados en acciones que se liquiden con instrumentos de patrimonio, la entidad revelará información acerca de cómo ha medido el valor razonable de los bienes o servicios recibidos o el valor de los instrumentos de patrimonio concedidos. Si se ha utilizado una metodología de valoración, la entidad revelará el método y el motivo por el que lo eligió.

26.20   Para los acuerdos con pagos basados en acciones que se liquiden en efectivo, la entidad revelará información sobre la forma en que se midió el pasivo.

26.21   Para los acuerdos con pagos basados en acciones que se modificaron a lo largo del periodo, la entidad revelará una explicación de esas modificaciones.

26.22   Si la entidad participa en un plan de grupo de pagos basados en acciones, y mide los gastos relativos a los pagos basados en acciones sobre la base de una distribución razonable del gasto reconocido del grupo, revelará ese hecho y la base de la distribución (véase el párrafo 26.16).

26.23   Una entidad revelará la siguiente información acerca del efecto que las transacciones con pagos basados en acciones tienen sobre el resultado de la entidad durante el periodo, así como sobre su **situación financiera**:

(a)   el gasto total reconocido en los resultados del periodo; y

(b)   el **importe total en libros** al final del periodo para los pasivos que surgen de transacciones con pagos basados en acciones.

Sección 27
Deterioro del Valor de los Activos
Objetivo y alcance

27.1   Una **pérdida por deterioro de valor** tiene lugar cuando el **importe en libros** de un **activo** supera su **importe recuperable**. Esta sección se aplicará a la contabilización de los deterioros de valor de todos los activos distintos de los siguientes, para los que establecen requerimientos de deterioro de valor otras secciones de esta Norma:

(a)   **activos por impuestos diferidos** (véase la Sección 29 *Impuesto a las Ganancias*);

(b)   activos procedentes de **beneficios a los empleados** (véase la Sección 28 *Beneficios a los Empleados*);

(c)   **activos financieros** que estén dentro del alcance de la Sección 11 *Instrumentos Financieros Básicos* o la Sección 12 *Otros Temas relacionados con los Instrumentos Financieros*;

(d)   **propiedades de inversión** medidas al **valor razonable** (véase la Sección 16 *Propiedades de Inversión*);

(e)   **activos biológicos** relacionados con la **actividad agrícola**, medidos a su valor razonable menos los costos estimados de venta (véase la Sección 34 *Actividades Especializadas*); y

(f)   activos que surgen de **contratos de construcción** (véase la Sección 23 *Ingresos de Actividades Ordinarias*).

Deterioro del valor de los inventarios

Precio de venta menos costos de terminación y venta

27.2   Una entidad evaluará en cada **fecha sobre la que se informa** si ha habido un deterioro del valor de los **inventarios**. La entidad realizará la evaluación comparando el importe en libros de cada partida del inventario (o grupo de partidas similares–véase el párrafo 27.3) con su precio de venta menos los costos de terminación y venta. Si a una partida del inventario (o grupo de partidas similares) se le ha deteriorado su valor, la entidad reducirá el importe en libros del inventario (o grupo) a su precio de venta menos los costos de terminación y venta. Esa reducción es una pérdida por deterioro del valor y se reconoce inmediatamente en **resultados**.

27.3   Si es **impracticable** determinar el precio de venta menos los costos de terminación y venta de los inventarios, partida por partida, la entidad podrá agrupar, a efectos de evaluar el deterioro del valor, las partidas de inventario relacionadas con la misma línea de producto que tengan similar propósito o uso final, y se produzcan y comercialicen en la misma zona geográfica.

Reversión del deterioro del valor

27.4 Una entidad llevará a cabo una nueva evaluación del precio de venta menos los costos de terminación y venta en cada periodo posterior al que se informa. Cuando las circunstancias que previamente causaron el deterioro del valor de los inventarios hayan dejado de existir, o cuando exista una clara evidencia de un incremento en el precio de venta menos los costos de terminación y venta como consecuencia de un cambio en las circunstancias económicas, la entidad revertirá el importe del deterioro del valor (es decir, la reversión se limita al importe original de pérdida por deterioro) de forma que el nuevo importe en libros sea el menor entre el costo y el precio de venta revisado menos los costos de terminación y venta.

Deterioro del valor de otros activos distintos de los inventarios

Principios generales

27.5 La entidad reducirá el importe en libros del activo hasta su importe recuperable si, y solo si, el importe recuperable es inferior al importe en libros. Esa reducción es una pérdida por deterioro del valor. Los párrafos 27.11 a 27.20 proporcionan una guía sobre la medición del importe recuperable.

27.6 Una entidad reconocerá una pérdida por deterioro del valor inmediatamente en resultados, a menos que el activo se registre a un importe revaluado de acuerdo con el modelo de revaluación de la Sección 17 *Propiedades, Planta y Equipo*. Cualquier pérdida por deterioro del valor en los activos revaluados se tratará como un decremento de la revaluación efectuada de acuerdo con el párrafo 17.15D.

Indicadores del deterioro del valor

27.7 Una entidad evaluará, en cada fecha de presentación, si existe algún indicio del deterioro del valor de algún activo. Si existiera este indicio, la entidad estimará el importe recuperable del activo. Si no existen indicios de deterioro del valor, no será necesario estimar el importe recuperable.

27.8 Si no fuera posible estimar el importe recuperable del activo individual, una entidad estimará el importe recuperable de la **unidad generadora de efectivo** a la que el activo pertenece. Este caso podría ser porque medir el importe recuperable requiere una previsión de los flujos de efectivo, y algunas veces los activos individuales no generan este tipo de flujos por sí mismos. Una unidad generadora de efectivo de un activo es el grupo identificable de activos más pequeño que incluye al activo y genera entradas de efectivo que son en gran medida independientes de las entradas procedentes de otros activos o grupos de activos.

27.9 Al evaluar si existe algún indicio de que pueda haberse deteriorado el valor de un activo, una entidad considerará, como mínimo, los siguientes indicios:

Fuentes externas de información

(a) durante el periodo, el valor de mercado de un activo ha disminuido significativamente más de lo que cabría esperar como consecuencia del paso del tiempo o de su uso normal.

(b) durante el periodo han tenido lugar, o van a tener lugar en un futuro inmediato, cambios significativos con un efecto adverso sobre la entidad, referentes al entorno legal, económico, tecnológico o de mercado en los que ésta opera, o bien en el mercado al que está destinado el activo.

(c) durante el periodo, las tasas de interés de mercado, u otras tasas de mercado de rendimiento de inversiones, se han incrementado y esos incrementos van probablemente a afectar **significativamente** a la tasa de descuento utilizada para calcular el **valor en uso** de un activo y disminuyen su **valor razonable menos costos de venta**.

(d) el importe en libros de los activos netos de la entidad es superior al valor razonable estimado de la entidad en conjunto (esta estimación se puede haber calculado, por ejemplo, para una venta potencial total o parcial de la entidad).

Fuentes internas de información

(e) se dispone de evidencia sobre la obsolescencia o deterioro físico de un activo.

(f) durante el periodo han tenido lugar, o se espera que tengan lugar en un futuro inmediato, cambios significativos en la forma en que se usa o se espera usar el activo, que afectarán desfavorablemente a la entidad. estos cambios incluyen el hecho de que el activo esté ocioso, los planes de discontinuación o restructuración de la operación a la que pertenece el activo y los planes para disponer del activo antes de la fecha prevista.

(g) se dispone de evidencia procedente de informes internos, que indica que el rendimiento económico de un activo es, o va a ser, peor que el esperado. En este contexto, el rendimiento económico incluye los resultados de las operaciones y los flujos de efectivo.

27.10 Si existiese algún indicio de que el activo puede haber deteriorado su valor, esto podría indicar que la entidad debería revisar la **vida útil** restante, el método de **depreciación (amortización)** o el **valor residual** del activo, y ajustarlos de acuerdo con la sección de esta Norma aplicable a ese activo (por ejemplo, la Sección 17 y la Sección 18 Activos Intangibles distintos a la Plusvalía), incluso si finalmente no se reconociese ningún deterioro del valor para el activo.

Medición del importe recuperable

27.11 Importe recuperable de un activo o de una unidad generadora de efectivo es el mayor entre su valor razonable menos los costos de venta y su valor en uso. Si no fuera posible estimar el importe recuperable de un activo individual, las referencias contenidas en los párrafos 27.12 a 27.20 con relación a un activo también deben entenderse como referencias a la unidad generadora de efectivo del activo.

27.12 No siempre es necesario determinar el valor razonable del activo menos los costos de venta y su valor en uso. Si cualquiera de esos importes excediera al importe en libros del activo, éste no habría sufrido un deterioro de su valor y no sería necesario estimar el otro importe.

27.13   Si no hubiese razón para creer que el valor en uso de un activo excede de forma significativa a su valor razonable menos los costos de venta, se considerará a este último como su importe recuperable. Este será, con frecuencia, el caso de un activo que se mantiene para su disposición.

Valor razonable menos costos de venta

27.14   El valor razonable menos los costos de venta es el importe que se puede obtener por la venta de un activo, en una transacción realizada en condiciones de independencia mutua entre partes interesadas y debidamente informadas, menos los costos de disposición (los párrafos 11.27 a 11.32 proporcionan guías sobre la medición del valor razonable).

Valor en uso

27.15   Valor en uso es el **valor presente** de los flujos futuros de efectivo que se espera obtener de un activo. El cálculo del valor presente involucra las siguientes fases:

(a)   estimar las entradas y salidas futuras de efectivo derivadas de la utilización continuada del activo y de su disposición final; y

(b)   aplicar la tasa de descuento adecuada a estos flujos de efectivo futuros.

27.16   Los siguientes elementos deberán reflejarse en el cálculo del valor en uso de un activo:

(a)   una estimación de los flujos de efectivo futuros que la entidad espera obtener del activo;

(b)   las expectativas sobre posibles variaciones en el importe o en la distribución temporal de dichos flujos de efectivo futuros;

(c)   el valor del dinero en el tiempo, representado por la tasa de interés de mercado sin riesgo;

(d)   el precio por la presencia de incertidumbre inherente en el activo; y

(e)   otros factores, tales como la iliquidez, que los participantes en el mercado reflejarían al poner precio a los flujos de efectivo futuros que la entidad espera que se deriven del activo.

27.17   Al medir el valor en uso, las estimaciones de los flujos de efectivo futuros incluirán:

(a)   proyecciones de entradas de efectivo procedentes de la utilización continuada del activo;

(b)   proyecciones de salidas de efectivo en las que sea necesario incurrir para generar las entradas de efectivo por la utilización continuada del activo (incluyendo, en su caso, los pagos que sean necesarios para preparar al activo para su utilización), y puedan ser atribuidas directamente, o distribuidas según una base razonable y uniforme, a dicho activo; y

(c)   flujos netos de efectivo que, si los hubiera, se espera recibir (o pagar) por la disposición del activo, al final de su vida útil, en una transacción realizada en condiciones de independencia mutua entre partes interesadas y debidamente informadas.

La entidad puede desear utilizar cualquier previsión o presupuestos financieros recientes, si dispone de ellos, para estimar los flujos de efectivo. Para estimar las proyecciones de flujos de efectivo posteriores al periodo cubierto por los presupuestos o previsiones más recientes, una entidad puede desear extrapolar las proyecciones basadas en ellos, utilizando para los años posteriores escenarios con una tasa de crecimiento nula o decreciente, a menos que se pudiera justificar el uso de una tasa creciente.

27.18   Las estimaciones de los flujos de efectivo futuros no incluirán:

(a)   entradas o salidas de efectivo por actividades de financiación; ni

(b)   **cobros o pagos** por el impuesto a las ganancias.

27.19   Los flujos de efectivo futuros se estimarán, para el activo, teniendo en cuenta su estado actual. Estas estimaciones de flujos de efectivo futuros no incluirán entradas o salidas de efectivo futuras estimadas que se espera que surjan de:

(a)   una reestructuración futura a la que una entidad no se ha comprometido todavía; o

(b)   mejoras o aumentos del rendimiento de los activos.

27.20   La tasa (tasas) de descuento a utilizar en el cálculo del valor presente será la tasa (o tasas) antes de impuestos, que refleje las evaluaciones actuales del mercado:

(a)   del valor temporal del dinero; y

(b)   de los riesgos específicos del activo para los cuales las estimaciones de flujos de efectivo futuros no hayan sido ajustadas.

La tasa (tasas) de descuento empleada para medir el valor en uso de un activo no reflejarán los riesgos para los cuales ya hayan sido ajustadas las estimaciones de flujos de efectivo futuros para evitar una doble contabilización.

Reconocimiento y medición de la pérdida por deterioro del valor de una unidad generadora de efectivo

27.21   Una pérdida por deterioro del valor de una unidad generadora de efectivo se reconocerá si, y solo si, el importe recuperable de la unidad es inferior al importe en libros de la misma. La pérdida por deterioro del valor se distribuirá, para reducir el importe en libros de los activos de la unidad, en el siguiente orden:

(a)   en primer lugar, se reducirá el importe en libros de cualquier **plusvalía** distribuida a la unidad generadora de efectivo; y

(b)   a continuación, se distribuirá entre los demás activos de la unidad, de forma proporcional sobre la base del importe en libros de cada uno de los activos de la unidad generadora de efectivo.

27.22   Sin embargo, una entidad no reducirá el importe en libros de ningún activo de la unidad generadora de efectivo que esté por debajo del mayor de:

(a)   su valor razonable menos los costos de venta (si se pudiese determinar);

(b)   su valor en uso (si se pudiese determinar); y

(c)   cero.

27.23   Cualquier importe en exceso de la pérdida por deterioro del valor que no se pueda distribuir a un activo debido a la restricción del párrafo 27.22, se distribuirá entre los demás activos de la unidad de forma proporcional sobre la base del importe en libros de esos otros activos.

Requerimientos adicionales para el deterioro del valor de la plusvalía

27.24   La plusvalía, por sí sola, no puede venderse. Tampoco genera flujos de efectivo a una entidad que sean independientes de los flujos de efectivo de otros activos. Como consecuencia, el valor razonable de la plusvalía no puede medirse directamente. Por lo tanto, el valor razonable de la plusvalía debe derivarse de la medición del valor razonable de las unidades generadoras de efectivo de las que la plusvalía es una parte.

27.25   Para el propósito de comprobar el deterioro del valor, la plusvalía adquirida en una **combinación de negocios** se distribuirá, desde la fecha de adquisición, entre cada una de las unidades generadoras de efectivo de la entidad adquirente, que se espere se beneficiarán de las sinergias de la combinación de negocios, independientemente de si se asignan o no otros activos o **pasivos** de la entidad adquirida a esas unidades.

27.26   Parte del importe recuperable de una unidad generadora de efectivo es atribuible a las **participaciones no controladoras** en la plusvalía. Con el propósito de comprobar el deterioro del valor de una unidad generadora de efectivo con plusvalía de la que no se tiene la propiedad total, el importe en libros de la unidad es ajustará a efectos prácticos, antes de compararse con el valor recuperable correspondiente, incrementando el importe en libros de la plusvalía distribuida a la unidad para incluir la plusvalía atribuible a la participación no controladora.   Este importe en libros ajustado a efectos prácticos, se comparará después con el importe recuperable de la unidad generadora de efectivo para determinar si el valor de ésta se ha deteriorado o no.

27.27   Si la plusvalía no se puede distribuir a unidades generadoras de efectivo individuales (o grupos de unidades generadoras de efectivo) sobre una base no arbitraria, entonces, a efectos de comprobar la plusvalía, la entidad comprobará el deterioro del valor de la plusvalía determinando el importe recuperable de:

(a)   la entidad adquirida en su totalidad, si la plusvalía está relacionada con una entidad adquirida que no haya sido integrada (por integración se entiende el hecho de que el negocio adquirido haya sido reestructurado o disuelto en la entidad que informa o en otras **subsidiarias**); o

(b)   todo el grupo de entidades, excluyendo cualesquiera entidades que no hayan sido integradas, si la plusvalía está relacionada con una entidad que ha sido integrada.

Para aplicar este párrafo, una entidad necesitará separar la plusvalía en plusvalía relacionada con entidades que han sido integradas y la plusvalía relacionada con entidades que no han sido integradas.   Asimismo, la entidad seguirá los requerimientos para las unidades generadoras de efectivo de esta sección cuando calcule el importe recuperable de la entidad adquirida o grupo de entidades y distribuya las pérdidas por deterioro y las reversiones de los activos que pertenecen a la entidad adquirida o grupo de entidades.

Reversión de una pérdida por deterioro del valor

27.28   Una pérdida por deterioro del valor reconocida en la plusvalía no se revertirá en los periodos posteriores.

27.29   Para todos los activos distintos a la plusvalía, una entidad evaluará, en cada fecha sobre la que se informa, si existe algún indicio de que una pérdida por deterioro del valor reconocida en periodos anteriores pueda haber desaparecido o disminuido. Los indicios de que una pérdida por deterioro del valor ya no existe o puede haber disminuido son generalmente los opuestos a los establecidos en el párrafo 27.9. Si existen cualesquiera de estos indicios, la entidad determinará si se debe revertir o no la anterior pérdida por deterioro del valor de forma total o parcial. El procedimiento para realizar esa determinación dependerá de si la anterior pérdida por deterioro del valor del activo se basó en lo siguiente:

(a)   el importe recuperable de ese activo individual (véase el párrafo 27.30); o

(b)   el importe recuperable de la unidad generadora de efectivo a la que pertenece el activo (véase el párrafo 27.31).

Reversión cuando el importe recuperable se estimó para un activo individual con deterioro de valor

27.30   Cuando la anterior pérdida por deterioro del valor se basó en el importe recuperable del activo individual con deterioro de valor, se aplican los siguientes requerimientos:

(a)   la entidad estimará el importe recuperable del activo en la fecha actual sobre la que se informa.

(b)   si el importe recuperable estimado del activo excede su importe en libros, la entidad incrementará el importe en libros al importe recuperable, sujeto a las limitaciones descritas en el apartado (c). Ese incremento es una reversión de una pérdida por deterioro del valor. Una entidad reconocerá la reversión de inmediato en el resultado del periodo, a menos que el activo se registre a un importe revaluado de acuerdo con el modelo de revaluación del párrafo 17.15B. Cualquier reversión de la pérdida por deterioro del valor en un activo previamente revaluado, se tratará como un aumento por revaluación de acuerdo con el párrafo 17.15C.

(c)   la reversión de una pérdida por deterioro del valor no incrementará el importe en libros del activo por encima del importe en libros que habría sido determinado (neto de amortización o depreciación) si no se hubiese reconocido una pérdida por deterioro del valor para el activo en años anteriores.

(d)   después de haber reconocido una reversión de la pérdida por deterioro del valor, la entidad ajustará el cargo por depreciación (amortización) del activo para los periodos futuros para distribuir el importe en libros revisado del activo, menos su valor residual (si lo hubiera), sobre una base sistemática a lo largo de su vida útil restante.

Reversión cuando el importe recuperable se estimó para una unidad generadora de efectivo

27.31 Cuando la pérdida por deterioro del valor original se basó en el importe recuperable de la unidad generadora de efectivo a la que pertenece el activo, se aplicarán los siguientes requerimientos:

(a) la entidad estimará el importe recuperable de esa unidad generadora de efectivo en la fecha actual sobre la que se informa.

(b) si el importe recuperable estimado de la unidad generadora de efectivo excede su importe en libros, ese exceso constituye una reversión de una pérdida por deterioro del valor. la entidad distribuirá el importe de esa reversión a los activos de la unidad, excepto a la plusvalía, de forma proporcional con los importes en libros de esos activos, sujeto a las limitaciones que se describen en el apartado (c). Esos incrementos del importe en libros se tratarán como reversiones de las pérdidas por deterioro del valor para los activos individuales, y se reconocerán de inmediato en el resultado del periodo, a menos que el activo se registre por un importe revaluado de acuerdo con el modelo de revaluación del párrafo 17.15B. Cualquier reversión de la pérdida por deterioro del valor en un activo previamente revaluado, se tratará como un aumento por revaluación de acuerdo con el párrafo 17.15C.

(c) al distribuir la reversión de una pérdida por deterioro del valor a una unidad generadora de efectivo, la reversión no incrementará el importe en libros de ningún activo por encima del menor de:

(i) su importe recuperable; y

(ii) el importe en libros que habría sido determinado (neto de amortización o depreciación) de no haberse reconocido la pérdida por deterioro del valor del activo en periodos anteriores.

(d) cualquier importe en exceso de la reversión de la pérdida por deterioro que no se pueda distribuir a un activo debido a la restricción del apartado (c), se distribuirá de forma proporcional entre los demás activos de la unidad generadora de efectivo, excepto la plusvalía.

(e) después de haber reconocido una reversión de la pérdida por deterioro del valor, si procede, la entidad ajustará los cargos por depreciación (amortización) de cada activo de la unidad generadora de efectivo para los periodos futuros, para distribuir el importe en libros revisado del activo menos su valor residual (si lo hubiera), sobre una base sistemática a lo largo de su vida útil restante.

Información a revelar

27.32 Una entidad revelará, para cada **clase de activos** indicada en el párrafo 27.33, la siguiente información:

(a) el importe de las pérdidas por deterioro del valor reconocidas en resultados durante el periodo y la partida o partidas del **estado del resultado integral** (y del **estado de resultados**, si se presenta) en las que esas pérdidas por deterioro del valor estén incluidas; y

(b) el importe de las reversiones de pérdidas por deterioro del valor reconocidas en resultados durante el periodo y la partida o partidas del estado del resultado integral (y del estado de resultados, si se presenta) en que tales pérdidas por deterioro del valor revirtieron.

27.33 Una entidad revelará la información requerida en el párrafo 27.32 para cada una de las siguientes clases de activos:

(a) inventarios;

(b) **propiedades, plantas y equipos** (incluidas las propiedades de inversión contabilizadas mediante el método del costo);

(c) plusvalía;

(d) **activos intangibles** diferentes de la plusvalía;

(e) inversiones en **asociadas**; y

(f) inversiones en **negocios conjuntos**.

Sección 28
Beneficios a los Empleados
Alcance de esta sección

28.1   Los **beneficios a los empleados** comprenden todos los tipos de contraprestaciones que la entidad proporciona a los trabajadores, incluyendo administradores y gerentes, a cambio de sus servicios. Esta sección se aplicará a todos los beneficios a los empleados, excepto los relativos a **transacciones con pagos basados en acciones**, que se tratan en la Sección 26 *Pagos Basados en Acciones*. Los cuatro tipos de beneficios a los empleados a los que se hace referencia en esta sección son:

(a)   beneficios a corto plazo a los empleados, que son los beneficios a los empleados (distintos de los **beneficios por terminación**) cuyo pago será totalmente atendido en el término de los doce meses siguientes al cierre del periodo en el cual los empleados han prestado sus servicios;

(b)   **beneficios post-empleo**, que son los beneficios a los empleados (distintos de los beneficios por terminación) que se pagan después de completar su periodo de empleo en la entidad;

(c)   otros beneficios a largo plazo para los empleados, que son los beneficios a los empleados (distintos de los beneficios post-empleo y de los beneficios por terminación) cuyo pago no vence dentro de los doce meses siguientes al cierre del periodo en el cual los empleados han prestado sus servicios; y

(d)   beneficios por terminación, que son los beneficios por pagar a los empleados como consecuencia de:

(i)   la decisión de una entidad de rescindir el contrato de un empleado antes de la edad normal de retiro; o

(ii)   una decisión de un empleado de aceptar voluntariamente la conclusión de la relación de trabajo a cambio de esos beneficios.

28.2   Los beneficios a los empleados también incluyen las transacciones con pagos basados en acciones, por medio de la cual reciben instrumentos de **patrimonio** (tales como acciones u opciones sobre acciones), o **efectivo** u otros **activos** de la entidad por importes que se basan en el precio de las acciones de la entidad u otros instrumentos de patrimonio de ésta. Una entidad aplicará la Sección 26 en la contabilidad de las transacciones con pagos basados en acciones.

Principio de reconocimiento general para todos los beneficios a los empleados

28.3   Una entidad reconocerá el costo de todos los beneficios a los empleados a los que éstos tengan derecho como resultado de servicios prestados a la entidad durante el **periodo sobre el que se informa**:

(a)   como un **pasivo**, después de deducir los importes que hayan sido pagados directamente a los empleados o como una contribución a un fondo de beneficios para los empleados. Si el importe pagado excede a las aportaciones que se deben realizar según los servicios prestados hasta la **fecha sobre la que se informa**, una entidad reconocerá ese exceso como un activo en la medida en que el pago anticipado vaya a dar lugar a una reducción en los pagos a efectuar en el futuro o a un reembolso en efectivo.

(b)   como un **gasto**, a menos que otra sección de esta Norma requiera que el costo se reconozca como parte del costo de un activo tales como **inventarios** o **propiedades, planta y equipo**.

Beneficios a los empleados a corto plazo

Ejemplos

28.4   Los beneficios a corto plazo a los empleados, generalmente, comprenden partidas tales como las siguientes:

(a)   sueldos, salarios y aportaciones a la seguridad social;

(b)   ausencias remuneradas a corto plazo (tales como los derechos por ausencias anuales remuneradas o las ausencias remuneradas por enfermedad), cuando se espere que tengan lugar dentro de los doce meses siguientes al cierre del periodo en el que los empleados han prestado los servicios relacionados;

(c)   participaciones en ganancias e incentivos pagaderos dentro de los doce meses siguientes al cierre del periodo en el que los empleados han prestado los servicios correspondientes; y

(d)   beneficios no monetarios a los empleados actuales (tales como asistencia médica, alojamiento, automóviles y entrega de bienes y servicios gratuitos o subvencionados).

Medición de beneficios generalmente a corto plazo

28.5   Cuando un empleado haya prestado sus servicios a una entidad durante el periodo sobre el que se informa, la entidad medirá el importe reconocido de acuerdo con el párrafo 28.3 por el importe no descontado de los beneficios a corto plazo a los empleados que se espera que haya que pagar por esos servicios.

Reconocimiento y medición – ausencias remuneradas a corto plazo

28.6   Una entidad puede retribuir ausencias de los empleados por varias razones, entre las que se incluyen los permisos retribuidos por vacaciones anuales y las ausencias remuneradas por enfermedad. Algunas ausencias remuneradas a corto plazo se acumulan—pueden trasladarse y utilizarse en periodos futuros si el empleado no utiliza el derecho totalmente en el periodo corriente. Son ejemplos, los permisos retribuidos por vacaciones y las ausencias remuneradas por enfermedad. Una entidad reconocerá el costo esperado de las **ausencias remuneradas que se acumulen**, a medida que los empleados prestan los servicios que incrementan su derecho a ausencias remuneradas en el futuro. La entidad medirá el costo esperado de las ausencias remuneradas con derechos de carácter acumulativo por el importe adicional no descontado que la entidad espera pagar como consecuencia de los derechos no usados que tiene acumulados al final del periodo sobre el que se informa. La entidad presentará este importe como un pasivo corriente en la fecha de presentación.

28.7 Una entidad reconocerá el costo de otras ausencias remuneradas (no acumulativas) cuando éstas se produzcan. La entidad medirá el costo de las ausencias remuneradas no acumulativas por el importe no descontado de los sueldos y salarios pagados o por pagar correspondientes al periodo de la ausencia.

Reconocimiento – participación en ganancias y planes de incentivos

28.8 Una entidad reconocerá el costo esperado de la participación en ganancias y pagos por incentivos solo cuando:

(a) la entidad tenga una obligación implícita o actual legal de realizar estos pagos como resultado de un suceso pasado (esto significa que la entidad no tiene una alternativa más realista que la de efectuar los pagos); y

(b) pueda realizarse una estimación fiable de la obligación.

Beneficios post-empleo: distinción entre planes de aportaciones definidas y planes de beneficios definidos

28.9 Los beneficios post-empleo incluyen, por ejemplo:

(a) beneficios por retiro, tales como las pensiones; y

(b) otros beneficios posteriores al empleo, tales como los seguros de vida o los beneficios de asistencia médica.

Los acuerdos por los cuales una entidad proporciona beneficios posteriores al empleo se conocen como **planes de beneficios post-empleo**. Una entidad aplicará esta sección a todos estos acuerdos, con independencia de que los mismos impliquen el establecimiento de una entidad separada para la recepción de las aportaciones y el pago de los beneficios. En algunos casos, estos acuerdos son impuestos por ley y no por un acto de la entidad. En otros casos, estos acuerdos surgen por acciones de la entidad, incluso en ausencia de un plan documentado formal.

28.10 Los planes de beneficios post-empleo se clasifican en **planes de aportaciones definidas** y **planes de beneficios definidos**, según sus principales términos y condiciones:

(a) los planes de aportaciones definidas son planes de beneficios post-empleo, en los cuales una entidad paga aportaciones fijas a una entidad separada (un fondo) y no tiene ninguna obligación legal ni implícita de pagar aportaciones adicionales o de hacer pagos de beneficios directos a los empleados, en el caso de que el fondo no disponga de suficientes activos para pagar todos los beneficios de los empleados por los servicios que éstos han prestado en el periodo corriente y en los anteriores. Por tanto, el importe de los beneficios post-empleo recibidos por un empleado se determina en función del importe de las aportaciones que haya realizado la entidad (y eventualmente también el empleado) a un plan de beneficios post-empleo o a una aseguradora, junto con el rendimiento obtenido por esas aportaciones.

(b) son planes de beneficios definidos todos los planes de beneficios post-empleo distintos de los planes de aportaciones definidas. En los planes de beneficios definidos, la obligación de la entidad consiste en suministrar los beneficios acordados a los empleados actuales y anteriores, y el riesgo actuarial (de que los beneficios tengan un costo mayor del esperado) y el riesgo de inversión (de que el rendimiento de los activos para financiar los beneficios sea diferente del esperado) recaen, esencialmente, en la entidad. Si las diferencias actuariales o el rendimiento de la inversión son menores de lo esperado, las obligaciones de la entidad pueden verse aumentadas, y viceversa, si dichas diferencias o rendimiento son mejores de lo esperado.

Planes multi-patronales y planes gubernamentales

28.11 La entidad clasificará los **planes multi-patronales** y los planes gubernamentales como planes de aportaciones definidas o de beneficios definidos, en función de las cláusulas del mismo, incluyendo cualquier obligación implícita que vaya más allá de los términos pactados formalmente. Sin embargo, si no se dispone de información suficiente para utilizar la contabilidad de los planes de beneficios definidos para un plan multi-patronal que es un plan de beneficios definidos, una entidad contabilizará el plan de acuerdo con el párrafo 28.13, como si fuese un plan de aportaciones definidas, y revelará la información requerida por el párrafo 28.40.

Beneficios asegurados

28.12 Una entidad puede pagar primas de pólizas de seguros para financiar un plan de beneficios post-empleo. La entidad tratará este plan como un plan de aportaciones definidas a menos que la entidad tenga la obligación legal o implícita de:

(a) pagar a los empleados los beneficios directamente en el momento en que sean exigibles; o

(b) pagar importes adicionales si la aseguradora no paga todos los beneficios a los empleados futuros relacionados con servicios prestados por los empleados en el periodo presente y en los anteriores.

Una obligación implícita puede surgir indirectamente a través de un plan, de un mecanismo para hacer futuras aportaciones o de una relación entre una **parte relacionada** y la aseguradora. Si la entidad conserva esta obligación, legal o implícita, tratará el plan como un plan beneficios definidos.

Beneficios post-empleo: planes de aportaciones definidas

Reconocimiento y medición

28.13 Una entidad reconocerá la aportación por pagar para un periodo:

(a) como un pasivo, después de deducir cualquier importe ya pagado. Si los pagos por aportaciones exceden las aportaciones que se deben realizar según los servicios prestados hasta la fecha sobre la que se informa, la entidad reconocerá ese exceso como un activo; o

(b) como un gasto, a menos que otra sección de esta Norma requiera que el costo se reconozca como parte del costo de un activo tales como inventarios o propiedades, planta y equipo.

Beneficios post-empleo: planes de beneficios definidos

Reconocimiento

28.14 Al aplicar el principio de **reconocimiento** general del párrafo 28.3 a los planes de beneficios definidos, la entidad reconocerá:

(a) un pasivo por sus obligaciones bajo los planes de beneficios definidos, neto de los **activos del plan**–su "**pasivo por beneficios definidos**"–(véanse los párrafos 28.15 a 28.23); y

(b) el cambio neto en ese pasivo durante el periodo como el costo de sus planes de beneficios definidos durante el periodo (véase los párrafos 28.24 a 28.27).

Medición del pasivo por beneficios definidos

28.15 Una entidad medirá un pasivo por beneficios definidos correspondiente a sus obligaciones bajo planes de beneficios definidos por el total neto de los siguientes importes:

(a) el **valor presente** de sus obligaciones bajo los planes de beneficios definidos (sus **obligaciones por beneficios definidos**) en la fecha sobre la que se informa (los párrafos 28.16 a 28.22 proporcionan una guía para medir esta obligación).

(b) menos el **valor razonable** en la fecha de presentación de los activos del plan (si los hubiere) que se emplearán para la cancelación directa de las obligaciones. Los párrafos 11.27 a 11.32 establecen requerimientos para determinar los valores razonables de los activos del plan que son activos financieros.

Inclusión de beneficios consolidados y no consolidados

28.16 El valor presente de las obligaciones de una entidad según los planes de beneficios definidos en la fecha sobre la que se informa reflejará el importe estimado de los beneficios que los empleados hayan ganado por sus servicios en el periodo actual y anteriores, incluyendo los beneficios que todavía no estén **consolidados** (véase el párrafo 28.26) y los efectos de las fórmulas de beneficios que proporcionan a los empleados mayores beneficios por los últimos años de servicio. Esto requiere que la entidad determine la cuantía de los beneficios que resulta atribuible al periodo corriente y a los anteriores sobre la base de las fórmulas de beneficios del plan y realice estimaciones (suposiciones actuariales) sobre variables demográficas (tales como rotación de los empleados y mortalidad) y financieras (tales como incrementos futuros en los salarios y en los costos de asistencia médica) que influyen en el costo de los beneficios. Las suposiciones actuariales no deberán estar sesgadas (ni imprudentes ni excesivamente conservadoras) y deberán ser mutuamente compatibles y seleccionarse para alcanzar la mejor estimación de los flujos de efectivo futuros que el plan generará.

Descuento

28.17 Una entidad medirá su obligación por beneficios definidos sobre la base de un valor presente descontado. La entidad medirá la tasa usada para descontar los pagos futuros por referencia a las tasas de mercado que a la fecha sobre la que se informa tengan los bonos corporativos de alta calidad. En los países donde no exista un mercado amplio para estos títulos, se utilizarán las tasas de mercado (a la fecha sobre la que se informa) de los bonos emitidos por el gobierno. La moneda y el plazo de los bonos corporativos o gubernamentales deberán ser coherentes con la moneda y el periodo estimado para los pagos futuros.

Método de valoración actuarial

28.18 Una entidad utilizará el **método de la unidad de crédito proyectada** para medir su obligación por beneficios definidos y el gasto relacionado si tiene posibilidad de hacerlo sin un costo o esfuerzo desproporcionado. Si los beneficios definidos se basan en salarios futuros, el método de la unidad de crédito proyectada requiere que una entidad mida sus obligaciones por beneficios definidos sobre una base que refleje los incrementos de salarios futuros estimados. Además, el método de la unidad de crédito proyectada requiere que una entidad realice varias suposiciones actuariales al medir la obligación por beneficios definidos, incluyendo tasas de descuento, tasas del rendimiento esperado de los activos del plan, tasas de incremento salarial esperado, rotación de empleados, mortalidad y (para los planes de beneficios definidos de asistencia médica), tasas de tendencia de costos de asistencia médica.

28.19 Si una entidad no puede usar el método de la unidad de crédito proyectada para medir la obligación y el costo por los planes por beneficios definidos, sin hacer un costo o esfuerzo desproporcionado, podrá realizar las siguientes simplificaciones para medir su obligación por beneficios definidos con respecto a los empleados actuales:

(a) ignorar los incrementos de los salarios futuros estimados (es decir, suponer que los salarios actuales se mantendrán hasta que se espere que los empleados actuales comiencen a recibir los beneficios post-empleo).

(b) ignorar los servicios futuros de los empleados actuales (es decir, suponer el cierre del plan para los empleados actuales así como para los nuevos).

(c) ignorar la posible mortalidad en servicio de los empleados actuales entre la fecha sobre la que se informa y la fecha en que se espera en que los empleados comiencen a recibir los beneficios post-empleo (es decir, suponer que todos los empleados actuales recibirán los beneficios post-empleo). Sin embargo, aún se necesitará considerar la mortalidad después de la prestación del servicio (es decir, la esperanza de vida).

Una entidad que aproveche las simplificaciones de **medición** anteriores debe, no obstante, incluir los **beneficios consolidados** y no consolidados en la medición de su obligación por beneficios definidos.

28.20 Esta Norma no requiere que una entidad contrate a un actuario independiente para que realice la valoración actuarial integral necesaria para calcular la obligación por beneficios definidos. Tampoco requiere que se haga anualmente una valoración actuarial integral. En los periodos comprendidos entre las distintas valoraciones actuariales integrales, si las suposiciones actuariales principales no varían significativamente, la obligación por beneficios definidos se puede medir ajustando la medición del periodo anterior según cambios de carácter demográfico de los empleados, tales como número de empleados y niveles salariales.

Introducciones, cambios, reducciones y liquidaciones del plan

28.21 Si se ha introducido o cambiado un plan de beneficios definidos en el periodo corriente, la entidad incrementará o disminuirá su pasivo por beneficios definidos para reflejar el cambio, y reconocerá el incremento (disminución) como un gasto (**ingreso**) en la medición del **resultado** del periodo actual. Por el contrario, si se ha reducido un plan (es decir, se reducen los beneficios o el grupo de empleados cubierto) o se liquida (la obligación del empleador se cancela completamente) en el periodo actual, la obligación por beneficios definidos deberá disminuirse o eliminarse, y la entidad reconocerá en los resultados del periodo actual la **ganancia** o la pérdida resultante.

Activo de planes de beneficios definidos

28.22 Si el valor presente de la obligación por beneficios definidos en la fecha sobre la que se informa es menor que el valor razonable de los activos del plan en esa fecha, el plan tiene un superávit. Una entidad reconocerá un superávit del plan como un activo por beneficios definidos solo en la medida que sea capaz de recuperar el superávit mediante la reducción de las aportaciones futuras o mediante reembolsos desde el plan.

Costo de un plan de beneficios definidos

28.23 Una entidad reconocerá el cambio neto en su pasivo por beneficios definidos durante el periodo, distinto de un cambio atribuible a beneficios pagados a empleados durante el periodo o a aportaciones del empleador, como el costo de sus planes de beneficios definidos durante el periodo. Ese costo se reconocerá por completo en resultados como un gasto, o parcialmente en resultados y parcialmente como una partida de **otro resultado integral** (véase el párrafo 28.24), a menos que otra sección de esta Norma requiera que el costo se reconozca como parte del costo de un activo tal como inventarios o propiedades, planta y equipo.

Reconocimiento–elección de la política contable

28.24 Se requiere que una entidad reconozca todas las ganancias y pérdidas actuariales en el periodo en que se produzcan. Una entidad:

(a)   reconocerá todas las ganancias y pérdidas actuariales en resultados; o

(b)   reconocerá todas las ganancias y pérdidas actuariales en otro resultado integral.

como una elección de la política contable.   La entidad aplicará la política contable elegida de forma uniforme a todos los planes de beneficios definidos y a todas las ganancias y pérdidas actuariales. Las ganancias y pérdidas actuariales reconocidas en otro resultado integral se presentarán en el **estado del resultado integral**.

28.25   El cambio neto en el pasivo por beneficios definidos que se reconoce como el costo de un plan de beneficios definidos incluye:

(a)   el cambio en el pasivo por beneficios definidos que surge de los servicios prestados del empleado durante el periodo sobre el que se informa;

(b)   el interés de la obligación por beneficios definidos durante el periodo sobre el que se informa;

(c)   Los rendimientos de cualesquiera activos del plan y el cambio neto en el valor razonable de los derechos de reembolso reconocidos (véase el párrafo 28.28) durante el periodo sobre el que se informa.

(d)   las ganancias y pérdidas actuariales surgidas en el periodo sobre el que se informa;

(e)   el incremento o la disminución en el pasivo por beneficios definidos procedente de la introducción de un nuevo plan o del cambio de uno existente en el periodo sobre el que se informa (véase el párrafo 28.21); y

(f)   las disminuciones en el pasivo por beneficios definidos procedentes de efectuar una reducción o una liquidación de un plan existente en el periodo sobre el que se informa (véase el párrafo 28.21).

28.26   Los servicios prestados por los empleados darán lugar a una obligación bajo un plan de beneficios definidos incluso si los beneficios están condicionados a una relación laboral en el futuro (en otras palabras, todavía no están consolidados). Los años anteriores de servicio del empleado a la fecha de consolidación (irrevocabilidad) de la concesión darán lugar a una obligación implícita porque, al final de cada periodo sucesivo sobre el que se informa, se reducirá la cantidad de servicio futuro a prestar por el empleado antes de pasar a tener derecho a los beneficios.   Al medir su obligación por beneficios definidos, una entidad considerará la probabilidad de que algunos empleados puedan no satisfacer los requerimientos de consolidación (irrevocabilidad) de la concesión. De forma similar, aunque algunos beneficios post-empleo (tales como los gastos por asistencia médica post-empleo), se convierten en pagables solo si ocurre un evento determinado cuando un trabajador deja de estar empleado (tal como por una enfermedad), se crea una obligación a medida que el empleado presta el servicio que da derecho al beneficio si el suceso especificado tiene lugar. La probabilidad de que el suceso específico ocurra, afectará a la medición de la obligación, pero no es determinante si existe o no la obligación.

28.27   Si los beneficios definidos se reducen por los importes que se pagarán a los empleados según planes patrocinados por el gobierno, una entidad medirá sus obligaciones por beneficios definidos sobre una base que refleje los beneficios por pagar según los planes gubernamentales solo si:

(a)   esos planes se hubieran aprobado antes de la fecha sobre la que se informa; o

(b)   la historia pasada, u otro tipo de evidencia fiable, indican que esos beneficios gubernamentales van a ser modificados de una forma previsible, por ejemplo en consonancia con los futuros cambios en los niveles generales de precios o de salarios.

Reembolsos

28.28   Si una entidad está prácticamente segura de que un tercero reembolsará alguno o todos los desembolsos requeridos para cancelar una obligación por beneficios definidos, reconocerá su derecho al reembolso como un activo separado. La entidad medirá el activo a su valor razonable. En el estado del resultado integral (o en el **estado de resultados**, si se presenta), el gasto relacionado con el plan de beneficios definidos puede presentarse neto del importe reconocido como reembolsable.

Otros beneficios a los empleados a largo plazo

28.29   Otros beneficios a largo plazo para los empleados incluyen generalmente, por ejemplo:

(a)   las ausencias remuneradas a largo plazo, tales como vacaciones especiales tras largos periodos de vida activa o años sabáticos;

(b)   los beneficios por largos periodos de servicio;

(c)   los beneficios por invalidez de larga duración;

(d)   la participación en ganancias e incentivos pagaderos a partir de los doce meses del cierre del periodo en el que los empleados han prestado los servicios correspondientes; y

(e)   Los beneficios diferidos que se recibirán a partir de los doce meses del cierre del periodo en el que se han ganado.

28.30   Una entidad reconocerá un pasivo por otros beneficios a largo plazo y los medirá por el total neto de los siguientes importes:

(a)   el valor presente de las obligaciones por beneficios definidos en la fecha de presentación; menos

(b)   el valor razonable, en la fecha de presentación de los activos del plan (si los hubiere) que se emplearán para la cancelación directa de las obligaciones.

Una entidad deberá reconocer el cambio neto en el pasivo durante el periodo, distinto de un cambio atribuible a beneficios pagados a empleados durante el periodo o a aportaciones del empleador, como el costo de sus otros beneficios a los empleados a largo plazo durante el periodo. Ese costo se reconocerá en su totalidad en el resultado como un gasto, a menos que otra sección de esta Norma requiera que se reconozcan como parte del costo de un activo, tales como inventarios o propiedades, planta y equipo.

Beneficios por terminación

28.31   Una entidad puede estar comprometida, por ley, por contrato u otro tipo de acuerdos con los empleados o sus representantes, o por una obligación implícita basada en las prácticas habituales de la misma, o por el deseo de actuar de forma equitativa, a realizar pagos (o suministrar otro tipo de beneficios) a los empleados cuando resuelve sus contratos laborales. Estos pagos son beneficios por terminación.

Reconocimiento

28.32   Puesto que los beneficios por terminación no proporcionan a una entidad beneficios económicos futuros, una entidad los reconocerá en resultados como gasto de forma inmediata.

28.33   Cuando una entidad reconoce beneficios por terminación, habrá de tener en cuenta también los efectos de la reducción en los beneficios por retiro o en otro tipo de beneficios a los empleados.

28.34   Una entidad reconocerá los beneficios por terminación como un pasivo y como un gasto, solo cuando se encuentre comprometida de forma demostrable a:

(a)   rescindir el vínculo que le une con un empleado o grupo de empleados antes de la fecha normal de retiro; o

(b)   proporcionar beneficios por terminación como resultado de una oferta realizada para incentivar la rescisión voluntaria.

28.35   Una entidad solo esta comprometida de forma demostrable con una terminación cuando tiene un plan formal detallado para efectuarla y no existe una posibilidad realista de retirar la oferta.

Medición

28.36   Una entidad medirá los beneficios por terminación por la mejor estimación del desembolso que se requeriría para cancelar la obligación en la fecha sobre la que se informa. En el caso de existir una oferta de la entidad para incentivar la rescisión voluntaria del contrato, la medición de los beneficios por terminación correspondientes se basará en el número de empleados que se espera acepten tal ofrecimiento.

28.37   Cuando los beneficios por terminación se deben pagar a partir de los 12 meses tras el final del periodo sobre el que se informa, se medirán a su valor presente descontado.

Planes del grupo

28.38   Si una entidad **controladora** ofrece beneficios a los empleados de una o más **subsidiarias** del **grupo**, y la controladora presenta los **estados financieros consolidados** según la *NIIF para las PYMES* o las **NIIF completas**, a estas subsidiarias se les permite reconocer y medir el gasto por beneficios a los empleados sobre la base de una distribución razonable del gasto reconocido del grupo.

Información a revelar

Información a revelar sobre los beneficios a los empleados a corto plazo

28.39 Esta sección no requiere información a revelar específica sobre beneficios a los empleados a corto plazo.

Información a revelar sobre los planes de aportaciones definidas

28.40 Una entidad revelará el importe reconocido en resultados como un gasto por los planes de aportaciones definidas. Si la entidad trata a un plan multi-patronal de beneficios definidos como un plan de aportaciones definidas porque no dispone de información suficiente para utilizar la contabilidad de los planes de beneficios definidos (véase el párrafo 28.11), revelará el hecho de que es un plan de beneficios definidos y la razón por la que se contabiliza como un plan de aportaciones definidas, junto con cualquier información disponible sobre el superávit o el déficit del plan y las implicaciones, si las hubiere, para la entidad.

Información a revelar sobre los planes de beneficios definidos

28.41 Una entidad revelará la siguiente información sobre los planes de beneficios definidos (excepto para cualesquiera planes multi-patronales de beneficios definidos que se contabilicen como planes de aportaciones definidas de acuerdo con el párrafo 28.11, para los que se aplica en su lugar la información a revelar del párrafo 28.40). Si una entidad tiene más de un plan de beneficios definidos, estas informaciones pueden ser reveladas sobre el conjunto de los planes, sobre cada plan por separado o agrupadas de la manera que se considere más útil:

(a) una descripción general del tipo de plan incluyendo la política de **financiación**.

(b) la política contable de la entidad para reconocer las ganancias y pérdidas actuariales (en resultados o como una partida de otro resultado integral) y el importe de las pérdidas y ganancias actuariales reconocidas durante el periodo;

(c) si la entidad utiliza cualquier simplificación del párrafo 28.19 para medir la obligación por beneficios definidos, revelará ese hecho y las razones por las que usar el método de la unidad de crédito proyectada para medir su obligación y el costo bajo un plan de beneficios definidos involucraría un esfuerzo o costo desproporcionado;

(d) la fecha de la valoración actuarial integral más reciente y, si no se hizo en la fecha sobre la que se informa, una descripción de los ajustes que se hicieron para medir la obligación por beneficios definidos en la fecha sobre la que se informa;

(e)   una conciliación de los saldos de apertura y cierre de la obligación por beneficios definidos que muestre por separado los beneficios pagados y todos los demás cambios;

(f)   Una conciliación de los saldos de apertura y cierre del valor razonable de los activos del plan y de los saldos de apertura y cierre de cualquier derecho de reembolso reconocido como un activo, que muestre por separado, si procede:

    (i)   aportaciones;

    (ii)   beneficios pagados; y

    (iii)   otros cambios en los activos del plan.

(g)   el costo total relativo a planes de beneficios definidos del periodo, revelando de forma separada los importes:

    (i)   reconocidos en resultados como un gasto; e

    (ii)   incluidos en el costo como un activo.

(h)   para cada una de las principales clases de activos del plan, las cuales incluirán, pero no se limitarán a, los instrumentos de patrimonio, los instrumentos de deuda, los inmuebles y todos otros activos, el porcentaje o importe que cada clase principal representa en el valor razonable de los activos totales del plan en la fecha sobre la que se informa;

(i)   Los importes incluidos en el valor razonable de los activos del plan para:

    (i)   cada clase de los **instrumentos financieros** propio de la entidad; y

    (ii)   cualquier inmueble ocupado u otros activos utilizados por la entidad.

(j)   el rendimiento real de los activos del plan; y

(k)   Los supuestos actuariales principales utilizados, incluyendo, cuando sea aplicable:

    (i)   las tasas de descuento;

    (ii)   las tasas de rendimiento esperadas de cualesquiera activos del plan para los periodos presentados en los **estados financieros**;

    (iii)   las tasas esperadas de incrementos salariales;

    (iv)   las tasas de tendencia de los costos de asistencia médica; y

    (v)   cualquier otra suposición actuarial **significativa** utilizada.

Las conciliaciones a que se refieren los apartados (e) y (f) no deben presentarse para los periodos anteriores. Una subsidiaria que reconozca y mida el gasto de beneficios a los empleados sobre la base de una distribución razonable del gasto reconocido del grupo (véase el párrafo 28.38) describirá, en sus estados financieros separados, su política para realizar la distribución, y revelará la información prevista en (a) a (k) para el plan como un conjunto.

Información a revelar sobre otros beneficios a largo plazo

28.42   Para cada categoría de otros beneficios a largo plazo que una entidad proporcione a sus empleados, la entidad revelará la naturaleza de los beneficios, el importe de su obligación y el nivel de financiación en la fecha en la que se informa.

Información a revelar sobre los beneficios por terminación

28.43   Para cada categoría de otros beneficios por terminación que una entidad proporcione a sus empleados, la entidad revelará la naturaleza de los beneficios, el importe de su obligación y el nivel de financiación en la fecha en la que se informa.

28.44   Cuando exista incertidumbre acerca del número de empleados que aceptarán una oferta de beneficios por terminación, existirá un **pasivo contingente**. La Sección 21 *Provisiones y Contingencias* requiere que la entidad revele información sobre sus pasivos contingentes, a menos que la posibilidad de salida de efectivo en la liquidación sea remota.

Sección 29
Impuesto a las Ganancias

Alcance de esta sección

29.1　Para los propósitos de esta Norma, el término **impuesto a las ganancias** incluye todos los impuestos, nacionales y extranjeros, que estén basados en **ganancias fiscales**. El impuesto a las ganancias incluye también impuestos, tales como retenciones de impuestos que una **subsidiaria**, **asociada** o **negocio conjunto** tienen que pagar por repartos de ganancias a la entidad que informa.

29.2　Esta sección trata la contabilidad del impuesto a las ganancias. Se requiere que una entidad reconozca las consecuencias fiscales actuales y futuras de transacciones y otros sucesos que se hayan reconocido en los **estados financieros**. Estos importes fiscales reconocidos comprenden el **impuesto corriente** y el **impuesto diferido**. El impuesto corriente es el impuesto por pagar (recuperable) por las ganancias (o pérdidas) fiscales del periodo corriente o de periodos anteriores. El impuesto diferido es el impuesto por pagar o por recuperar en periodos futuros, generalmente como resultado de que la entidad recupera o liquida sus **activos** y **pasivos** por su **importe en libros** actual, y el efecto fiscal de la compensación de pérdidas o créditos fiscales no utilizados hasta el momento procedentes de periodos anteriores.

29.3　Esta sección no trata sobre los métodos de contabilización de las **subvenciones del gobierno** (véase la Sección 24 *Subvenciones del Gobierno*). Sin embargo, esta sección se ocupa de la contabilización de las **diferencias temporarias** que pueden derivarse de tales subvenciones.

Reconocimiento y medición de impuestos corrientes

29.4　Una entidad reconocerá un pasivo por impuestos corrientes por el impuesto a pagar por las ganancias fiscales del periodo actual y los periodos anteriores. Si el importe pagado, correspondiente al periodo corriente y a los anteriores, excede el importe por pagar de esos periodos, la entidad reconocerá el excedente como un activo por impuestos corriente.

29.5　Una entidad reconocerá un activo por impuestos corriente por los beneficios de una pérdida fiscal que pueda ser aplicada para recuperar el impuesto pagado en un periodo anterior.

29.6　Una entidad medirá un pasivo (o activo) por impuestos corrientes a los importes que se esperen pagar (o recuperar) usando las tasas impositivas y la legislación que haya sido aprobada, o cuyo proceso de aprobación esté **prácticamente terminado**, en la **fecha de presentación**. Una entidad considerará las tasas impositivas y las leyes fiscales cuyo proceso de aprobación esté prácticamente terminado cuando los pasos restantes requeridos por el proceso de aprobación no hayan afectado históricamente al resultado ni sea probable que lo hagan. Los párrafos 29.32 a 29.33 proporcionan una guía adicional de **medición**.

Reconocimiento de impuestos diferidos

Principio de reconocimiento general

29.7 Es inherente al **reconocimiento** de un activo o un pasivo que la entidad que informa espere recuperar o cancelar el importe en libros de ese activo o pasivo respectivamente. Cuando sea **probable** que la recuperación o liquidación de ese importe en libros vaya a dar lugar a pagos fiscales futuros mayores (menores) de los que se tendrían si esta recuperación o liquidación no tuviera consecuencias fiscales, esta sección exige que la entidad reconozca un pasivo por **impuestos diferidos** (**activo por impuestos diferidos**), con ciertas excepciones limitadas. Si la entidad espera recuperar el importe en libros de un activo, o liquidar el importe en libros de un pasivo, sin afectar las ganancias imponibles, no surgirá ningún impuesto diferido con respecto al activo o pasivo.

29.8 Una entidad reconocerá un activo o pasivo por impuestos diferidos por el impuesto por recuperar o pagar en periodos futuros como resultado de transacciones o sucesos pasados. Este impuesto surge de la diferencia entre los importes en libros de los activos y pasivos de la entidad en el **estado de situación financiera** y los importes atribuidos a los mismos por parte de las autoridades fiscales (estas diferencias se denominan "diferencias temporarias"), y la compensación de pérdidas o créditos fiscales no utilizados hasta el momento procedentes de periodos anteriores.

Bases fiscales y diferencias temporarias

29.9 La **base fiscal** de un activo es el importe que será deducible de los beneficios económicos que, para efectos fiscales, obtenga la entidad en el futuro, cuando recupere el importe en libros de dicho activo. Si tales beneficios económicos no tributan, la base fiscal del activo será igual a su importe en libros.

29.10 La base fiscal de un pasivo es igual a su importe en libros menos cualquier importe que sea deducible fiscalmente respecto de ese pasivo en periodos futuros. En el caso de **ingresos de actividades ordinarias** que se reciben de forma anticipada, la base fiscal del pasivo correspondiente es su importe en libros, menos cualquier importe de ingresos de actividades ordinarias que no resulte imponible en periodos futuros.

29.11 Algunas partidas tienen base fiscal pero no se reconocen como activos ni pasivos en el estado de situación financiera. Por ejemplo, los costos de **investigación** y **desarrollo** reconocidos como un **gasto**, al determinar la **ganancia contable** en el periodo en que se incurren, pero cuya deducción no se permite para la determinación de la ganancia (pérdida) fiscal hasta un periodo posterior. La diferencia entre la base fiscal de los costos de investigación y desarrollo, esto es el importe que la autoridad fiscal permitirá deducir en periodos futuros, y el importe en libros de cero es una **diferencia temporaria deducible** que produce un activo por impuestos diferidos.

29.12 Las diferencias temporarias son las que existen entre el importe en libros de un activo o pasivo en el estado de situación financiera y su base fiscal. En los **estados financieros consolidados**, las diferencias temporarias se determinarán comparando el importe en libros de los activos y pasivos incluidos en ellos con la base fiscal que resulte apropiada. La base fiscal se calculará tomando como referencia la declaración fiscal consolidada en aquellas jurisdicciones en las que esta declaración se presenta. En otras jurisdicciones, la base fiscal se determinará tomando como referencia las declaraciones fiscales de cada entidad del **grupo** en particular.

29.13 Ejemplos de situaciones en las que surgen diferencias temporarias incluyen:

(a) los activos identificables adquiridos y pasivos asumidos en una **combinación de negocios** se reconocen a sus **valores razonables** de acuerdo con la Sección 19 *Combinaciones de Negocios y Plusvalía*, pero no se realiza un ajuste equivalente a efectos fiscales (por ejemplo, la base fiscal de un activo puede mantenerse al costo del propietario anterior). El activo o pasivo por impuestos diferidos resultante afecta al importe de la **plusvalía** que reconoce la entidad.

(b) activos que se miden nuevamente, sin hacer un ajuste similar a efectos fiscales. Por ejemplo, esta Norma permite o requiere que ciertos activos se midan nuevamente a valor razonable o se revalúen (por ejemplo, la Sección 16 *Propiedades de Inversión* y la Sección 17 *Propiedades, Planta y Equipo*).

(c) la plusvalía surge en una combinación de negocios, por ejemplo, la base fiscal de la plusvalía será cero si las autoridades fiscales no permiten la **amortización** o los **deterioros** de valor de la plusvalía como un gasto deducible cuando se determina la ganancia fiscal y no permite que se trate el costo de la plusvalía como un gasto deducible en el momento de la disposición de la subsidiaria.

(d) la base fiscal de un activo o un pasivo difiere, en el momento de su reconocimiento inicial, de su importe en libros inicial.

(e) el importe en libros de las inversiones en subsidiarias, sucursales y asociadas, o el de la participación en negocios conjuntos, difiere de la base fiscal de la inversión o participación.

Ninguna de estas diferencias temporarias dará lugar a activos y pasivos por impuestos diferidos (véanse los párrafos 29.14 a 29.16).

Diferencias temporarias imponibles

29.14 Se reconocerá un pasivo por impuestos diferidos por toda **diferencia temporaria imponible**, a menos que el pasivo por impuestos diferidos haya surgido por:

(a) el reconocimiento inicial de una plusvalía; o

(b) el reconocimiento inicial de un activo o pasivo en una transacción que:

(i) no es una combinación de negocios; y

(ii) en el momento en que fue realizada no afectó ni a la ganancia contable ni a la ganancia (pérdida) fiscal.

Sin embargo, debe ser reconocido un pasivo por impuestos diferidos, con las precauciones establecidas en el párrafo 29.25, por las diferencias temporarias imponibles asociadas con inversiones en entidades subsidiarias, sucursales y asociadas, o con participaciones en negocios conjuntos.

29.15   Ciertas diferencias temporarias surgen cuando los gastos o los **ingresos** se registran contablemente en un periodo, mientras que se computan fiscalmente en otro. Tales diferencias temporarias son conocidas también con el nombre de **diferencias temporales**. Los que siguen son ejemplos de diferencias temporarias de esta naturaleza, que constituyen diferencias temporarias imponibles y que por tanto dan lugar a pasivos por impuestos diferidos:

(a)   ingresos por intereses, que se incluyen en la ganancia contable en proporción al tiempo transcurrido, pero pueden, en algunas jurisdicciones, incluirse en la ganancia fiscal en el momento en que se cobran. La base fiscal de cualquier cuenta por cobrar con respecto a este ingreso es cero porque dicho ingreso no afectará a la ganancia fiscal hasta que sea cobrados.

(b)   la **depreciación** utilizada para determinar la ganancia (pérdida) fiscal, puede ser diferente de la utilizada para determinar la ganancia contable. La diferencia temporaria es la diferencia entre el importe en libros del activo y su base fiscal, que será igual al costo original menos todas las deducciones respecto del citado activo que hayan sido permitidas por las autoridades fiscales, para determinar la ganancia fiscal del periodo actual y de los anteriores. Una diferencia temporaria imponible surge, y da lugar a un pasivo por impuestos diferidos cuando la depreciación fiscal es acelerada. Si la depreciación fiscal no es tan rápida como la depreciación contable, surge una diferencia temporaria deducible dando lugar a un activo por impuestos diferidos (véase el párrafo 29.16).

Diferencias temporarias deducibles

29.16   Se reconocerá un activo por impuestos diferidos, para todas las diferencias temporarias deducibles, en la medida en que resulte probable que la entidad disponga de ganancias fiscales futuras contra las que utilizar esas diferencias temporarias deducibles, salvo que el activo por impuestos diferidos aparezca del reconocimiento inicial de un activo o pasivo en una transacción que:

(a)   no es una combinación de negocios; y

(b)   en el momento en que fue realizada no afectó ni a la ganancia contable ni a la ganancia (pérdida) fiscal.

Sin embargo, por las diferencias temporarias imponibles asociadas con inversiones en subsidiarias, sucursales y asociadas, y por participaciones en negocios conjuntos, se reconocerá un activo por impuestos diferidos, de acuerdo con el párrafo 29.26.

29.17   Los siguientes son ejemplos de diferencias temporarias deducibles que dan lugar a activos por impuestos diferidos:

(a)   los costos por beneficios por retiro, que pueden deducirse para determinar la ganancia contable, a medida que se reciben los servicios de los empleados, pero que se deducen al determinar la ganancia fiscal cuando la entidad paga las aportaciones a un fondo, o cuando paga los beneficios por retiro. Una diferencia temporaria existe entre el importe en libros del pasivo y su base fiscal; la base fiscal del pasivo es habitualmente cero. Esta diferencia temporaria deducible hará surgir el activo por impuestos diferidos a medida que los beneficios económicos fluyan a la entidad, en la forma de una deducción del beneficio fiscal cuando se paguen los beneficios por retiro o se realicen las aportaciones;

(b)   ciertos activos pueden ser contabilizados por su valor razonable, sin que se haga un ajuste similar para fines fiscales. En tal caso, aparecerá una diferencia temporaria deducible, siempre que la base fiscal del activo exceda a su importe en libros.

29.18   La reversión de las diferencias temporarias deducibles dará lugar a deducciones en la determinación de las ganancias fiscales de periodos futuros. Será probable que se disponga de ganancias fiscales, contra las que utilizar las deducciones por diferencias temporarias, siempre que existan diferencias temporarias imponibles en cuantía suficiente, relacionadas con la misma autoridad fiscal y referidas a la misma entidad fiscal, cuya reversión se espere:

(a)   en el mismo periodo en el que se prevea que reviertan las diferencias temporarias deducibles; o

(b)   en periodos en los que una pérdida fiscal, surgida por un activo por impuestos diferidos, pueda ser compensada con ganancias anteriores o posteriores.

En tales circunstancias, se reconocerá un activo por impuestos diferidos en el periodo en que aparezcan las diferencias temporarias deducibles.

29.19   Cuando la cuantía de las diferencias temporarias imponibles, relacionadas con la misma autoridad fiscal y la misma entidad sujeta a impuesto sea insuficiente, solo se reconocerá un activo por impuestos diferidos en la medida que se den cualquiera de estos supuestos:

(a)   cuando sea probable que la entidad vaya a tener suficientes ganancias fiscales, relacionadas con la misma autoridad fiscal y a la misma entidad fiscal, en el mismo periodo en el que reviertan las diferencias temporarias deducibles (o en los periodos en los que la pérdida fiscal, procedente de un activo por impuestos diferidos, pueda ser compensada con ganancias anteriores o posteriores). Al evaluar si la entidad tendrá suficientes ganancias fiscales en periodos futuros, se han de ignorar las partidas imponibles que procedan de diferencias temporarias deducibles que se esperen en periodos futuros, puesto que el activo por impuestos diferidos, que surja por causa de esas diferencias temporarias deducibles, requerirá él mismo ganancias futuras para poder ser utilizados.

(b)   cuando la entidad tenga la posibilidad de aprovechar oportunidades de planificación fiscal para crear ganancias fiscales en los periodos oportunos.

29.20   Cuando la entidad tiene un historial de pérdidas recientes, habrá de considerar las guías que se ofrecen en los párrafos 29.21 y 29.22.

Pérdidas y créditos fiscales no utilizados

29.21   Debe reconocerse un activo por impuestos diferidos, siempre que se puedan compensar, con ganancias fiscales de periodos posteriores, pérdidas o créditos fiscales no utilizados, pero solo en la medida en que sea probable la disponibilidad de ganancias fiscales futuras, contra las cuales utilizar esas pérdidas o créditos fiscales no usados. Al evaluar la probabilidad de disponer de ganancias fiscales contra las que cargar las pérdidas o créditos fiscales no utilizados, la entidad puede considerar los siguientes criterios:

(a)   si la entidad tiene suficientes diferencias temporarias imponibles, relacionadas con la misma autoridad fiscal, y referidas a la misma entidad fiscal, que puedan dar lugar a importes imponibles, en cantidad suficiente como para cargar contra ellos las pérdidas o créditos fiscales no utilizados, antes de que el derecho de utilización expire;

(b)   si es probable que la entidad tenga ganancias fiscales antes de que prescriba el derecho de compensación de las pérdidas o créditos fiscales no utilizados;

(c)   si las pérdidas fiscales no utilizadas han sido producidas por causas identificables, cuya repetición es improbable; y

(d)   si la entidad dispone de oportunidades de planificación fiscal que vayan a generar ganancias fiscales en los periodos en que las pérdidas o los créditos fiscales puedan ser utilizados.

En la medida en que no sea probable disponer de ganancias fiscales contra las cuales usar las pérdidas o créditos fiscales no utilizados, no se procederá a reconocer los activos por impuestos diferidos.

29.22   La existencia de pérdidas fiscales no utilizadas puede ser una evidencia importante de que, en el futuro, no se dispondrá de ganancias fiscales. Por tanto, cuando una entidad tiene en su historial pérdidas recientes, procederá a reconocer un activo por impuestos diferidos surgido de pérdidas o créditos fiscales no utilizados, solo si dispone de una cantidad suficiente de diferencias temporarias imponibles, o bien si existe alguna otra evidencia convincente de que dispondrá en el futuro de suficiente ganancia fiscal, contra la que utilizar dichas pérdidas o créditos.

Reconsideración de activos por impuestos diferidos no reconocidos

29.23   Al final del **periodo sobre el que se informa**, una entidad evaluará nuevamente los activos por impuestos diferidos no reconocidos. En ese momento la entidad procederá a registrar un activo de esta naturaleza, anteriormente no reconocido, siempre que sea probable que las futuras ganancias fiscales permitan la recuperación del activo por impuestos diferidos.

Inversiones en subsidiarias, sucursales y asociadas, y participaciones en negocios conjuntos

29.24   Aparecen diferencias temporarias cuando el importe en libros de las inversiones en subsidiarias, sucursales y asociadas, y de las participaciones en negocios conjuntos (por ejemplo, el importe en libros de una subsidiaria en los estados financieros consolidados de la **controladora** son los activos netos consolidados de esa subsidiaria, incluyendo el importe en libros de cualquier plusvalía relacionada) pase a ser diferente de la base fiscal (que a menudo coincide con el costo) de la inversión o participación. Estas diferencias pueden surgir en las más variadas circunstancias, como por ejemplo:

(a)   por la existencia de ganancias no distribuidas en las subsidiarias, sucursales, asociadas o negocios conjuntos;

(b)   por las diferencias de cambio, cuando la controladora y su subsidiaria estén situadas en diferentes países; y

(c)   por una reducción en el importe en libros de las inversiones en una asociada hasta su **importe recuperable**.

Las inversiones pueden contabilizarse de forma diferente en los **estados financieros separados** de la controladora, en comparación con los estados financieros consolidados, en cuyo caso la diferencia temporaria asociada con esa inversión también puede diferir. Por ejemplo, en los estados financieros separados de la controladora el importe en libros de una subsidiaria dependerá de la política contable elegida del párrafo 9.26.

29.25   Una entidad debe reconocer un pasivo por impuestos diferidos en todos los casos de diferencias temporarias imponibles asociadas con inversiones en subsidiarias, sucursales y asociadas, y con participaciones en negocios conjuntos, excepto que se den conjuntamente las dos condiciones siguientes:

(a)   la controladora, inversor o participante en un **negocio conjunto** sea capaz de controlar el momento de la reversión de la diferencia temporaria; y

(b)   es probable que la diferencia temporaria no revierta en un futuro previsible.

29.26   Una entidad reconocerá un activo por impuestos diferidos, para todas las diferencias temporarias deducibles procedentes de inversiones en subsidiarias, sucursales y asociadas, o de participaciones en negocios conjuntos, solo en la medida que sea probable que:

(a)   las diferencias temporarias reviertan en un futuro previsible; y

(b)   se disponga de ganancias fiscales contra las cuales puedan utilizarse esas diferencias temporarias.

Medición del impuesto diferido

29.27   Una entidad medirá un pasivo (o activo) por impuestos diferidos usando las tasas impositivas y la legislación fiscal que hayan sido aprobadas, o cuyo proceso de aprobación esté prácticamente terminado, en la fecha de presentación. Una entidad considerará las tasas impositivas y las leyes fiscales cuyo proceso de aprobación esté prácticamente terminado cuando los pasos restantes requeridos por el proceso de aprobación no hayan afectado históricamente al resultado ni sea probable que lo hagan.

29.28   Cuando se apliquen diferentes tasas impositivas a distintos niveles de ganancia imponible, una entidad medirá los pasivos (activos) por impuestos diferidos utilizando las tasas promedio aprobadas, o cuyo proceso de aprobación esté prácticamente terminado, que se espera que sean aplicables a la ganancia (o pérdida) fiscal de los periodos en los que se espere que el pasivo por impuestos diferidos se liquide (el activo por impuestos diferidos se realice).

29.29   La medición de los pasivos por impuestos diferidos y de los activos por impuestos diferidos reflejará las consecuencias fiscales que se derivarían de la forma en que la entidad espera, en la fecha sobre la que se informa, recuperar o liquidar el importe en libros de los activos y pasivos relacionados. Por consiguiente, una entidad medirá los activos y pasivos por impuestos diferidos utilizando la tasa y la base fiscal que sean congruentes con la forma en que espere recuperar o pagar la partida correspondiente. Por ejemplo, si la diferencia temporaria surge de una partida de ingreso que se espera sea gravable como una **ganancia** de capital en un periodo futuro, el **gasto por impuesto** diferido se mide utilizando la tasa impositiva de las ganancias de capital y la base fiscal que sea congruente con la recuperación del importe en libros mediante la venta.

29.30   Si un pasivo por impuestos diferidos o un activo por impuestos diferidos surge de un activo no depreciable medido utilizando el modelo de revaluación de la Sección 17, la medición del pasivo por impuestos diferidos o del activo por impuestos diferidos reflejará las consecuencias fiscales de la recuperación del importe en libros del activo no depreciable mediante la venta. Si un activo o pasivo por impuestos diferidos surge de **propiedades de inversión** que se miden a valor razonable existe una presunción refutable de que el importe en libros de la propiedad de inversión se recuperará mediante la venta. Por consiguiente, a menos de que la presunción sea refutada, la medición del pasivo por impuestos diferidos o activos por impuestos diferidos reflejará las consecuencias fiscales de la recuperación del importe en libros de la propiedad de inversión en su totalidad mediante la venta. Esta presunción es refutada si la propiedad de inversión es depreciable y se mantiene dentro de un modelo de negocio cuyo objetivo es consumir sustancialmente todos los beneficios económicos incorporados en dicha propiedad de inversión a lo largo del tiempo, en lugar de mediante su venta. Si la presunción es refutada, se observarán los requerimientos del párrafo 29.29.

29.31   El importe en libros de un activo por impuestos diferidos debe someterse a revisión al final de cada periodo sobre el que se informe. Una entidad reducirá el importe en libros de un activo por impuestos diferidos, en la medida que estime probable que no dispondrá de suficiente ganancia fiscal como para permitir que se utilice la totalidad o una parte del activo por impuestos diferidos reconocido. Esta reducción deberá ser objeto de reversión, en la medida en que pase a ser probable que haya disponible suficiente ganancia fiscal.

Medición de impuestos corrientes y diferidos

29.32   Una entidad no descontará los activos y pasivos por impuestos corrientes o diferidos.

29.33 En algunas jurisdicciones, el impuesto a las ganancias es pagadero a una tasa mayor o menor, si una parte o la totalidad de la ganancia neta o de las ganancias acumuladas se pagan como dividendos a los accionistas de la entidad. En algunas otras jurisdicciones, el impuesto a las ganancias puede ser devuelto o pagado si una parte o la totalidad de la ganancia neta o de las ganancias acumuladas se pagan como dividendos a los accionistas de la entidad. En ambas circunstancias, una entidad deberá medir los impuestos corrientes y diferidos a la tasa impositiva aplicable a las ganancias no distribuidas hasta que la entidad reconozca un pasivo para pagar un dividendo. Cuando la entidad reconozca un pasivo para pagar un dividendo, reconocerá el pasivo (activo) por impuestos corrientes o diferidos resultantes y el gasto (ingreso) relacionado.

Retenciones fiscales sobre dividendos

29.34 Una entidad que pague dividendos a sus accionistas puede estar obligada a pagar una porción de dichos dividendos a las autoridades fiscales, en nombre de los accionistas. Estos montos, pagados o por pagar a las autoridades fiscales, se cargan al **patrimonio** como parte de los dividendos.

Presentación

Distribución en el resultado integral y en el patrimonio

29.35 Una entidad reconocerá el gasto por impuestos en el mismo componente del **resultado integral total** (es decir, operaciones continuadas, **operaciones discontinuadas** u **otro resultado integral**) o en patrimonio, en función de la transacción u otro suceso que diera lugar al gasto por impuestos.

Distinción entre partidas corrientes y no corrientes

29.36 Cuando una entidad presente activos corrientes o no corrientes y pasivos corrientes o no corrientes, como clasificaciones separadas en su estado de situación financiera no clasificará ningún activo (pasivo) por impuestos diferidos como activo (o pasivo) corriente.

Compensación

29.37 Una entidad compensará los activos por impuestos corrientes y los pasivos por impuestos corrientes, o los activos por impuestos diferidos y los pasivos por impuestos diferidos, si y solo si tiene el derecho, exigible legalmente, de compensar los importes y puede demostrar sin esfuerzo o costo desproporcionado que tenga planes de liquidarlos en términos netos o de realizar el activo y liquidar el pasivo simultáneamente.

Información a revelar

29.38 Una entidad revelará información que permita a los usuarios de sus estados financieros evaluar la naturaleza y el efecto financiero de las consecuencias de los impuestos corrientes y diferidos de transacciones y otros eventos reconocidos.

29.39 Una entidad revelará separadamente, los principales componentes del gasto (ingreso) por impuestos. Estos componentes del gasto (ingreso) por impuestos pueden incluir:

(a) el gasto (ingreso) por impuesto a las ganancias corriente;

(b) cualesquiera ajustes de los impuestos corrientes del periodo presente o de los anteriores;

(c) el importe del gasto (ingreso) por impuestos diferidos relacionado con el nacimiento y reversión de diferencias temporarias;

(d) el importe del gasto (ingreso) por impuestos diferidos relacionado con cambios en las tasas fiscales o con la aparición de nuevos impuestos;

(e) el importe de los beneficios de carácter fiscal, procedentes de pérdidas fiscales, créditos fiscales o diferencias temporarias, no reconocidos en periodos anteriores, que se han utilizado para reducir el gasto por impuestos;

(f) los ajustes al gasto (ingreso) por impuestos diferidos que surjan de un cambio en el estatus fiscal de la entidad o sus accionistas;

(g) el impuesto diferido surgido de la baja, o la reversión de bajas anteriores, de saldos de activos por impuestos diferidos, de acuerdo con lo establecido en el párrafo 29.31; y

(h) el importe del gasto (ingreso) por el impuesto relacionado con los cambios en las **políticas** y los **errores contables**, que se ha incluido en la determinación del **resultado** del periodo, de acuerdo con la Sección 10 *Políticas, Estimaciones y Errores Contables* porque no ha podido ser contabilizado de forma retroactiva.

29.40 Una entidad revelará la siguiente información de forma separada:

(a) Los impuestos corrientes y diferidos agregados relacionados con partidas reconocidas como partidas de otro resultado integral.

(b) El importe total de los impuestos, corrientes y diferidos, relacionados con las partidas cargadas o acreditadas directamente a patrimonio.

(c) Una explicación de cualquier diferencia significativa entre el gasto (ingreso) por impuestos y la ganancia contable multiplicada por la tasa impositiva aplicable. Por ejemplo, estas diferencias pueden surgir de transacciones tales como ingresos de actividades ordinarias que están exentas de impuestos o gastos que no son deducibles para la determinación de la ganancia fiscal (pérdida fiscal).

(d) Una explicación de los cambios en la tasa o tasas impositivas aplicables, en comparación con las del periodo sobre el que se informa anterior.

(e) Para cada tipo de diferencia temporaria y para cada tipo de pérdidas y créditos fiscales no utilizados:

(i) el importe de los activos por impuestos diferidos y pasivos por impuestos diferidos al final del periodo sobre el que se informa; y

(ii)   un análisis de los cambios en los activos por impuestos diferidos y pasivos por impuestos diferidos durante el periodo.

(f)   el importe (y fecha de validez, si la tuvieran), de las diferencias temporarias deducibles, pérdidas o créditos fiscales no utilizados para los cuales no se hayan reconocido activos por impuestos diferidos en el estado de situación financiera;

(g)   en las circunstancias descritas en el párrafo 29.33, una explicación de la naturaleza de las consecuencias potenciales que podrían producirse en el impuesto a las ganancias por el pago de dividendos a sus accionistas.

29.41   Si una entidad no compensa activos y pasivos por impuestos de acuerdo con el párrafo 29.37 porque no puede demostrar sin esfuerzo o costo desproporcionado que tiene previsto liquidarlos sobre una base neta o realizarlos de forma simultánea, la entidad revelará los importes que no han sido compensados y las razones por las que la aplicación del requerimiento involucraría esfuerzo o costo desproporcionado.

Sección 30
Conversión de la Moneda Extranjera
Alcance de esta sección

30.1   Una entidad puede llevar a cabo actividades en el extranjero de dos formas diferentes. Puede tener transacciones en moneda extranjera o puede tener **negocios en el extranjero**. Además, una entidad puede presentar sus **estados financieros** en una moneda extranjera. Esta sección prescribe cómo incluir las transacciones en moneda extranjera y los negocios en el extranjero, en los estados financieros de una entidad, y cómo convertir los estados financieros a la **moneda de presentación**. La contabilización de **instrumentos financieros** que deriven su valor razonable de variaciones en la tasa de cambio de una moneda extranjera especificada (por ejemplo, un contrato de intercambio a término en moneda extranjera) y la contabilidad de coberturas de partidas en moneda extranjera se tratan en la Sección 12 *Otros Temas relacionados con los Instrumentos Financieros*.

Moneda funcional

30.2   Cada entidad identificará su **moneda funcional**. La moneda funcional de una entidad es la moneda del entorno económico principal en el que opera dicha entidad.

30.3   El entorno económico principal en el que opera una entidad es, normalmente, aquél en el que ésta genera y emplea el efectivo. Por lo tanto, los factores más importantes que una entidad considerará al determinar su moneda funcional son los siguientes:

(a)   La moneda:

(i)   que influya fundamentalmente en los precios de venta de los bienes y servicios (con frecuencia será la moneda en la cual se denominen y liquiden los precios de venta de sus bienes y servicios); y

(ii)   del país cuyas fuerzas competitivas y regulaciones determinen fundamentalmente los precios de venta de sus bienes y servicios.

(b)   La moneda que influya fundamentalmente en los costos de la mano de obra, de los materiales y de otros costos de proporcionar bienes o suministrar los servicios (con frecuencia será la moneda en la cual se denominen y liquiden estos costos).

30.4   Los siguientes factores también pueden suministrar evidencia acerca de la moneda funcional de una entidad:

(a)   la moneda en la cual se generan los fondos de las actividades de financiación (emisión de instrumentos de deuda y **patrimonio**); y

(b)   La moneda en que normalmente se conservan los importes cobrados por las actividades de operación.

30.5   Se considerarán, además, los siguientes factores al determinar la moneda funcional de un negocio en el extranjero y al decidir si su moneda funcional es la misma que la de la entidad que informa (en este contexto, la entidad que informa es la que tiene al negocio en el extranjero como su **subsidiaria**, sucursal, **asociada** o **negocio conjunto**):

(a)   Si las actividades del negocio en el extranjero se llevan a cabo como una extensión de la entidad que informa, en lugar de hacerlo con un grado significativo de autonomía. Un ejemplo de la primera situación es cuando el negocio en el extranjero solo vende bienes importados de la entidad que informa, y remite a la misma los importes obtenidos. Un ejemplo de la segunda situación es cuando el negocio acumula efectivo y otras **partidas monetarias**, incurre en **gastos**, genera **ingresos** y toma préstamos, todo sustancialmente en su moneda local.

(b)   Si las transacciones con la entidad que informa constituyen una proporción alta o baja de las actividades del negocio en el extranjero.

(c)   Si los flujos de efectivo de las actividades del negocio en el extranjero afectan directamente a los flujos de efectivo de la entidad que informa, y están inmediatamente disponibles para ser remitidos a la misma.

(d)   Si los flujos de efectivo de las actividades del negocio en el extranjero son suficientes para atender las obligaciones por deudas actuales y normalmente esperadas, sin que la entidad que informa tenga que poner fondos a su disposición.

Información sobre las transacciones en moneda extranjera en moneda funcional

Reconocimiento inicial

30.6   Una transacción en moneda extranjera es una transacción que está denominada o requiere su liquidación en una moneda extranjera, incluyendo transacciones que surgen cuando una entidad:

(a)   compra o vende bienes o servicios cuyo precio se denomina en una moneda extranjera;

(b)   presta o toma prestados fondos, cuando los importes por pagar o cobrar se denominan en una moneda extranjera; o

(c)   aparte de eso, adquiere o dispone de **activos**, o incurre o liquida **pasivos**, denominados en una moneda extranjera.

30.7   En el momento del reconocimiento inicial de una **transacción** en moneda extranjera, una entidad la registrará aplicando al importe de la moneda funcional la tasa de cambio de contado entre la moneda funcional y la moneda extranjera en la fecha de la transacción.

30.8   La fecha de una transacción es la fecha en la cual la transacción cumple las condiciones para su reconocimiento, de acuerdo con esta Norma. Por razones de orden práctico, se utiliza a menudo una tasa de cambio aproximada a la existente en el momento de realizar la transacción, por ejemplo, puede utilizarse una tasa media semanal o mensual para todas las transacciones en cada moneda extranjera que tengan lugar durante ese periodo. Sin embargo, si las tasas de cambio fluctúan de forma significativa, resultará inadecuado el uso de la tasa media del periodo.

Información al final de los periodos posteriores sobre los que se informa

30.9   Al final de cada **periodo sobre el que se informa**, la entidad:

(a)   convertirá las partidas monetarias en moneda extranjera utilizando la tasa de cambio de cierre;

(b)   convertirá las partidas no monetarias que se midan en términos de costo histórico en una moneda extranjera, utilizando la tasa de cambio en la fecha de la transacción; y

(c)   convertirá las partidas no monetarias que se midan al **valor razonable** en una moneda extranjera, utilizando las tasas de cambio en la fecha en que se determinó dicho valor razonable.

30.10   Una entidad reconocerá, en los **resultados** del periodo en que aparezcan, las diferencias de cambio que surjan al liquidar las partidas monetarias o al convertir las partidas monetarias a tasas diferentes de las que se utilizaron para su conversión en el reconocimiento inicial durante el periodo o en periodos anteriores, excepto por lo descrito en el párrafo 30.13.

30.11   Cuando otra sección de esta Norma requiera que se reconozca una **ganancia** o pérdida procedente de una partida no monetaria en **otro resultado integral**, una entidad reconocerá cualquier componente del cambio de esa ganancia o pérdida en otro resultado integral. Por el contrario, cuando una ganancia o pérdida en una partida no monetaria se reconozca en resultados, una entidad reconocerá cualquier componente del cambio de esa ganancia o pérdida en los resultados del periodo.

Inversión neta en un negocio en el extranjero

30.12   Una entidad puede tener partidas monetarias por cobrar o pagar a un negocio en el extranjero. Una partida cuya liquidación no está contemplada ni sea probable que ocurra en el futuro previsible es, en esencia, una parte de la inversión neta de la entidad en ese negocio en el extranjero, y se contabilizará de acuerdo con el párrafo 30.13. Estas partidas monetarias pueden incluir préstamos o cuentas por cobrar a largo plazo. No se incluyen las cuentas de deudores o acreedores comerciales.

30.13   Las diferencias de cambio surgidas en una partida monetaria que forme parte de la inversión neta en un negocio en el extranjero de la entidad que informa se reconocerán en los resultados de los **estados financieros separados** de esa entidad, o en los estados financieros individuales del negocio en el extranjero, según resulte apropiado. En los estados financieros que contengan al negocio en el extranjero y a la entidad que informa (por ejemplo, los **estados financieros consolidados** cuando el negocio en el extranjero sea una subsidiaria), estas diferencias de cambio se reconocerán en otro resultado integral y se presentarán como un componente del patrimonio. No se volverán a reconocer en el resultado del periodo en el momento de la disposición de la inversión neta.

Cambio de moneda funcional

30.14 Cuando se produzca un cambio en la moneda funcional de una entidad, ésta aplicará los procedimientos de conversión que sean aplicables a la nueva moneda funcional de forma prospectiva, desde la fecha del cambio.

30.15 Como se destacó en los párrafos 30.2 a 30.5, la moneda funcional de una entidad reflejará las transacciones, sucesos y condiciones subyacentes que son relevantes para la misma. Por consiguiente, una vez se determina la moneda funcional, solo puede cambiarse si se modifican esas transacciones, sucesos y condiciones subyacentes. Por ejemplo, un cambio en la moneda que influya de forma determinante en los precios de venta de los bienes y servicios, podría inducir un cambio en la moneda funcional de la entidad.

30.16 El efecto de un cambio de moneda funcional se contabilizará de forma prospectiva. En otras palabras, una entidad convertirá todas las partidas a la nueva moneda funcional utilizando la tasa de cambio en la fecha en que se produzca la modificación. Los importes convertidos resultantes para partidas no monetarias, se tratarán como sus costos históricos.

Utilización de una moneda de presentación distinta de la moneda funcional

Conversión a la moneda de presentación

30.17 Una entidad puede presentar sus estados financieros en cualquier moneda (o monedas). Si la moneda de presentación difiere de la moneda funcional de la entidad, ésta convertirá sus partidas de ingresos y gastos y de **situación financiera** a la moneda de presentación elegida. Por ejemplo, cuando un **grupo** está formado por entidades individuales con monedas funcionales diferentes, las partidas de ingresos y gastos y la situación financiera de cada entidad se expresarán en una moneda común, de forma que puedan presentarse estados financieros consolidados.

30.18 Una entidad, cuya moneda funcional no se corresponda con la moneda de una economía hiperinflacionaria, convertirá sus resultados y situación financiera a una moneda de presentación diferente utilizando los siguientes procedimientos:

(a) los activos y pasivos de cada **estado de situación financiera** presentado (es decir, incluyendo las cifras comparativas), se convertirán a la tasa de cambio de cierre en la fecha de ese estado de situación financiera;

(b) los ingresos y gastos para cada **estado del resultado integral** (es decir, incluyendo las cifras comparativas), se convertirán a las tasas de cambio en la fecha de la transacción; y

(c) todas las diferencias de cambio resultantes se reconocerán en otro resultado integral y presentarán como un componente de patrimonio. No se reclasificarán posteriormente al resultado del periodo.

30.19 Por razones prácticas, una entidad puede utilizar una tasa que aproxime las tasas de cambio en las fechas de las transacciones, por ejemplo una tasa de cambio media del periodo, para convertir las partidas de ingreso y gasto. Sin embargo, si las tasas de cambio fluctúan de forma significativa, resultará inadecuado el uso de la tasa media del periodo.

30.20 Las diferencias de cambio a las que se refiere el párrafo 30.18(c) proceden de:

(a) la conversión de los gastos e ingresos a las tasas de cambio en las fechas de las transacciones, y la de los activos y pasivos a la tasa de cambio de cierre; y

(b) la conversión del activo neto inicial a una tasa de cambio de cierre que sea diferente de la tasa utilizada en el cierre anterior.

Cuando las diferencias de cambio se refieren a un negocio en el extranjero que se consolida, pero que no está participado en su totalidad, las diferencias de cambio acumuladas surgidas de la conversión que sean atribuibles a la **participación no controladora** se distribuirán a dicha participación no controladora y se reconocerán como parte de la misma en el estado de situación financiera consolidado.

30.21 Una entidad, cuya moneda funcional sea la moneda de una economía hiperinflacionaria, convertirá sus resultados y situación financiera a una moneda de presentación diferente utilizando los procedimientos que se especifican en la Sección 31 *Hiperinflación*.

Conversión de un negocio en el extranjero a la moneda de presentación del inversor

30.22 Al incorporar los activos, pasivos, ingresos y gastos de un negocio en el extranjero a los de la entidad que informa, la entidad seguirá los procedimientos normales de consolidación, tal como la eliminación de los saldos y transacciones intragrupo de una subsidiaria (véase la Sección 9 *Estados Financieros Consolidados y Separados*) y los procedimientos de conversión establecidos en los párrafos 30.17 a 30.21. Sin embargo, un activo (o pasivo) monetario intragrupo, ya sea a corto o a largo plazo, no puede ser eliminado contra el correspondiente pasivo (o activo) intragrupo, sin mostrar los resultados de las fluctuaciones de la moneda en los estados financieros consolidados. Esto es así porque la partida monetaria representa un compromiso de convertir una moneda en otra, lo que expone a la entidad que informa a una ganancia o pérdida por las fluctuaciones de las monedas. Por consiguiente, en los estados financieros consolidados, una entidad que informa continuará reconociendo esta diferencia de cambio en los resultados o, si surge de las circunstancias descritas en el párrafo 30.13, la entidad la reconocerá como otro resultado integral.

30.23 Cualquier **plusvalía** surgida por la adquisición de un negocio en el extranjero y cualesquiera ajustes del valor razonable a los **importes en libros** de los activos y pasivos que surgen en la adquisición de ese negocio en el extranjero, se tratarán como activos y pasivos del negocio en el extranjero. Así, éstos se expresarán en la moneda funcional del negocio en el extranjero, y que se convertirán a la tasa de cambio de cierre, de acuerdo con el párrafo 30.18.

Información a revelar

30.24   En los párrafos 30.26 y 30.27, las referencias a la "moneda funcional" se aplicarán, en el caso de un grupo, a la moneda funcional de la **controladora**.

30.25   Una entidad revelará la siguiente información:

(a)   El importe de las diferencias de cambio reconocidas en los resultados durante el periodo, con excepción de las procedentes de los instrumentos financieros medidos al valor razonable con cambios en resultados, de acuerdo con la Sección 11 *Instrumentos Financieros Básicos* y la Sección 12; y

(b)   El importe de las diferencias de cambio que surjan durante el periodo y que se clasifiquen en un componente separado del patrimonio al final del periodo.

30.26   Una entidad revelará la moneda en la cual se presentan los estados financieros. Cuando la moneda de presentación sea diferente de la moneda funcional, una entidad señalará este hecho y revelará la moneda funcional y la razón de utilizar una moneda de presentación diferente.

30.27   Cuando se produzca un cambio en la moneda funcional de la entidad que informa o de algún negocio en el extranjero significativo, la entidad revelará este hecho, así como la razón de dicho cambio en la moneda funcional.

Sección 31
Hiperinflación

Alcance de esta sección

31.1   Esta Sección se aplicará a una entidad cuya **moneda funcional** sea la moneda de una economía hiperinflacionaria. Requiere que una entidad prepare los **estados financieros** que hayan sido ajustados por los efectos de la hiperinflación.

Economía hiperinflacionaria

31.2   Esta Sección no establece una tasa absoluta a partir de la cual se considera a una economía como hiperinflacionaria. Una entidad realizará ese juicio considerando toda la información disponible, incluyendo, pero no limitándose a, los siguientes indicadores de posible hiperinflación:

(a)   la población en general prefiere conservar su riqueza en forma de **activos** no monetarios, o en una moneda extranjera relativamente estable. Los importes de moneda local conservados son invertidos inmediatamente para mantener la capacidad adquisitiva.

(b)   la población en general no toma en consideración los importes monetarios en términos de moneda local, sino en términos de una moneda extranjera relativamente estable. Los precios pueden establecerse en esa moneda.

(c)   las ventas y compras a crédito tienen lugar a precios que compensan la pérdida de poder adquisitivo esperada durante el aplazamiento, incluso si el periodo es corto.

(d)   las tasas de interés, salarios y precios se vinculan a un índice de precios.

(e)   la tasa acumulada de inflación a lo largo de tres años se aproxima o sobrepasa el 100 por ciento.

Unidad de medida en los estados financieros

31.3   Todos los importes de los estados financieros de una entidad, cuya moneda funcional sea la de una economía hiperinflacionaria, deberán expresarse en términos de la unidad de medida corriente al final del **periodo sobre el que se informa**. La información comparativa para al periodo anterior, requerida por el párrafo 3.14, y cualquier otra información presentada referente a otros periodos anteriores, deberá también quedar establecida en términos de la unidad de medida corriente en la **fecha sobre la que se informa**.

31.4   La reexpresión de los estados financieros, de acuerdo con lo establecido en esta sección, requiere el uso de un índice general de precios que refleje los cambios en el poder adquisitivo general. En la mayoría de las economías existe un índice general de precios reconocido, normalmente elaborado por el gobierno, que las entidades seguirán.

Procedimientos para reexpresar los estados financieros a costo histórico

Estado de situación financiera

31.5   Los importes del **estado de situación financiera**, no expresados en términos de la unidad de medida corriente al final del periodo sobre el que se informa, se reexpresarán aplicando un índice general de precios.

31.6   Las **partidas monetarias** no serán reexpresadas, puesto que ya se encuentran expresadas en la unidad de medida corriente al cierre del periodo sobre el que se informa. Son partidas monetarias el dinero mantenido y las partidas a recibir o pagar en metálico.

31.7   Los activos y **pasivos** vinculados mediante acuerdos a cambios en los precios, tales como los bonos y préstamos indexados, se ajustarán en función del acuerdo y se presentarán con este importe ajustado en el estado de situación financiera reexpresado.

31.8   Todos los demás activos y pasivos son de carácter no monetario:

(a)   algunas partidas no monetarias se registrarán según sus importes corrientes al final del periodo sobre el que se informa, tales como el valor neto realizable o el **valor razonable**, de forma que no es necesario reexpresarlas. Todos los demás activos y pasivos serán reexpresados.

(b)   La mayoría de los activos no monetarios se registrarán al costo o al costo menos la **depreciación**; por ello se expresarán en importes corrientes en su fecha de adquisición. El costo reexpresado de cada partida, o el costo menos la depreciación, se determinarán aplicando a su costo histórico y a la depreciación acumulada la variación de un índice general de precios desde la fecha de adquisición hasta el final del periodo sobre el que se informa.

(ba)   algunas partidas no monetarias se llevan según valores corrientes en fechas distintas a la de la adquisición o de la fecha de presentación, por ejemplo, las **propiedades, planta y equipo** que se han revaluado en una fecha previa. En tales casos, los **valores en libros** se reexpresarán desde la fecha de la revaluación.

(c)   el importe reexpresado de una partida no monetaria se reducirá, de acuerdo con la Sección 27 *Deterioro del Valor de los Activos*, cuando exceda de su **importe recuperable**.

31.9   Al comienzo del primer periodo de aplicación de esta Sección, los componentes del **patrimonio** de los propietarios, excepto las ganancias acumuladas y cualquier superávit de revaluación, se reexpresarán aplicando un índice general de precios a las diferentes partidas, desde la fechas en que fueron aportados, o desde el momento en que surgieron por cualquier otra vía. Por su parte, cualquier superávit de revaluación surgido con anterioridad se eliminará. Las ganancias acumuladas reexpresadas se derivarán a partir del resto de importes del estado de situación financiera.

31.10 Al final del primer periodo y en los periodos posteriores, se reexpresarán todos los componentes del patrimonio de los **propietarios**, aplicando un índice general de precios desde el principio del periodo, o desde la fecha de aportación si es posterior. Los cambios habidos, durante el periodo, en el patrimonio se revelarán de acuerdo con la Sección 6 *Estado de Cambios en el Patrimonio y Estado de Resultados y Ganancias Acumuladas*.

Estado del resultado integral y estado de resultados

31.11 Todas las partidas del **estado del resultado integral** (y del **estado de resultados**, si se presenta) se expresarán en la unidad de medida corriente al final del periodo sobre el que se informa. Por ello, todos los importes necesitarán ser reexpresados aplicando la variación en el índice general de precios desde la fecha en que las partidas de **ingresos** y **gastos** fueron reconocidas inicialmente en los estados financieros. Si la inflación general es aproximadamente homogénea durante el periodo, y las partidas de ingresos y gastos también tienen aproximadamente similares a lo largo del periodo, puede ser apropiado emplear una tasa media de inflación.

Estado de flujos de efectivo

31.12 Una entidad expresará todas las partidas del **estado de flujos de efectivo** en términos de la unidad de medida corriente al final del periodo sobre el que se informa.

Ganancias o pérdidas en la posición monetaria neta

31.13 En un periodo de inflación, una entidad que mantenga un exceso de activos monetarios sobre pasivos monetarios, perderá poder adquisitivo, y una entidad con un exceso de pasivos monetarios sobre activos monetarios, **ganará** poder adquisitivo, en la medida en que esos activos y pasivos no estén vinculados a un índice de precios. Una entidad incluirá en **resultados** la ganancia o pérdida en la posición monetaria neta. Una entidad compensará el ajuste a esos activos y pasivos vinculados por un acuerdo a cambios en los precios realizado de acuerdo con el párrafo 31.7, con la ganancia o pérdida en la posición monetaria neta.

Economías que dejan de ser hiperinflacionarias

31.14 Cuando una economía deje de ser hiperinflacionaria y una entidad deje de preparar y presentar los estados financieros elaborados de acuerdo con lo establecido en esta sección, los importes expresados en la moneda de presentación, al final del periodo anterior a aquel sobre el que se informa, se utilizarán como base para los **importes en libros** de los estados financieros posteriores.

Información a revelar

31.15 Una entidad a la que sea aplicable esta sección revelará lo siguiente:

(a) el hecho de que los estados financieros y otros datos del periodo anterior han sido reexpresados para reflejar los cambios en el poder adquisitivo general de la moneda funcional;

(b)   la identificación y el nivel del índice general de precios, en la fecha sobre la que se informa y las variaciones durante el periodo corriente y el anterior; y

(c)   El importe de la ganancia o pérdida en las partidas monetarias.

Sección 32
Hechos Ocurridos después del Periodo sobre el que se Informa
Alcance de esta sección

32.1   Esta Sección define los hechos ocurridos después del **periodo sobre el que se informa** y establece los principios para el reconocimiento, medición y revelación de esos hechos.

Definición de hechos ocurridos después del periodo sobre el que se informa

32.2   Los hechos ocurridos después del periodo sobre el que se informa son todos los hechos, favorables o desfavorables, que se han producido entre el final del periodo sobre el que informa y la fecha de autorización de los **estados financieros** para su publicación. Existen dos tipos de hechos:

(a)   los que proporcionan evidencia de las condiciones que existían al final del periodo sobre el que informa (hechos ocurridos después del periodo sobre el que se informa que implican ajuste); y

(b)   los que indican condiciones que surgieron después del periodo sobre el que informa (hechos ocurridos después del periodo sobre el que se informa que no implican ajuste).

32.3   Los hechos ocurridos después del periodo sobre el que se informa incluirán todos los hechos hasta la fecha en que los estados financieros queden autorizados para su publicación, incluso si esos hechos tienen lugar después del anuncio público de los **resultados** o de otra información financiera específica.

Reconocimiento y medición

Hechos ocurridos después del periodo sobre el que se informa que implican ajuste

32.4   Una entidad ajustará los importes reconocidos en sus estados financieros, incluyendo la información a revelar relacionada, para los hechos que impliquen ajuste y hayan ocurrido después del periodo sobre el que se informa.

32.5   Los siguientes son ejemplos de hechos ocurridos después del periodo sobre el que se informa que implican ajuste, y por tanto requieren que una entidad ajuste los importes reconocidos en sus estados financieros, o que reconozca partidas no reconocidas con anterioridad:

(a)   La resolución de un litigio judicial, después del periodo sobre el que se informa, que confirma que la entidad tenía una obligación presente al final del periodo sobre el que se informa. La entidad ajustará cualquier **provisión** reconocida con anterioridad respecto a ese litigio judicial, de acuerdo con la Sección 21 *Provisiones y Contingencias*, o reconocerá una nueva provisión. La entidad no revelará simplemente un **pasivo contingente**. En su lugar, la resolución del litigio proporcionará evidencia adicional a ser considerada para determinar la provisión que debería reconocerse al final del periodo sobre el que se informa, de acuerdo con la Sección 21.

(b) La recepción de información, después del periodo sobre el que se informa, que indique el deterioro del valor de un **activo** al final del periodo sobre el que se informa, o de que el importe de una pérdida por **deterioro de valor** anteriormente reconocido para ese activo necesitará ajustarse. Por ejemplo:

(i) la situación de quiebra de un cliente, ocurrida después del periodo sobre el que se informa, generalmente confirma que al final del periodo sobre el que se informa existía una pérdida sobre la cuenta comercial por cobrar, y por tanto que la entidad necesita ajustar el **importe en libros** de dicha cuenta; y

(ii) la venta de **inventarios**, después del periodo sobre el que se informa, puede aportar evidencia sobre sus precios de venta al final del periodo sobre el que se informa, con el propósito de evaluar el deterioro del valor en esa fecha.

(c) La determinación, después del final del periodo sobre el que se informa, del costo de activos adquiridos o del importe de ingresos por activos vendidos antes del final del periodo sobre el que se informa.

(d) La determinación, después del final del periodo sobre el que se informa, del importe de la participación en las ganancias netas o de los pagos por incentivos, si al final del periodo sobre el que se informa la entidad tiene una **obligación implícita** o de carácter legal, de efectuar estos pagos, como resultado de hechos anteriores a esa fecha (véase la Sección 28 *Beneficios a los Empleados*).

(e) El descubrimiento de fraudes o **errores** que muestren que los estados financieros eran incorrectos.

Hechos ocurridos después del periodo sobre el que se informa que no implican ajuste

32.6 Una entidad no ajustará los importes reconocidos en sus estados financieros, para reflejar hechos ocurridos después del periodo sobre el que se informa si estos hechos no implican ajuste.

32.7 Son ejemplos de hechos ocurridos después del periodo sobre el que se informa que no implican ajuste:

(a) La reducción en el valor de mercado de las inversiones, ocurrida entre el final del periodo sobre el que se informa y la fecha de autorización de los estados financieros para su publicación. La caída del valor de mercado no está, normalmente, relacionada con la condición de las inversiones al final del periodo sobre el que se informa, sino que refleja circunstancias acaecidas posteriormente. Por tanto, una entidad no ajustará los importes reconocidos en sus estados financieros para estas inversiones. De forma similar, la entidad no actualizará los importes revelados sobre las inversiones hasta el final del periodo sobre el que se informa, aunque pudiera ser necesario revelar información adicional de acuerdo con lo establecido en el párrafo 32.10.

(b) Un importe que pase a ser exigible como resultado de una sentencia o una resolución favorable de un litigio judicial después de la **fecha sobre la que se informa**, pero antes de que los estados financieros se autoricen para su emisión. Esto sería de un **activo contingente** en la fecha sobre la que se informa (véase el párrafo 21.13) y se podría requerir revelar información, según lo establecido en el párrafo 21.16. Sin embargo, el acuerdo sobre el importe de daños, alcanzado antes de la fecha sobre la que se informa, como resultado de una sentencia, pero que no se hubiese reconocido anteriormente porque el importe no se podía medir con fiabilidad, puede constituir un hecho que implique ajuste.

Dividendos

32.8 Si una entidad acuerda distribuir dividendos a los tenedores de sus instrumentos de **patrimonio** después del final del periodo sobre el que se informa, no reconocerá esos dividendos como un **pasivo** al final del periodo sobre el que se informa. El importe del dividendo se puede presentar como un componente segregado de ganancias acumuladas al final del periodo sobre el que se informa.

Información a revelar

Fecha de autorización para la publicación

32.9 Una entidad revelará la fecha en que los estados financieros han sido autorizados para su publicación y quién ha concedido esa autorización. Si los **propietarios** de la entidad u otros tienen poder para modificar los estados financieros tras la publicación, la entidad revelará ese hecho.

Hechos ocurridos después del periodo sobre el que se informa que no implican ajuste

32.10 Una entidad revelará la siguiente información para cada categoría de hechos ocurridos después del periodo sobre el que se informa que no implican ajuste:

(a) la naturaleza del hecho; y

(b) una estimación de sus efectos financieros, o un pronunciamiento de que no se puede realizar esta estimación.

32.11 Los siguientes son ejemplos de hechos ocurridos después del periodo sobre el que se informa que no implican ajuste, si bien por lo general darían lugar a revelar información; la información a revelar reflejará información conocida después del final del periodo sobre el que se informa pero antes de que se autorice la publicación de los estados financieros:

(a) una **combinación de negocios** importante o la disposición de una **subsidiaria** importante;

(b) el anuncio de un plan para discontinuar definitivamente una operación;

(c)   las compras de activos muy importantes, las disposiciones o planes para la disposición de activos, o la expropiación de activos importantes por parte del gobierno;

(d)   la destrucción por incendio de una planta de producción importante;

(e)   el anuncio, o el comienzo de la ejecución, de una reestructuración importante;

(f)   las emisiones o recompras de la deuda o los instrumentos de patrimonio de una entidad;

(g)   los cambios anormalmente grandes en los precios de los activos o en las tasas de cambio de la moneda extranjera;

(h)   cambios en las tasas impositivas o en las leyes fiscales, aprobadas o anunciadas, que tengan un efecto significativo en los activos y pasivos por impuestos corrientes y diferidos;

(i)   la asunción de compromisos o pasivos contingentes significativos, por ejemplo, al emitir garantías significativas; y

(j)   el inicio de litigios importantes, surgidos exclusivamente como consecuencia de hechos ocurridos después del periodo sobre el que se informa.

Sección 33
Información a Revelar sobre Partes Relacionadas
Alcance de esta sección

33.1   Esta sección requiere que una entidad incluya en sus **estados financieros** la información a revelar que sea necesaria para llamar la atención sobre la posibilidad de que su **situación financiera** y su **resultado del periodo** puedan verse afectados por la existencia de **partes relacionadas**, así como por transacciones y saldos pendientes con estas partes.

Definición de parte relacionada

33.2   Una **parte relacionada** es una persona o entidad que está relacionada con la entidad que prepara sus estados financieros (la entidad que informa):

    (a)   una persona, o un familiar cercano a esa persona, está relacionada con una entidad que informa si esa persona:

        (i)   es un miembro del personal clave de la gerencia de la entidad que informa o de una **controladora** de la entidad que informa;

        (ii)   ejerce **control o control conjunto** sobre la entidad que informa; o

        (iii)   ejerce influencia significativa sobre la entidad que informa.

    (b)   una entidad está relacionada con una entidad que informa si le son aplicables cualquiera de las condiciones siguientes:

        (i)   la entidad y la entidad que informa son miembros del mismo **grupo** (lo cual significa que cada controladora, **subsidiaria** u otra subsidiaria de la misma controladora, son partes relacionadas entre sí).

        (ii)   una entidad es una **asociada** o un **negocio conjunto** de la otra entidad (o una asociada o negocio conjunto de un miembro de un grupo del que la otra entidad es miembro).

        (iii)   ambas entidades son negocios conjuntos de la misma tercera parte.

        (iv)   una entidad es un negocio conjunto de una tercera entidad, y la otra entidad es una asociada de la tercera entidad.

        (v)   la entidad es un **plan de beneficios post-empleo** para los trabajadores de la entidad que informa o de una entidad que sea parte relacionada de ésta. Si la propia entidad que informa es un plan, los empleadores patrocinadores también son parte relacionada de la entidad que informa.

        (vi)   La entidad está controlada o controlada conjuntamente por una persona identificada en (a).

(vii)   la entidad o cualquier miembro de un grupo del cual es parte proporciona los servicios del personal clave de la gerencia a la entidad que informa o a la controladora de la entidad que informa.

(viii)   una persona identificada en (a)(ii) tiene influencia significativa sobre la entidad o es un miembro del personal clave de la gerencia de la entidad (o de una controladora de la entidad).

33.3   Al considerar cada posible relación entre partes relacionadas, una entidad evaluará la esencia de la relación, y no solamente su forma legal.

33.4   En el contexto de esta Norma, los siguientes casos no se consideran necesariamente partes relacionadas:

(a)   dos entidades que simplemente tienen en común un administrador u otra persona clave de la gerencia;

(b)   dos **participantes en un negocio conjunto**, por el mero hecho de compartir el control conjunto sobre dicho negocio conjunto;

(c)   Cualquiera de los siguientes, simplemente en virtud de sus relaciones normales con la entidad (aún cuando puedan afectar la libertad de acción de una entidad o participar en su proceso de toma de decisiones):

(i)   suministradores de financiación;

(ii)   sindicatos;

(iii)   entidades de servicios públicos; o

(iv)   Departamentos y agencias gubernamentales.

(d)   Un cliente, proveedor, franquiciador, distribuidor o agente en exclusiva con los que la entidad realice un volumen significativo de transacciones, simplemente en virtud de la dependencia económica resultante de las mismas.

Información a revelar

Información a revelar sobre las relaciones controladora-subsidiaria

33.5   Deberán revelarse las relaciones entre una controladora y sus subsidiarias con independencia de que haya habido **transacciones entre dichas partes relacionadas**. Una entidad revelará el nombre de su controladora y, si fuera diferente, el de la parte controladora última del grupo. Si ni la controladora de la entidad ni la parte controladora última del grupo elaboran estados financieros disponibles para uso público, se revelará también el nombre de la controladora próxima más importante que ejerce como tal (si la hay).

Información a revelar sobre las remuneraciones del personal clave de la gerencia

33.6   El personal clave de la gerencia comprende a las personas que tienen autoridad y responsabilidad para planificar, dirigir y controlar las actividades de la entidad, directa o indirectamente, incluyendo cualquier administrador (sea o no ejecutivo) u órgano de gobierno equivalente de esa entidad. Remuneraciones son todos los beneficios a los empleados (tal como se define en la Sección 28 *Beneficios de los Empleados*) incluyendo los que tengan la forma de pagos basados en acciones (véase la Sección 26 *Pagos Basados en Acciones*). Los beneficios a los empleados incluyen todas las formas de contraprestaciones pagadas, por pagar o suministradas por la entidad, o en nombre de la misma (por ejemplo, por su controladora o por un accionista), a cambio de los servicios prestados a la entidad. También incluyen contraprestaciones pagadas en nombre de una controladora de la entidad, respecto a los bienes o servicios proporcionados a la entidad.

33.7 Una entidad revelará el total de las remuneraciones del personal clave de la gerencia.

Información a revelar sobre las transacciones entre partes relacionadas

33.8 Una transacción entre partes relacionadas es una transferencia de recursos, servicios u obligaciones entre una entidad que informa y una parte relacionada, con independencia de que se cargue o no un precio. Ejemplos habituales de transacciones entre partes relacionadas en las PYMES incluyen, sin ser una lista exhaustiva, las siguientes:

(a) transacciones entre una entidad y su(s) **propietario(s)** principal(es);

(b) transacciones entre una entidad y otra cuando ambas están bajo el control común de una sola entidad o persona; y

(c) transacciones en las que una entidad o persona que controla la entidad que informa lleva a cabo **gastos** directamente, que de otra forma se hubieran realizado por la entidad que informa.

33.9 Si una entidad realiza transacciones entre partes relacionadas, revelará la naturaleza de la relación con cada parte relacionada, así como la información sobre las transacciones, los saldos pendientes y los compromisos que sean necesarios para la comprensión de los efectos potenciales que la relación tiene en los estados financieros. Estos requerimientos de información a revelar son adicionales a los contenidos en el párrafo 33.7, para revelar las remuneraciones del personal clave de la gerencia. Como mínimo, tal información a revelar incluirá:

(a) el importe de las transacciones;

(b) el importe de los saldos pendientes y:

(i) sus plazos y condiciones, incluyendo si están garantizados y la naturaleza de la contraprestación a proporcionar en la liquidación; y

(ii) detalles de cualquier garantía otorgada o recibida.

(c) provisiones por deudas incobrables relacionadas con el importe de los saldos pendientes; y

(d) el gasto reconocido durante el periodo con respecto a las deudas incobrables y de dudoso cobro, procedentes de partes relacionadas.

Estas transacciones pueden incluir las compras, ventas o transferencias de bienes o servicios; **arrendamientos**; garantías; y liquidaciones que haga la entidad en nombre de la parte relacionada, o viceversa.

33.10 Una entidad revelará la información requerida por el párrafo 33.9 de forma separada para cada una de las siguientes categorías:

(a) entidades con control, control conjunto o influencia significativa sobre la entidad;

(b) entidades sobre las que la entidad ejerza control, control conjunto o influencia significativa;

(c) personal clave de la gerencia de la entidad o de su controladora (en total); y

(d) otras partes relacionadas.

33.11 Una entidad estará exenta de los requerimientos de información a revelar del párrafo 33.9 con relación a lo siguiente:

(a) un **estado** (un gobierno nacional, regional o local) que ejerza control, control conjunto o influencia significativa sobre la entidad que informa; y

(b) otra entidad que sea una parte relacionada, porque el mismo estado ejerce control, control conjunto o influencia significativa sobre la entidad que informa y sobre la otra entidad.

Sin embargo, la entidad debe revelar, en todo caso, las relaciones controladora-subsidiaria, tal como requiere el párrafo 33.5.

33.12 Los siguientes son ejemplos de transacciones que deberán revelarse si son con una parte relacionada:

(a) compras o ventas de bienes (terminados o no);

(b) compras o ventas de inmuebles y otros **activos**;

(c) prestación o recepción de servicios;

(d) arrendamientos;

(e) transferencias de **investigación** y **desarrollo**;

(f) transferencias en función de acuerdos sobre licencias;

(g) transferencias realizadas en función de acuerdos de financiación (incluyendo préstamos y aportaciones de patrimonio en efectivo o en especie);

(h) otorgamiento de garantías colaterales y avales;

(i) liquidación de **pasivos** en nombre de la entidad, o por la entidad en nombre de un tercero; y

(j) Participación de una controladora o de una subsidiaria en un **plan de beneficios definidos** que comparta riesgos entre las entidades del grupo.

33.13   Una entidad no señalará que las transacciones entre partes relacionadas fueron realizadas en términos equivalentes a los que prevalecen en transacciones realizadas en condiciones de independencia mutua, a menos que estas condiciones puedan ser justificadas o comprobadas.

33.14   Una entidad puede revelar las partidas de naturaleza similar de forma agregada, excepto cuando la revelación de información separada sea necesaria para una comprensión de los efectos de las transacciones entre partes relacionadas en los estados financieros de la entidad.

Sección 34
Actividades Especializadas
Alcance de esta sección

34.1 Esta Sección proporciona una guía sobre la información financiera de las PYMES involucradas en tres tipos de actividades especializadas—actividades agrícolas, actividades de extracción y concesión de servicios.

Agricultura

34.2 Una entidad que use esta Norma y que se dedique a **actividades agrícolas** determinará su política contable para cada clase de sus **activos biológicos**, tal como se indica a continuación:

(a) la entidad utilizará el modelo del **valor razonable**, de los párrafos 34.4 a 34.7, para los activos biológicos cuyo valor razonable sea fácilmente determinable sin un costo o esfuerzo desproporcionado; y

(b) la entidad usará el modelo del costo de los párrafos 34.8 a 34.10 para todos los demás activos biológicos.

Reconocimiento

34.3 Una entidad reconocerá un activo biológico o un **producto agrícola** cuando, y solo cuando:

(a) la entidad controle el **activo** como resultado de sucesos pasados;

(b) es **probable** que la entidad obtenga los beneficios económicos futuros asociados con el activo; y

(c) el valor razonable o el costo del activo puedan ser medidos de forma fiable, sin un costo o esfuerzo desproporcionado.

Medición—modelo del valor razonable

34.4 Una entidad medirá un activo biológico en el momento del **reconocimiento** inicial, y en cada **fecha sobre la que se informe**, a su **valor razonable menos los costos de venta**. Los cambios en el valor razonable menos los costos de venta se reconocerán en **resultados**.

34.5 Los productos agrícolas cosechados o recolectados que procedan de activos biológicos de una entidad se medirán a su valor razonable menos los costos de venta en el punto de cosecha o recolección. Esta **medición** será el costo a esa fecha, cuando se aplique la Sección 13 *Inventarios* u otra sección de esta Norma que sea de aplicación.

34.6 En la determinación del valor razonable, una entidad considerará lo siguiente:

(a) si existiera un **mercado activo** para un determinado activo biológico o para un producto agrícola en su ubicación y condición actuales, el precio de cotización en ese mercado será la base adecuada para la determinación del valor razonable de ese activo. Si una entidad tuviera acceso a mercados activos diferentes, usará el precio existente en el mercado en el que espera operar.

(b) si no existiera un mercado activo, una entidad utilizará uno o más de la siguiente información para determinar el valor razonable, siempre que estuviesen disponibles:

(i) el precio de la transacción más reciente en el mercado, suponiendo que no haya habido un cambio significativo en las circunstancias económicas entre la fecha de la transacción y el final del **periodo sobre el que se informa**;

(ii) los precios de mercado de activos similares, ajustados para reflejar las diferencias existentes; y

(iii) las referencias del sector, tales como el valor de un huerto expresado en términos de envases estándar para la exportación, fanegas o hectáreas; o el valor del ganado expresado por kilogramo de carne.

(c) en algunos casos, las fuentes de información enumeradas en los apartados (a) o (b) pueden sugerir diferentes conclusiones sobre el valor razonable de un activo biológico o de un producto agrícola. Una entidad considerará las razones de esas diferencias, para llegar a la estimación más fiable del valor razonable, dentro de un rango relativamente estrecho de estimaciones razonables.

(d) en algunas circunstancias, el valor razonable puede ser fácilmente determinable, sin un costo o esfuerzo desproporcionado, aún cuando no haya disponibles precios o valores determinados por el mercado para un activo biológico en su condición actual. Una entidad considerará si el **valor presente** de los **flujos de efectivo** netos esperados procedentes del activo descontados a una tasa corriente de mercado da lugar a una medición fiable del valor razonable.

Información a revelar—modelo del valor razonable

34.7 Una entidad revelará lo siguiente con respecto a sus activos biológicos medidos al valor razonable:

(a) Una descripción de cada clase de activos biológicos.

(b) Los métodos y las hipótesis significativas aplicadas en la determinación del valor razonable de cada categoría de productos agrícolas en el punto de cosecha o recolección y de cada categoría de activos biológicos.

(c) una conciliación de los cambios en el **importe en libros** de los activos biológicos entre el comienzo y el final del periodo corriente. La conciliación incluirá:

(i) la **ganancia** o pérdida surgida de cambios en el valor razonable menos los costos de venta;

(ii) los incrementos procedentes de compras;

(iii) las disminuciones procedentes de la cosecha;

(iv)   los incrementos que procedan de **combinaciones de negocios**;

(v)   las diferencias netas de cambio derivadas de la conversión de los **estados financieros** a una **moneda de presentación** diferente, así como las que se derivan de la conversión de un **negocio en el extranjero** a la moneda de presentación de la entidad que informa; y

(vi)   otros cambios.

No es necesario presentar esta conciliación para periodos anteriores.

Medición—modelo del costo

34.8   La entidad medirá los activos biológicos cuyo valor razonable no sea fácilmente determinable sin costo o esfuerzo desproporcionado, al costo menos cualquier **depreciación** acumulada y cualquier pérdida por **deterioro del valor** acumulada.

34.9   La entidad medirá los productos agrícolas, cosechados o recolectados de sus activos biológicos, a su valor razonable menos los costos estimados de venta en el punto de cosecha. Esta medición será el costo a esa fecha, cuando se aplique la Sección 13 u otras secciones de esta Norma.

Información a revelar—modelo del costo

34.10   Una entidad revelará lo siguiente con respecto a los activos biológicos medidos utilizando el modelo del costo:

(a)   una descripción de cada clase de activos biológicos;

(b)   una explicación de por qué el valor razonable no se puede medir con fiabilidad sin esfuerzo o costo desproporcionado;

(c)   el método de depreciación utilizado;

(d)   las vidas útiles o las tasas de depreciación utilizadas; y

(e)   El importe en libros bruto y la depreciación acumulada (a la que se agregarán las pérdidas por deterioro del valor acumuladas), al principio y al final del periodo.

Exploración y evaluación de recursos minerales

34.11   Una entidad que utilice esta Norma y se dedique a la exploración o evaluación de recursos minerales determinará una política contable que especifique qué desembolsos se reconocerán como activos de exploración y evaluación de acuerdo con el párrafo 10.4 y aplicará dicha política congruentemente. Una entidad estará exenta de aplicar el párrafo 10.5 a sus **políticas contables** para el reconocimiento y medición de los activos de exploración y evaluación.

34.11A   Los siguientes son ejemplos de desembolsos que podrían incluirse en la medición inicial de los activos para exploración y evaluación (la lista no es exhaustiva):

(a)   adquisición de derechos de exploración;

(b) estudios topográficos, geológicos, geoquímicos y geofísicos;

(c) perforaciones exploratorias;

(d) excavaciones de zanjas y trincheras;

(e) toma de muestras; y

(f) actividades relacionadas con la evaluación de la factibilidad técnica y la viabilidad comercial de la extracción de un recurso mineral.

Los desembolsos relacionados con el desarrollo de los recursos minerales no se reconocerán como activos para exploración y evaluación.

34.11B   Los activos para exploración y evaluación se medirán en su reconocimiento inicial por su costo. Después del reconocimiento inicial, una entidad aplicará la Sección 17 *Propiedades, Planta y Equipo* y la Sección 18 *Activos Intangibles distintos a la Plusvalía* a los activos de exploración y evaluación de acuerdo con la naturaleza de los activos adquiridos sujeto a los párrafos 34.11D a 34.11F. Cuando una entidad tenga una obligación de desmantelar o trasladar un elemento o restaurar un emplazamiento, estas obligaciones y costos se contabilizarán según la Sección 17 y la Sección 21 *Provisiones y Contingencias*.

34.11C   Se evaluará el deterioro del valor de los activos para exploración y evaluación cuando los hechos y circunstancias sugieran que el importe en libros de un activo para exploración y evaluación puede superar a su **importe recuperable**. Una entidad medirá, presentará y revelará las pérdidas por deterioro de valor resultantes de acuerdo con la Sección 27 *Deterioro del Valor de los Activos*, excepto por lo previsto en el párrafo 34.11F.

34.11D   Al identificar si se ha deteriorado un activo para exploración o evaluación, y sólo para este tipo de activos, se aplicará el párrafo 34.11E en lugar de los párrafos 27.7 a 27.10. El párrafo 34.11E emplea el término "activos", pero es aplicable por igual tanto a los activos para exploración y evaluación separados como a una **unidad generadora de efectivo**.

34.11E   Uno o más de los siguientes hechos y circunstancias indican que la entidad debería comprobar el deterioro del valor de los activos para exploración y evaluación (la lista no es exhaustiva):

(a) el término durante el que la entidad tiene el derecho a explorar en un área específica ha expirado durante el período, o lo hará en un futuro cercano, y no se espera que sea renovado;

(b) no se han presupuestado ni planeado desembolsos significativos para la exploración y evaluación posterior de los recursos minerales en esa área específica;

(c) la exploración y evaluación de recursos minerales en un área específica no han conducido al descubrimiento de cantidades comercialmente viables de recursos minerales, y la entidad ha decidido interrumpir dichas actividades en la misma; o

(d)   Existen datos suficientes para indicar que, aunque es probable que se produzca un desarrollo en un área determinada, resulta improbable que el importe en libros del activo para exploración y evaluación pueda ser recuperado por completo a través del desarrollo exitoso o a través de su venta.

La entidad realizará pruebas de deterioro de valor, y reconocerá cualquier pérdida por deterioro de valor, de acuerdo con la Sección 27.

34.11F   Una entidad establecerá una política contable para asignar los activos para exploración y evaluación a unidades generadoras de efectivo o grupos de unidades generadoras de efectivo, con la finalidad de comprobar si tales activos han sufrido un deterioro en su valor.

Acuerdos de concesión de servicios

34.12   Un **acuerdo de concesión de servicios** es un acuerdo mediante el cual un gobierno u otro organismo del sector público (la concedente) contrae con un operador privado para desarrollar (o actualizar), operar y mantener los activos de infraestructura de la concedente, tales como carreteras, puentes, túneles, aeropuertos, redes de distribución de energía, prisiones u hospitales. En esos acuerdos, la concedente controla o regula qué servicios debe prestar el operador utilizando los activos, a quién debe proporcionarlos y a qué precio, y también controla cualquier participación residual significativa en los activos al final del plazo del acuerdo.

34.13   Existen dos categorías principales de acuerdos de concesión de servicios:

(a)   en una, el operador recibe un **activo financiero**—un derecho incondicional por contrato de recibir un importe de efectivo específico o determinable u otro activo financiero por parte del gobierno, a cambio de la construcción o actualización de un activo del sector público, y posteriormente de operar y mantener el activo durante un determinado periodo de tiempo. Esta categoría incluye las garantías del gobierno de pagar cualquier diferencia negativa entre los importes recibidos de los usuarios del servicio público y los importes especificados o determinables.

(b)   en la otra, el operador recibe un **activo intangible**—un derecho de cobrar por el uso de un activo del sector público que construye o actualiza, y posteriormente opera y mantiene por un determinado periodo de tiempo. Un derecho de cobrar a los usuarios no es un derecho incondicional de recibir efectivo, porque los importes están condicionados al grado de uso que el público haga del servicio.

Algunas veces, un acuerdo individual puede contener ambos tipos: en la medida en que el gobierno concede una garantía incondicional de pago para la construcción del activo del sector público, el operador tiene un activo financiero y, en la medida en que el operador tiene que confiar en que el público use el servicio para obtener el pago, el operador tiene un activo intangible.

Contabilización – modelo del activo financiero

34.14   El operador reconocerá un activo financiero en la medida en que tenga un derecho contractual incondicional de recibir efectivo u otro activo financiero por los servicios de construcción de la concedente o de una entidad bajo la supervisión de ella. El operador medirá el activo financiero a su valor razonable. Posteriormente, para contabilizar el activo financiero, seguirá lo dispuesto en la Sección 11 *Instrumentos Financieros Básicos* y la Sección 12 *Otros Temas relacionados con los Instrumentos Financieros*.

Contabilización—modelo del activo intangible

34.15   El operador reconocerá un activo intangible en la medida en que reciba un derecho (una licencia) de cobrar a los usuarios del servicio público. El operador medirá inicialmente el activo intangible a su valor razonable. Posteriormente, para contabilizar el activo intangible, seguirá lo dispuesto en la Sección 18.

Ingresos de actividades ordinarias de operación

34.16   El operador de un acuerdo de concesión de servicios reconocerá, medirá y revelará los **ingresos** de actividades ordinarias por los servicios que preste de acuerdo con la Sección 23 *Ingresos de Actividades Ordinarias*.

Sección 35
Transición a la NIIF para las PYMES

Alcance de esta sección

35.1 Esta Sección se aplicará a **una entidad que adopte por primera vez la NIIF para las PYMES**, independientemente de si su marco contable anterior estuvo basado en las **NIIF completas** o en otro conjunto de principios de contabilidad generalmente aceptados (PCGA), tales como sus normas contables nacionales, u en otro marco tal como la base del impuesto a las ganancias local.

35.2 Una entidad que haya aplicado la *NIIF para las PYMES* en un **periodo sobre el que se informa** anterior, pero cuyos **estados financieros** anuales anteriores más recientes no contenían una declaración explícita y sin reservas de cumplimento con la *NIIF para las PYMES*, deberá aplicar esta sección o la *NIIF para las PYMES* de forma retroactiva de acuerdo con la Sección 10 *Políticas, Estimaciones y Errores Contables*, como si la entidad nunca hubiera dejado de aplicar la *NIIF para las PYMES*. Cuando esta entidad decide no aplicar esta sección, todavía se le requiere que aplique los requerimientos de información a revelar del párrafo 35.12A, además de los requerimientos de información a revelar de la Sección 10.

Adopción por primera vez

35.3 Una entidad que adopte por primera vez la *NIIF para las PYMES* aplicará esta sección en sus primeros estados financieros preparados conforme a esta Norma.

35.4 Los primeros estados financieros de una entidad conforme a esta Norma son los primeros estados financieros anuales en los cuales la entidad hace una declaración, explícita y sin reservas, contenida en esos estados financieros, del cumplimiento con la *NIIF para las PYMES*. Los estados financieros preparados de acuerdo con esta Norma son los primeros estados financieros de una entidad si, por ejemplo, la misma:

(a) no presentó estados financieros en los periodos anteriores;

(b) presentó sus estados financieros anteriores más recientes según requerimientos nacionales que no son coherentes con todos los aspectos de esta Norma; o

(c) presentó sus estados financieros anteriores más recientes en conformidad con las **NIIF completas**.

35.5 El párrafo 3.17 define un juego completo de estados financieros.

35.6 El párrafo 3.14 requiere que una entidad revele, dentro de un conjunto completo de estados financieros, información comparativa con respecto al periodo comparable anterior para todos los importes monetarios presentados en los estados financieros, así como información comparativa específica de tipo narrativo y descriptivo. Una entidad puede presentar información comparativa con respecto a más de un periodo anterior comparable. Por ello, la **fecha de transición a la NIIF para las PYMES** de una entidad es el comienzo del primer periodo para el que la entidad presenta información comparativa completa, de acuerdo con esta Norma, en sus primeros estados financieros conforme a esta Norma.

Procedimientos para preparar los estados financieros en la fecha de transición

35.7   Excepto por lo previsto en los párrafos 35.9 a 35.11, una entidad deberá, en su fecha de transición a la *NIIF para las PYMES* (es decir, al comienzo del primer periodo presentado):

(a)   reconocer todos los **activos** y **pasivos** cuyo **reconocimiento** sea requerido por la *NIIF para las PYMES*;

(b)   no reconocer partidas como activos o pasivos si esta Norma no permite dicho reconocimiento;

(c)   reclasificar las partidas que reconoció, según su marco de información financiera anterior, como un tipo de activo, pasivo o componente de **patrimonio**, pero que son de un tipo diferente de acuerdo con esta Norma; y

(d)   aplicar esta Norma al medir todos los activos y pasivos reconocidos.

35.8   Las **políticas contables** que una entidad utilice en la adopción de esta Norma pueden diferir de las que aplicaba en la misma fecha utilizando su marco de información financiera anterior. Los ajustes resultantes surgen de transacciones, otros sucesos o condiciones anteriores a la fecha de transición a esta Norma. Por tanto, una entidad reconocerá tales ajustes, en la fecha de transición a esta Norma, directamente en las ganancias acumuladas (o, si fuera apropiado, en otra categoría dentro del patrimonio).

35.9   En la adopción por primera vez de esta Norma, una entidad no cambiará retroactivamente la contabilidad llevada a cabo según su marco de información financiera anterior para ninguna de las siguientes transacciones:

(a)   **baja en cuentas** de **activos financieros** y **pasivos financieros**. Los activos y pasivos financieros dados de baja según el marco de contabilidad aplicado por la entidad con anterioridad a la fecha de transición no deben reconocerse tras la adopción de la *NIIF para las PYMES*. Por el contrario, para los activos y pasivos financieros que hubieran sido dados de baja conforme a la *NIIF para las PYMES* en una transacción anterior a la fecha de transición, pero que no hubieran sido dados de baja según el marco de contabilidad anterior de la entidad, una entidad tendrá la opción de elegir entre (a) darlos de baja en el momento de la adopción de la *NIIF para las PYMES*; o (b) seguir reconociéndolos hasta que se proceda a su disposición o hasta que se liquiden.

(b)   Contabilidad de coberturas. Una entidad no cambiará su contabilidad de coberturas, realizada con anterioridad a la fecha de transición a la *NIIF para las PYMES*, para las relaciones de cobertura que hayan dejado de existir en la fecha de transición. Con respecto a las relaciones de cobertura que todavía existan en la fecha de transición, la entidad seguirá los requerimientos de contabilidad de coberturas de la Sección 12 *Otros Temas relacionados con los Instrumentos Financieros*, incluidos los requerimientos de discontinuar la contabilidad de cobertura para relaciones de cobertura que no cumplan las condiciones de la Sección 12.

(c) Estimaciones contables.

(d) **Operaciones discontinuadas.**

(e) Medición de **participaciones no controladoras.** Los requerimientos del párrafo 5.6 de distribuir los **resultados** y el **resultado integral total** entre las participaciones no controladoras y los **propietarios** de la **controladora** se aplicarán, de forma prospectiva, a partir de la fecha de transición a la *NIIF para las PYMES* (o a partir de la primera fecha en que se aplique esta NIIF para reexpresar las **combinaciones de negocios**—véase el párrafo 35.10).

(f) préstamos del gobierno. Una entidad que adopta por primera vez esta NIIF aplicará los requerimientos de la Sección 11 *Instrumentos Financieros Básicos*, Sección 12 y Sección 24 *Subvenciones del Gobierno* de forma prospectiva a los préstamos del gobierno existentes en la fecha de transición a esta Norma. Por consiguiente, si una entidad que adopta por primera vez esta NIIF no reconoció y midió, según sus PCGA anteriores, un préstamo del gobierno sobre una base congruente con esta Norma, utilizará el **importe en libros** del préstamo de sus PCGA anteriores en la fecha de transición a esta Norma como el importe en libros del préstamo en esa fecha y no reconocerá el beneficio de cualquier préstamo del gobierno con una tasa de interés inferior a la de mercado como una **subvención del gobierno.**

35.10 Una entidad podrá utilizar una o más de las siguientes exenciones al preparar sus primeros estados financieros en conformidad con esta Norma:

(a) combinaciones de negocios. Una entidad que adopta por primera vez la NIIF puede optar por no aplicar la Sección 19 *Combinaciones de Negocios y Plusvalía* a las combinaciones realizadas antes de la fecha de transición a esta Norma. Sin embargo, si la entidad que adopta por primera vez la NIIF reexpresa una de las combinaciones de negocios para cumplir con la Sección 19, deberá reexpresar todas las combinaciones de negocios posteriores.

(b) **transacciones con pagos basados en acciones.** Una entidad que adopta por primera vez la NIIF no está obligada a aplicar la Sección 26 *Pagos Basados en Acciones* a los instrumentos de patrimonio concedidos con anterioridad a la fecha de transición a esta Norma, ni a los pasivos surgidos de transacciones con pagos basados en acciones que se liquiden antes de la fecha de transición a esta Norma.

(c) **valor razonable** como costo atribuido. Una entidad que adopta por primera vez la NIIF puede optar por medir una partida de **propiedades, planta y equipo**, una **propiedad de inversión** o un **activo intangible** en la fecha de transición a esta Norma por su valor razonable, y utilizar este valor razonable como el costo atribuido en esa fecha.

(d)   revaluación como costo atribuido. Una entidad que adopta por primera vez la NIIF puede optar por utilizar una revaluación según los PCGA anteriores, de una partida de propiedades, planta y equipo, una propiedad de inversión o un activo intangible en la fecha de transición a esta Norma o en una fecha anterior, como el costo atribuido en la fecha de revaluación.

(da)   medición del valor razonable derivada de algún **suceso** como costo atribuido. Una entidad que adopta por primera vez esta NIIF puede haber establecido un costo atribuido, según PCGA anteriores, para algunos o para todos sus activos y pasivos, midiéndolos a su valor razonable a una fecha concreta, por causa de algún suceso, por ejemplo, una valoración de un negocio, o parte de un negocio, a efectos de una venta prevista. Si la fecha de medición:

(i)   es la fecha de transición a esta Norma o una fecha anterior a ésta, la entidad podrá usar tales mediciones del valor razonable derivadas de algún suceso, como el costo atribuido a la fecha de la medición.

(ii)   es posterior a la fecha de transición a esta Norma, pero durante el periodo cubierto por los primeros estados financieros conforme a esta Norma, las mediciones al valor razonable derivadas del suceso pueden utilizarse como costo atribuido cuando el suceso tenga lugar. Una entidad reconocerá los ajustes resultantes, directamente en las ganancias acumuladas (o, si fuera apropiado, en otra categoría del patrimonio) en la fecha de medición. En la fecha de transición a esta Norma, la entidad establecerá el costo atribuido mediante la aplicación de los criterios de los párrafos 35.10(c) y (d) o medirá los activos y pasivos de acuerdo con los otros requerimientos de esta sección.

(e)   diferencias de conversión acumuladas. La Sección 30 *Conversión de Moneda Extranjera* requiere que una entidad clasifique algunas diferencias de conversión como un componente separado del patrimonio. Una entidad que adopta por primera vez la NIIF puede optar por considerar nulas las diferencias de conversión acumuladas de todos los **negocios en el extranjero** en la fecha de transición a la *NIIF para las PYMES* (es decir, aplicar el método de "nuevo comienzo").

(f)   **estados financieros separados**. Cuando una entidad prepara estados financieros separados, el párrafo 9.26 requiere que contabilice sus inversiones en **subsidiarias, asociadas** y entidades controladas de forma conjunta de alguna de las formas siguientes:

(i)   al costo menos el **deterioro del valor**;

(ii)   al valor razonable con los cambios en el valor razonable reconocidos en resultados; o

(iii)   usando el método de la participación siguiendo los procedimientos del párrafo 14.8.

Si una entidad que adopta por primera vez la NIIF mide esta inversión al costo, medirá esa inversión mediante uno de los siguientes importes en la fecha de la transición:

(i)   el costo determinado de acuerdo con la Sección 9 *Estados Financieros Consolidados y Separados*; o

(ii)   el costo atribuido, que será el valor razonable en la fecha de transición a la *NIIF para las PYMES* o el importe en libros de los PCGA anteriores en esa fecha.

(g)   **instrumentos financieros compuestos.** El párrafo 22.13 requiere que una entidad separe un instrumento financiero compuesto en sus componentes de pasivo y patrimonio en la fecha de la emisión. Una entidad que adopta por primera vez la NIIF no necesitará separar estos dos componentes si el componente de pasivo ha dejado de existir en la fecha de transición a esta Norma.

(h)   impuestos diferidos. Una entidad que adopta por primera vez la NIIF puede aplicar la Sección 29 *Impuesto a las Ganancias* de forma prospectiva desde la fecha de transición a la *NIIF para las PYMES*.

(i)   **acuerdos de concesión de servicios.** No se requiere que una entidad que adopta por primera vez la NIIF aplique los párrafos 34.12 a 34.16 a los acuerdos de concesión de servicios realizados antes de la fecha de transición a esta Norma.

(j)   actividades de extracción. Una entidad que adopta por primera vez la NIIF, y utiliza la contabilidad de costo completo conforme a PCGA anteriores, puede optar medir los activos de petróleo y gas (activos empleados en la exploración, evaluación, desarrollo o producción de petróleo y gas) en la fecha de transición a la *NIIF para las PYMES*, por el importe determinado según sus PCGA anteriores. La entidad comprobará el deterioro del valor de esos activos en la fecha de transición a esta Norma, de acuerdo con la Sección 27 *Deterioro del Valor de los Activos*.

(k)   acuerdos que contienen un **arrendamiento.** Una entidad que adopta por primera vez la NIIF puede optar por determinar si un acuerdo, vigente en la fecha de transición a la *NIIF para las PYMES*, contiene un arrendamiento (véase el párrafo 20.3) sobre la base de los hechos y las circunstancias existentes en esa fecha, en lugar de considerar la fecha en que dicho acuerdo entró en vigor.

(l)   pasivos por retiro de servicio incluidos en el costo de propiedades, planta y equipo. El párrafo 17.10(c) señala que el costo de una partida de propiedades, planta y equipo incluirá la estimación inicial de los costos de retiro del servicio y retirada del elemento y la restauración del lugar donde está situado, obligaciones en las que incurre la entidad, ya sea cuando adquiere el elemento o a consecuencia de haberlo utilizado durante un determinado periodo, con propósitos distintos de la producción de **inventarios.** Una entidad que adopta por primera vez la NIIF puede optar por medir este componente del costo de una partida de propiedades, planta y equipo en la fecha de transición a la *NIIF para las PYMES*, en lugar de en la fecha o las fechas en que surgió inicialmente la obligación.

(m) operaciones sujetas a regulación de tarifas. Si una entidad que adopta por primera vez esta NIIF mantiene partidas de propiedades, planta y equipo o activos intangibles que se utilizan, o se utilizaban con anterioridad, en operaciones sujetas a regulación de tarifas (es decir proporcionar bienes o servicios a los clientes a precios/tarifas establecidas por un organismo autorizado) puede optar por utilizar el importe en libros de los PCGA anteriores de esas partidas en la fecha de transición a esta Norma como su costo atribuido. Si una entidad aplica esta exención a una partida, no necesitará aplicarla a todas. La entidad comprobará el deterioro de valor de esos activos en la fecha de transición a esta Norma de acuerdo con la Sección 27.

(n) **hiperinflación grave**. Si una entidad que adopta por primera vez esta NIIF tiene una **moneda funcional** que está sujeta a hiperinflación grave:

(i) si su fecha de transición a esta Norma es la **fecha de normalización de la moneda funcional**, o posterior, la entidad puede optar por medir todos los activos y pasivos mantenidos antes de la fecha de normalización de la moneda funcional al valor razonable en la fecha de transición a esta Norma y utilizar ese valor razonable como el costo atribuido de esos activos y pasivos en esa fecha; y

(ii) si la fecha de normalización de la moneda funcional queda dentro de los doce meses de un periodo comparativo, una entidad puede utilizar un periodo comparativo menor que doce meses, siempre que se proporcione un conjunto completo de estados financieros (tal como requiere el párrafo 3.17) para ese periodo más corto.

35.11 Cuando sea **impracticable** para una entidad realizar uno o varios de los ajustes requeridos por el párrafo 35.7 en la fecha de transición, la entidad aplicará los párrafos 35.7 a 35.10 para dichos ajustes en el primer periodo para el que resulte practicable hacerlo, e identificará qué importes de los estados financieros no han sido reexpresados Si es impracticable para una entidad proporcionar alguna de la información a revelar requerida por esta Norma, incluyendo la de periodos comparativos, debe revelarse la omisión.

Información a revelar

Explicación de la transición a la *NIIF para las PYMES*

35.12 Una entidad explicará cómo ha afectado la transición desde el marco de información financiera anterior a esta Norma a su **situación financiera**, al **rendimiento** financiero y a los **flujos de efectivo** presentados con anterioridad.

35.12A Una entidad que haya aplicado la *NIIF para las PYMES* en un periodo anterior, tal como se describe en el párrafo 35.2, revelará:

(a)   la razón por la que dejó de aplicar la *NIIF para las PYMES*;

(b)   la razón por la que reanuda la aplicación de la *NIIF para las PYMES*; y

(c)   si ha aplicado esta sección o ha aplicado la *NIIF para las PYMES* retroactivamente de acuerdo con la Sección 10.

Conciliaciones

35.13   Para cumplir con el párrafo 35.12, los primeros estados financieros preparados conforme a esta Norma de una entidad incluirán:

    (a)   una descripción de la naturaleza de cada cambio en la política contable;

    (b)   Conciliaciones de su patrimonio, determinado de acuerdo con su marco de información financiera anterior, con su patrimonio determinado de acuerdo con esta Norma, para cada una de las siguientes fechas:

        (i)   la fecha de transición a esta Norma; y

        (ii)   el final del último periodo presentado en los estados financieros anuales más recientes de la entidad determinado de acuerdo con su marco de información financiera anterior.

    (c)   una conciliación del resultado, determinado de acuerdo con su marco de información financiera anterior, para el último periodo incluido en los estados financieros anuales más recientes de la entidad, con su resultado determinado de acuerdo con esta Norma para ese mismo periodo.

35.14   Si una entidad tuviese conocimiento de **errores** contenidos en la información elaborada conforme al marco de información financiera anterior, las conciliaciones requeridas por el párrafo 35.13(b) y (c) distinguirán, en la medida en que resulte practicable, las correcciones de esos errores de los cambios en las políticas contables.

35.15   Si una entidad no presentó estados financieros en periodos anteriores, revelará este hecho en sus primeros estados financieros conforme a esta Norma.

Apéndice A
Fecha de vigencia y transición

Este Apéndice es parte integrante de la Norma.

A1   *Modificaciones de 2015 a la Norma Internacional de Información Financiera (NIIF para las PYMES)*, emitidas en mayo de 2015, modificó los párrafos 1.3, 2.22, 2.47, 2.49–2.50, 4.2, 4.12, 5.4 y 5.5, 6.2 y 6.3, 9.1 a 9.3, 9.16, 9.18, 9.24 a 9.26, 9.28, 11.2, 11.4, 11.7, 11.9, 11.11, 11.13–11.15, 11.27, 11.32, 11.44, 12.3, 12.8–12.9, 12.23, 12.25, 12.29, 14.15, 15.21, 16.10, 17.5 y 17.6, 17.15, 17.31 y 17.32, 18.8, 18.20, 19.2, 19.11, 19.14 y 19.15, 19.23, 19.25 y 19.26, 20.1, 20.3, 21.16, 22.8 y 22.9, 22.15, 22.17 y 22.18, 26.1, 26.9, 26.12, 26.16 y 26.17, 26.22, 27.1, 27.6, 27.14, 27.30 y 27.31, 28.30, 28.41, 28.43, 30.1, 30.18, 31.8 y 31.9 33.2, 34.7, 34.10 y 34.11, 35.2, 35.9 a 35.11 y el glosario de términos, revisó la Sección 29 y añadió los párrafos 1.7, 2.14A a 2.14D, 9.3A a 9.3C, 9.23A, 10.10A, 11.9A y 11.9B, 17.15A–17.15D, 17.33, 22.3A, 22.15A y 22.15C, 22.18A y 22.18B, 22.20, 26.1A y 26.1B, 34.11A a 34.11F, 35.12A y A2 y A3. Una entidad aplicará estos párrafos a los periodos anuales que comiencen a partir del 1 de enero de 2017. Las modificaciones a las Secciones 2 a 34 se aplicarán retroactivamente de acuerdo con la Sección 10 excepto por lo que se señala en el párrafo A2. Se permite la aplicación anticipada de *Modificaciones de 2015 a la NIIF para las PYMES.* Si una entidad aplicase *Modificaciones de 2015 a la NIIF para las PYMES* en un período que comience con anterioridad, revelará este hecho.

A2   Si es impracticable para una entidad aplicar cualquier requerimiento nuevo o revisado de las modificaciones a las Secciones 2 a 34 de forma retroactiva, la entidad aplicará esos requerimientos en el primer periodo para el que sea practicable hacerlo. Además, una entidad:

(a)   Puede optar por aplicar la Sección 29 revisada de forma prospectiva desde el comienzo del periodo en el que aplique por primera vez *Modificaciones de 2015 a la NIIF para las PYMES.*

(b)   Aplicará las modificaciones al párrafo 19.11 de forma prospectiva desde el comienzo del periodo en el que aplique por primera vez *Modificaciones de 2015 a la NIIF para las PYMES.* Este párrafo solo es aplicable si la entidad tiene combinaciones de negocios dentro del alcance de la Sección 19.

(c)   Aplicará las modificaciones a los párrafos 2.49, 2.50, 5.4, 17.15, 27.6, 27.30, 27.31, 31.8 y 31.9 y los nuevos párrafos 10.10A, 17.15A a 17.15D y 17.33 de forma prospectiva desde el comienzo del periodo en que aplica por primera vez las *Modificaciones de 2015 a la NIIF para las PYMES.* Estos párrafos son solo aplicables si la entidad aplica el modelo de revaluación de las clases de propiedades, planta y equipo de acuerdo con el párrafo 17.15.

A3   La entidad identificará qué importes en los estados financieros no han sido reexpresados como resultado de la aplicación del párrafo A2.

Apéndice B
Glosario de términos

Este Apéndice es parte integrante de la Norma.

acciones propias en cartera (treasury shares)	Instrumentos de patrimonio propio de una entidad, en poder de ella o de otros miembros del grupo consolidado.
actividad agrícola (agricultural activity)	Gestión, por parte de una entidad, de las transformaciones de carácter biológico de activos biológicos, sea para destinarlos a la venta, como productos agrícolas o como activos biológicos adicionales.
actividades de financiación (financing activities)	Actividades que producen cambios en el tamaño y la composición del patrimonio aportado y de los préstamos tomados por parte de la entidad.
actividades de inversión (investing activities)	Las de adquisición y disposición de activos a largo plazo y de otras inversiones no incluidas en los equivalentes al efectivo
actividades de operación (operating activities)	Las actividades que constituyen la principal fuente de ingresos de actividades ordinarias de la entidad, y otras actividades que no son de inversión ni de financiación.
activo (asset)	Un activo es un recurso controlado por la entidad como resultado de sucesos pasados, del que la entidad espera obtener, en el futuro, beneficios económicos.
activo biológico (biological asset)	Un animal vivo o una planta.
activo contingente (contingent asset)	Un activo de naturaleza posible, surgido a raíz de sucesos pasados, cuya existencia ha de ser confirmada sólo porque ocurra, o en su caso porque deje de ocurrir, uno o más eventos inciertos en el futuro, que no están enteramente bajo el control de la entidad.

activo financiero **(finance asset)**	Cualquier activo que sea:

(a) efectivo;

(b) un instrumento de patrimonio de otra entidad;

(c) un derecho contractual:

    (i) a recibir efectivo u otro activo financiero de otra entidad; o

    (ii) de intercambiar activos financieros o pasivos financieros con otra entidad, en condiciones que sean potencialmente favorables para la entidad; o

(d) un contrato que será o podrá ser liquidado utilizando instrumentos de patrimonio propio de la entidad y:

    (i) obliga o puede obligar a la entidad a recibir una cantidad variable de sus instrumentos de patrimonio propios, o

    (ii) será o podrá ser liquidado mediante una forma distinta al intercambio de una cantidad fija de efectivo, o de otro activo financiero, por una cantidad fija de los instrumentos de patrimonio propio de la entidad. Para este propósito, tampoco se incluirán entre los instrumentos de patrimonio propio de la entidad aquéllos que sean, en sí mismos, contratos para la futura recepción o entrega de instrumentos de patrimonio propio de la entidad.

activo intangible
(intangible asset)

Activo identificable, de carácter no monetario y sin apariencia física. Este activo es identificable cuando:

(a) es separable, es decir, es susceptible de ser separado o dividido de la entidad y vendido, transferido, explotado, arrendado o intercambiado, bien individualmente junto con un contrato, un activo o un pasivo relacionado; o

(b) surge de un contrato o de otros derechos legales, independientemente de si esos derechos son transferibles o separables de la entidad o de otros derechos y obligaciones.

activos del plan
[plan assets (of an
employee benefit
plan)]

Activos poseídos por un fondo de beneficios a largo plazo para los empleados, y pólizas de seguros aptas.

activos por impuestos diferidos (deferred tax assets)	Impuesto a las ganancias recuperable en periodos futuros sobre los que se informa con respecto a:

(a)   diferencias temporarias deducibles;

(b)   la compensación de pérdidas fiscales obtenidas en periodos anteriores, que todavía no hayan sido objeto de utilización fiscal; y

(c)   la compensación de créditos fiscales no utilizados procedentes de periodos anteriores.

acuerdo con pagos basados en acciones (share-based payment arrangement)	Un acuerdo entre la entidad (u otra entidad del grupo o cualquier accionista de cualquier entidad del grupo) y un tercero (incluyendo un empleado) que otorga el derecho a dicho tercero a recibir:

(a)   efectivo u otros activos de la entidad por importes que están basados en el precio (o valor) de instrumentos de patrimonio (incluyendo acciones u opciones sobre acciones) de la entidad o de otra entidad del grupo; o

(b)   instrumentos de patrimonio (incluyendo acciones u opciones sobre acciones) de la entidad o de otra entidad del grupo,

siempre que se cumplan las condiciones para la irrevocabilidad (consolidación) de la concesión, si las hubiera.

acuerdos de concesión de servicios (service concession arrangement)	Un acuerdo mediante el cual un gobierno u otro organismo del sector público contrata a un operador privado para desarrollar (o actualizar), operar y mantener los activos de infraestructura de la concedente, tales como carreteras, puentes, túneles, aeropuertos, redes de distribución de energía, prisiones u hospitales.
altamente probable (highly probable)	Con una probabilidad significativamente mayor de que ocurra que de que no ocurra.
amortización (amortisation)	Distribución sistemática del importe depreciable de un activo a lo largo de su vida útil.
aplicación prospectiva [prospective application (of a change in accounting policy)]	Aplicación de la nueva política contable a las transacciones, otros sucesos y condiciones ocurridos tras la fecha en que se cambió la política.
aplicación retroactiva (de un cambio de política contable) [retrospective application (of a change in accounting policy)]	Aplicación de una nueva política contable a transacciones, otros sucesos y condiciones, como si se hubiera aplicado siempre.

arrendamiento (lease)	Acuerdo en el que el arrendador conviene con el arrendatario en percibir una suma única de dinero o una serie de pagos o cuotas, por cederle el derecho a usar un activo durante un periodo determinado.
arrendamiento financiero (finance lease)	Un arrendamiento que transfiere sustancialmente todos los riesgos y ventajas inherentes a la propiedad de un activo. La propiedad de éste puede ser eventualmente transferida o no serlo. Un arrendamiento diferente a un arrendamiento financiero es un arrendamiento operativo.
arrendamiento operativo (operating lease)	Un arrendamiento que no transfiere sustancialmente todos los riesgos y ventajas asociados a la propiedad. Un arrendamiento que no es un arrendamiento operativo es un arrendamiento financiero.
asociada (associate)	Una entidad, incluyendo las no incorporadas a través de forma jurídica definida, como por ejemplo las entidades de carácter personalista en algunas jurisdicciones, sobre la que el inversor posee influencia significativa, y no es una subsidiaria ni constituye una participación en un negocio conjunto.
ausencias remuneradas acumulables (accumulating compensated absences)	Ausencias remuneradas cuyo disfrute se difiere, de manera que pueden ser usadas en periodos posteriores, si en el periodo corriente no se han usado en su totalidad.
baja en cuentas (derecognition)	La supresión de un activo o un pasivo previamente reconocido en el estado de situación financiera.
base contable de acumulación (o devengo) (accrual basis of accounting)	Los efectos de las transacciones y demás sucesos se reconocen cuando ocurren (y no cuando se recibe o paga dinero o su equivalente) y registran en los libros contables y se informa sobre ellos en los estados financieros de los periodos con los cuales se relacionan.
base fiscal (tax base)	La base fiscal de un activo o pasivo es el importe atribuido, para fines fiscales, a dicho activo o pasivo.
beneficios a los empleados (employee benefits)	Todo tipo de contraprestaciones que la entidad proporciona a los trabajadores a cambio de los servicios prestados.
beneficios consolidados (irrevocables) (vested benefits)	Beneficios, conforme a las condiciones de un plan de beneficios por retiro, a los que se tiene derecho sin que ello esté condicionado a la continuidad en el empleo.

beneficios por terminación (termination benefits)	Beneficios a los empleados por pagar como consecuencia de:

(a) la decisión de una entidad de rescindir el contrato de un empleado antes de la edad normal de retiro; o

(b) una decisión de un empleado de aceptar voluntariamente la conclusión de la relación de trabajo a cambio de esos beneficios.

beneficios post-empleo (post-employment benefits)
Beneficios a los empleados (distintos de los beneficios por terminación) que se pagan después de completar su periodo de empleo en la entidad.

cambios en una estimación contable (change in accounting estimate)
Un ajuste al importe en libros de un activo o de un pasivo, o al importe del consumo periódico de un activo, que procede de la evaluación de la situación actual de los activos y pasivos, así como de los beneficios futuros esperados y de las obligaciones asociadas con éstos. Los cambios en las estimaciones contables son el resultado de nueva información o nuevos acontecimientos y, en consecuencia, no son correcciones de errores.

clase de activos (class of assets)
Un agrupamiento de activos de similar naturaleza y uso en las actividades de la entidad.

combinaciones de negocios (business combination)
La unión de entidades o negocios separados en una única entidad que informa.

componente de una entidad (component of an entity)
Operaciones y flujos de efectivo que pueden ser distinguidos claramente del resto de la entidad, tanto desde un punto de vista de la operación como a efectos de información financiera.

comprensibilidad (understandability)
La información proporcionada en los estados financieros debe presentarse de modo que sea comprensible para los usuarios que tienen un conocimiento razonable de las actividades económicas y empresariales y de la contabilidad, así como voluntad para estudiar la información con diligencia razonable.

compromiso en firme (firm commitment)
Acuerdo obligatorio para intercambiar una determinada cantidad de recursos a un precio determinado, en una fecha o fechas futuras especificadas.

condición referida al mercado (market condition)
Una condición de la que depende el precio de ejercicio, la irrevocabilidad (consolidación) de la concesión o la posibilidad de ejercicio de un instrumento de patrimonio, que está relacionada con el precio de mercado de los instrumentos de patrimonio de la entidad, tal como que se alcance un determinado precio de la acción o un determinado importe de valor intrínseco de una opción sobre acciones, o que se consiga un determinado objetivo basado en el precio de mercado de los instrumentos de patrimonio de la entidad en relación a un índice de precios de mercado de instrumentos de patrimonio de otras entidades.

condiciones para la irrevocabilidad (o consolidación) de la concesión (vesting conditions)	Son las condiciones que determinan si la entidad recibe los servicios que dan derecho a la otra parte a recibir efectivo, otros activos o instrumentos de patrimonio de la entidad en un acuerdo de pagos basados en acciones. Las condiciones para la irrevocabilidad (consolidación) de la concesión son condiciones de servicio o condiciones de rendimiento. Las condiciones de servicio requieren que la otra parte complete un periodo determinado de servicio. Las condiciones de rendimiento requieren que la otra parte complete un periodo determinado de servicio y determinados objetivos de rendimiento (tales como un incremento determinado en el beneficio de la entidad en un determinado periodo). Una condición de rendimiento puede incluir una condición referida al mercado.
consolidación (irrevocabilidad) de la concesión (vest)	Pasa a ser un derecho. En un acuerdo de pagos basados en acciones, un derecho de la otra parte a recibir efectivo, otros activos o instrumentos de patrimonio de la entidad es irrevocable cuando este derecho de la otra parte deja de estar condicionado al cumplimiento de cualesquiera condiciones para la irrevocabilidad de la concesión.
contrato de carácter oneroso (onerous contract)	Un contrato en el cual los costos inevitables de cumplir con las obligaciones que conlleva exceden a los beneficios económicos que se esperan recibir del mismo.
contrato de construcción (construction contract)	Un contrato, específicamente negociado, para la fabricación de un activo o de un conjunto de activos, que están íntimamente relacionados entre sí o son interdependientes en términos de su diseño, tecnología y función, o bien en relación con su destino o utilización final.
contrato de seguro (insurance contract)	Un contrato en el que una de las partes (la aseguradora) acepta un riesgo de seguro significativo de la otra parte (el tenedor de la póliza), acordando compensar al tenedor si ocurre un evento futuro incierto especificado (el evento asegurado) que afecta de forma adversa al tenedor del seguro.
costo amortizado de un activo financiero o de un pasivo financiero (amortised cost of a financial asset or financial liability)	Importe al que fue medido en su reconocimiento inicial un activo financiero o un pasivo financiero, menos reembolsos del principal, más o menos, la amortización acumulada, utilizando el método de la tasa de interés efectiva, de cualquier diferencia existente entre el importe inicial y el importe al vencimiento y, menos cualquier reducción por la pérdida de valor por deterioro o incobrabilidad (reconocida directamente o mediante una cuenta correctora).
control conjunto (joint control)	Un acuerdo contractual para compartir el control sobre una actividad económica. Existe sólo cuando las decisiones estratégicas y de operaciones relativas a la actividad exigen el consenso unánime de las partes que comparten el control (los participantes).

control (de una entidad) [control (of an entity)]	El poder para dirigir las políticas financieras y de operación de una entidad, con el fin de obtener beneficios de sus actividades.
controladora (parent)	Una entidad que tiene una o más subsidiarias.
costos de transacción (instrumentos financieros) [transaction costs (financial instruments)]	Costos incrementales que son directamente atribuibles a la adquisición, emisión o disposición de un instrumento financiero. Un costo incremental es aquél en el que no se habría incurrido si la entidad no hubiese adquirido, emitido o dispuesto del instrumento financiero.
costos por préstamos (borrowing costs)	Intereses y otros costos, incurridos por la entidad, que están relacionados con los préstamos de fondos que ha tomado prestados.
depreciación (depreciation)	Distribución sistemática del importe depreciable de un activo a lo largo de su vida útil.
desarrollo (development)	Aplicación de los resultados de la investigación o de cualquier otro tipo de conocimiento a un plan o diseño para la producción de materiales, aparatos, productos, procesos o sistemas nuevos o sustancialmente mejorados, antes del comienzo de su producción o utilización comercial.
diferencias temporales (timing differences)	Ingresos o gastos que se reconocen en el resultado en un periodo pero que, de acuerdo con las leyes o regulaciones fiscales, se incluyen en el ingreso fiscal de un periodo diferente.
diferencias temporarias (temporary differences)	Diferencias entre el importe en libros de un activo pasivo u otra partida en los estados financieros y su base fiscal.
diferencias temporarias deducibles (deductible temporary differences)	Diferencias temporarias que dan lugar a importes que son deducibles al determinar la ganancia (pérdida) fiscal correspondiente a periodos futuros, cuando el importe en libros del activo sea recuperado o el del pasivo sea liquidado.
diferencias temporarias imponibles (taxable temporary differences)	Diferencias temporarias que darán lugar a cantidades imponibles al determinar la ganancia (pérdida) fiscal de periodos futuros cuando el importe en libros del activo sea recuperado o el del pasivo sea liquidado.
efectivo (cash)	Efectivo en caja y depósitos a la vista.
eficacia de una cobertura (effectiveness of a hedge)	Grado en el que los cambios en el valor razonable o en los flujos de efectivo de la partida cubierta que son atribuibles al riesgo cubierto, se compensan con los cambios en el valor razonable o en los flujos de efectivo del instrumento de cobertura.

entidad controlada de forma conjunta	Un negocio conjunto que implica la creación de una sociedad por acciones, una asociación con fines empresariales u otro tipo de entidad, en la que cada participante adquiere una participación. La entidad opera de la misma manera que otras entidades, excepto por la existencia de un acuerdo contractual entre los participantes que establece el control conjunto sobre la actividad económica de dicha entidad.
entidad que adopta por primera vez la _NIIF para las PYMES_ (first-time adopter of the IFRS for SMEs)	Una entidad que presenta sus primeros estados financieros anuales conforme a la _NIIF para las PYMES_, sin tener en cuenta si su marco de contabilidad anterior eran las NIIF completas u otro conjunto de normas contables.
equivalentes al efectivo (cash equivalent)	Inversiones a corto plazo de gran liquidez, que son fácilmente convertibles en importes determinados de efectivo y están sujetos a un riesgo insignificante de cambios en su valor.
errores (errors)	Omisiones e inexactitudes en los estados financieros de una entidad, para uno o más periodos anteriores, resultantes de un fallo al emplear o de un error al utilizar información fiable que:

(a) estaba disponible cuando los estados financieros para esos periodos fueron autorizados a emitirse; y

(b) podría esperarse razonablemente que se hubiera conseguido y tenido en cuenta en la elaboración y presentación de aquellos estados financieros.

estado de cambios en el patrimonio (statement of changes in equity)	Estado financiero que presenta el resultado de un periodo, las partidas de ingresos y gastos reconocidas directamente en el patrimonio del periodo, los efectos de cambios de políticas contables y las correcciones de errores reconocidas en el periodo, y (dependiendo del formato del estado de cambios en el patrimonio neto elegido por la entidad) los importes de las transacciones habidas en el período con los tenedores de instrumentos de participación en el patrimonio en su carácter de tales.
estado de flujos de efectivo (statement of cash flows)	El estado de flujos de efectivo proporciona información sobre los cambios en el efectivo y equivalentes al efectivo de una entidad para un periodo, mostrando por separado, los cambios por actividades de operación, actividades de inversión y actividades de financiación.
estado de resultados (income statement)	Estado financiero que presenta todas las partidas de ingreso y gasto reconocidas en un periodo sobre el que se informa, excluyendo las partidas de otro resultado integral.
estado de resultados y ganancias acumuladas (statement of income and retained earnings)	Estado financiero que presenta el resultado y los cambios en las ganancias acumuladas para un periodo.

estado de situación financiera (statement of financial position)	Estado financiero que presenta la relación entre los activos, los pasivos y el patrimonio de una entidad en una fecha específica (también denominado balance).
estado del resultado integral (statement of comprehensive income)	Estado financiero que presenta todas las partidas de ingreso y gasto reconocidas en un periodo, incluyendo las partidas reconocidas al determinar el resultado (que es un subtotal en el estado del resultado integral) y las partidas de otro resultado integral. Si una entidad elige presentar un estado de resultados y un estado del resultado integral, el estado del resultado integral comenzará con el resultado y, a continuación, mostrará las partidas de otro resultado integral. Si una entidad elige presentar un estado de resultados y un estado del resultado integral, el estado del resultado integral comenzará con el resultado y, a continuación, mostrará las partidas de otro resultado integral.
estados financieros (financial statements)	Representación estructurada de la situación financiera, el rendimiento financiero y los flujos de efectivo de una entidad.
estados financieros con propósito de información general (general purpose financial statements)	Los estados financieros dirigidos a atender las necesidades de información financiera general de un amplio espectro de usuarios que no están en condiciones de exigir informes a la medida de sus necesidades específicas de información.
estados financieros consolidados (consolidated financial statements)	Estados financieros de una controladora y sus subsidiarias, presentados como si se tratara de una sola entidad contable.
estados financieros separados (separate financial statements)	Los presentados por una entidad, en los que ésta podría elegir, de acuerdo con los párrafos 9.25 y 9.26, contabilizar sus inversiones en subsidiarias entidades controladas de forma conjunta y asociadas al costo menos el deterioro de valor, al valor razonable con cambios en el valor razonable reconocidos en el resultado del periodo o usandoel método de la participación siguiendo los procedimientos del párrafo 14.8.
familiares cercanos a una persona (close members of the family of a person)	Miembros de la familia de quienes podría esperarse que influyan sobre esa persona, o que esa persona sea influida por ellos, en sus relaciones con la entidad, incluyendo:

(a)   los hijos de esa persona y el cónyuge o persona con análoga relación de afectividad;

(b)   los hijos del cónyuge de esa persona o persona con análoga relación de afectividad; y

(c)   personas dependientes de esa persona o el cónyuge de esa persona, o persona con análoga relación de afectividad.

fecha de concesión (grant date)	La fecha en que la entidad y un tercero (incluyendo en este término a los empleados) alcanzan un acuerdo de pagos basados en acciones, que se produce cuando la entidad y la contraparte llegan a un entendimiento compartido sobre los plazos y condiciones del acuerdo. En la fecha de concesión, la entidad confiere a la otra parte el derecho a recibir efectivo, otros activos, o instrumentos de patrimonio de ésta, sujeto al cumplimiento, en su caso, de determinadas condiciones para la irrevocabilidad de la concesión. Si ese acuerdo está sujeto a un proceso de aprobación (por ejemplo, por los accionistas) la fecha de concesión es aquélla en la que se obtiene la aprobación.
fecha de normalización de la moneda funcional (functional currency normalisation date)	La fecha en que la moneda funcional de una entidad deja de tener una o ambas características de hiperinflación grave o cuando se produce un cambio en la moneda funcional de la entidad a una moneda que no está sujeta a hiperinflación grave.
fecha de transición a la *NIIF para las PYMES* (date of transition to the *IFRS for SMEs*)	El comienzo del primer periodo para el que una entidad presenta información comparativa completa de conformidad con la *NIIF para las PYMES* en sus primeros estados financieros que cumplen con la *NIIF para las PYMES*.
fecha sobre la que se informa (reporting date)	El final del último periodo cubierto por los estados financieros o por un informe financiero intermedio.
fiabilidad (reliability)	La cualidad de la información que la hace libre de error significativo y sesgo, y representa fielmente lo que pretende representar o puede esperarse razonablemente que represente.
financiación (de beneficios post-empleo) [funding (of post-employment benefits)]	Aportaciones realizadas por la entidad, y eventualmente por los empleados, a una entidad, o fondo, que está separada legalmente de la entidad que informa, y de la cual se pagan los beneficios a los empleados.
flujos de efectivo (cash flows)	Entradas y salidas de efectivo y equivalentes al efectivo.
ganancia contable (accounting profit)	Ganancia o pérdida del periodo antes de deducir el gasto por el impuesto a las ganancias.
ganancia fiscal (pérdida fiscal) [taxable profit (tax loss)]	Ganancia (pérdida) para el periodo sobre el que se informa por la cual los impuestos a las ganancias son pagaderos o recuperables, determinada de acuerdo con las reglas establecidas por las autoridades impositivas. La ganancia fiscal es igual al ingreso fiscal menos los importes deducibles de éste.
ganancias (gains)	Incrementos en beneficios económicos que cumplen la definición de ingreso pero no son ingresos.

gasto por impuestos **(tax expense)**	Importe total incluido en el resultado integral total o en el patrimonio para el periodo sobre el que se informa con respecto al impuesto corriente y al diferido.
gastos **(expenses)**	Decrementos en los beneficios económicos, producidos a lo largo del periodo sobre el que se informa , en forma de salidas o disminuciones de los activos, o bien de nacimiento o aumento de los pasivos, que dan como resultado decrementos en el patrimonio, y no están relacionados con las distribuciones realizadas a los propietarios.
gobierno **(state)**	Un gobierno nacional, regional o local.
grupo **(group)**	Una controladora y todas sus subsidiarias.
hiperinflación grave **(severe hyperinflation)**	La moneda de una economía hiperinflacionaria está sujeta a una hiperinflación grave si tiene las dos características siguientes:

(a)   No tiene disponible un índice general de precios fiable para todas las entidades con transacciones y saldos en la moneda; y

(b)   No existe intercambiabilidad entre la moneda y una moneda extranjera relativamente estable.

importe depreciable **(depreciable amount)**	El costo de un activo o el importe que lo sustituya (en los estados financieros) menos su valor residual.
importe en libros **(carrying amount)**	El importe al que se reconoce un activo o pasivo en el estado de situación financiera.
importe nocional **(notional amount)**	La cantidad de unidades monetarias, acciones, fanegas, libras u otras unidades especificadas en el contrato de un instrumento financiero.
importe recuperable **(recoverable amount)**	El mayor entre el valor razonable menos los costos de venta de un activo (o de una unidad generadora de efectivo) y su valor en uso.
impracticable **(impracticable)**	La aplicación de un requerimiento es impracticable cuando la entidad no puede aplicarlo tras efectuar todos los esfuerzos razonables para hacerlo.
impuesto a las **ganancias** **(income tax)**	Todos los impuestos, nacionales y extranjeros, basados en ganancias fiscales. El impuesto a las ganancias incluye también impuestos, tales como retenciones de impuestos que una subsidiaria, asociada o negocio conjunto tienen que pagar por repartos de ganancias a la entidad que informa.
impuesto corriente **(current tax)**	El importe del impuesto por pagar (recuperable) por las ganancias (o pérdidas) fiscales del periodo corriente o de periodos anteriores sobre los que se informa.
impuesto diferido **(deferred tax)**	Impuesto a las ganancias por pagar (recuperable) por las ganancias (o pérdidas) fiscales de periodos futuros sobre los que informa como resultado de hechos o transacciones pasadas.

informe financiero intermedio (interim financial report)	Un informe financiero que contiene un conjunto de estados financieros completos o un conjunto de estados financieros condensados para un periodo intermedio.
ingreso (income)	Incrementos en los beneficios económicos, producidos a lo largo del periodo sobre el que se informa, en forma de entradas o incrementos de valor de los activos, o bien como decrementos de las obligaciones, que dan como resultado aumentos del patrimonio, y no están relacionados con las aportaciones de los inversores a este patrimonio.
ingreso de actividades ordinarias (revenue)	Entrada bruta de beneficios económicos, durante el periodo, surgidos en el curso de las actividades ordinarias de una entidad, siempre que tal entrada dé lugar a un aumento en el patrimonio, que no esté relacionado con las aportaciones de los propietarios de ese patrimonio.

instrumento de cobertura (hedging instrument)	A efectos de la contabilidad especial de coberturas por las PYMES, conforme a la Sección 12 de esta NIIF, un instrumento de cobertura es un instrumento financiero que cumple todos los términos y condiciones siguientes:

(a) es una permuta de tasa de interés, una permuta financiera de diferencias de cambio, contrato de intercambio a término de moneda extranjera o un contrato a término de cambio de materia prima cotizada que se espera que sea altamente efectivo para compensar un riesgo identificado en el párrafo 12.17 que se designa como riesgo cubierto;

(b) involucra una parte externa a la entidad que informa (es decir, externa al grupo, segmento o entidad individual que informa);

(c) su importe nocional es igual al importe designado del principal o al importe nocional de la partida cubierta;

(d) tiene una fecha de vencimiento especificada no posterior a:

    (i) el vencimiento del instrumento financiero cubierto;

    (ii) la liquidación esperada del compromiso de compra o venta de la materia prima cotizada; o

    (iii) la ocurrencia de la muy altamente probable transacción de moneda extranjera prevista o de la transacción con una materia prima cotizada que se cubre.

(e) No tiene pago anticipado, terminación anticipada o características ampliadas.

Una entidad que opta por aplicar la NIC 39 en la contabilización de los instrumentos financieros aplicará la definición de instrumento de cobertura en esa norma en lugar de esta definición.

instrumento financiero (financial instrument)	Un contrato que da lugar a un activo financiero de una entidad y a un pasivo financiero o un instrumento de patrimonio de otra entidad.
instrumento financiero compuesto (compound financial instrument)	Un instrumento financiero que desde la perspectiva del emisor contiene a la vez un elemento de pasivo y otro de patrimonio.

inventarios (inventories)	Activos:
	(a) poseídos para ser vendidos en el curso normal del negocio;
	(b) en proceso de producción con vistas a esa venta; o
	(c) en forma de materiales o suministros, para ser consumidos en el proceso de producción, o en la prestación de servicios.
inversión bruta en un arrendamiento (gross investment in a lease)	Suma de:
	(a) los pagos mínimos a recibir por el arrendador bajo un arrendamiento financiero; y
	(b) cualquier valor residual no garantizado que corresponda al arrendador.
inversión neta en el arrendamiento (net investment in a lease)	Es la inversión bruta en el arrendamiento descontada al tipo de interés implícito en éste.
investigación (research)	Estudio original y planificado, emprendido con la finalidad de obtener nuevos conocimientos científicos o tecnológicos.
materialidad o importancia (relativa material)	Las omisiones o inexactitudes de partidas son significativas si pueden, individualmente o en su conjunto, influir en las decisiones económicas tomadas por los usuarios sobre la base de los estados financieros. La materialidad (o importancia relativa) depende de la magnitud y la naturaleza de la omisión o inexactitud, juzgada en función de las circunstancias particulares en que se hayan producido. La magnitud o la naturaleza de la partida, o una combinación de ambas, podría ser el factor determinante.
medición (measurement)	Proceso de determinación de los importes monetarios por los que se reconocen y registran los elementos de los estados financieros en el estado de situación financiera y el estado del resultado integral.
mercado activo (active market)	Un mercado en el que las transacciones de los activos o pasivos tienen lugar con frecuencia y volumen suficiente para proporcionar información de cara a fijar precios sobre una base de negocio en marcha.
método de la unidad de crédito proyectada (projected unit credit method)	Método de valoración actuarial (a veces denominado método de los beneficios acumulados, o devengados, en proporción a los servicios prestados, o método de los beneficios por año de servicio) según el cual cada periodo de servicio se considera generador de una unidad adicional de derecho a los beneficios, midiéndose cada unidad de forma separada para conformar la obligación final.

método del interés efectivo (effective interest method)	Un método de cálculo del costo amortizado de un activo financiero o de un pasivo financiero (o de un grupo de activos financieros o pasivos financieros) y de asignación del ingreso por intereses o gasto por intereses a lo largo del periodo relevante.
moneda de presentación (presentation currency)	La moneda en la cual se presentan los estados financieros.
moneda funcional (functional currency)	La moneda del entorno económico principal en el que opera la entidad.
negociado en un mercado público (deuda o instrumentos de patrimonio) [publicly traded (debt or equity instruments)]	Negociado, o en proceso de ser emitido para negociar, en un mercado público (ya sea una bolsa de valores nacional o extranjera, o un mercado no organizado, incluyendo los mercados locales o regionales).

negocio (business)

Un conjunto integrado de actividades y activos dirigidos y gestionados para proporcionar:

(a)   una rentabilidad a los inversores, o

(b)   menores costos u otros beneficios económicos que reviertan directa y proporcionalmente a los tenedores o participantes.

Un negocio se compone generalmente de insumos, procesos aplicados a los mismos y de los productos resultantes que son, o serán, utilizados para generar ingresos de actividades ordinarias. Si en un conjunto de actividades y activos transferidos está presente la plusvalía, dicho conjunto se supone que será un negocio.

negocio conjunto (joint venture)	Acuerdo contractual mediante el cual dos o más partes emprenden una actividad económica que se somete a control conjunto. Los negocios conjuntos pueden tomar la forma de operaciones controladas de forma conjunta, activos controlados de forma conjunta, o entidades controladas de forma conjunta.
negocio en el extranjero (foreign operation)	Una entidad subsidiaria, asociada, negocio conjunto o sucursal de la entidad que informa, cuyas actividades se fundamentan o se llevan a cabo en un país o moneda distintos a los de la entidad que informa.
negocio en marcha (going concern)	Una entidad es un negocio en marcha salvo que la gerencia tenga la intención de liquidarla o de hacer que cesen sus operaciones, o cuando no exista otra alternativa más realista que hacer esto.
NIIF completas (full IFRS)	Normas Internacionales de Información Financiera (NIIF) distintas de la *NIIF para las PYMES*.

Normas Internacionales de Información Financiera (NIIF) [**International Financial Reporting Standards (IFRS)**]	Normas adoptadas por el Consejo de Normas Internacionales de Contabilidad (IASB). Comprenden: (a) las Normas Internacionales de Información Financiera; (b) las Normas Internacionales de Contabilidad; y (c) las Interpretaciones desarrolladas por el Comité de Interpretaciones de las Normas Internacionales de Información Financiera (CINIIF) o el antiguo Comité de Interpretaciones (SIC).
notas (a los estados financieros) [**notes (to financial statements)**]	Las notas contienen información adicional a la presentada en el estado de situación financiera, estado del resultado integral, estado de resultados (si se presenta), estado de resultados y ganancias acumuladas combinado (si se presenta), estado de cambios en el patrimonio y estado de flujos de efectivo. Las notas suministran descripciones narrativas o desagregaciones de partidas presentadas en esos estados e información sobre partidas que no cumplen las condiciones para ser reconocidas en ellos.
objetivo de los estados financieros (objective of financial statements)	Suministrar información acerca de la situación financiera, el rendimiento y los flujos de efectivo de una entidad, que sea útil para una amplia variedad de usuarios que, a la hora de tomar sus decisiones económicas, no están en condiciones de exigir informes a la medida de sus necesidades específicas de información.
obligación implícita (constructive obligation)	Aquella que se deriva de las actuaciones de la entidad, cuando: (a) debido a un patrón establecido de comportamiento en el pasado, a políticas de la entidad que son de dominio público o a una declaración actual suficientemente específica, la entidad haya puesto de manifiesto ante terceros que está dispuesta a aceptar cierto tipo de responsabilidades; y (b) como consecuencia de lo anterior, la entidad haya creado una expectativa válida, ante aquellos terceros con los que debe cumplir sus compromisos o responsabilidades.
obligación por beneficios definidos (valor presente de una) [**defined benefit obligation (present value of)**]	Valor presente, sin deducir ningún activo del plan, de los pagos futuros esperados que son necesarios para cumplir con las obligaciones derivadas de los servicios prestados por los empleados en el periodo corriente y en los anteriores.

obligación pública de rendir cuentas (public accountability)	Una entidad tiene obligación pública de rendir cuentas cuando:

(a)   sus instrumentos de deuda o de patrimonio se negocian en un mercado público o están en proceso de emitir estos instrumentos para negociarse en un mercado público (ya sea una bolsa de valores nacional o extranjera, o un mercado fuera de la bolsa de valores, incluyendo mercados locales o regionales); o

(b)   una de sus principales actividades es mantener activos en calidad de fiduciaria para un amplio grupo de terceros.

oportunidad (timeliness)
Suministro de la información contenida en los estados financieros dentro del periodo de decisión.

operación discontinuada (discontinued operation)
Un componente de la entidad del que se ha dispuesto, o ha sido clasificado como mantenido para la venta, y:

(a)   representa una línea del negocio o un área geográfica que es significativa y puede considerarse separada del resto;

(b)   es parte de un único plan coordinado para disponer de una línea de negocio o de un área geográfica de la operación que sea significativa y pueda considerarse separada del resto; o

(c)   es una subsidiaria adquirida exclusivamente con la finalidad de revenderla.

otro resultado integral (other comprehensive income)
Partidas de ingresos y gastos (incluyendo ajustes por reclasificación) que no se reconocen en el resultado, según lo requerido o permitido por esta Norma.

pagos mínimos del arrendamiento (minimum lease payments)

Pagos que el arrendatario, durante el plazo del arrendamiento, hace o puede ser requerido para que haga, excluyendo tanto las cuotas de carácter contingente como los costos de los servicios y los impuestos que ha de pagar el arrendador y le hayan de ser reembolsados, junto con:

(a) en el caso del arrendatario, cualquier importe garantizado por él mismo o por un tercero vinculado con él; o

(b) en el caso del arrendador, cualquier valor residual que se le garantice, ya sea por:

(i) parte del arrendatario;

(ii) una parte relacionada con éste; o

(iii) una parte no vinculada con el arrendatario que sea financieramente capaz de atender a las obligaciones derivadas de la garantía prestada.

Sin embargo, si el arrendatario posee la opción de comprar el activo a un precio que se espera sea suficientemente más reducido que el valor razonable del mismo en el momento en que la opción sea ejercitable, de forma que, al inicio del arrendamiento, se puede prever con razonable certeza que la opción será ejercida, los pagos mínimos del arrendamiento comprenderán tanto los pagos mínimos a satisfacer en el plazo del mismo hasta la fecha esperada de ejercicio de la citada opción de compra, como el pago necesario para ejercitar esta opción de compra.

partes relacionadas (related party) Una parte relacionada es una persona o entidad que está relacionada con la entidad que prepara sus estados financieros (la entidad que informa).

    (a)   una persona, o un familiar cercano a esa persona, está relacionada con una entidad que informa si esa persona:

        (i)   es un miembro del personal clave de la gerencia de la entidad que informa o de una controladora de la entidad que informa;

        (ii)   ejerce control o control conjunto sobre la entidad que informa; o

        (iii)   ejerce control sobre la entidad que informa.

    (b)   una entidad está relacionada con una entidad que informa si le son aplicables cualquiera de las condiciones siguientes:

        (i)   La entidad y la entidad que informa son miembros del mismo grupo (lo cual significa que cada controladora, subsidiaria u otra subsidiaria de la misma controladora, son partes relacionadas entre sí).

        (ii)   una entidad es una asociada o un negocio conjunto de la otra entidad (o una asociada o negocio conjunto de un miembro de un grupo del que la otra entidad es miembro).

        (iii)   ambas entidades son negocios conjuntos de la misma tercera parte.

        (iv)   una entidad es un negocio conjunto de una tercera entidad, y la otra entidad es una asociada de la tercera entidad.

        (v)   La entidad es un plan de beneficios post-empleo de los trabajadores de la entidad que informa o de una entidad que sea parte relacionada de ésta. Si la propia entidad que informa es un plan, los empleadores patrocinadores también son parte relacionada de la entidad que informa.

        (vi)   La entidad está controlada o controlada conjuntamente por una persona identificada en (a).

        (vii)   la entidad o cualquier miembro de un grupo del cual es parte proporciona los servicios del personal clave de la gerencia a la entidad que informa o a la controladora de la entidad que informa.

        (viii)   una persona identificada en (a)(ii) tiene influencia significativa sobre la entidad o es un miembro del personal clave de la gerencia de la entidad (o de una controladora de la entidad).

participación no controladora (non-controlling interest)

El patrimonio de una subsidiaria no atribuible, directa o indirectamente, a la controladora.

participante en un negocio conjunto (venturer)

Una parte implicada en un negocio conjunto que tiene control conjunto sobre el mismo.

partida cubierta (hedged item)

A efectos de la contabilidad especial de coberturas de las PYMES conforme a la Sección 12 de esta NIIF, una partida cubierta es:

(a)   riesgo de tasa de interés de un instrumento de deuda medido a su costo amortizado;

(b)   riesgo de tasa de cambio en moneda extranjera o de tasa de interés en un compromiso firme o en una transacción prevista altamente probable;

(c)   riesgo de precio de una materia prima cotizada que la entidad mantiene o en un compromiso firme o una transacción prevista altamente probable de comprar o vender una materia prima cotizada; o

(d)   riesgo de tasa de cambio de la moneda extranjera en una inversión neta en un negocio en el extranjero.

partidas monetarias (monetary items)

Unidades monetarias mantenidas en efectivo, así como activos y pasivos que se van a recibir o pagar, mediante una cantidad fija o determinable de unidades monetarias.

pasivo (liability)

Una obligación presente de la entidad, surgida a raíz de sucesos pasados, al vencimiento de la cual, y para cancelarla, la entidad espera desprenderse de recursos que incorporan beneficios económicos.

pasivo contingente
(contingent liability)

 (a) Una obligación posible, surgida a raíz de sucesos pasados, cuya existencia ha de ser confirmada sólo porque ocurra, o deje de ocurrir, uno o más eventos inciertos en el futuro, que no están enteramente bajo el control de la entidad;

 (b) una obligación presente, surgida a raíz de sucesos pasados, que no se ha reconocido contablemente porque:

  (i) no es probable que para liquidarla se vaya a requerir una salida de recursos que incorporen beneficios económicos, o

  (ii) el importe de la obligación no puede ser medido con la suficiente fiabilidad.

pasivo financiero
(financial liability)

Un pasivo que es:

 (a) una obligación contractual:

  (i) de entregar efectivo u otro activo financiero a otra entidad; o

  (ii) de intercambiar activos financieros o pasivos financieros con otra entidad, en condiciones que sean potencialmente desfavorables para la entidad; o

 (b) un contrato que será o podrá ser liquidado utilizando instrumentos de patrimonio propio de la entidad y:

  (i) obliga o puede obligar a la entidad a entregar una cantidad variable de sus instrumentos de patrimonio propios, o

  (ii) será o podrá ser liquidado mediante una forma distinta al intercambio de una cantidad fija de efectivo, o de otro activo financiero, por una cantidad fija de los instrumentos de patrimonio propio de la entidad. Para este propósito, no se incluirán entre los instrumentos de patrimonio propio de la entidad aquéllos que sean, en sí mismos, contratos para la futura recepción o entrega de instrumentos de patrimonio propio de la entidad.

pasivo por beneficios
definidos
(defined benefit
liability)

El valor presente de la obligación por beneficios definidos en la fecha de presentación menos el valor razonable, en la misma fecha, de los activos del plan (si los hubiere) con los que las obligaciones tienen que liquidarse directamente.

pasivo por impuestos diferidos (deferred tax liabilities)	Impuesto a las ganancias por pagar en periodos futuros sobre los que se informa con respecto a diferencias temporarias.
patrimonio (equity)	Participación residual en los activos de la entidad, una vez deducidos todos sus pasivos.

pequeñas y medianas entidades (small and medium-sized entities)

Entidades que:

(a) no tienen obligación pública de rendir cuentas; y

(b) publican estados financieros con propósito de información general para usuarios externos.

Una entidad tiene obligación pública de rendir cuentas cuando:

(a) registra, o esté en proceso de registrar, sus estados financieros en una comisión de valores u otra organización reguladora, con el fin de emitir algún tipo de instrumento en un mercado público; o

(b) una de sus principales actividades es mantener activos en calidad de fiduciaria para un amplio grupo de terceros.

pérdida por deterioro de valor [impairment (loss)]

La cantidad en que el importe en libros de un activo excede:

(a) en el caso de los inventarios, su precio de venta menos los costos de terminación y venta; o

(b) en el caso de otros activos no financieros, su valor razonable menos los costos de venta.

periodo intermedio (interim period)	Un periodo para el que se brinda información financiera que es menor que un ejercicio financiero completo.
periodo para la irrevocabilidad (o consolidación) de la concesión (vesting period)	El periodo a lo largo del cual tienen que ser satisfechas todas las condiciones para la irrevocabilidad (consolidación) de la concesión especificadas en un acuerdo de pagos basados en acciones.
periodo sobre el que se informa (reporting period)	El periodo cubierto por los estados financieros o por un informe financiero intermedio.
plan gubernamental (beneficios a los empleados) [state (employee benefit) plan]	Planes de beneficios a los empleados establecidos por la legislación para cubrir la totalidad de las entidades (o bien todas las entidades de una misma clase o categoría, por ejemplo las que pertenecen a un sector industrial específico) y que son administrados por autoridades nacionales o locales, o bien por otro organismo (por ejemplo una agencia autónoma creada específicamente para este propósito) que no está sujeto al control o a la influencia de la entidad que informa.

planes de aportaciones definidas (defined contribution plans)	Planes de beneficios post-empleo, en los cuales la entidad realiza contribuciones fijas a una entidad separada (un fondo) y no tendrá la obligación legal ni implícita de realizar contribuciones adicionales, en el caso de que el fondo no tenga activos suficientes para atender a los beneficios de los empleados que se relacionen con los servicios que éstos han prestado en el periodo corriente y en los anteriores.
planes de beneficios definidos (defined benefit plans)	Planes de beneficios post-empleo diferentes de los planes de aportaciones definidas.
planes de beneficio post-empleo (post-employment benefit plans)	Acuerdos, formales o informales, por los que una entidad suministra beneficios post-empleo a uno o más empleados.
planes multi-patronales (de beneficios) (multi-employer benefit plans)	Planes de aportaciones o de beneficios definidos (diferentes de los planes gubernamentales), en los cuales:

(a) se juntan los activos aportados por varias entidades que no están bajo control común; y

(b) se utilizan dichos activos para proporcionar beneficios a los empleados de más de una entidad, teniendo en cuenta que tanto las aportaciones como los niveles de beneficios se determinan sin tener en cuenta la identidad de la entidad, ni de los empleados cubiertos por el plan.

plusvalía (goodwill)	Beneficios económicos futuros procedentes de activos que no han podido ser identificados individualmente y reconocidos por separado.
políticas contables (accounting policies)	Los principios, bases, convenciones, reglas y procedimientos específicos adoptados por una entidad al preparar y presentar estados financieros.
presentación razonable (fair presentation)	La representación fiel de los efectos de las transacciones, así como de otros eventos y condiciones, de acuerdo con las definiciones y los criterios de reconocimiento de activos, pasivos, ingresos y gastos.
préstamos por pagar (loans payable)	Pasivos financieros diferentes de las cuentas comerciales por pagar a corto plazo en condiciones normales de crédito.
probable (probable)	Que tiene más probabilidad de ocurrir que de lo contrario.
producto agrícola (agricultural produce)	El producto cosechado procedente de los activos biológicos de la entidad

propiedad de inversión (investment property)	Propiedad (un terreno o un edificio—o parte de un edificio—o ambos) mantenida por el dueño o por el arrendatario financiero para ganar rentas o apreciación del capital, o con ambos fines, y no para:

(a)   su uso en la producción o suministro de bienes o servicios, o para fines administrativos; o

(b)   su venta en el curso ordinario de las operaciones.

propiedades, planta y equipo (property, plant and equipment)	Activos tangibles que:

(a)   se mantienen para su uso en la producción o suministro de bienes o servicios, para arrendarlos a terceros o con propósitos administrativos; y

(b)   se esperan usar durante más de un periodo.

propietarios (owners)	Tenedores de instrumentos clasificados como patrimonio.
provisión (provision)	Pasivo cuya cuantía o vencimiento es incierto.
prudencia (prudence)	Inclusión de un cierto grado de precaución al realizar los juicios necesarios para hacer las estimaciones requeridas bajo condiciones de incertidumbre, de tal manera que los activos o los ingresos no se midan en exceso y que las obligaciones o los gastos no se midan en defecto.
reconocimiento (recognition)	Proceso de incorporación, en el estado de situación financiera o en el estado del resultado integral de una partida que cumpla la definición de un elemento y que satisfaga los siguientes criterios:

(a)   que sea probable que cualquier beneficio económico asociado con la partida llegue a, o salga de la entidad, y

(b)   que la partida tenga un costo o un valor que pueda ser medido con fiabilidad.

relevancia (relevance)	La cualidad de la información que permite a ésta influir en las decisiones económicas de quienes la utilizan, ayudándoles a evaluar sucesos pasados, presentes o futuros, o bien a confirmar o corregir evaluaciones realizadas anteriormente.
rendimiento (performance)	La relación entre ingresos y los gastos de una entidad, según la información contenida en el estado del resultado integral.
resultado del periodo (profit or loss)	Total de ingresos menos gastos, excluyendo los componentes de otro resultado integral.
resultado integral total (total comprehensive income)	El cambio en el patrimonio durante un periodo, que procede de transacciones y otros sucesos, distintos de aquellos cambios procedentes de transacciones con los propietarios en su condición de tales (igual a la suma del resultado y otro resultado integral).

situación financiera (financial position)	La relación entre los activos, los pasivos y el patrimonio de una entidad, tal como se informa en el estado de situación financiera.
subsidiaria (subsidiary)	Una entidad, incluyendo la que no tienen forma jurídica de sociedad, como por ejemplo las entidades de carácter personalista en algunas jurisdicciones, que es controlada por otra (conocida como controladora).
subvenciones del gobierno (government grants)	Ayudas procedentes del gobierno en forma de transferencias de recursos a una entidad a cambio del cumplimiento, pasado o futuro, de ciertas condiciones relativas a sus actividades de operación.
tasa de interés efectivo (effective interest rate)	Tasa que iguala exactamente los flujos de efectivo a cobrar o pagar estimados a lo largo de la vida esperada del instrumento financiero o cuando fuere adecuado de un periodo más corto, con el importe neto en libros del activo financiero o del pasivo financiero.
tasa de interés implícita en el arrendamiento (interest rate implicit in the lease)	Tasa de descuento que, al inicio del arrendamiento, produce la igualdad entre el valor presente total de (a) los pagos mínimos por el arrendamiento y (b) el valor residual no garantizado, y la suma de (i) el valor razonable del activo arrendado y (ii) cualquier costo directo inicial del arrendador.

tasa de interés imputada (imputed rate of interest)

La que resulte más claramente determinable entre:

(a) la tasa vigente para un instrumento similar de un emisor con una calificación crediticia similar; o

(b) la tasa de interés que iguala el nominal del instrumento utilizado, debidamente descontado, al precio al contado de los bienes o servicios vendidos.

tasa de interés incremental de los préstamos del arrendatario (lessee's incremental borrowing rate of interest)

La tasa de interés que el arrendatario habría de pagar en un arrendamiento similar o, si no fuera determinable, la tasa que, al comienzo del arrendamiento, incurriría el arrendatario para tomar prestados por un plazo similar y con garantías similares, los fondos necesarios para comprar el activo.

transacción con pagos basados en acciones (share-based payment transaction)

Una transacción en la que la entidad:

(a) recibe bienes o servicios del proveedor de dichos bienes o servicios (incluyendo un empleado) en un acuerdo con pagos basados en acciones; o

(b) incurre en una obligación de liquidar la transacción con el proveedor en un acuerdo con pagos basados en acciones cuando otra entidad del grupo reciba esos bienes o servicios.

transacción con pagos basados en acciones liquidadas en efectivo (cash-settled share-based payment transaction)	Una transacción con pagos basados en acciones en la que la entidad adquiere bienes o servicios incurriendo en un pasivo para transferir efectivo u otros activos al proveedor de esos bienes o servicios por importes que están basados en el precio (o valor) de instrumentos de patrimonio (incluyendo acciones u opciones sobre acciones) de la entidad o de otra entidad del grupo.

transacción con pagos basados en acciones liquidada mediante instrumentos de patrimonio (equity-settled share-based payment transaction)

Una transacción con pagos basados en acciones en la que la entidad:

(a) recibe bienes o servicios como contraprestación de sus instrumentos de patrimonio propios (incluyendo acciones u opciones sobre acciones); o

(b) recibe bienes o servicios pero no tiene obligación de liquidar la transacción con el proveedor.

transacción con partes relacionadas (related party transaction)	Una transferencia de recursos, servicios o de obligaciones entre partes relacionadas, independientemente de que se cargue o no un precio.
transacción prevista (forecast transaction)	Una transacción futura anticipada pero no comprometida.
unidad generadora de efectivo (cash-generating unit)	El grupo identificable de activos más pequeño, que genera entradas de efectivo que sean, en buena medida, independientes de los flujos de efectivo derivados de otros activos o grupos de activos.
valor en uso (value in use)	El valor presente de los flujos futuros estimados de efectivo que se espera obtener de un activo o unidad generadora de efectivo.
valor intrínseco (intrinsic value)	Diferencia entre el valor razonable de las acciones que la otra parte tiene derecho (condicional o incondicional) a suscribir, o que tiene derecho a recibir, y el precio (si lo hubiere) que la otra parte está (o estará) obligada a pagar por esas acciones. Por ejemplo, una opción sobre acciones con un precio de ejercicio de 15 u.m., sobre una acción con un valor razonable de 20 u.m., tiene un valor intrínseco de 5 u.m.
valor presente (present value)	Una estimación actual del valor descontado presente de las futuras entradas netas de flujos de efectivo en el curso normal de las operaciones.
valor razonable (fair value)	El importe por el cual puede intercambiarse un activo, cancelarse un pasivo o intercambiarse un instrumento de patrimonio concedido, entre partes interesadas y debidamente informadas que realizan una transacción en condiciones de independencia mutua.

valor razonable menos costos de venta (fair value less costs to sell)

El importe que se puede obtener por la venta de un activo o unidad generadora de efectivo, en una transacción realizada en condiciones de independencia mutua, entre partes interesadas y debidamente informadas, menos los costos que ocasione la disposición.

valor residual (de un activo) [residual value (of an asset)]

El importe estimado que una entidad podría obtener actualmente por la disposición de un activo, después de deducir los costos estimados por tal disposición, si el activo ya hubiera alcanzado la antigüedad y las demás condiciones esperadas al término de su vida útil.

vida útil (useful life)

La vida útil de un activo es el periodo durante el cual se espera que un activo éste disponible para su uso por una entidad o el número de unidades de producción o unidades similares que se espera obtener del activo por parte de una entidad.

Tabla de fuentes

La *NIIF para las PYMES* se ha desarrollado mediante:

(a)   la extracción de los conceptos fundamentales del *Marco Conceptual para la Preparación y Presentación de Estados Financieros* del IASB (*Marco Conceptual* del IASB) y de los principios y guías obligatorias relacionadas de las NIIF completas; y

(b)   la consideración de las modificaciones apropiadas en función de las necesidades de los usuarios y las consideraciones de costo-beneficio de producirlas.

La siguiente tabla identifica las principales fuentes de las NIIF completas de las que se derivan los principios de cada sección de la *NIIF para las PYMES*.

	Sección de la *NIIF para las PYMES*	Fuentes
	Prólogo	*Prólogo a las Normas Internacionales de Información Financiera*
1	*Pequeñas y Medianas Entidades*	—
2	*Conceptos y Principios Generales*	IASB *Marco Conceptual*, NIC 1 *Presentación de Estados Financieros*
3	*Presentación de Estados Financieros*	NIC 1
4	*Estado de Situación Financiera*	NIC 1
5	*Estado del Resultado integral y Estado de Resultados*	NIC 1
6	*Estado de Cambios en el Patrimonio y Estado del Resultado Integral y Ganancias Acumuladas*	NIC 1
7	*Estado de Flujos de Efectivo*	NIC 7 *Estado de Flujos de Efectivo*
8	*Notas a los Estados Financieros*	NIC 1
9	*Estados Financieros Consolidados y Separados*	NIC 27 *Estados Financieros Consolidados y Separados* modificada
10	*Políticas, Estimaciones y Errores Contables*	NIC 8 *Políticas Contables, Cambios en las Estimaciones Contables y Errores*
11 y 12	*Instrumentos Financieros Básicos y Otros Temas relacionados con los Instrumentos Financieros*	NIC 32 *Instrumentos Financieros: Presentación,* NIC 39 *Instrumentos Financieros: Reconocimiento y Medición,* NIIF 7 *Instrumentos Financieros: Información a Revelar*
13	*Inventarios*	NIC 2 *Inventarios*
14	*Inversiones en Asociadas*	NIC 28 *Inversiones en Asociadas*

continúa...

...continuación

15	Inversiones en Negocios Conjuntos	NIC 31 Inversiones en Negocios Conjuntos
16	Propiedades de Inversión	NIC 40 Propiedades de Inversión
17	Propiedades, Planta y Equipo	NIC 16 Propiedades, Planta y Equipo
18	Activos Intangibles Distintos de la Plusvalía	NIC 38 Activos Intangibles
19	Combinaciones de Negocios y Plusvalía	NIIF 3 Combinaciones de Negocios
20	Arrendamientos	NIC 17 Arrendamientos
21	Provisiones y Contingencias	NIC 37 Provisiones, Pasivos Contingentes y Activos Contingentes
22	Pasivos y Patrimonio	NIC 1, NIC 32
23	Ingresos de Actividades Ordinarias	NIC 11 Contratos de Construcción, NIC 18 Ingresos de Actividades Ordinarias
24	Subvenciones del Gobierno	NIC 20 Contabilización de las Subvenciones del Gobierno e Información a Revelar sobre Ayudas Gubernamentales
25	Costos por Préstamos	NIC 23 Costos por Préstamos
26	Pagos basados en Acciones	NIIF 2 Pagos basados en Acciones
27	Deterioro del Valor de los Activos	NIC 2, NIC 36 Deterioro del Valor de los Activos
28	Beneficios a los Empleados	NIC 19 Beneficios a los Empleados
29	Impuesto a las Ganancias	NIC 12 Impuesto a las Ganancias
30	Conversión de moneda extranjera	NIC 21 Efectos de las Variaciones en las Tasas de Cambio de la Moneda Extranjera
31	Hiperinflación	NIC 29 Información Financiera en Economías Hiperinflacionarias
32	Hechos Ocurridos después del Periodo sobre el que se Informa	NIC 10 Hechos Ocurridos después del Periodo sobre el que se Informa
33	Información a Revelar sobre Partes Relacionadas	NIC 24 Información a Revelar sobre Partes Relacionadas
34	Actividades Especializadas	NIC 41 Agricultura, NIIF 6 Exploración y Evaluación de Recursos Minerales

...continuación

35	Transición a la NIIF para las PYMES	NIIF 1 Adopción por Primera vez de las Normas Internacionales de Información Financiera

Aprobación por el Consejo de la *NIIF para las PYMES* emitida en julio de 2009

La *Norma Internacional de Información Financieras para Pequeñas y Medianas Entidades (NIIF para las PYMES)* fue aprobada para su emisión por trece de los catorce miembros el Consejo de Normas Internacionales de Contabilidad. El Sr. Leisenring opinó en contrario. Su opinión en contrario se expone tras los Fundamentos de las Conclusiones.

Sir David Tweedie	Presidente
Thomas E Jones	Vicepresidente
Mary E Barth	
Stephen Cooper	
Philippe Danjou	
Jan Engström	
Robert P Garnett	
Gilbert Gélard	
Prabhakar Kalavacherla	
James J Leisenring	
Warren J. McGregor	
John T Smith	
Tatsumi Yamada	
Wei-Guo Zhang	

Aprobación por el Consejo de las *Modificaciones de 2015 a la NIIF para las PYMES* emitidas en mayo de 2015

Modificaciones de 2015 a la Norma Internacional de Información Financieras para Pequeñas y Medianas Entidades (NIIF para las PYMES) fue aprobada para su emisión por trece de los catorce miembros el Consejo de Normas Internacionales de Contabilidad. La Sra. Tokar votó en contra de su publicación. Su opinión en contrario se expone después de los Fundamentos de las Conclusiones.

Hans Hoogervorst	Presidente
Ian Mackintosh	Vicepresidente
Stephen Cooper	
Philippe Danjou	
Amaro Luiz de Oliveira Gomes	
Martin Edelmann	
Patrick Finnegan	
Gary Kabureck	
Suzanne Lloyd	
Takatsugu Ochi	
Darrel Scott	
Chungwoo Suh	
Mary Tokar	
Wei-Guo Zhang	

Notas

Notas

Notas

Notas

Notas

Notas

Notas

Notas

Notas

Notas

Notas

Notas

Notas

Notas

Printed and bound by CPI Group (UK) Ltd, Croydon, CR0 4YY